1647 대교리 1

1647 대교리 1

초판 1쇄 인쇄 2023년 5월 18일
초판 1쇄 발행 2023년 5월 25일

지은이 정두성
펴낸이 유동휘
펴낸곳 SFC출판부
등록 제104-95-63000
주소 (06593) 서울특별시 서초구 고무래로 10-5 2층 SFC출판부
Tel (02)596-8493
Fax 0505-300-5437
홈페이지 www.sfcbooks.com
이메일 sfcbooks@sfcbooks.com
기획 · 편집 편집부
디자인편집 최건호
ISBN 979-11-87942-82-5 (03230)
값 25,000원

웨스트민스터 대교리교육서 원문분석 &
교리교사 카테키즘

1647 대교리 I

Westminster
Larger Catechism

정두성 지음

SFC

목차

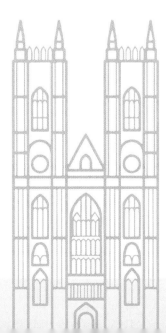

정두성 박사는 『1646 신앙고백』과 『1647 소교리』에 이어서 이번에 『1647 대교리』를 출간함으로 이 시리즈를 완성했습니다. 참으로 대단한 일입니다. 그는 1647년도에 발행된 웨스트민스터 신앙고백서와 대·소교리교육서가 원래 의미하는 바가 무엇인지를 가르쳐주기 위해서 이런 수고를 마다하지 않았습니다. 독자들은 책을 펼치는 순간 감탄할 것입니다. 저자는 문답을 영어 원문으로 소개하고 우리말로 번역한 후 원문의 문구를 해설합니다. 그리고 '원문대로 요약'하고 '구문대로 정리'함으로 문답 자체의 의미를 깨닫게 해 줍니다. 또한, 원문이 가르치는 교리를 자세히 설명하여 교리 지식을 심어 줍니다. 따라서 이 책만으로도 대교리문답의 의미와 연관된 그것이 가르치는 바를 충분히 배울 수 있습니다. 더욱이 '1647 시리즈' 전체를 갖춰 놓고 차근차근 읽는다면 교리는 물론이고 영어까지 익힐 수 있습니다. 어떤 이들은 교리가 어렵다고 생각하여 공부하기를 지레 포기하고, 어떤 이들은 영어에 대한 막연한 두려움을 가지고 있습니다. 그러나 이 책은 그러한 염려를 모두 불식시켜 줍니다. 책을 펼쳐서 읽기 시작하면 쉽고 재미있게 두 가지를 모두 공부할 수 있습니다. 이 책은 쉽고 재미있고 편리해서 누구나 읽을 수 있습니다. 하나님께서 주신 좋은 도구를 잘 활용해서 교리와 영어를 모두 배울 수 있기를 바랍니다.

황원하 목사(산성교회 담임)

우리 교회는 현재 웨스트민스터 대요리문답을 읽어가고 있는 중이다. 한글과 영어 원문이 실린 『웨스트민스터 대요리문답 노트』(그책사) 번역본을 활용하고 있다.

대요리문답을 가르치면서 느끼는 특징은 부가 설명이 별로 필요 없다는 점이다. 대요리문답은 소요리문답에 비해 훨씬 길고 상세히 복음을 설명하기 때문이다. 이번에 정두성 박사가 『1647 대교리』를 출간했다. 교리교육이 척박한 한국 교회에 이런 책이 나오게 되어 두 손 들어 환영한다. 원문 영어문장만 잘 이해해도 충분히 교리교육에 효과적일 것이다. 정두성 교리교육 교수선교사의 이 책은 영어라는 언어 장벽을 뛰어넘는 데 큰 도움을 줄 것이 확실하다. 앞으로 이런 종류의 책이 더 나와야 하겠지만, 어쩌면 이 책이 처음이자 마지막이 될지도 모른다는 걱정이 된다. 적어도 지금 이 책은 한국에서 대요리문답에 대한 유일무이한 종류의 책이라는 사실은 바뀌지 않을 것이다.

임경근 목사(다우리교회 담임)

지난 몇 년 동안 한국교회에 『웨스트민스터 소교리문답』 바람이 많이 불었다. 책도 꽤 나왔다. 『웨스트민스터 신앙고백』은 신학공부를 하는 과정에 그래도 열어 보게는 된다. 하지만 『대교리문답』은 익숙하지가 않다. 대교리문답이라는 것이 왜 나왔는지도 잘 모른다. 정확한 번역조차 기대하기 난망하다. 그나마 대교리를 다루는 책도 잘 보이지 않는다. 영어권에서도 마찬가지인 거 같다. 정두성 박사의 『1647 대교리』는 그래서 귀하다. 흔하지 않은 대교리문답 해설서라 반갑다. 영어 원문을 정 박사는 철저하게 분석한다. 5형식, 진주어-가주어, 완료분사구문 등 학생시절에 듣던 친숙한 문법용어로 설명한다. 그래서 반갑다. 뭣보다 대교리문답 안에 있는 핵심적인 신학용어도 '친절하게' 설명해 준다. 영어나 신학, 양쪽 다 겁내지 않고 들어갈 수 있게 해준다. 이래저래 친절함이 넘친다. 정 박사의 덩치에 어울리지 않는 '자상함'에 감동하게 된다. 이제 정 박사의 『1647 대교리』가 나오면 밑줄 그어가면서 다시 공부해야겠다.

이운연 목사(말씀연구소 그라티아 소장)

존 칼빈은 영적 정부의 공무원이라는 개념을 가지고 성도들에게 성경을 가르쳐야 할 의무를 모든 목회자들에게 부여했습니다. 그리고 칼빈의 목회를 따르는 청교도나 유럽의 개혁 교회는 신앙교육서 혹은 교리 교육서를 제작하여 성경을 가르치는 데 집중했고, 특별히 주일 두 번의 예배 중 한 번은 반드시 교리를 가르쳐 매년 성경의 내용을 익히도록 했습니다. 우리 장로교회의 표준 문서인 웨스트민스터 신앙고백서와 대소요(교)리 문답의 위치는 바로 이런 영적 정부로서의 교회의 성경 교육을 위한 교재라고 할 수 있을 것입니다. 정두성 박사의 대교리 문답은 17세기 영국 영어로 기록된 장로교회의 표준 교리 교육서를 한국 장로교회의 언어로 잘 번역하고 있습니다. 저자가 지적한 대로 우리의 표준 문서는 헌법의 번역만이 아니라 영어 표준 문서로부터 항상 재번역되고 가르쳐져야 합니다. 본 교재는 이를 위해 먼저 영어 원문을 제시하고, 1) 번역, 2) 원문 이해의 키, 그리고 3) 원문대로 요약하고 구문대로 정리하기를 두어 영어 원문 번역의 과정을 잘 소개하고 있고, 각 문답이 가지는 성경적 의미를 바르게 가르쳐 줍니다. 이를 토대로 하여 오후 예배시에 해당 성경 구절들을 함께 잘 제시한다면 훌륭한 대요(교)리 문답 설교가 시행될 수 있으리라 여겨집니다. 온 마음을 담아 모든 교회와 성도들이 본 교재를 통해 참된 성경의 교훈을 배우고 익혀 바른 삶에 집중할 수 있기를 기대하며 주저함 없이 본서를 추천합니다.

김형렬 목사(송도제일교회 담임목사)

디테일한 번역의 끝판왕! 이 책의 추천사를 쓰려고 원고를 읽는 내내 떠올랐던 표현입니다. 저도 웨스트민스터 표준문서에 지대한 관심이 있어 이전에 소교리문답의 17세기 영어 원문(1658년 인쇄본)을 그대로 번역한 적이 있습니다. 현대 영어와 사뭇 다른 당시 영어 원문의 구조와 의미를 그대로 옮긴다는 게 얼마나 어려운 일인지 알게 되었습니다.

그 후 대교리문답을 번역하던 중에 정두성 박사님의 결과물을 보고 더 이상 '헛된' 수고를 하지 않아야겠다고 다짐했습니다. 더 탁월한 전공자께서 고도의 심혈을 기울여 디테일한 번역 작업을 해냈기 때문입니다. 번역자들이 쉽게 지나칠 법한 접속사나 전치사 하나라도 그냥 넘어가는 법이 없습니다. 문맥을 고려하여 거기에 숨겨진 미묘한 의미를 포착해 냅니다.

더욱이 이 책은 '원문 이해의 키'를 통해 독자들이 영어 원문을 직접 살피며 이해할 수 있도록 배려하고 있습니다. 또 '원문대로 요약하고 구문대로 정리하기'를 통해 복잡하고 긴 대교리의 내용을 한 번 더 곱씹을 수 있도록 학습의 효과를 극대화하고 있습니다. 무엇보다 저는 '교리교사 카테키즘' 부분이 이 책의 백미라고 생각합니다. 대교리문답의 신학적인 주제들을 독자들이 이해할 때까지 설명하려는 저자의 인내와 친절함을 느낄 수 있었습니다.

웨스트민스터 대교리문답을 정확하게 공부하고 싶은 분이라면 누구든지 『1647 대교리』를 펼쳐서 찬찬히 읽으시기 바랍니다. 평소에 교리를 가르치는 사역자들은 필독서로 삼으시고, 교리를 깊이 공부하려는 일반 성도들도 꼭 읽어보실 것을 강력히 추천합니다.

권율 목사(부산 세계로병원 원목, 『복의 신학』 저자)

정두성 박사님의 웨스트민스터 대교리문답 해설을 읽는 순간, 환영하는 마음과 함께 이렇게 탁월하고 읽기 쉬운 해설서가 왜 이제야 우리 곁에 왔는지 하는 아쉬움이 밀려왔다. 그리고 주일 저녁에 아이들과 함께하는 가족 성경공부 시간에 이 책을 함께 소리 내 읽어야겠다는 다짐을 하였다. 우선 이 책은 기독교 신앙의 정수를 담고 있는 대교리문답을 영어 원문을 통해 정확하게 번역하고 있으며, 때로는 아이들의 영어 공부를 위한 문법적 지식도 적절히 설명하고 있다. 무엇보다도 이 책의 탁월함은 정두성 박사님의 해설이다. 나는 해설을 읽는 순간, 누구든지 이 책의 도움을 받는다면 교리 교사로서 교회학교와 청년부에서 가르칠 수 있을 정도로 충분히 준비될 수 있겠다는 확신이 들었다. 끝으로 부모와 자녀가 기독교 신앙을 함께 나누고 대화하고 싶은 가정과 바른 교리를 가르쳐 이 시대의 이단과 거짓 가르침에서 다음 세대를 보호하고 싶은 교회의 교사들에게 이 책을 강력히 추천한다.

이춘성 목사(분당우리교회 전문사역 목사, 고려신학대학원 기독교 윤리학 겸임교수)

조국교회에서 세속주의 목양 방법론과 수적인 성장을 지향하는 실용적인(?) 세미나가 난무하는 이때에, 과거 우리 믿음의 선배들의 표준문서를 기준 삼아 공부한다는 것은 당연한 게 아니라 도전적인 일이거나 낯선 시도가 되었습니다. 사실 개혁주의 신학과 장로교 정치 원리를 따르고자 한다면 당연히 표준문서들인 웨스트민스터 신앙고백서와 교리문답들을 익혀야 합니다. 그리고 이는 교회에 선물로 주신 직분들에게 더욱 절실하고 필요한 가르침과 배움이어야 합니다. 그래야 목양을 하는 담임목사는 안전한 울타리 안에서, 함께 교회를 섬기는 직분자와 성도들은 동일한 신앙고백과 해석학적 틀 안에서 말씀을 배우고 건강한 성화의 열매를 맺을 수 있습니다. 정두성 박사님이 숨겨진 이 역사의 보물을 외국인의 낯선 문화와 언어가 아니라 익숙한 한국인의 문화와 관점에서 분석하여 『1647 대교리』를 썼다는 것은 목회자 입장에서 너무나 반가운 일입니다. 영어 원문의 문법을 정확하게 볼 수 있는 눈과 개혁주의 신학의 건강한 교리를 함께 누릴 수 있는 귀한 책으로 조국 교회의 신앙교육의 좋은 자양분이 된다고 확신하며, 많은 교회가 함께 귀한 수고의 산물을 읽고 공부하면 좋겠다는 생각에 강력히 추천합니다.

최영인 목사(대구사월교회 담임목사, 대신대학교 설교학 교수)

중 3 때 수련회에서 저는 SFC강령을 암송하다가 "우리는 전통적 웨스트민스터 신앙고백서 및 대소교리문답을 우리의 신조로 한다"라는 첫 대목에서 막혔습니다. 저는 그때까지 그 신앙고백서와 교리문답을 읽어본 일조차 없었기 때문에, 그것이 제 신조라고 자신 있게 고백할 수 없었습니다. 그 후 신학대학원 재학시절에 정두성 박사와 만나 대교리문답에 관하여 대화하면서 대교리문답의 가치와 매력을 새롭게 깨달았습니다. 그는 "대교리문답보다 소교리문답이 더 어려울 수 있는데, 왜냐하면 소교리문답은 대교리문답을 응축한 형태이기 때문입니다."라고 했고, 그 말은 제게 대교리문답의 문을 활짝 열어준 복음과 같았습니다. 그래서 지금까지도 정 박사 덕분에 대교리문답을 통해 설교와 교육을 위한 많은 유익을 누리고 있습니다. 따라서 저는 성도들과 성경 교사들이 대교리문답의 원문을 직접 읽을 수 있도록 친절하게 안내해주는 이 책을 기쁜 마음으로 추천합니다. 정두성 박사는 정말 교리를 잘 알고 가르치는 사람입니다.

채충원 목사(두레교회 담임목사)

교리 교육에 대한 관심 확대와 더불어 수많은 관련 서적들이 쏟아져 나오고 있습니다. 절대적인 가치들이 부정당하고 의심받는 시대 속에서, 우리가 누구를 믿고, 무엇을 믿는지에 대한 한국교회의 커져가는 관심은 대단히 반갑고 고무적인 일입니다. 이런 점에서 저는 정두성 박사님의 『1647 대교리』 출간이 참 반갑게 느껴집니다. 장로교 교리표준 중 『웨스트민스터 신앙고백서』와 『소교리문답』이 많은 관심을 받아 온 것에 비해, 『대교리문답』은 지역교회의 성도들과 목회자들에게 상대적으로 관심을 덜 받아왔습니다. 그러나 저자가 늘 강조하듯, 이 세 고백서와 문답서는 서로 유기적이며, 상호보완적인 관계를 가지고 있습니다. 『소교리문답』의 설명은 『대교리문답』에서 찾아야 하고, 『웨스트민스터 신앙고백서』는 그 근거가 되어야 합니다. 따라서 교회가 보다 분명하고, 효과적인 교리 교육을 시행하기 위해서는 반드시 『대교리문답』에 대한 학습이 있어야 합니다. 본서는 『대교리문답』을 이해하는 데 매우 효과적이고 유익한 교재입니다. 『1646 신앙고백 1, 2』, 『1647 소교리』에서도 보여주었듯이, 저자는 탁월한 영어 실력으로 원문을 문법적으로, 신학적으로 정밀하게 분석합니다. 그리고 각 문답이 가지는 성경적 의미를 매우 간결하게 소개합니다. 누구나 쉽게 『대교리문답』을 이해할 수 있고, 특별히 목회자들에게는 교리 설교의 좋은 소스를 제공할 것입니다. 또한, 개인적으로는 이 교재와 더불어, 저자의 특강을 지역교회와 목회자 스터디 가운데 추천하고 싶습니다. 저희 교회가 경험하였듯, 여러분은 교리교육의 참 유익을 경험하게 될 것입니다.

오재경 목사(포항충진교회 담임목사)

이런 책을 기다렸습니다! 성경의 진리를 주제별로 다루는 『웨스트민스터 신앙고백』, 고백을 따라 믿음과 삶을 교훈하는 『소교리문답』, 『소교리문답』을 풍성하게 해설한 『대교리문답』은 모두 성경 곁에 두고 오래 애독해야 마땅한 장로교회의 유산입니다. 감사하게도 『신앙고백서』와 『소교리문답』은 비교적 많이 소개되었지만 『대교리문답』은 한글로 된 해설서가 거의 전무한 실정입니다. 이런 현실에서 교리교육 전문가의 성실한 번역과 해설, 삶으로 이어지도록 배려한 『1647 대교리』는 역사적인 성과가 아닐 수 없습니다. 이 책을 보는 순간 당장 몇 가지 모양으로 활용하고 싶은 열망이 일어났습니다. 1. 중고등부 원서 강독 - 주어진 단어, 숙어를 외우고 구문을 함께 분석하며 번역해가는 수업. 2. 대요리 문답 산책 - 번역문과 '원문대로 요약 및 구문대로 정리하기'를 활용해 대요리 문답 자체를 살펴보는 시간. 3. 대교리 문답과 함께 걷는 교리 산책 - '교리교사 카테키즘'이 제공하는 중요 교리를 골자로 운영하는 기초 교리반 등입니다. 한 학자의 땀, 세월, 그리고 교회 사랑이 듬뿍 담긴 이 책이 한국 교회에서 널리 사랑받으면 좋겠습니다.

문지환 목사(제8영도교회 담임목사)

본머스 장로교회를 개척하고 영국에 어학연수 온 학생들에게 신앙과 영어를 동시에 지도하려는 목적으로 시작한 *Westminster Shorter Catechim*(웨스트민스터 소교리교육서) 원문분석 스터디가 코로나 시기를 지나면서 목회자 대상의 실시간 영상 강좌로 발전했다. 그리고 이때 정리된 원고가 『1647 소교리』로 출간되었다. 그리고 소교리교육서를 공부한 목회자들의 요청에 따라 이어서 신앙고백서(*Westminster Confession of Faith*) 원문강좌가 진행되었고, 그 결과물로 나온 것이 『1646 신앙고백 1 & 2』이다. 이번에 출간하는 『1647 대교리』도 역시 같은 상황 속에서 원고가 만들어져서 한국의 교회에 소개된다.

이러한 이유로 나에게 있어서 이번에 출간되는 『1647 대교리』는 너무나 값지다. 이 책의 출간으로 웨스트민스터 소교리교육서, 대교리교육서, 신앙고백의 이 세 문서의 원문을 분석하고 정리한 자료가 한국에 처음으로 소개되는 것이기 때문이다. 거기에 더해 이 작업을 할 수 있는 상황과 기회가 나에게 주어졌다는 것이다. 모든 것이 다 하나님의 은혜와 섭리가 아닐 수 없다.

『1647 대교리』의 출간과 함께 웨스트민스터 교리표준 문서 세 가지의 번역과 원문분석을 세상에 내놓으며 나는 이 책을 읽는 독자들에게 바라는 것이 하나 있다. 나는 독자들이 나의 책을 최대한 자세히 살피고 연구하여 더 정확한 분석과 더 적절한 번역을 제시해주었으면 한다. 한국교회에 유익이 된다면 심지어 내 번역과 분석을 신랄하게 비판해도 좋다. 언제든지 환영한다.

마지막으로『1647 소교리』,『1646 신앙고백』, 그리고 이번에 출간되는『1647 대교리』가 세상에 나오기까지 내 옆에서 가장 적극적으로 그리고 너무나 따뜻하게 지지해주고 기다려준 사랑하는 아내 석정미, 그리고 자랑스러운 세 자녀 한길, 한겸, 에덴에게 나의 이 소소한 작업의 모든 공을 돌린다.

정두성

Westminster
Larger
Catechism

사람

제1문답

<제1문답>

Q1: What is the chief and highest end of man?

A1: Man's chief and highest end is to glorify God,[1] and fully to enjoy him for ever.[2]

(1) 롬11:36; 고전10:31 (2) 시73:24-26; 요17:22, 17:24.

번역

문: 사람의 제일 되고 가장 고귀한 목적은 무엇인가요?

답: 사람의 제일 되고 가장 고귀한 목적은 하나님을 영화롭게 하는 것과, 그로 인해 영구히 그분을 온전히 즐거워하는 것입니다.

원문 이해의 키

- the chief and highest end '제일 되고 가장 고귀한 목적'으로 and는 '~이면서 동시에'라는 의미로 사용되었다.

- end '목적'이라는 뜻이다. 그런데 이는 추구하고 지향해야 할 방향을 말하는 aim이나, 도전하고 성취해야 할 목표치를 말하는 goal과 다르다. end는 끝을 강조하는 표현으로 우리가 도달하게 되는 최종 목적지를 의미한다. 즉, end는 인간에 대한 하나님의 이 목적이 우리가 추구하거나, 성취해야 하는 목적이 아니라, 하나님께서 자기의 백성들을 인도하셔서 도달하게 하시는 최종 목적지라는 것을 잘 드러낸다.

- fully to enjoy him '그분을 온전히 즐거워하는 것'으로 하나님을 영화롭게 함으로 누리는 즐거움에는 조금의 부족함도 아쉬움도 없다는 것을 나타낸다. 참고로, 대교리문답은 to glorify God에는 fully가 없고, to enjoy him에만 fully를 언급함으로 하나님께 영광을 올려 드리는 부분에 있어서는 '우리의 미약함'을, 반면에 하나님의 은혜를 누림에 있어서는 'ㄱ 은혜의 풍성함'을 대조해서 나타내고 있다.

- **for ever** 영구히 (eternal: 영원히, everlasting: 영속적인)

원문대로 요약하고 구문대로 정리하기

1. 사람의 목적은 사람의 존재에 대한 하나님의 작정이다.

2. 사람의 목적은 사람이 스스로 추구하고 성취해야 하는 인생의 목적이 아니다.

3. 하나님을 영화롭게 하는 것과, 그로 인해 영구히 그분을 온전히 즐거워하는 이 사람의 목적은 사람이 이루는 것이 아니라, 하나님께서 사람을 통해 이루신다.

4. 하나님을 영화롭게 하는 것과, 그로 인해 영구히 그분을 온전히 즐거워하는 이 목적이 사람의 제일 되고 가장 고귀한 목적인 것은 이것만이 사람에 대한 하나님의 작정이 아니라는 뜻이 포함되어 있다.

5. 사람은 자신의 힘으로 결코 이 목적을 이룰 수 없다. 따라서 이 목적에 대한 사람의 자세는 하나님께서 자신을 통해 이 목적을 이루실 것을 믿고, 소망하는 것이다.

6. 대교리문답의 제2문부터 196문은 하나님께서 이 목적을 어떻게 이루어 가시는지에 대한 원리와 방법을 당사자인 사람에게 잘 보여준다.

[교리교사 카테키즘: 사람]

※ 하나님의 형상

하나님께서는 오직 인간만 자신의 형상으로 창조하셨다. 다른 어떠한 피조물들에게도 하나님께서는 자신의 형상을 허락하지 않으셨다. 이성을 가지지 않은 모든 피조물들뿐만이 아니라, 인간과 같이 이성적인 존재인 천사들에게도 하나님께서는 자신의 형상을 열어주지 않으셨다. 창조에 있어서 인간이 다른 피조물들과 분명히 다른 점은 크게 두 가지다. 말씀뿐만이 아니라 직접 흙으로 빚고 생기를 불어넣는 방법으로 만드셨다는 것과 자신의 형상으로 만드셨다는 것이다. 하나님께서는 이렇게 인간을 자신의 형상으로 만드신 후 보시면서 만족해하셨다. 흡족해하셨다. 보시기에 좋다고 평가하셨다.

인간이 하나님의 형상으로 지음받았다는 것은 창조될 때부터 하나님을 닮게 만들어졌다는 것이다. 즉, 처음부터 하나님을 닮았다는 것이다. 처음에는 아니었는데, 시간이 가면서 서서히 닮아져 간 것이 아니라, 또는 연습과 노력에 의해 하나님을 흉내 낼 수 있게 된 것이 아니라, 그 근본이 시작부터 닮았다는 것이다. 그리고 하나님을 닮았다는 것은 단지 형상만을 말하는 것도 아니다. 이는 이성적인 인격으로서 그 성품에 있어서도 닮았다는 말이다. 아들의 모습에서는 아버지의 모습이 드러나는 것이 보통이다. 이는 아들이 아버지를 닮았기 때문이다. 아버지를 닮은 아들이 자신의 모습을 통해 아버지를 반영하기 때문이다. 이러한 원리가 하나님의 형상을 지닌 인간에게서도 나타난다. 하나님과 그 형상으로 지음받은 인간의 관계에서도 나타난다. 즉, 인간이 자기 속에 내재된 하나님의 형상을 통해 하나님을 반영하는 것이다. 인간에게 하나님의 형상이 반영된 것은 그 자체가 창조의 원리다. 인간의 노력이나 소망이 아니라, 전적으로 하나님께서 창조하신 원리에 따라서 인간은 근본적으로 하나님을 반영하는 존재이다. 이러한 이유로 인간은 이 땅에 창조된 그 순간부터 하나님을 반영해 왔고, 지금 이 땅에 살아가는 모든 인간도 동일한 원리로 하나님을 반영하고 있다.

하나님의 형상으로서의 인간은 그 존재뿐 아니라, 그가 하는 일에 있어서도 하나님을 닮았다. 이러한 이유로 인간은 그가 하는 일을 통해서도 하나님을 반영한다. 하나님께서 인간을 창조하신 직후 보시며 좋다고 표현하신 것은 인간이 하는 일 또한 자신의 모습을 잘 드러내기에 부족함이 없었기 때문이었다. 즉, 이는 인간이 처음 창조된 때에는 창조자인 하나님께 전적인 사랑과 순종을 표현함으로써 그분의 형상을 잘 드러내는 삶을 살았다는 것을 말해준다. 인간이 하는 일에서 반영되는 하나님 자신의 모습 또한 보시기에 좋았다는 말이다.

온전한 하나님의 형상으로서의 인간은 그가 관계 맺고 있는 존재들 사이에서도 온전한 모습을 드러낸다. 하나님의 형상으로서 인간은 크게 세 대상과 관계를 맺고 있다. 첫 번째는 하나님과의 관계다. 두 번째는 같은 하나님의 형상인 이웃과의 관계다. 그리고 마지막 세 번째는 하나님께서 다스리라고 주신 자연 만물과의 관계다. 창조된 인간을 보시면서 하나님께서 보기 좋아하셨던 것은 인간이 모든 면에 있어서 하나님 자신과 닮았기 때문이며, 동시에 인간이 하나님 자신, 같은 하나님의 형상을 지닌 이웃, 그리고 자연 만물들과의 관계하는 것이 하나님 자신을 충분히 반영할 만큼 좋으셨다는 것이다.

하나님의 형상은 인간이 몸으로만 표현하는 것도, 영혼으로만 말하는 것도 아니다. 이는 인간의 모든 요소를 다 포함한다. 몸과 혼이 모두 다 하나님과 닮도록 만들어진 존재가 바로 인간이다. 이러한 하나님의 형상의 또 다른 특징은 오염될 가능성이 있다는 것이다. 하나님의 형상은 하나님께서 인간에게만 주신 것일 뿐 아니라, 인간의 본질적인 요소다. 따라서 어떠한 상황에서도 인간이 이 형상을 잃어버리는 경우는 없다. 비록 그것이 하나님께서 가장 싫어하시는 죄라 할지라도 그것이 하나님의 형상을 빼앗아 갈 수는 없다. 그러나 최초에 인간에게 주어진 하나님의 형상은 변질될 수는 있었다. 그 형상이 뒤틀릴 수는 있었다. 죄로 인해 하나님의 형상이 오염될 수는 있었다. 이러한 원리에 의해 타락 이후의 모든 인류가 오염된 하나님의 형상을 소유한 자들이 된 것이다. 이렇게 하나님의 형상이 오염되긴 했지만, 그러면서도 그 형상을 잃지 않고 여전히 유지하고 있는 것이다. 신자의 성화聖化, sanctification는 죄로 오염된 하나님의 형상을 회복하는 과정이다. 이때 신자는 이 과정을 통해 앞으로 완전히 회복될 그 형상을 마음 깊이 소망하기에, 더욱 경건에 이르기를 연습하는 것이다.

※ 하나님을 영화롭게 하고 즐거워하는 것이 신자의 목적인가? 인류의 목적인가?

웨스트민스터 대교리교육서와 소교리교육서는 모두 제1문에서 사람의 제일 되는 목적을 말한다. 사람의 제일 되는 목적은 하나님을 영화롭게 하고, 그로 인해 하나님을 영구히for ever 즐거워하는 것이다. 따라서 이 교리교육서들을 공부하는 신자들은 어떻게 하나님을 영화롭게 할 것인지를 가장 먼저 고민한다. 그리고 동시에 하나님을 기뻐하고 즐거워하는 삶에 대해 성경의 가르침을 찾는다. 이 문제에 대해 신자들이 이렇게 고민하는 것은 당연하다. 특히 이 문제를 자신의 신앙생활에 어떻게 구체적으로 적용할지 묵상하는 것은 정말 바람직한 현상이다.[1]

그런데 사람의 제일 되는 목적을 묵상할 때 신자들이 종종 놓치는 부분이 하나 있다. 그것은 '하나님을 영화롭게 하고, 그분을 영구히 즐거워하는 것'을 단순히 신자들의 삶의 목적으로만 생각하는 것이다. 따라서 이 목적을 신자들에게만 적용하는 것이다. 그러나 중요한 것은 '하나님을 영화롭게 하고, 그분을 영원토록 즐거워하는 것'은 신자들만이 고려해야 할 목적이 아니라는 것이다. 이것은 모든 인류의 목적이다. 즉, 이 땅의 인류 중 누구 하나 빠짐없이 하나님의 영광을 추구해야 하며, 또한 하나님 그분을 통해 기쁨을 누려야 한다. 이것이 바로 하나님께서 인류를 이 땅에 보내신 목적이다. 하나님께서 제정하신 인류의 존재 목적이다. 따라서 이 땅을 살아가는 사람이라면 신자든 불신자든 모두 이 목적을 따라야 할 의무가 있다.

---

1. WLC 1, WSC 1.

사람의 존재 목적은 사람이 결정하는 것이 아니다. 이 목적은 사람을 창조하신 하나님께서 작정하신 것이고, 사람에게 부여하신 것이다. 따라서 사람에게 있어서 이 목적은 스스로가 추구하는 목적이 아니라, 부여받은 목적이 되는 것이다. 그뿐만 아니라 이 목적을 성취하는 것 또한 사람의 몫이 아니다. 사람은 이 목적을 성취할 수 없다. 그럴 자격도 자질도 없다. 이 목적을 성취하시는 분은 이 목적을 세우시고, 부여하신 하나님 자신이시다. '하나님을 영화롭게 하고, 그분을 영구히 즐거워하는 것'은 하나님께서 기뻐하시는 하나님 자신의 뜻이다. 따라서 하나님께서는 스스로 이 목적을 성취하심으로 자신의 영광을 드러내신다.

하나님께서는 분명 스스로 이 목적을 성취하심으로써 자기의 영광을 취하신다. 그런데 하나님께서는 홀로 이 목적을 성취하지는 않으신다. 하나님께서는 사람을 통해서, 그리고 사람과 함께 이 목적을 성취하시기를 기뻐하신다. 이러한 이유로 사람의 존재 목적이 성취되기 위해서는 이 목적에 대한 사람의 반응이 아주 중요한 요인이 되는 것이다. 이 목적이 인류 전체에 대한 하나님의 목적이기에 하나님께서는 모든 사람에게 이 목적을 알려주신다. '본성의 빛'을 통해 모든 사람에게 자신들이 따라야 할 목적을 알려주신다. 따라서 인류는 그 누구도 자신들의 존재 목적을 알지 못했다고 부인할 수 없다.[2]

그런데 인류 중의 어떤 이들은 이렇게 하나님으로부터 주어진 자신들의 존재 목적을 기뻐하고 따라가지만, 또 다른 어떤 이들은 이 목적을 무시하고 자신들이 세운 새로운 목적들을 추구한다. 이것이 바로 신자와 불신자의 가장 큰 차이점 중 하나다. 신자들은 이 목적을 따르는 자들이다. 반면에 불신자들은 이 목적을 무시하는 자들이다. 신자들은 자신의 삶을 통해 이 목적을 온전히 성취하지 못하는 것을 애통해 한다. 반면에 불신자들은 이것과는 상관없이 자신들이 세운 인생의 목표를 성취하지 못하는 것을 안타까워한다.

그렇다면 모든 인류에게 주어진 존재의 목적에 대해 신자와 불신자가 이렇게 다르게 반응하는 이유는 무엇인가? 그것은 하나님께서 누군가에게는 이 목적을 기뻐하고 수용할 마음을 주시지만, 다른 누군가에게는 이러한 마음을 주지 않으시기 때문이다. 하나님께서 인류의 존재 목적을 받아들이게 하시고 그것을 추구하게 하심으로써 그 목적을 적극적으로 이루도록 노력하게 하시는 자들이 바로 신자들이다. 반대로 이 목적에 관심을 갖고자 하는 마음을 주지 않으심으로써 스스로 이 목적을 무시하도록 내버려 두시는 이들이 바로 불신자들이다. 이러한 점에서 볼 때 신자들은 인류의 목적을 하나님께서 성취하시는 데 참여하게 된 자들이라

2. WCF 1.1.

고 할 수 있다. '하나님께 영광을 돌리고, 그것을 통해 하나님을 영구히 즐거워하는 것'은 신자만의 목적이 아니라, 인류의 목적이다. 따라서 신자와 불신자에게 있어서 존재의 목적에는 어떠한 차이도 없다. 그러나 신자와 불신자에게 있어서 존재의 목적을 대하는 자세는 분명한 차이가 있다.

※ 신자는 피조물을 다스릴 권세를 어떻게 사용해야 하는가?

하나님께서는 자신의 선하신 뜻에 따라 아무것도 없는 상태에서 이 세상의 모든 만물들을 6일 동안 선하게 창조하셨다. 창조의 마지막 날인 제6일에는 자신의 형상을 따라 남자와 여자를 창조하시고 그들에게 자신이 창조한 세상을 다스릴 권세를 주셨다.[3] 이와 같은 하나님의 창조 기사를 성경 말씀을 통해서 읽을 때나 설교 말씀으로 들을 때, 참 신자들은 이 말씀을 아멘으로 받으면서 우리에게 주어진 이 권세를 하나님의 영광을 위해 잘 사용하겠다고 다짐한다. 그리고 창조자의 뜻에 따라 더 잘 다스리기 위해 더욱 깊이 말씀을 연구한다. 이것이 창조 기사를 대하는 일반적인 신자들의 모습이다.

신자들의 이러한 모습은 바람직할 뿐 아니라 분명 복된 모습이다. 그런데 우리가 하나님께서 주신 이 다스림의 권세를 다룰 때 종종 망각하는 중요한 사실이 하나 있다. 그것은 '하나님께서 주신 이 권세를 받은 사람은 누구를 말하는가?'하는 점이다. 하나님의 창조 기사는 대부분 교회에서 다뤄진다. 물론, 교회 밖 과학의 영역에서도 다뤄지기도 하지만, 하나님의 창조 기사가 교회 밖에서 다뤄질 때는 대부분이 성경의 기록에 의문을 품거나 성경의 내용을 거부하는 어떤 학설들에 관련된 경우들이다. 참 교회에서 다루는 창조 기사는 언제나 성경의 기록을 진리와 사실로 고백하는 방식으로 전달되며, 또 그렇게 받아들여진다. 그런데 상황이 이렇다 보니 창조 기사를 대하는 신자들 대부분은 하나님께서 주신 이 다스림의 권세와 명령이 당연히 하나님께서 신자인 자신들에게 주신 것이라고 생각한다. 경우에 따라서는 하나님께서 신자들에게만 특별히 주신 권세고, 사명이라고 생각한다.

그런데 이 부분에 대해서 우리는 좀 더 신중하게 생각해 보아야 할 필요가 있다. 생육하고 번성하고 땅을 정복하라는 이 권세가 하나님께서 사랑하시기로 작정한

---

3. WLC 15-17, WSC 9-10, 창 1:28; 2:15, 시 8:6-8.

택자들에게만 주어진 것인가? 아니면, 유기자들을 포함한 이 땅의 전 인류에게 주어진 것인가? 우리와 좀 더 밀접한 방식으로 표현하자면 하나님께서 이 권세를 신자들에게만 주셨는가? 아니면 불신자들에게도 동일하게 주셨는가? 이 질문에 대해 우리는 분명히 알아야 하고, 정확하게 대답할 수 있어야 한다. 하나님으로부터 그분께서 선하게 창조한 세상을 다스릴 권세를 받은 자들은 택자와 유기자, 그리고 신자와 불신자의 구분이 없는 전 인류다. 세상을 다스리는 것은 택자만이 아니라, 모든 인류가 받은 특권이다. 또한 이것은 특권일 뿐 아니라 의무이기도 하다. 따라서 이 세상의 모든 인류는 그가 신자이든, 불신자이든 하나님께서 선하게 창조하신 모든 만물을 창조자의 의도에 따라 다스려야 할 의무가 있다.

이러한 이유로 하나님께서 창조하신 세상을 다스릴 권세에 있어서 택자와 유기자, 다시 말해 신자와 불신자의 차이는 이 권세를 받았는지, 그렇지 않은지의 문제가 아니다. 모든 이들이 동일한 권세를 가지고 있기에 이것은 신자와 불신자를 구별하는 기준이 될 수 없다. 그러나 하나님께서 인류에게 주신 이 다스림의 권세를 어떻게 사용하는지와 그 의무를 어떻게 수행하는지에 대해서는 신자와 불신자 사이에 분명한 차이가 있다. 참 신자는 이 권세를 창조자의 뜻을 따라 사용하려 한다. 모든 만물이 창조된 최초의 상태를 잘 유지할 수 있도록 최선을 다한다. 이들은 자신들이 부여받은 권세를 사용하여 어떠한 피조물도 하나님의 영광을 가리는 일이 없도록 세심한 주의를 기울인다. 하나님께서 창조하신 만물들 하나하나에 그분의 선한 다스림의 손길이 골고루 미치도록 노력한다.

그뿐만 아니라 신자는 이 권세를 이웃을 섬기는 선한 방편으로 사용한다. 동시에 이 권세를 잘못 사용하여 이웃이 해를 입는 일이 없도록 주의한다. 이를 위해 신자들은 이웃들과 조화로운 방식으로 이 권세를 사용하려고 노력한다. 물론 여기서 이웃은 신앙 공동체에 속한 신자만을 말하는 것이 아니다. 하나님께서 창조하신 모든 인류가 우리의 이웃이다. 이렇게 살펴본 것처럼 신자가 하나님께로부터 부여받은 이 권세를 창조자의 뜻에 따라 사용할 때, 그 방향과 방법은 크게 두 가지로 나타난다. 하나는 하나님의 영광을 가리지 않는 것이며, 나머지 하나는 이웃이 손해를 보지 않도록 하는 것이다. 여기서 전자의 방식을 하나님 사랑의 방식이라고 한다면, 후자는 이웃 사랑의 방식이라고 할 수 있다. 결국 신자는 세상을 다스릴 권세를 하나님 사랑과 이웃 사랑의 방식으로 사용하는 사람들이라고 할 수 있다.

반면에 불신자들은 이 권세를 주로 자신들의 유익을 위해서 사용한다. 이러한 자들은 자기의 유익에 도움이 된다면 이 권세를 사용하여 다른 피조물들은 물론, 자신 외에 다른 사람들의 권세를 제한하는 것도 서슴지 않는다. 심지어 이런 이들에게는 자기의 유익을 위해서라면 다른 사람들에게 해를 끼치는 것 정도는 아무런 문제가 되지 않는다. 이러한 점으로 볼 때 이들은 하나님께서 부여해 주신 세상을 다스릴 권세를 오직 자기 사랑의 방식으로만 사용하는 자들이라 할 수 있다. 물론 불신자들 중에도 비교적 양심이 선한 사람들이 있다. 이들은 단지 자신들의 유익뿐 아니라, 다른 사람들의 유익을 위해서 이 권세를 사용하기도 한다. 즉, 이 권세와 의무를 이웃 사랑의 수단으로 사용하는 이들도 있다. 그리고 이렇게 이 권세를 이웃을 위한 선행의 도구로 사용하는 자들 대부분은 주위의 사람들로부터 칭송을 받게 된다. 그리고 이들의 선행을 통해 사회는 더욱 훈훈해진다.

그런데 여기서 우리가 생각해 볼 것이 하나 더 있다. 물론 선행을 행한 사람이 칭송을 받는 것은 당연하다. 그런데 하나님께서 주신 이 다스림의 권세를 사용한 결과로 사람이 칭송을 받는 것이 합당한 것인지는 생각해 볼 필요가 있다. 하나님께서 세상을 창조하신 목적은 하나님 자신의 영광이다. 그뿐만 아니라 사람을 창조하시고 세상을 다스리게 하신 것 또한 이를 통해 스스로 영광을 취하시기 위함이다. 따라서 위와 같은 상황의 옳고 그름을 판단하고 이해하기 위해서는 하나님께서 사람에게 다스리는 권세를 주신 목적에 비춰서 생각해야 한다. 그리고 사람이 다스리는 권한을 부여받은 만물은 그 소유가 전적으로 그것을 창조하신 하나님께 있다는 것 또한 잊어서는 안 된다. 이러한 원리로 본다면 그 방법이 사람들 보기에 아무리 선하게 보일지라도 자신의 것이 아닌 것을 자신의 것인 양 사용해서 자기가 칭송을 받는 것은 주인이 받아야 할 영광을 가로채는 것이다.

요약하면 다음과 같다. 세상을 다스릴 권세는 모든 인류가 받은 특권이다. 이것을 오직 신자의 특권으로만 생각해서는 안 된다. 신자는 이 특권을 하나님 사랑과 이웃 사랑의 방식으로 사용함으로써 하나님의 영광을 드러낸다. 반면에 불신자들은 이를 결코 하나님 사랑의 방식으로 사용하지 않고 자기 사랑이나 이웃 사랑의 방식으로만 사용함으로써, 하나님께 영광이 돌아가지 못하게 하는 결과를 초래한다. 신자는 이 권세를 창조자의 뜻에 따라 잘 사용할 수 있도록 더욱 노력해야 한다. 어떻게 하면 이 권세를 하나님 사랑과 이웃 사랑의 방식으로 잘 적용할 수 있을지 부단히 학습하고 적용하는 훈련을 해야 한다. 성경에서 그 답을 찾고, 교회에서 훈련하여, 세상 속에서 적용해야 한다. 이를 통해 하나님께 영광을 돌리고, 그로 인해 즐거워해야 한다.

	신자	불신자	
권세 사용법	하나님 사랑과 이웃 사랑	이웃 사랑	자기 사랑
결과	하나님께 영광과 이생의 기쁨	자기가 칭송을 받음	자기가 비난을 받음

※ 당신은 사랑받기 위해 태어난 사람

'당신은 사랑받기 위해 태어난 사람'이라는 곡은 신자들을 대상으로 한 곡인가? 아니면 불신자도 이 노래의 대상이 될 수 있나? 성도가 교제할 수 있는 이들은 오직 성도들이다. 따라서 성도는 오직 성도하고만 교제해야 한다. 그렇다면 성도의 사랑의 대상은 어떠한가? 성도는 오직 성도만 사랑해야 하는가? 아니면 모든 사람을 다 사랑해도 되는가? 이 문제에 대한 답은 성도에게서 찾으면 안 된다. '성도가 누구를 사랑할 수 있을지, 혹은 사랑하면 안 되는지'가 이 문제의 답을 줄 수 없다는 것이다. 이 문제의 답은 오히려 '누구'에게 있다. 다시 말해, '인류 중 누가 사랑받을 자격이 있는가?'를 따져봐야 한다. 인류 중 사랑받을 수 있는 자격은 모두에게 있다. 모든 사람이 다 사랑받을 자격이 있는 것은 그들이 모두 하나님의 형상이기 때문이다. 성도가 이웃을 사랑해야 하는 것도 바로 이 때문이다.

이러한 이유로 성도는 신자든 불신자든 모든 인류를 사랑해야 한다. 하나님께서 '네 이웃을 네 몸과 같이 사랑하라'는 말씀을 권유가 아니라 명령으로 하신 이유도 바로 이 때문이다. 결국 성도가 이웃을 사랑하는 것은 그들을 하나님의 형상으로 대우하는 것이다. 그뿐만 아니라 성도의 사랑의 실천은 하나님을 전하는 귀중한 방편이 되기도 한다. 다시 말해 이웃 사랑이 전도의 좋은 방편이 되는 것이다 마5:16. 물론 통상적으로 말씀 전파 없이 이웃 사랑만으로는 하나님께서 효력 있게 택자를 부르시지는 않지만, 성도가 실천하는 사랑이 이웃에게 하나님을 소개하는 좋은 수단이 되는 것은 분명하다.

따라서 '당신은 사랑받기 위해 태어난 사람'은 신자뿐 아니라, 모든 불신자에게도 불러 줄 수 있는 노래라고 할 수 있다. 오히려 이러한 노래는 불신자들에게 그들이 하나님의 형상으로서 사랑받을 자격이 있음을 알려줄 수 있는 좋은 도구가 될 수도 있다. 물론 이러한 전도의 효과는 참다운 이웃 사랑이 실천으로 병행될 때 더욱 잘 나타날 것이다. 따라서 신자는 올바른 이웃 사랑의 실천으로 나타나는 신자의 착한 행실이 우리의 이웃들로 하여금 하나님을 알게 하고, 심지어 하나님께 영광을 돌리게까지 한다는 것을 명심해야 한다.

성경

제2~6문답

⟨제2~6문답⟩

Q2: How doth it appear that there is a God?

A2: The very light of nature in man, and the works of God, declare plainly that there is a God;[1] but his word and Spirit only do sufficiently and effectually reveal him unto men for their salvation.[2]

(1) 롬1:19,20; 시19:1-3; 행17:28 (2) 고전2:9,10; 딤후3:15-17; 사59:21.

번역

문: 하나님이라는 분이 계시다는 것이 어떻게 나타나나요?

답: 사람 안에 있는 바로 그 본성의 빛과 하나님의 사역들이 하나님께서 계시다는 것을 분명하게 선포하지만, 사람들의 구원을 위해서는 오직 그분의 말씀과 영만이 그들에게 하나님을 충분하고 효과적으로 계시하십니다.

원문 이해의 키

- How does it appear that~? '가주어-진주어' 구문으로 that~이 진주어이고, it이 가주어 이다. 따라서 이 문장은 'that~은 어떻게 나타납니까?'로 이해해야 한다.

- there is a God. 우리가 믿는 창조주 하나님을 나타내는 God은 원칙적으로 관사를 붙이지 않는다. the God으로도, a God으로도 표현하지 않는다. 따라서 이 문답에서 사용된 a God은 '하나님'이 아닌, '하나님이라는 분'으로 이해해야 한다.

- The very light of nature in man '사람 안에 있는 바로 그 본성의 빛'으로 이 표현은 그 자체로 하나님께서 본성의 빛(the light of nature)을 어디에 두셨는지를 밝히고 있다. man은 하나님께서 창조하시는 모든 사람을 말한다. 따라서 이 표현을 통해 우리는 본성의 빛이 택자와 유기자 모두에게 주어졌다는 것을 알 수 있다.

- The very light of nature in man, and the works of God, declare~ that there is a God '본성의 빛과 하나님의 사역은 하나님이라는 분이 계시다는 것을 선포한다'로 본성의 빛과 하나님의 사역은 선포의 일을 하는 것으로 설명한다.

- his Word and Spirit only do~ reveal him. '그분의 말씀과 영만이 그분을 계시하신다'로 하나님의 말씀과 영만이 계시의 일을 한다고 설명한다.

- declare plainly 본성의 빛과 스스로의 사역들을 통한 하나님의 선포는 분명하다.

- sufficiently and effectually reveal 말씀과 영을 통한 하나님의 계시는 구원에 있어서 충분하고 효과적이다. 여기서 '효과적으로(effectually)'는 여러 다양한 방식으로 결과가 나타나는 데 효과가 있다는 것을 말하는 것이 아니라, 그 결과가 하나님께서 작정하신 그대로 실현된다는 뜻이다.

<원문대로 요약하고 구문대로 정리하기>

1. 하나님께서는 자신의 존재를 사람들에게 직접적이고 분명하게 드러내신다.
2. 하나님께서 자신의 존재를 사람들에게 직접적으로 드러내시는 것을 일반계시라고 한다.
3. 하나님의 일반계시는 크게 두 가지 방식인데, 하나는 모든 사람의 심정 속에 심어 주신 본성의 빛을 통한 것이고, 다른 하나는 자연과 만물을 통한 것이다.
4. 하나님께서 사람 안에 심어 주신 본성의 빛은 하나님이라는 분이 존재한다는 것을 분명하게 선포한다.
5. 자연과 만물에 대한 하나님의 사역들은 하나님이라는 분이 존재한다는 것을 분명하게 선포한다.
6. 비록 사람이 하나님의 일반계시를 통해 하나님이라는 분이 존재한다는 것을 안다고 할지라도, 말씀과 성령이 아니면 자신이 생각하는 하나님과 세상을 창조하시고, 택자를 구원하시는 참 하나님을 일치시킬 수 없다.
7. 오직 말씀과 성령만이 참 하나님을 충분히, 그리고 효과적으로 계시한다.
8. 하나님께서 말씀과 성령을 통해 자신을 드러내시는 것을 하나님의 특별계시라고 한다.

Q3: What is the word of God?

A3: The holy scriptures of the Old and New Testaments are the word of God, [1] the only rule of faith and obedience. [2]

(1) 딤후3:16; 벧후1:19-21 (2) 사8:20; 눅16:29, 31; 갈1:8,9; 엡2:20; 계22:18,19.

<번역>
문: 하나님의 말씀은 무엇인가요?
답: 신약과 구약의 거룩한 성경전서가 하나님의 말씀으로, 믿음과 순종의 유일한 법칙입니다.

<원문 이해의 키>
- Scriptures '성경전서'로 66권의 '성경'(Scripture)을 모두 한 번에 일컫는 표현이다.
- the only rule of faith and obedience '믿음과 순종의 유일한 법칙'

<원문대로 요약하고 구문대로 정리하기>
1. 구약 39권과 신약 27권의 66권 각 권은 모두 성경(Scripture)이다.
2. 구약 39권과 신약 27권의 66권으로 된 묶음을 성경전서(Scriptures)라고 한다.
3. 구약 39권과 신약 27권의 66권 각 권의 성경(Scripture)들은 모두 하나님의 말씀이다.
4. 구약 39권과 신약 27권의 66권으로 된 묶음인 성경전서(Scriptures)는 하나님의 말씀이다.
5. 구약 39권과 신약 27권의 66권 각 권의 성경(Scripture)들은 모두 거룩하다.
6. 구약 39권과 신약 27권의 66권으로 된 묶음인 성경전서(Scriptures)는 거룩하다.
7. 구약과 신약의 66권 각 권인 성경들은 모두 믿음과 순종의 유일한 법칙이다.
8. 구약과 신약의 66권으로 묶인 성경전서는 믿음과 순종의 유일한 법칙이다.

Q4: How doth it appear that the scriptures are the word of God?

A4: The scriptures manifest themselves to be the word of God, by their majesty[1] and purity;[2] by the consent of all the parts,[3] and the scope of the whole, which is to give all glory to God;[4] by their light and power to convince and convert sinners, to comfort and build up believers unto salvation:[5] but the Spirit of God bearing witness by and with the scriptures in the heart of man, is alone able fully to persuade it that they are the very word of God.[6]

(1) 호8:12; 고전2:6,7; 시119:18,129 (2) 시12:6; 119:140 (3) 행10:43; 26:22; 눅24:27 (4) 고후3:6-11; 롬16:25-27; 3:19,27 (5) 행18:28; 롬15:4; 행20:32; 히4:12; 약1:18; 시 19:7-9; (6) 요16:13,14; 20:31; 요일2:20,27.

<번역>

문: 성경전서가 하나님의 말씀이라는 것이 어떻게 나타나나요?

답: 성경전서는 그 자체의 존엄과 순수성, 모든 부분들의 일치와 하나님께 영광을 드리는 전체의 의도, 그리고 죄인들을 깨닫게 하여 회심하게 하고, 구원에 이르도록 신자들을 위로하고 자라게 하는 그 자체의 빛과 능력에 의해서 그 자체가 하나님의 말씀이라는 것을 명백히 드러내지만, 성경전서에 의해, 그리고 성경전서와 함께 사람의 심정에서 증언하시는 성령님만이 그것들이 하나님의 바로 그 말씀이라는 것을 온전히 설득하실 수 있습니다.

<원문 이해의 키>

- How does it appear that~? '가주어-진주어' 구문으로 that~이 진주어이고, it이 가주어이다. 따라서 이 문장은 'that~은 어떻게 나타납니까?'로 이해해야 한다.
- by their majesty and purity 그 자체의 존엄과 순수성에 의해
- the scope of the whole, which is to give all glory to God 콤마(,) which가 계속적인 용법이기에 '전체의 의도, 그것은 하나님께 모든 영광을 드리는 것인데'로 해석해야 하나, 전체적인 의미에 큰 지장이 없는 한 '하나님께 영광을 드리는 전

체의 의도'처럼 한정적 용법으로 해석해도 될 것 같다.

- their light and power to convince and convert sinners, '죄인들을 깨닫게 하여 회심하게 하는 그 자체의 빛과 능력'
- (their light and power) to comfort and build up believers '신자들을 위로하고 자라게 하는 (그 자체의 빛과 능력)'
- the Spirit of God bearing witness the Spirit of God (who is) bearing witness '증언하시는 성령님'
- the very Word of God '하나님의 바로 그 말씀' 혹은 '하나님의 참 말씀'으로 the very는 '바로 그'라는 뜻과 '참'이라는 뜻을 함께 나타낸다.

<원문대로 요약하고 구문대로 정리하기>

1. 구약 39권과 신약 27권의 성경전서는 그 자체의 존엄과 순수성에 의해 하나님의 말씀이라는 것을 명백히 드러낸다.

2. 성경전서는 구약 39권과 신약 27권의 모든 부분들의 일치를 통해 하나님의 말씀이라는 것을 명백히 드러낸다.

3. 성경전서는 구약 39권과 신약 27권의 모든 성경들의 전체 의도가 하나님의 영광을 드러내는 데 있다는 점에서 하나님의 말씀이라는 것을 명백히 드러낸다.

4. 성경전서는 구약 39권과 신약 27권의 모든 성경들이 죄인들을 깨닫게 하여 회심하게 하는 그 자체의 빛과 능력이 있다는 점에서 하나님의 말씀이라는 것을 명백하게 드러낸다.

5. 성경전서는 구약 39권과 신약 27권의 모든 성경들이 구원에 이르도록 신자들을 위로하고 자라게 하는 그 자체의 빛과 능력이 있다는 점에서 하나님의 말씀이라는 것을 명백하게 드러낸다.

6. 성경전서는 그 자체로 하나님의 말씀이라는 것을 명백하게 드러내지만, 사람은 스스로의 능력으로는 결코 이 사실을 분명하게 이해할 수 없을뿐더러, 오염된 본성에 의해 오히려 이 사실을 거부하려는 경향이 더 지배적이다. 사람은 오직 성령님의 설득에 의해서만 성경전서가 하나님의 말씀임을 받아들이고 시인하게 된다.

Q5: What do the scriptures principally teach?

A5: The scriptures principally teach, what man is to believe concerning God, and what duty God requires of man.[1]

(1) 딤후1:13; 3:16; 시119:105.

<번역>

문: 성경전서는 주로 무엇을 가르치나요?

답: 성경전서는 주로 사람이 하나님에 대하여 무엇을 믿어야 하는지와, 하나님께서 사람에게 어떠한 의무를 요구하시는지를 가르칩니다.

<원문 이해의 키>

- **The Scriptures principally teach** '성경전서는 주로 가르친다'로 이는 성경전서 자체가 가르치는 기능을 하고, 또한 가르치는 능력이 있음을 나타내는 표현이다.

- **What man is to believe concerning God** man은 신자만이 아니라 하나님께서 창조하신 모든 사람을 말한다. 이 땅의 모든 사람은 하나님에 대하여 믿어야 할 바가 있다.

- **What duty God requires of man** man은 신자만이 아니라 하나님께서 창조하신 모든 사람을 말한다. 하나님께서는 이 땅의 모든 사람에게 어떠한 의무를 요구하신다. 이 의무는 개별적인 의무가 아니라, 모든 사람에게 주어지는 공통의 의무이다.

<원문대로 요약하고 구문대로 정리하기>

1. 구약 39권과 신약 27권은 모두 주로 크게 두 가지를 공통적으로 가르친다.

2. 구약 39권과 신약 27권이 공통적으로 주로 가르치는 것 중 하나는 사람이 하나님에 대하여 믿어야 할 것들이다.

3. 구약 39권과 신약 27권이 공통적으로 주로 가르치는 것 중 나머지 하나는 하나님께서 사람에게 요구하시는 의무들이다.

4. 사람은 성경을 설교할 때나 읽을 때 항상 하나님의 대하여 무엇을 믿어야 할지와 하나님께서 사람에게 요구하시는 것이 무엇인지에 대해 초점을 맞춰야 한다.

Q6: What do the scriptures make known of God?

A6: The scriptures make known what God is,[1] the persons in the Godhead,[2] his decrees,[3] and the execution of his decrees.[4]

(1) 요4:24; 출3:14; 34:6,7; 히11:6 (2) 마3:16,17; 28:19; 고후13:13; 요일5:7 (3) 엡1:11; 사46:9,10; 행15:14,15,18 (4) 행4:27,28; 사42:9.

<번역>

문: 성경전서는 하나님에 관하여 무엇이 알려지도록 하나요?

답: 성경전서는 하나님이 어떤 분이신지, 신격 안에 있는 위격들, 그분의 작정들, 그리고 그분의 작정들의 수행이 알려지도록 합니다.

<원문 이해의 키>

- **What do the Scriptures make known of God?** make는 5형식 사역동사로 주어인 the Scriptures가 하나님에 관해 어떠한 사실들이 공개적으로 알려지도록 하는 데 주도적이고 강제적인 역할을 한다는 것을 나타내는 용도로 사용되었다.

- **What God is, the persons in the Godhead, his decrees, and the execution of his decrees.** 성경전서가 공개적으로 드러내는 것 네 가지를 A, B, C, and D의 구조로 풀어서 나타내고 있다. 이 네 가지는 모두 make의 목적어들이다.

- **What God is** '하나님이 어떤 분이신지'로 하나님을 who가 아니라, what으로 표현하고 있다. 이 부분에 대한 설명은 7문답의 <원문 이해의 키>를 참고하라.

- **the persons in the Godhead** '신격 안에 있는 위격들'

- **his decrees** '그분의 작정들'

- **the execution of his decrees** '그분의 작정들의 수행'

<원문대로 요약하고 구문대로 정리하기>

1. 구약 39권과 신약 27권의 모든 성경은 하나님이 어떤 분이신지 알려준다.

2. 구약 39권과 신약 27권의 모든 성경은 신격 안에 있는 위격들을 알려준다.

3. 구약 39권과 신약 27권의 모든 성경은 하나님의 작정들을 알려준다.

4. 구약 39권과 신약 27권의 모든 성경은 하나님의 작정 수행을 알려준다.

[교리교사 카테키즘: 성경]

※ 모든 성경(딤후3:16)이란?

바울이 디모데후서 3:16에서 성경에 관해 사용한 표현인 '모든 성경πᾶσα γραφὴ'은 복수가 아니라 단수다. 대부분의 영어 성경도 바울의 표현을 그대로 살려서 단수로 표현하고 있다.[1] 『벨기에 신앙고백서』도 성경을 단수로 설명한다. 벨기에 신앙고백서는 성경을 단수로 설명하면서 '66권이 하나로 묶여 있는 하나의 성경'만이 하나님께서 주신 유일한 정경임을 강조한다. 이는 외경과 구분하여 정경의 권위를 부각시키는 효과를 기대함과 동시에 66권으로 정리된 정경에 어떠한 내용도 새로 첨부하거나 삭제할 수 없다는 것을 신앙으로 고백함을 의미한다.[2] 『웨스트민스터 신앙고백서』도 성경을 단수로 표현한다. 웨스트민스터 신앙고백서 제1장의 제목이 '성경에 관해서'(Of the Holy Scripture)라는 것만 보아도 잘 알 수 있다. 그런데 『웨스트민스터 대교리교육서』와 『소교리교육서』는 성경을 단수가 아닌 복수로 가르친다. 이 두 교리교육서는 모두 성경을 표현할 때 '성경(Scripture)'을 사용하지 않고, '성경전서(Scriptures)'를 사용한다. 이를 통해 이 두 개의 교리교육서는 성경 66권 각 권들을 모두 동일한 권위로 다루고 있다. 앞서 언급한 것처럼 웨스트민스터 신앙고백서는 분명 성경을 단수로 표현한다. 그러나 구약 39권과 신약 27권의 목록을 제시하면서 이를 '하나님의 영감으로 주어진 믿음과 생활의 법칙이 되는 모든 것들All which are given by inspiration of God to be the rule of faith and life'이라고 표현함으로써 성경 66권 모두가 각각 하나님의 영감으로 되었을 뿐 아니라, 신앙과 삶의 법칙이 된다는 것을 말해준다.[3]

---

1. All Scripture(KJV, ESV, NASB, NET, NLT, RSV, NIV)

2. BC 4-7.

3. WCF 1.2.

신앙고백서와 교리교육서들의 이러한 설명을 통해 우리는 '모든 성경'이 한 권으로 정리된 신구약 전체를 말하는 것임과 동시에 66권 각 권을 모두 말한다는 것을 알 수 있다. 다시 말해 우리의 신앙고백서와 교리교육서는 성경 66권 각 권이 모두 다 하나님의 영감으로 기록된 것임을 말해준다. 그뿐만 아니라 이 문서들은 신구약 전체가 한 권으로 묶인 성경전서 the Bible는 물론이거니와, 66권 각 권 하나하나가 모두 우리의 신앙과 삶의 법칙이 된다고 가르친다. 이는 66권 중 어느 한 권도 우리의 신앙과 삶의 법칙을 가르치는 데 전혀 부족함이 없다는 뜻이기도 하다. 따라서 우리는 성경을 대할 때 창세기나 이사야 혹은 예레미야 같이 그 분량이 많은 성경은 우리의 신앙과 삶의 법칙을 충분히 다루고 있지만, 학개나 요한3서 혹은 유다서처럼 분량이 적은 성경은 그 부분에서 다소 부족함이 있다고 생각해서는 안 된다. 또한 예수님과 사도들의 가르침이 대부분인 신약은 우리의 믿음의 법칙을 다루고, 율법에 대한 언급이 많은 구약은 우리의 삶의 법칙을 각각 다루고 있다는 식으로 이해해서도 안 된다.

66권 성경 모두 우리의 믿음과 삶의 법칙을 가르치기에 충분하다. 다시 말해 성경전서 중 어느 권을 통해서라도 우리는 우리의 믿음과 삶의 법칙을 충분히 배울 수 있다. 예를 들어 어느 선교 지역에 성경이 번역될 때 아직 66권이 완전히 번역되지 않고 창세기와 누가복음만 번역되었다고 하자. 이러한 상황에서 선교지에서 처음 복음을 접한 자들에게는 성경이라고 하면 자신들의 언어로 번역된 창세기와 누가복음뿐이다. 따라서 이들은 이 두 성경의 내용만 듣고 읽고 묵상할 수밖에 없게 된다. 그렇다면 이 두 권만으로 배우는 신앙과 삶의 법칙이 성경 66권이 다 번역된 전체를 가지고 신앙생활을 하는 이들에 비해 다소 균형적이지 않거나 부족하겠는가? 결코 그렇지 않다. 물론 이들은 두 권을 제외한 나머지 64권의 내용을 접할 수는 없다. 그러나 복음의 핵심이 되는 믿음과 삶의 법칙을 배우는 데는 전혀 문제가 없다. 왜냐하면 하나님의 영감으로 기록되었으며 믿음과 삶의 법칙을 충분히 포함한 성경을 그들이 두 권이나 가지고 있기 때문이다. 이러한 원리로 볼 때 비록 66권 중에 한 권만 번역되었다 하더라도 그 성경은 그 지역의 성도들에게 믿음과 삶의 법칙을 충분히 제공해 주기에 전혀 부족함이 없다.

※ 간접 일반계시와 직접 일반계시

간접 일반계시 (Mediate General Revelation)	직접 일반계시 (Immediate General Revelation)[4]
창조계시 (시19:1-14) 전 인류에게 창조 세계를 중계로 자연과 사물을 통해 창조주의 영광을 드러내심 타락에 의해 오염됨	도덕계시 (롬1:18-23; 2:14-15) 전 인류에게 중계 없이 인간의 마음에 직접 인간에게 신을 추구하는 본능을 주심 타락으로 왜곡되었으나, 여전히 남아있음.

※ 성령의 조명과 계시를 혼동하지 말라

성경은 하나님의 영감으로 기록되었다. 이 말은 하나님께서 특정한 몇몇 사람을 선택해서 그들에게 자신의 뜻을 직접 계시하심으로써 성경을 기록하게 하셨다는 것을 의미한다. 그뿐만 아니라 성경은 완성된 하나님의 계시다. 이 말은 하나님께서는 성경 속에 자신의 뜻을 모두 계시하셨기에 이제는 더 이상 별도의 계시를 하지 않으신다는 것을 의미한다. 이처럼 하나님께서 이미 완성된 계시로 성경을 주셨기에 우리에게 더 이상 새로운 계시는 없다. 따라서 기록된 성경을 가진 우리가 해야 할 것은 성경 속에 밝히 드러나 있는 하나님의 뜻을 추구하며 그 뜻대로 사는 것이다.

그런데 자칭 그리스도인이라 하는 사람들 중 많은 이들이 이미 완성된 성경을 가지고 있음에도 불구하고 하나님으로부터 새로운 계시를 받고자 한다. 그리고 심지어 하늘로부터 직접적인 계시를 받았다고 주장하는 이들도 상당하다. 이러한 부류의 사람들 중 어떤 이들은 하나님께서 교회를 매개로 새로운 계시를 지속적으로 내리신다고 생각한다. 로마 가톨릭교회가 바로 여기에 해당한다. 이들은 교회에 주어지는 새로운 계시를 통해 심지어 기록된 성경도 재해석되어야 한다고까지 주장한다. 그리고 하나님께서 믿음의 사람들에게 여전히 사적인 계시를 내리신다고 믿는 자들도 상당하다. 기도하는 가운데 혹은 일상생활 중에 하나님께서 갑자

---

4. 'immediate'의 일반적인 의미는 '즉시'다. 그러나 이 단어가 신학적인 용어로 사용될 때는 '중개 없이' 혹은 '중계를 거치지 않고'의 의미가 된다. 웨스트민스터 신앙고백서에서는 직접일반계시를 '본성의 빛'(The light of nature)이라 표현한다. 참고, WCF 1.1, 21.1.

기 계시를 주셔서 무엇을 어떻게 해야 할지를 가르쳐 주시거나, 위험한 상황을 피할 지혜를 주셨다는 간증을 하는 이들을 우리는 심심찮게 볼 수 있다. 이러한 사람들에게 하나님의 사적 계시는 그들에게만 주어지는 성령의 특별한 은사 사역으로 이해되기에 이렇게 주어진 계시는 별도의 검증 없이 개인이나 공동체의 삶에 바로 적용되는 것이 일반적인 현상이다.

그러나 분명한 사실은 이 시대에 하나님께서 계시하시는 방법은 오직 성경이라는 것이다. 물론 성경 외에 일반계시를 말할 수도 있다. 그러나 일반계시 또한 하나님의 존재를 나타내는 차원과 우리의 마음속에 주신 양심과 종교심을 통해 하나님을 찾고, 도덕법을 따라 살게 하는 데는 이미 충분하기에 특별하거나 새로운 계시는 필요하지 않다. 그렇다면 하나님의 계시가 이미 완성되었다는 것이 이렇게 분명함에도 왜 많은 사람들이 새로운 계시를 기대하는 것인가? 또한 이러한 사람들이 성령으로부터 새로운 계시를 받았다고 확신하는 이유는 과연 무엇인가? 이렇게 주장하는 이들은 대부분 성령님께서 실제 자신에게 무엇인가를 말씀하시는 것을 체험했다고 말한다. 기도하는 중에 떠오른 생각들을 통해 힘들게 여겨졌던 많은 문제들이 해결되는 경험을 했다고 말한다. 그러면서 이들은 기도하는 중에 하나님께서 자기에게 계시해 주신 특별한 지혜를 통해 문제를 해결할 수 있었다고 주장한다. 이러한 간증을 들으면 많은 신자들이 자신들도 그러한 경험을 할 수 있기를 소망한다. 자신들에게도 그들처럼 특별한 계시의 영을 부어주길 소망한다. 또한 개중에는 이처럼 사적계시의 능력을 받은 것처럼 보이는 이들을 찾아가 자신을 대신해 기도하고 자신을 위한 특별한 계시를 받아 주길 부탁하는 이들도 있다.

그렇다면 왜 신자들 사이에 이러한 현상들이 빈번히 일어나는 것일까? 왜 많은 사람들이 현재 존재하지도 않는 사적 계시를 경험한 것처럼 착각에 빠지는 것일까? 그것은 다름 아닌 성령의 조명The Illumination of the Holy Spirit과 계시Revelation를 착각하기 때문이다. 성령은 분명 계시의 영이시다. 성경이 기록될 때 저자들에게 영감을 준 이가 바로 성령님이시다. 그런데 성령은 성경이 기록된 이후로는 더 이상 이전과 같은 계시의 방법으로 일하지 않으신다. 성경과 함께 성령께서 사역하시는 새로운 방법은 다름 아닌 조명이다. 성경이 없을 때 성령의 사역이 계시였다면, 성경과 함께하시는 성령의 사역은 조명이다. 성경이 기록될 때 영감을 주셨던 바로 그 성령님께서 신자가 성경을 읽거나 들을 때 조명하시는 것이다.

성령님께서 신자를 조명하신다는 것은 신자가 하나님의 말씀을 듣고, 받고, 또 바로 이해하도록 도우시는 것을 말한다. 그리고 이렇게 자기 것으로 소화한 말씀을 적절하게 적용할 수 있도록 돕는 것이 바로 성령의 조명이다. 그럼 성령은 어떠한 방식으로 신자를 조명하시는가? 그것은 바로 신자가 하나님으로부터 선물로 받은 믿음을 자극하시는 것이다. 그래서 신자가 이 믿음을 통해 하나님의 말씀에 반응하게 하시는 것이다. 그러나 성령님께서는 결코 강압적으로 신자를 끌고 가지는 않으신다. 성령님께서 믿음을 자극하시는 것은 신자가 스스로 하나님의 말씀에 순응할 수 있도록 도우시는 것을 말한다. 이것이 바로 성령의 조명이다.

그렇다면 성령님께서는 왜 신자를 조명하시는가? 신자에게 성령의 조명이 필요한 이유는 도대체 무엇인가? 그것은 성경에 대하여 신자가 처한 두 가지 모순적인 상황들 때문이다. 성경에 대해 인간 스스로가 결코 해결할 수 없는 두 가지의 문제 때문이다. 이 문제를 성령님께서 풀어 주시는 방법이 바로 조명이다. 그렇다면 여기서 말하는 두 가지 문제는 무엇인가? 첫째는 신자가 하나님의 계시의 말씀인 성경을 잘 알아야 한다는 것이다. 그리고 두 번째는 신자는 결코 스스로의 힘으로는 성경 속에 계시된 하나님의 뜻을 다 알 수 없다는 것이다. 성경은 신자의 발의 등이며 길에 빛이다시119:105. 그리고 성경에는 우리의 구원에 관한 하나님의 뜻이 완벽하게 기록되어 있다. 따라서 신자는 성경을 잘 알아야만 한다. 그러나 문제는 신자가 결코 스스로의 지혜와 능력으로는 성경을 완벽하게 이해할 수 없다는 것이다.

이는 크게 두 가지 이유에서 그렇다. 하나의 이유는 성경 자체에 있고, 나머지 하나는 성경을 대하는 신자의 자질에 있다. 성경은 분명 명료하게 기록되었다. 그러나 이것이 성경의 모든 부분이 다 이해하기 쉽도록 기록되었다는 말은 아니다. 어떤 부분은 누가 읽어도 선명하게 표현되어있지만, 어떤 부분은 상당히 모호하게 표현된 부분도 있다.[5] 성경이 명료하다는 것은 구원의 문제에 있어서 분명한 답을 준다는 것이지, 성경의 모든 표현이 편하게 이해할 수 있도록 기록되었다는 것은 아니다. 이것이 바로 우리가 성경의 모든 내용을 완벽하게 풀어낼 수 없는 성경 자

---

5. 하나님께서는 성경 속에 모호한 표현들을 통해 신자들을 말씀 앞에서 자만하지 않고 겸손하게 하신다. 뿐만 아니라 이러한 모호한 표현은 성령이 조명하지 않는 불신자들에게 진리를 막아 그들이 스스로의 죄에 빠져 나올 수 있는 기회를 차단하는 기능을 한다.

체의 이유다.

또한 비록 신자라 할지라도 여전히 남아있는 타락한 본성은 성경을 보는 눈과 마음을 어둡게 한다. 지금까지 인간이 하나님의 뜻을 온전히 이해하고 순종할 수 있었던 때는 아담과 하와가 타락하기 이전뿐이었다. 죄로 인해 타락한 인간은 생각하는 것과 행동하는 것이 언제나 악할 뿐이다. 이는 신자가 말씀을 대할 때도 마찬가지다. 이러한 두 가지의 원인 때문에 어떤 신자도 스스로의 지혜와 능력으로는 결코 성경을 완벽하게 이해할 수 없다. 신자에게 성령의 조명이 필요한 이유가 바로 이 때문이다. 다시 말해 하나님께서 신자에게 성령을 통해 조명하시는 이유가 바로 이 때문이다. 신자가 하나님의 뜻을 따라 살려면 성경을 잘 알아야 하는데, 스스로는 결코 성경을 통해 전달되는 하나님의 뜻을 바로 이해할 수 없으니 성령님께서 도와주시는 것이다. 성령님께서 신자의 몸과 마음을 조명하시는 것이다.

그렇다면 성령님께서 신자를 조명하실 수 있는 근거는 무엇인가? 다시 말해 성령님께서 신자가 성경 속에 드러난 하나님의 뜻을 알 수 있도록 도와주실 수 있는 원천은 무엇인가? 그것은 성령님께서 하나님의 깊으신 뜻을 다 알고 계시기 때문이다고전2:10. 성령의 이러한 자격에 대해 한글 개역개정 성경은 "성령님께서 모든 것 곧 하나님의 깊은 것까지도 통달하신다"라고 표현하고 있다. 그런데 여기서 "통달하다"로 번역된 단어는 실제 바울의 표현에 의하면 '면밀히 조사하다search, investigate, exam'라는 뜻을 가진 동사다. 따라서 이를 그대로 직역해보면 '성령님께서는 모든 것들은 물론 하나님의 깊은 것들도 면밀히 조사하신다'가 된다. 이는 결국 성령님께서는 하나님의 뜻을 찾는 분이 되신다는 의미다. 성령님께서 하나님의 뜻을 찾아서 우리에게 알려주시는 분이시라는 것이다.

그런데 여기서 우리는 성령님의 조명하시는 사역을 그분의 능력과 연결해서 한 번 생각해 볼 필요가 있다. 즉, 성령님께서 '하나님의 뜻을 면밀히 조사한다는 것의 의미가 무엇인가'하는 점이다. 성령님께서는 면밀하게 조사하고 따져 보아야만 하나님의 뜻을 알 수 있기 때문에 이러한 노력이 그에게 필수적이라는 것인가? 우리에게 하나님의 뜻을 바로 조명해 주시기 위해 성령님께서 먼저 하나님의 뜻을 자세히 공부하신다는 말인가? 만일 성령님께서 면밀하게 조사하지 않으셔서 하나님의 뜻을 잘 파악하지 못하시면 우리를 올바로 조명하실 수 없을 정도로 성령님 자체는 본질적으로 무능하다는 말인가? 물론 바울의 의도는 결코 그렇지 않다. 성령님께서 하나님의 뜻에 대한 정확한 정보가 부족하기 때문에 좀 더 세밀한 조사가 필요하다고 말하는 것이 결코 아니다.

그럼 성령님께서 하나님의 깊은 뜻을 면밀하게 조사하신다는 것은 무슨 말인가? 이것은 다름 아닌 성령님께서 우리에게 가장 적절한 하나님의 뜻을 찾는 수고를 하신다는 말이다. 성령님께서는 하나님의 깊으신 뜻에 이미 통달하고 계신 분이시다. 하나님의 모든 작정과 섭리에 대해 하나도 모르는 것이 없으신 분이 바로 성령님이시다. 이는 성령님께서 하나님의 마음과 생각을 모두 읽어낼 수 있는 능력이 있다는 뜻이 아니다. 하나님의 마음을 훔쳐볼 수 있다는 것을 의미하는 것도 아니다. 성령님께서 하나님의 마음을 잘 아시는 것은 그분의 생각이 하나님의 생각과 같기 때문이다. 하나님의 모든 작정을 성령님께서 아시기 때문이다. 그 이유는 오히려 간단하다. 하나님께서 작정을 세우실 때 성자도, 성령도 함께 협의하셨기 때문이다.[6] 즉, 성령님께서 하나님의 뜻을 알고 계신 것은 뜻을 정하실 때 그분께서도 함께 동의하셨기 때문이다. 성령님께서도 하나님의 뜻을 함께 세우신 분이시기에 하나님의 뜻에 통달하실 수밖에 없는 것이다.

이 분 성령님께서는 오직 신자만을 조명하신다. 신자를 조명하실 때 성령님은 신자 한 사람 한 사람에게 가장 합당한 하나님의 뜻이 무엇인지 아신다. 그래서 그분께서는 하나님의 모든 뜻 가운데서 가장 적절한 뜻을 찾아서 신자에게 보여주시는 것이다. 그 뜻을 신자에게 드러내 보여주시는 것이다. 신자가 하나님의 뜻을 찾는 가장 바람직한 방법이 성령의 조명인 이유가 바로 여기에 있다. 성령의 조명이 없이는 신자가 하나님의 뜻을 바로 추구할 수 없는 이유가 바로 여기에 있다. 하나님의 말씀을 삶에 바르게 적용하기 위해서는 성령의 조명 없이는 안 되는 것이 바로 이 때문이다. 신자에게 있어서 성령의 조명이 추가적인 은혜나 도구가 아니라 절대 없어서는 안 되는 필수 요소인 것도 바로 이러한 이유에서 그렇다.

이렇듯 신자에게 있어서 성령의 조명은 필수적으로 발생한다. 성령님께서 내주하시는 순간부터 죽음에 이르기까지 신자의 전 삶을 성령은 언제나 조명하시며 신자의 바른 삶을 돕는다. 이러한 성령의 조명은 신자라면 누구도 예외 없이 그리고 지속적으로 발생한다. 그렇다면 모든 신자를 조명하시는 성령님께서는 어떠한 신

---

6. WC 3.1

자에게서도 동일한 효력이 나타나도록 조명하시는가? 그렇지 않다. 성령의 조명은 신자를 돕는 것이지, 신자를 강압적으로 어떠한 수준으로 끌어올리는 것이 아니다. 따라서 동일한 성령의 도움이 있다고 할지라도, 신자의 상태에 따라 조명의 효과는 강하게 나타나기도 하고 약하게 나타나기도 한다. 즉, 성령의 조명의 효과는 신자의 상태에 따라 다양하게 나타날 수 있다는 것이다. 그리고 이는 신자의 노력에 따라 그 효과를 극대화 시키는 것도 가능하다는 말이 된다.

그렇다면 신자의 상태가 어떠할 때 성령의 조명의 효과가 극대화되는가? 그것은 신자가 성경의 내용을 얼마나 잘 알고 있는가에 달려있다. 그뿐만 아니라 성경 전체를 통해 드러난 기독교 교리에 신자가 얼마나 익숙한가 하는 데도 달려있다. 성령의 조명은 언제나 기록된 성경과 함께 작용한다. 성경 속에서 신자에게 가장 적절한 하나님의 뜻을 찾아서 제공하는 것이 바로 성령께서 조명하시는 방법이다. 따라서 신자가 성경의 내용에 익숙하면 익숙할수록 성령께서 조명해 주시는 내용을 더욱 잘 이해할 뿐 아니라 더 잘 적용할 수 있게 되는 것이다. 또한 신자가 기독교 교리에 정통하면 정통할수록 성령께서 조명해 주시는 교리적인 내용을 더 논리적으로 정리하고 풀어낼 수 있게 되는 것이다. 이러한 이유로 바른 성경공부와 꾸준한 교리공부는 성령의 조명하시는 사역의 효과를 더욱 풍성하게 한다.

사적인 계시를 말하는 사람들이 가장 강조하는 것이 성령님께서 지금도 역사하신다는 점이다. 그러기 때문에 성령의 사역을 무시하거나 소멸하지 말라는 것이다. 그러면서 그들은 영적으로 깨어있는 사람들에게 성령님께서 계속해서 계시하신다고 주장한다. 그러나 이들이 이렇게 주장하는 이유는 성령의 조명하시는 사역을 성령의 계시로 잘못 이해했기 때문이다. 오순절에 역사하셨던 그 성령님께서 지금도 여전히 일하신다. 그리고 그때의 강도 그대로 지금도 여전히 강하게 역사하신다. 성령님의 역사는 시대를 거쳐 오면서 조금도 약해지거나 사라지지 않았다. 그런데 성경이 완성된 이후부터 성령은 하나님의 작정에 따라 그 일하시는 방법을 바꾸셨다. 계시에서 조명으로 그 방법이 바뀐 것이다. 따라서 통상적인 차원에서 더 이상 사적인 계시는 없다. 오직 성령의 조명만 있을 뿐이다. 성경을 통해 신자에게 조명하시는 분이 바로 성령님이시다.

이러한 성령의 조명이 있기에 신자가 하나님의 뜻을 추구할 수 있는 것이다. 계시된 말씀을 바로 분별할 수 있는 것이다. 반대로 신자가 성령의 조명하시는 사역을 의지하지 않고, 헛된 사적 계시만 찾게 되면 하나님의 뜻을 결코 이룰 수 없게 된다. 하나님께 영광을 돌리고 그로 인해 기뻐하는 삶은 절대 불가능한 목적이 된다. 따라서 지금 우리에게 필요한 것은 사적인 계시를 추구하는 헛된 신화에서 벗어나서 성령께서 조명해 주시는 대로 우리의 온 맘과 뜻은 물론 우리의 몸을 맡기는 것이다. 그것이 바로 성령 충만한 삶을 살아가는 것이며, 참된 계시를 따라 사는 삶인 것이다.

※ 영적으로 이해해야 한다?

우리는 살아가면서 다양한 일들을 만난다. 그중에는 기쁜 일도 있고 슬픈 일도 있다. 어떤 일들은 우리가 기대했던 일들이기도 하지만, 어떤 일들은 그렇지 않은 일들이기도 하다. 또한 나에게 직접적으로 영향을 주는 일들도 있는 반면에 나와는 전혀 상관없는 일들도 많이 있다. 이는 신자나 불신자나 모두 마찬가지다. 그러나 이렇게 우리가 직면하는 일들에 대해 신자와 불신자가 반응하는 방식에는 차이가 있다. 특히 그 일들을 해석하는 방식에 있어서 차이가 있다. 불신자들은 주로 필연과 우연을 구분하며 상황을 해석한다. 반면에 신자들은 모든 것이 하나님의 섭리 가운데 일어난 일이라고 생각한다. 하나님의 섭리는 하나님께서 자신이 창조하신 모든 것들을 보호하시며 자기의 뜻대로 다스리시는 것을 말한다. 따라서 우리의 삶 속에서 일어나는 모든 일들 중 하나님의 보호와 통치의 범위를 벗어나는 일은 절대 없다. 이러한 이유로 피조물인 인간은 어떠한 경우에 있어서도 하나님께 불평하거나 반항할 수 없다. 창조자가 자신의 뜻대로 행하는 일에 대해 피조물인 인간이 보일 수 있는 반응은 오직 감사와 순종뿐이다.

그런데 아무리 신자라 할지라도 자신 앞에 펼쳐진 많은 일들에 대해 항상 감사와 순종으로 반응하기는 결코 쉽지 않다. 신자도 때론 불평한다. 현실이 납득되지 않고, 받아들여지지 않을 때는 힘들어한다. 심지어 신앙생활에 회의를 느끼기까지 한다. 이런 상황에 처한 신자들에게 목회자들이나 신앙의 선배들이 많이 해주는 충고가 하나 있다. 그것은 '현실을 너무 인간적으로 판단하려 하지 말고 영적으로 이해하라'는 것이다. 그것이 바로 신자의 자세라는 것이다. 그렇게 하면 하나님의 뜻을 발견할 수 있다는 것이다. 그러면서 매사를 영적으로 이해하기 위해서 더 많이 기도할 것을 충고한다. 신자가 모든 일을 영적으로 이해하게 하는 기관은 머리가 아니라, 무릎이라고 표현하기까지 한다. 물론 실족한 성도에게 이러한 충고는 상당히 감동적일 수 있다. 자신의 신앙 상태를 다시 돌아보게 하는 효과도 분명히 있을 것이다. 그런데 이렇게 상처받거나 힘들어하는 신자들에게 조언할 때 사용하는 이러한 표현의 본래 의미가 무엇인지에 대해서 우리가 한번 살펴볼 필요가 있다. 심지어 '영적으로 이해해야 한다'는 말이 과연 맞는 말인지 먼저 따져 볼 필요가 있다.

신자에게 '영적으로 이해해야 한다'고 충고하는 장면을 한번 생각해 보자. 이때 충고자의 이 말은 분명 당면한 문제에 대한 해결책이며 대안이다. 현재 힘들어하는 신자가 영적으로 그 문제들을 이해할 수만 있다면 그것은 더 이상 현실의 문제가 안 될 것이기 때문이다. 그런데 이 충고에는 해결책이나 대안만 있는 것이 아니라는 것을 우리는 알아야 한다. 이 충고에는 권면과 동시에 비난과 지적도 함께 포함되어 있다. 다시 말해 '영적으로 문제를 이해해야 한다'는 충고는 영적으로 문제를 이해하지 못했기 때문에 현재 문제에 봉착해있다는 지적이기도 하다. 하나님께서 하시는 일을 인간적으로 판단했다는 것이다. 영적인 방식이 아니라 세속적인 방식으로 문제를 풀려고 했기 때문에 일이 해결되지 않았다는 것이다. 좀 더 풀어보면 이는 하나님의 뜻보다는 자신의 유익을 더 생각했다는 비난이며, 하나님께 온전히 순종하고 헌신하려 하지 않고, 복만 기대했다는 질책이기도 하다. 따라서 충고를 받는 신자가 '영적으로 문제를 이해해야 한다'는 것을 올바른 해결책으로 받아들이기 위해서는 먼저 앞서 언급한 지적과 비난들을 받아들여야 한다. 자신을 돌아보고 회개해야 한다. 이 과정을 거쳐야만 신자는 영적으로 이해할 수 있는 준비를 마치게 되는 것이다.

또한 '영적으로 이해해야 한다'고 충고한다는 것은 신자에게 하나님의 뜻을 영적으로 이해할 수 있는 능력이 있다는 것을 전제하는 것이다. 이러한 충고를 하는 이들의 기본적인 생각은 영적인 영역을 인간이 이해할 수 있는 영역에 속한다고 생각하는 것이다. 따라서 우리가 영적으로 이해하는 데 부족함이 있다는 것은 영적으로 이해할 수 있는 능력이 있는데 그것을 제대로 사용하고 있지 않다는 것을 지적하는 것이다. 그러면서 이들은 신자가 가지고 있는 영적인 이해력은 노력과 훈련을 통해 강화된다고 말한다. 이러한 이유로 이들은 다양한 프로그램을 통해 그 능력을 강화시킬 수 있는 방법을 제안한다.

이제 '영적으로 이해해야 한다'라는 말을 우리가 어떻게 해석하고 적용해야 하는지 살펴보자. 이를 위해 우리가 가장 먼저 해야 할 작업이 있다. 그것은 바로 '영적으로 이해해야 한다'는 표현이 인간의 입장에서 정당한 표현인지부터 따져 보아야한다. 다시 말해 인간이 영적으로 이해할 수 있는 능력이 있는가 하는 점이다. 또한 인간에게 이러한 권한이 있는가 하는 점이다. 이에 대한 답을 찾으려면 가장 먼저 '영적spiritual'이라는 말의 뜻을 정확히 알아야 한다. 사람들이 일반적으로 '영적'이라는 말을 쓸 때 생각하는 이미지는 보통 물질적인 것과는 반대되는 것, 현실과는 동떨어진 영역, 나타나는 현상 이면에 숨겨져 있는 의미, 환상적인 것, 보이지 않는 영역, 생각 속에만 존재하는 것, 신적인godly 것, 신성한sacred 것, 이상적인ideal 것 등이다. 그리고 이러한 생각들 중에서 가장 흔한 경우를 들자면 영적인 것을 '혼의 영역'에서 일어나는 일이라고 생각하는 것이다. 즉, 영적이라는 것을 사탄이 부리는 졸개들인 귀신이나 마귀가 활동하는 영역과 그 방법들로 생각하는 것이다. 그래서 보통 이렇게 일어나는 일들을 악한 영들에 의한 영적 현상이라고 분류한다. 반면에 사탄의 일들을 막는 성령의 일도 있는데, 이를 하나님의 선한 영적 사역이라고 한다.

물론 이렇게 열거된 것들 중 어느 것도 '영적spiritual'이라는 것의 의미를 잘못 이해했거나 변질시킨 것은 없다. 다시 말해 틀린 것은 아니다. 그러나 문제는 위 표현들이 모두 성경이 의미하는 '영적spiritual'이라는 말의 의미를 정확히 나타내지는 못하고 있다는 것이다. 즉, 각 표현에 나름의 약점이 있다는 것이다. 위 표현들이 가진 공통의 약점이 있다면 그것은 바로 영적인 것이 나타내는 실재적이고 실질적인 면을 간과했다는 것이다. 성경에서 말하는 영적인 일들 중에 실재적으로 존재하지 않는 일은 하나도 없다. 영적인 사건이란 어떠한 현상으로든 그 사건이 실질적으로 발생한 사건이라는 것이다. 다시 말해 실재하지 않는 영적인 일은 결코 없다는 것이다. 결국 영적인 것은 단지 혼의 영역만이 아니라는 것이다. 또한 단지 신적인godly 것만을 의미하는 것이 아니라는 것이다. 영적인 것이란 하나님께서 창조하신 모든 피조물들 중에서 특히 인격적인 존재들을 대하시는 방식이라고 할 수 있다. 즉, 천사와 사람을 대하시는 하나님의 방식이라고 할 수 있다. 이러한 차원에서 볼 때 영적인 것은 신적이기보다는 오히려 인격적personal인 것으로 보는 것이 더 합당할 것이다.

그런데 문제는 하나님께서 실질적으로 일하심에도 불구하고 인간은 그것을 잘 감지하지 못한다는 것이다. 때론 그것을 무시하기도 한다. 그런데 더 문제는 하나님께서 하시는 일 속에 함께 담긴 뜻을 이해하려고 해도 매번 실패하고 만다는 것이다. 그것이 영적인 것이라서 이해가 안 되는 것인지, 아니면 우리가 영적인 일을 이해하는 방법을 몰라서 못하는 것인지를 몰라서 헤맬 때가 대부분이라는 것이다. 이러한 상황을 만나게 되면 신자들 대부분은 자신의 영적 무지를 애통해하며 좌절에 빠지게 된다. 이것이 바로 신자들이 영적인 문제를 대할 때 나타나는 일반적인 현상이다.

결국 이러한 상황에 봉착한 인간이 이 문제를 해결하기 위해서는 먼저 둘 중 하나를 분명하게 해야 한다. 우리가 영적인 것을 이해하지 못하는 것이 영적인 것 자체가 우리의 이해를 넘어서는 영역의 것이라 그런 것인지, 아니면 우리가 영적인 것을 이해할 훈련이 덜 돼서 그런 것인지를 명확히 해야 한다. 만일 영적인 것 자체가 우리의 이해를 넘어서는 것이라 그런 것이라면 우리는 그것을 그대로 인정해야 한다. 그런데 만일 우리의 소양이 부족해서 영적인 것을 이해하지 못하는 것이라면 우리는 더 열심히 훈련해야 한다. 앞서 언급한 것처럼 '영적'이라는 것은 하나님께서 인격적인 존재인 천사와 사람에 대해 일하시는 방식이다. 그렇다면 결국 답은 우리가 이 방식을 우리의 능력으로 이해할 수 있는지 그렇지 않은지를 따져 보면 찾을 수 있다.

이런 식으로 추론을 하다보면 그 답은 오히려 간단해진다. 우리는 하나님께서 우리에게 일하시는 방식을 완전히 이해할 수 없다. 이는 결국 영적인 일은 우리의 이해를 넘어서는 영역이라는 것을 말해준다. 그 이유 또한 분명하다. 전적으로 타락한 우리의 상태 때문이다. 죄 때문이다. 하나님께서 일하시는 방식에 대한 이해를 타락한 본성이 방해한다. 이러한 상태에서 영적인 것을 분별하려고 하는 것은 그 자체가 불가능한 시도를 하는 것이다. 그뿐만 아니라 이것이 가능하다고 말하는 것은 그 자체가 우리의 교만을 드러내는 것이라 할 수 있다.

영적인 것이 우리의 이해를 넘어서는 영역이라는 것은 예수님께서 가르쳐주신 기도에서도 잘 나타난다. 특히, '뜻이 하늘에서 이루어지는 것 같이 땅에서도 이루어지이다'의 의미를 살펴보면 좀 더 쉽게 이해할 수 있다. 분명 예수님께서는 하나님의 뜻이 땅에서 이루어지길 기도하라고 하셨다. 그러나 이것은 현실적으로 불가능한 일이다. 그것은 우리의 죄 때문이다. 전적으로 타락한 인간은 그 상태로는 어떠한 상황에서도 하나님의 뜻을 이룰 수 없다. 그러나 하늘에서는 상황이 다르다. 하늘에서는 하나님의 뜻이 온전히 이루어진다. 그것은 하늘에 있는 자들의 상태가 하나님의 뜻을 방해하는 죄에서 완전히 자유로운 상태이기 때문이다. 하늘에서 하나님의 뜻을 이루는 인격적인 존재는 타락하지 않은 천사와 죽은 신자들이다. 타락하지 않은 천사는 처음부터 죄와 관련이 없는 존재들이다. 그리고 죽은 신자들은 죄의 틀인 육체를 벗은 자들이다. 이러한 이유로 하늘에 있는 이들이 하나님의 뜻을 온전히 이룰 수 있는 것이다. 반면에 이 땅에 살면서 타락한 육체의 틀 속에 있는 인간들은 결코 하나님의 뜻을 완전히 이룰 수 없다. 따라서 이러한 인간이 영적인 것을 이해하지 못하는 것은 당연한 현상이라고 할 수 있다.

그렇다면 이렇게 불가능한 것을 왜 예수님께서는 기도하라고 하셨나? 답은 간단하다. 불가능하니까 기도하라고 하신 것이다. 만일 이것이 가능하다면 기도하라고 하지 않고 행하라고 하셨을 것이다. 기도로 주지 않으시고 의무로 주셨을 것이다. 하나님께서 이를 의무로 주지 않으시고 기도로 주신 것은 우리 스스로는 하나님의 뜻을 알 수도 없다는 것을 알게 하시기 위함이다. 당연히 그 뜻을 이루는 것도 우리의 힘만으로는 안 된다는 것을 시인하게 하시기 위함이다. 이러한 이유로 우리는 예수님께서 가르쳐 주신 이 기도 내용을 통해 우리 자신의 무능한 모습을 돌아볼 수 있게 된다. 이것을 우리는 '뜻이 하늘에서 이루어지는 것 같이 땅에서도 이루어지이다'라는 기도가 우리에게 소극적으로 적용되는 것으로 정리할 수 있다.

그렇다면 이 기도의 내용이 우리에게 적극적으로 적용되는 것은 과연 무엇인가? 그것은 다름 아닌 '기대'하는 것이다. '소망'하는 것이다. 하나님께서 자신의 뜻을 이루어 가시는 섭리를 기대하는 것이다. 그뿐 아니라 그것을 마음으로 받아들이고 삶에 적용케 하시는 성령님의 도움을 기대하는 것이다. 이 기도를 통해 신자는 모든 것이 하나님의 작정 속에서 펼쳐지는 섭리적인 은혜의 사건들임을 깨닫게 되는 것이다. 그리고 이를 통해 장차 우리 앞에 펼쳐질 모든 일들 또한 하나님께서 섭리적으로 간섭하신다는 사실을 더욱 확신하게 되는 것이다.

정리를 해보면 다음과 같다. 우리는 어떠한 것도 영적으로 이해할 수 없다. 그 이유는 영적이라는 것 자체가 우리의 이해를 넘어서는 것들이기 때문이다. 그렇다면 하나님께서 섭리하시는 모든 영적인 일들에 대해 우리는 어떤 태도를 취해야 할까? 그것은 우리가 그것들을 영적으로 이해하려고 노력하는 것이 아니라, 그 모든 것들을 하나님의 영적인 섭리로 받아들이는 것이다. 그럼 우리는 어떻게 우리의 삶 속에 펼쳐지는 하나님의 섭리를 영적인 것으로 받아들일 수 있는가? 우리의 능력으로 그것이 가능한가? 당연히 이 또한 우리의 능력으로 되는 것이 아니다. 이것을 가능하게 하시는 분이 바로 성령님이시다. 성령님께서 우리의 마음에 작용하셔서 깨닫게 하실 때 가능하다. 이러한 이유로 우리에게 기도가 필요한 것이다. 기도를 통해 성령님의 도움을 구하는 것이다. 하나님의 섭리를 영적인 하나님의 일로 받아들일 수 있도록 마음을 열어달라고 기도하는 것이다. 우리가 이렇게 기도할 때 성령님께서는 우리의 마음을 열어주신다.

그런데 이것 또한 우리가 기도했기 때문에 성령님께서 우리의 마음을 열어주셨다고만 이해해서는 안 된다. 만일 우리가 하나님의 일을 영적인 것으로 받아들일 수 있도록 기도한다면 그것은 이미 성령님께서 우리의 마음에 이러한 기도의 소원을 넣어 주셨기 때문이다. 이렇게 본다면 우리의 이 기도는 소원을 비는 것이 아니라, 오히려 하나님께서 응답하실 것에 대한 확신을 드러내는 것이라 할 수 있다. 또한 이러한 차원에서 성령의 인도를 받는 우리의 기도는 그 자체로 우리의 신앙고백이 되는 것이다. 우리가 하나님의 섭리적인 일들을 영적인 것으로 받아들일 수 있도록 간구할 때 성령님께서 우리의 마음에 작용하시기 시작하는 것이 아니다. 성령님께서는 우리가 간구하기 전에 이미 우리가 하나님의 영적인 뜻에 따라 순종할 수 있도록 우리의 의지를 자극하신다. 기도하고자 하는 의지를 주신다. 하나님의 뜻에 맞는 행동을 우리의 몸으로 실천할 수 있는 의지와 힘을 북돋아 주신다.

이는 성령님께서 우리가 하나님의 영적인 섭리적 사역에 참여할 수 있게 해주시는 것을 말한다. 이를 통해 하나님께서 자신의 선한 일에 우리를 쓰시는 것이다. 그 대표적인 예가 우리의 복음 전파와 사랑의 실천이라 할 수 있다. 또한 교회 공동체 안에서 우리가 맡은 직분을 성실히 잘 감당하는 것도 이와 같은 것이라 할 수 있다. 이를 통해 하나님께서는 비록 부분적이라 할지라도 뜻이 하늘에서 이루어지는 것 같이 땅에서도 이루어지는 것을 우리가 경험할 수 있게 해주신다.

그런데 여기서 우리가 마지막으로 꼭 기억해야 할 것이 하나 있다. 그것은 이 모든 것이 오직 하나님께서 영원 전에 생명으로 선택하시고, 그리스도께서 구속하시고, 성령님께서 거듭나게 하신 자들에게만 주어지는 은혜라는 것이다. 하나님의 모든 섭리적인 뜻이 영적인 이유가 바로 여기에 있다고 할 수 있다. 다시 말해 하나님의 섭리적인 뜻이 모두 우리의 이해를 넘어서 존재하는 것이 바로 이러한 이유라는 것이다. 하나님께서 자신의 뜻을 이루시는 섭리적인 사역들을 영적으로 행하시는 것 자체가 이 뜻을 오직 택자들에게만 열어주시는 하나님의 특별한 장치라는 것이다. 따라서 하나님의 뜻이 영적인 것은 그 자체로 택자들에게 은혜가 된다. 하나님의 뜻을 자기의 능력으로 이해하려 하지 않고, 그것을 영적인 것으로 수용할 수 있게 되는 자들에게만 주시는 선물이 된다. 이러한 이유로 하나님의 섭리적인 뜻을 영적인 것으로 받아들이는 자들이 취해야 할 태도가 오직 감사와 순종뿐인 것이다.

※ 성경의 표현은 철저히 인간적이다.

성경은 하나님의 말씀이다. 성경은 인간의 생각이 아니라 신의 뜻을 담아 놓은 책이다. 따라서 성경의 내용은 철저히 신적이다. 그러나 성경은 인간을 위해 기록되었다. 하나님께서는 자신을 위해서는 자신의 뜻을 특별히 기록해 놓으실 필요가 없으시다. 우리가 일반적으로 우리 자신을 위해서 무엇인가를 기록할 때는 크게 두 가지 이유에서 그렇다. 하나는 그 사실을 잊어버리지 않기 위해서이고, 나머지 하나는 적절한 때에 그것을 상기하기 위해서다. 그런데 이러한 목적으로 우리가 우리의 뜻을 기록하는 이유는 따로 있다. 그것은 우리의 기억력이 제한되어 있기 때문이다. 생각했던 것을 언젠가는 잊어버리기 때문이다. 꼭 그렇지는 않다고 하더라고 적절한 순간에 필요한 정보가 바로 생각나지 않을 수도 있기 때문이다.

그러나 하나님께는 망각이라는 것이 없다. 하나님께서는 작정하신 모든 것을 모두 기억하고 계신다. 아무리 오랜 시간이 지나도 하나님께서는 자신이 작정하신 것을 하나도 잊지 않고 기억하신다. 좀 더 엄밀하게 말하면 하나님께는 작정만 있을 뿐 기억도 망각도 없다. 망각이 없으니 기억할 필요가 없는 것이다. 기억과 망각은 시간의 선 안에서 존재한다. 어떠한 사실에 대해 시간이 지나도 그것을 잊지 않고 있으면 우리는 그것을 기억이라고 부른다. 반면에 시간이 흐르고 난 후 과거에 발생한 일을 기억하지 못하면 우리는 그것을 망각이라고 부른다. 하나님께 망각뿐 아니라, 기억도 없는 이유는 하나님께서는 시간의 틀 속에 계신 분이 아니시기 때문이다. 하나님께는 과거도, 현재도, 그리고 미래도 모두 한순간이다. 따라서 하나님께는 자신의 작정이 바로 자신의 기억인 것이다. 하나님의 작정이 변하지 않는 이유도 바로 이러한 이유에서 그렇다. 자신의 뜻에 대해서 망각을 걱정할 뿐 아니라 기억할 필요조차도 없는 분께서 자신의 뜻을 기록으로 남기실 필요는 없다. 그러니 자신이 작정한 것을 어떠한 때가 되었을 때 상기시켜 주는 기록물로 남길 필요도 당연히 없으신 것이다.

그런데 이러한 하나님께서 자신의 뜻을 기록으로 남기셨다. 그 기록이 바로 성경이다. 그렇다면 하나님께서는 왜 자신을 위해서는 전혀 필요도 없는 기록을 남기셨을까? 바로 사람을 위해서다. 사람에게 자신의 뜻을 알려주시기 위해 기록하셨다. 사람이 읽고 하나님의 뜻을 알게 하시기 위해 성경을 기록하셨다. 그뿐만 아니라 사람들이 자기의 뜻을 세대를 거쳐 대대로 전수할 수 있도록 성경을 기록하셨다. 이러한 차원에서 보면 성경은 철저히 인간적이라고 할 수 있다. 인간을 위한 책이기에 인간적일 뿐만 아니라, 인간이 사용하는 책이기에 성경은 인간적이다. 성경은 인간이 사용하는 글로 기록되었다. 그것도 누구나 읽고 이해할 수 있도록 명료하게 기록되었다. 또한 성경은 인간이 이해할 수 있는 표현과 수준으로 기록되었다. 이는 성경이 그 기록된 수준에서도 철저히 인간적이라는 것을 말해준다. 성경의 내용은 하나님의 거룩한 뜻으로 전적으로 신적이다. 그러나 하나님께서는 인간의 형식으로 성경을 기록하셨다. 다시 말해 성경을 통해 전달되는 하나님의 뜻은 철저히 인간적인 방식을 따른다. 그래서 성경의 표현은 철저히 인간적이다.

※ 구약과 신약은 경륜이 다른 동일한 하나의 언약[7]

	구약	신약
동일한 하나의 언약	1. 은혜언약 2. 예수 그리스도를 통해 생명과 구원을 조건 없이 제시함 3. 그리스도를 믿음으로써 구원을 받음 4. 생명으로 예정된 모든 자들에게 성령을 주심 5. 성령에 의해 자발적으로 믿음	
다른 경륜	1. 그리스도께서 오시기 전인 율법 시대의 경륜 2. 유대인들에게만 3. 약속, 예언, 제사, 할례, 유월절 어린 양 등의 의식법[8] 4. 수효가 상대적으로 많음 5. 오실 메시야를 예표함 6. 외적인 영광이 많이 부각됨	1. 그리스도께서 오신 후인 복음 시대의 경륜 2. 유대인과 이방인 모두에게 3. 말씀의 설교와 성례 (세례,성찬) 4. 수효가 상대적으로 적음 5. 그리스도께서 오심으로써 구약의 의식법은 모두 폐지됨 6. 외적인 영광이 덜함

---

7. WCF 7.3-6.

8. 구약의 의식법들은 오실 그리스도를 예표하는 것들이었다. 이것들은 단지 예표로서 그 자체로 속상 (satisfaction)의 효력은 없었다. 즉, 구약의 백성들이 지켰던 절기나 제사들은 그 자체로는 죄를 용서하거나, 하나님과 화평케 하는 효과는 전혀 없었다. 또한 예표의 실제인 그리스도께서 오신 후에는 모두가 다 폐지되었다. 그럼에도 불구하고 구약의 백성들에게 의식법이 중요했던 것은 이 의식들을 통해 그들이 그리스도를 바라볼 수 있었기 때문이다. 더 나은 것을 소망할 수 있었기 때문이다. 이러한 이유로 의식법은 구약의 유대인들이 약속된 메시아이신 그리스도를 믿는 믿음으로 구원에 이르게하는 중요한 수단이 되었다. 이는 율법시대의 백성들 또한 현 복음시대의 신자들처럼 의식이나 행위가 아니라, 그리스도를 믿는 믿음으로 구원을 받았다는 것을 분명히 알려준다.

하나님

제7~11문답

＜제7~11문답＞

Q7: What is God?

A7: God is a Spirit,[1] in and of himself infinite in being,[2] glory,[3] blessedness,[4] and perfection;[5] all-sufficient,[6] eternal,[7] unchangeable,[8] incomprehensible,[9] everywhere present,[10] almighty,[11] knowing all things,[12] most wise,[13] most holy,[14] most just,[15] most merciful and gracious, long-suffering, and abundant in goodness and truth.[16]

(1) 요4:24 (2) **왕상8:27; 사40:20**; 출3:14; 욥11:7-9 (3)행7:2 (4) 딤전6:15; **행17:24,25** (5) 마5:48 (6)창17:1; 롬 **11:35,36** (7) 시90:2 (8) 말3:6; 약1:17 (9) 왕상 8:27; **시145:3; 롬11:33** (10) 시139:1-13 (11) **창17:1**; 계4:8 (12) 히 4:13; 시147:5 (13) 롬16:27 (14) 사6:3; 계15:4 (15) 신32:4 (16) 출34:6.

번역

문: 하나님께서는 어떤 분이신가요?

답: 하나님께서는 영으로서 존재와 영광과 복됨과 완전함에 있어서 자기의 본질 자체로 그리고 스스로 무한하시며, 선하심과 진리에 있어서 온전히 충족하시며, 영원하시며, 변하지 않으시고, 불가해하시고, 편재하시고, 전능하시고, 모든 것을 아시고, 가장 지혜로우시며, 가장 거룩하시고, 가장 공의로우시며, 가장 자비롭고 은혜로우시며, 오래 참으시며, 충만하십니다.

원문 이해의 키

- **What is God?** 하나님을 who가 아닌, what으로 묻고 있다. 'What is God?'을 단순 직역하면 '하나님은 무엇인가요?'가 된다. 그러나 여기서 사용된 'What'은 사물이 어떠한 종류인지를 묻는 것이 아니다. 이는 어떠한 인격이 가진 속성이나 성향을 묻는 것이다. 따라서 이 질문은 하나님께서 어떠한 속성을 가지신 분인지를 묻는 것이다. 정리하자면 who가 다른 이들과 구별되는 그만의 인격에 대한 질문이라면, what은 그 인격이 가지고 있는 속성이나 성향에 대한 질문이라

고 할 수 있다. 이 질문을 '하나님께서는 어떤 분이신가요?'라고 번역하는 이유
가 바로 여기에 있다.

- **most wise** 하나님의 성품을 표현할 때 '가장'이라는 표현으로 사용하는 most는
다른 것들과 비교했을 때 최고로 우수하다는 뜻을 나타내는 단순한 최상급 표현
이 아니다. 이 표현은 사람의 이해를 넘어서 존재하시는 영적인 하나님의 그러한
성품을 사람이 이해할 수 있도록 나타내는 최선의 표현일 뿐이다. 이렇게밖에는
사람이 표현할 방법이 없기 때문이다. 따라서 most wise는 비록 번역은 '가장 지
혜로운' 혹은 '지극히 지혜로운'으로 하지만, 그 의미는 '사람이 상상할 수 없을
정도로 지혜로운' 혹은 '그 어떤 것과도 비교될 수 없을 정도로 지혜로운'으로 생
각하면 된다.

<원문대로 요약하고 구문대로 정리하기>

1. 하나님께서는 영적인 존재이시다.

2. 하나님께서 영적인 존재이시라는 것은 실제로 존재하시는 분이시지만, 사람의
이해를 넘어서 존재하신다는 뜻이다. 따라서 사람은 하나님께서 어떤 방식으로
존재하시는지 사람의 능력으로는 결코 알아낼 수가 없다.

3. 사람이 영적인 존재이신 하나님을 알 수 있는 방법은 오직 하나님께서 사람에
게 자신을 알려주시는 것을 보고 그대로 받아들이는 것뿐이다.

4. 하나님께서는 자신의 존재와 영광과 복됨과 완전함에 있어서 본질적으로 무한
하신 분이시다. 하나님께서는 본래 그러한 분이시다.

5. 하나님께서는 자신의 존재와 영광과 복됨과 완전함에 있어서 스스로 무한하신
분이시다. 하나님의 무한한 성품에 영향을 주는 것은 아무것도 없다. 하나님께서
그러하신 것은 하나님 자신의 뜻이 그러하기 때문이다.

6. 하나님께서는 선하심과 진리에 있어서 온전히 충족하시며, 영원하시며, 변하
지 않으시고, 불가해하시고, 편재하시고, 전능하시고, 모든 것을 아시고, 가장 지
혜로우시며, 가장 거룩하시고, 가장 공의로우시며, 가장 자비롭고 은혜로우시며,
오래 참으시며, 충만하신 분이시다.

Q8: Are there more Gods than one?

A8: There is but one only, the living and true God.[1]

(1) 신6:4; 고전8:4,6; 렘10:10.

<번역>

문: 한 분보다 더 많은 하나님들이 있나요?

답: 오직 한 분만 계시는데, 그분께서는 살아 계시고 참되신 하나님이십니다.

<원문 이해의 키>

- **Gods** 창조주 하나님을 나타내는 God은 원칙상 관사 없이 사용하며, 오직 단수로만 사용한다. Gods는 '하나님과 같은 존재들'이라는 의미로 사용되었다.
- **the living and true God** 창조주 하나님께서는 생명이 없는 신들(dead gods)과 거짓 신들(false gods)이 아닌 '살아있고 참되신 하나님'이시다.

<원문대로 요약하고 구문대로 정리하기>

1. 사람들은 본성적으로 여러 하나님들이 있다고 생각하는 경향이 있다.

2. 살아 계신 하나님께서는 오직 한 분뿐이시다.

3. 참되신 하나님께서는 오직 한 분뿐이시다.

4. 살아 계신 하나님께서는 오직 한 분뿐이심을 우리가 믿고 고백해야 하는 이유는 세상 사람들 사이에서는 생명이 없는 존재를 살아 계신 하나님과 같은 존재로 오해하는 경우들이 많기 때문이다.

5. 참되신 하나님께서는 오직 한 분뿐이심을 우리가 믿고 고백해야 하는 이유는 사람들의 상상에 의해 고안된 거짓된 존재들이 참 하나님처럼 여겨지는 경우들이 많기 때문이다.

Q9: How many persons are there in the Godhead?

A9: There be three persons in the Godhead, the Father, the Son, and the Holy Ghost; and these three are one true, eternal God, the same in substance, equal in power and glory; although distinguished by their personal properties.[1]

(1) 요일5:7; 마3:16,17; 28:19; 고후13:13; 요10:30.

<번역>

문: 하나님의 신격 안에는 몇 위가 있나요?

답: 하나님의 신격 안에는 아버지, 아들, 성령 이렇게 삼위가 있는데, 이 삼위는 하나의 참되고 영원하신 하나님이시며, 실체에 있어서 동일하시고, 능력과 영광에 있어서 동등하시지만, 그분들의 위격적인 고유성들에 의해서는 구별되십니다.

<원문 이해의 키>

- **persons** 위격들
- **the Godhead** 신격
- **the Father, the Son, and the Holy Ghost** 아버지, 아들, 성령
- **the same in substance** 실체에 있어서 동일
- **equal in power and glory** 능력과 영광에 있어서 동등한
- **although distinguished by their personal properties.** although (these three are) distinguished by their personal properties.로 수동분사구문에서 의미를 분명히 나타내기 위해 접속사 although를 생략하지 않은 형태이다. 문장 전체 구조로 볼 때 '비록 그들의 위격적인 고유성들에 의해서는 구별됨에도 불구하고'이지만, 의미에 변화를 주지 않는 한 '~이지만, 그들의 위격적인 고유성들에 의해서는 구별됩니다'로 번역해도 좋을 듯하다.

<원문대로 요약하고 구문대로 정리하기>

1. 하나님의 신격 안에는 아버지, 아들, 성령 이렇게 세 개의 위격이 있다.

2. 아버지, 아들, 성령께서는 하나의 참되고 영원하신 하나님이시다.

3. 하나님의 신격 안에 있는 아버지, 아들, 성령께서는 실체에 있어서 동일하시다.

4. 하나님의 신격 안에 있는 아버지, 아들, 성령께서는 능력과 영광에 있어서 동등하시다.

5. 하나님의 신격 안에 있는 아버지, 아들, 성령께서는 각각의 위격적인 고유성들에 의해서 구별된다.

Q10: What are the personal properties of the three persons in the Godhead?

A10: It is proper to the Father to beget the Son,[1] and to the Son to be begotten of the Father,[2] and to the Holy Ghost to proceed from the Father and the Son from all eternity.[3]

(1) 히1:5,6,8; **시2:6,7** (2) 요1:14,18 (3) 요15:26; 갈4:6.

<번역>

문: 하나님의 신격 안에 있는 세 위격의 위격적 고유성들은 무엇인가요?

답: 영원 전부터 아들을 낳는 것은 아버지에게 고유하며, 아버지에게서 나는 것은 아들에게 고유하며, 아버지와 아들로부터 나오시는 것은 성령에게 고유하다.

<원문 이해의 키>

- **It is proper to A to B** It은 가주어이고, to B는 진주어이다. 따라서 이 구문은 'to B는 A에게 고유하다'는 뜻이다.

- **It is proper to the Father to beget the Son.** 아들을 낳는 것은 아버지에게 고유하다.

- **(it is proper) to the Son to be begotten of the Father.** 아버지에게서 나는 것

은 아들에게 고유하다.

- (it is proper) to the Holy Ghost to proceed from the Father and the Son. 아버지와 아들로부터 나오시는 것은 성령에게 고유하다.

- to be begotten of the Father 아버지에게서 나는 것

- to proceed from the Father and the Son 아버지와 아들로부터 나오는 것

- from all eternity 영원 전부터, 문장 전체에 영향을 미치는 부사구다. 'It is proper to~'을 한 번만 사용해서 세 가지 내용을 동등하게 연결하고 이어서 부사구인 from all eternity를 쓴 것은 이 부사구가 바로 앞의 마지막 내용에만 영향을 주는 것이 아니라, 문장 전체에 영향을 주고 있다는 것을 말해준다. 다른 말로 하면 이 부사구가 앞에 언급된 세 내용에 모두 동등하게 영향을 미친다는 뜻이다. 따라서 이 부사구를 마지막 내용인 성령의 발출 부분만을 수식하는 식으로 해석해서는 절대 안 된다.

<원문대로 요약하고 구문대로 정리하기>
1. 하나님의 신격 안에는 세 개의 위격들이 있다.
2. 하나님의 신격 안에 있는 세 개의 위격들은 아버지, 아들, 성령이다.
3. 하나님의 신격 안에 있는 세 개의 위격들은 각각의 고유성이 있다.
4. 아버지의 고유성은 아들을 낳는 것이다.
5. 아들의 고유성은 아버지에게서 나는 것이다.
6. 성령의 고유성은 아버지와 아들로부터 나오는 것이다.

Q11: How doth it appear that the Son and the Holy Ghost are God equal with the Father?

A11: The scriptures manifest that the Son and the Holy Ghost are God equal with the Father, ascribing unto them such names,[1] attributes,[2] works,[3] and worship,[4] as are proper to God only.

(1) 사6:3,5,8; **렘23:6**; 요12:41; 행5:3,4: 요일5:20 (2) 요1:1; 2:24,25; 사9:6: **요2:24,25**; 고전2:10,11 (3) 골1:16; 창1:2; **욥26:13**; 시104:30; 요1:3 (4) 마28:19; 고후13:13.

<번역>

문: 아들과 성령께서 아버지와 동등한 하나님이시라는 것이 어떻게 나타나나요?

답: 오직 하나님께만 고유한 그러한 이름들과 속성들과 사역들과 예배를 그분들께 돌림으로써 성경전서는 아들과 성령께서 아버지와 동등한 하나님이신 것을 명백히 드러냅니다.

<원문 이해의 키>

- **How does it appear that~?** '가주어-진주어'구문으로 that~이 진주어이고, it이 가주어이다. 따라서 이 문장은 'that~은 어떻게 나타납니까?'로 이해해야 한다.

- **the Son and the Holy Ghost are God** 아들과 성령은 하나님이시다.

- **God equal with the Father** God (who are) equal with the Father로 '아버지와 동등한 하나님'이다. 여기서 God이 the Son and the Holy Ghost를 나타내기에 who are가 생략된 것으로 볼 수 있다.

- **ascribing unto them such~** 이유를 나타내는 분사구문으로 '~한 것들을 그분들께 돌림으로써'라는 뜻이다. 여기서 them은 the Son and the Holy Ghost를 의미한다.

- **such names, attributes, works, and worship, as are proper to God only** as는 such names, attributes, works, and worship을 선행사로 받는 유사관계대명사이다. 따라서 as are proper to God only는 '오직 하나님께만 고유한'의 뜻으로

선행사인 such names, attributes, works, and worship을 수식하는 것으로 이해하면 된다.

<원문대로 요약하고 구문대로 정리하기>

1. 아들과 성령께서는 아버지와 동등한 하나님이시다.

2. 성경전서는 아들과 성령께서 아버지와 동등한 하나님이심을 명백히 드러낸다.

3. 성경전서는 오직 하나님께만 고유한 그러한 이름들을 아들과 성령께 돌림으로써 아들과 성령께서 아버지와 동등한 하나님이심을 명백히 드러낸다.

4. 성경전서는 오직 하나님께만 고유한 그러한 속성들을 아들과 성령께 돌림으로써 아들과 성령께서 아버지와 동등한 하나님이심을 명백히 드러낸다.

5. 성경전서는 오직 하나님께만 고유한 그러한 사역들을 아들과 성령께 돌림으로써 아들과 성령께서 아버지와 동등한 하나님이심을 명백히 드러낸다.

6. 성경전서는 오직 하나님께만 고유한 그러한 예배를 아들과 성령께 돌림으로써 아들과 성령께서 아버지와 동등한 하나님이심을 명백히 드러낸다.

[교리교사 카테키즘: 하나님]

※ 삼위일체 하나님의 이름이 성부, 성자, 성령인가?[1]

우리는 삼위 하나님을 성부, 성자, 성령이라고 부른다. 삼위는 모두 거룩하시다. 그러니 성부, 성자, 성령이라 부르는 것은 당연하다. 그런데 우리가 성부, 성자, 성령이라 부르는 삼위 하나님의 이름은 어디에 기인한 것일까? 성경에서 가르치는 것인가? 성경이 제1위는 성부, 제2위는 성자 그리고 제3위는 성령으로 부르고 있는가? 만일 그렇다면 이 호칭에 관한 것은 질문할 가치가 없다. 말씀에 따라 그렇게 부르면 된다. 그런데 문제는 우리의 성경이 삼위일체 하나님을 성부, 성자, 성령으로 구분해서 부르고 있지 않다는 점이다. 현재 우리의 성경인 개역개정에는 '성부'와 '성자'가 한 번도 안 나온다. 반면에 '성령'은 197번 나온다. 즉, 이 말은 우리가 사용하고 있는 성경이 제3위는 '성령'으로 소개하고 있지만, 제1위와 제2위는

---

1. 이 글은 한국교회가 통상적으로 삼위일체 하나님을 부르는 용어인 성부, 성자, 성령에 대한 문제를 제기하기 위함이 아니다. 삼위일체 하나님의 각 위를 좀 더 잘 이해하고 잘 가르치는 데 도움이 되려는 것이 이 글의 취지이다.

'성부'와 '성자'로 소개하고 있지 않다는 말이다.

우리가 성부라고 부르는 제1위는 영어로 아버지 하나님God the Father이다. 제2위는 아들 하나님God the Son이다. 그리고 제3위는 성령 하나님God the Holy Spirit이다. 삼위 하나님의 각 위의 이름에 대한 표현은 우리가 공적으로 받아들이는 3대 신조인 사도신경, 니케아 신조, 아타나시우스 신조에서도 동일하게 나타난다. 물론 장로교 교리표준문서인 웨스트민스터 신앙고백서, 웨스트민스터 대교리교육서, 그리고 웨스트민스터 소교리교육서에서도 동일하게 나타난다. 다시 말해 우리의 신앙을 말하는 모든 정통 문서들은 삼위 하나님을 아버지 하나님, 아들 하나님, 성령 하나님으로 부르지 성부, 성자, 성령으로 부르지 않는다는 것이다.

좀 더 쉽게 말하면 삼위 하나님 중 제1위와 제2위의 이름에는 '성Holy'이 붙어 있지 않고, 오직 제3위의 이름에만 '성Holy'이 붙어 있다. 그렇다고 이 말이 제1위와 제2위께서 거룩하지 않으시다는 뜻은 아니다. 또한 이는 그 거룩함에 있어서 제1위와 제2위가 제3위보다 다소 열등하다는 것을 의미하는 것도 아니다. 물론 제1위와 제2위는 굳이 거룩하다고 부르지 않아도 되지만, 다소 열등하신 제3위는 우리가 거룩하다고 불러 드려야 그 거룩함이 드러나기 때문도 아니다. 삼위께서는 모두 동등하게 그리고 영원히 거룩하신 분이시다. 삼위일체 하나님께서는 스스로 거룩한 분이시다. 우리가 거룩하다고 불러 드려야 거룩해지는 분이 아니시다. 이러한 면으로 볼 때 제3위의 이름에 있는 '성Holy'라는 표현은 그 인격의 성품을 나타내는 것이 아님을 알 수 있다. 만일 이것이 거룩한 성품을 나타내는 것이라면 제1위와 제2위의 거룩성에 심각한 문제가 생기게 된다.

그렇다면 제3위의 이름에만 거룩함을 나타내는 표현이 있는 것은 무슨 이유일까? 그것은 다름 아닌 제3위께서 제1위와 제2위와 달리 홀로 가지고 계신 독특한 직무 때문이다. 즉, 이는 제3위께서 하시는 일과 관련된 것이다. 성령God the Holy Spirit이라는 이름은 제3위께서 '거룩하신 영'이라는 것을 나타낸다. 이는 아버지 하나님과 아들 하나님과 같이 성령 하나님께서도 스스로 거룩하신 분이시라는 뜻이다. 자신의 거룩함에 대해서 어느 누구에게도 빚지지 않는 분이심을 말하는 것이다. 다른 어떤 것의 도움 없이도 스스로 충분히 거룩하신 분이시라는 뜻이다. 따라서 이는 이 땅의 피조물 중 유일하게 하나님으로부터 영을 받은 존재인 인간과의 분명한 차별을 보여주는 것이라고 할 수 있다. 모든 인간은 혼soul이 있다. 그리고 이 혼은 결코 사멸하지 않는다.[2] 우리의 몸이 이 땅에서 그 수명을 다한 이후에도 이 혼은 사라지지 않고 장소를 옮겨 육체의 부활을 기다린다.[3] 그리고 마지막 심판 때에 부활한 몸과 다시 연합하여 한 부류는 영원한 새 하늘과 새 땅에서 그리고 나머지 한 부류는 영원한 지옥에 거하게 된다. 이렇듯 인간의 혼 또한 성령과 같이 영속적이다.[4]

그럼에도 불구하고 인간의 혼은 성령과 본질적으로 다르다. 크게 두 가지에서 그렇다. 먼저 성령님께서는 성부와 성자로부터 나오심으로 영원 전부터 삼위일체 하나님으로 계신 분이시다. 즉, 성령님께서는 시작도 끝도 없는 차원에서 영원하시다.[5] 그러나 인간의 혼은 창조된 영이다. 즉, 인간의 혼은 창조된 시점부터 영속성을 띠게 된 것이기에, 인간의 영이 지닌 영속성은 시작이 있는 영속성이라 할 수 있다. 좀 더 구체적으로 말하면 모든 인간은 각자 이 땅에 태어나는 순간부터 영속적인 혼을 지니게 된다. 이러한 차원에서 비록 인간의 혼이 영속적이라 하더라도 영원하신 성령님과는 완벽하게 구별되는 것이다.

성령님께서 '영이신 하나님God the Spirit'이 아니라 '거룩한 영이신 하나님God the Holy Spirit'이신 것 또한 성령님과 인간의 혼이 근본적으로 다르다는 것을 분명히 보여준다. 앞서 언급했듯이 성령님께서는 스스로 거룩하신 분이시다. 그러나 인간의 혼은 거룩하지 않다. 이는 인간이 타락하기 전부터 그랬다. 인간이 거룩하지 않은 이유에 대해 우리가 가장 많이 하는 오해가, 바로 인간은 원래 거룩했는데 타락함으로써 거룩함을 잃었다는 것이다. 타락하기 이전에는 하나님과 교제할 수 있을 만큼 거룩했는데 죄로 오염됨으로 말미암아 거룩함이 변질돼서 하나님과의 교제가 상실되었다는 것이다. 그러나 인간이 거룩하지 않은 것은 타락으로 거룩함을 잃어버렸기 때문이 아니다. 최초의 인간인 아담과 하와가 죄 범하기 전에도 그들은 하나님께서 허락해 주시는 특별한 조건이 없이는 거룩하신 삼위일체 하나님과 어떠한 교제도 할 수 없었다.

당시 아담과 하와가 하나님과 교제할 수 있었던 것은 하나님께서 그들과 맺어

---

2. WCF 4.2.
3. WCF 32.1.
4. WFC 33.1-3.
5. WFC 2.3.

주신 행위언약 때문이었지, 그들의 거룩함 때문이 아니었다. 하나님께서 그들과 맺어주신 행위언약은 비록 그들이 본질적으로는 거룩한 존재는 아니지만, 그 언약을 지킴으로써 거룩한 삶을 추구할 수는 있게 하시는 특별한 장치였다고 할 수 있다.[6] 그런데 그러한 인간이 행위언약을 깨고 죄로 오염됨으로써 인간의 혼은 더 이상 거룩함을 추구할 수도 없는 상태가 되고 말았다. 즉, 거룩하지 않은 존재가 이제는 거룩함을 추구할 수도 없는 존재가 된 것이다. 이것이 현재 아담의 후손들의 상태, 바로 우리의 상태다.[7] 이러한 차원에서 볼 때 우리가 제3위 하나님을 '거룩한 영이신 하나님'으로 부르면 부를수록 자신이 결코 거룩하지 않은 존재라는 것을 스스로 인정하고 고백하는 것이 된다. 이제 스스로의 힘과 노력으로는 결코 거룩함을 추구할 수 없는 존재라는 것을 자백하는 것이다.

그러면서도 제3위 하나님께서 '거룩한 영이신 하나님'이신 것이 단순히 거룩함이라는 성품에 있어서 우리와 다르시다는 뜻이기만 한 것은 아니다. 제1위와 제2위에 비해 제3위의 이름에 '거룩함'이 부각된 또 하나의 이유는 제3위 하나님의 특별하신 사역을 더욱 분명히 드러내기 위함이다. 성령님께서 '거룩한 영이신 하나님'이심과 동시에 '거룩하게 하시는 하나님'이심을 부각시키는 것이다. 다시 말해 성령님께서는 거룩하지 않은 존재들인 피조물을 거룩하게 하시는 분이시라는 말이다. 이것이 바로 제1위와 제2위와는 달리 제3위께서만 하시는 특수한 사역이다. 그리고 그 사역이 반영된 이름이 바로 '성령 Holy Spirit'이다. 제3위 하나님께서는 피조물들을 거룩하게 하시는 분이시기 때문에 성령님이시다.

그렇다면 성령님께서는 모든 피조물들을 다 거룩하게 하시는가? 그렇지 않다. 성령님께서는 오직 이 땅에서 이성적인 영혼을 가진 존재로 창조된 인간만 거룩하게 하신다. 그렇다면 여기서 또 한 가지 추가해야 할 질문이 있다. 성령님께서는 모든 인간을 다 거룩하게 하시는가? 이 또한 그렇지 않다. 거룩하게 하시는 영으로서 성령님께서는 오직 아버지 하나님께서 택하시고, 아들 하나님께서 구속하신 사람만을 거룩하게 하신다. 그 이유는 인간을 거룩하게 하시는 성령의 사역은 전적으로 삼위일체 하나님께서 거룩하게 협의하신 작정을 따르기 때문이다.

---

6. WFC 7.1-2.
7. WFC 6.1-6.

한국 교회에서 성부, 성자, 성령으로 번역되어 사용되는 하나님의 이름의 원래 이름은 아버지 하나님, 아들 하나님, 성령 하나님이다. 물론 성부, 성자, 성령이라고 우리가 삼위 하나님을 부르는 것이 잘못된 것은 아니다. 그러나 삼위 하나님 각자의 사역의 특수성을 고려할 때 제1위와 제2위의 이름에도 제3위와 동일하게 '성 Holy'을 붙여서 부르다 보면 제3위께서 제1위와 제2위와 구별되게 가지고 계신 특수한 사역이 아버지 하나님과 아들 하나님의 사역에 비해 다소 덜 부각될 수도 있는 약점이 있는 것은 분명하다. 다시 말해 성령님의 가장 본질적인 사역이며 특수한 사역인 '택자를 거룩하게 하는 것'이 아버지 하나님의 선택과 아들 하나님의 구속의 사역에 비해 다소 소홀히 다뤄질 수 있다는 것이다. 또한 '택자를 거룩하게 하는' 성령님의 가장 중요한 사역을 적절하게 강조하지 못하게 되므로 성령님의 사역에 대한 다른 오해들을 불러일으킬 가능성 또한 배제할 수 없다.

※ 하나님 한 분에게서 자비와 공의는 어떻게 공존하나?

자비는 가치가 없는 자에게 은혜를 베푸는 것이다. 반면에 공의는 가치가 있는 곳에 그 가치에 맞는 정당한 대우를 해주는 것이다. 따라서 자비는 결코 공의로울 수 없고, 공의는 자비를 통해서는 정당하게 집행될 수 없다. 이러한 점에서 자비와 공의는 서로 반대되는 속성이라고 할 수 있다. 그런데 성경은 하나님을 자비의 하나님이라고 말하면서 동시에 공의의 하나님이라고도 말한다. 어떤 상황에서는 자비의 하나님으로시111:4, 그리고 또 다른 상황에서는 공의의 하나님으로 나타낸다시45:7. 하나님께서는 어떠한 방식으로 어울리지 않는 두 속성으로 자신을 드러내시는 것인가? 어떨 때는 자비의 하나님이셨다가, 어떨 때는 공의의 하나님으로 변하시는 것인가? 다양한 속성을 갖고 계시는 하나님께서 상황에 따라 다른 인격으로 자신을 나타내시는 것인가? 그렇지 않다. 하나님께서는 변하지 않으시는 한 인격이시다말3:6. 그렇다면 변하지 않으시면서 어떻게 서로 모순되는 속성인 자비와 공의를 한 인격 안에서 드러내실 수 있는가? 자비와 공의가 어떻게 하나님 한 분 안에 공존할 수 있다는 것인가? 그뿐만 아니라 한 분 하나님께서 자비와 공의를 동시에, 그것도 아무런 마찰 없이 어떻게 드러내실 수 있다는 것인가?

이 질문에 대한 해답은 하나님께서 자비와 공의를 어디에 적용하시는지에 달려 있다. 또한 하나님께서 어떠한 모습으로 자비와 공의를 행사하시는지를 살펴보면 그 해답은 오히려 간단하다. 하나님께서 자비와 공의를 드러내시 대상은 언제나 죄를 지은 인간이다. 이 땅의 피조물들 중에 죄를 지은 인간 외에는 그 어느 것도 하나님의 자비의 대상이 되거나, 공의의 대상이 되지 않는다. 하나님께서는 어떤 이들에게는 그들이 죄를 지었음에도 불구하고 형벌을 피할 수 있는 길을 열어주신다. 이것이 바로 하나님께서 인간에게 자비를 행사하시는 방법이다. 반면에 어떤 이들에게는 정당하게 그들의 죄에 대한 책임을 물으신다. 이때 하나님께서 행사하시는 것이 바로 공의다.

이처럼 하나님께 자비와 공의가 공존하고, 또 동시에 두 속성이 적용될 수 있는 것은 하나님께서 죄를 지은 인간에 대해서 재판장이 되시기 때문이다시7:11. 하나님께서는 본질상 자비로우신 분이시다고후1:3. 그러나 재판장으로서 하나님께서는 철저히 공의를 행사하신다창18:25. 재판장으로서 하나님의 재판은 언제나 공정하다. 따라서 악은 결코 용납하지 않으신다합1:13. 특히 믿지 않는 자들에게는 정죄를 통해 공의를 발휘하신다막16:16. 그러나 죄에 대한 형벌을 정당하게 치른 자들에게는 하나님께서 더 이상 재판장으로서 공의를 행사하지 않으신다. 즉, 그리스도께서 대신 죄의 형벌을 치르신 자들에게는 그들을 정죄하시기 위해 공의의 잣대를 대지 않으신다는 것이다. 오히려 이들에게는 죄의 문제가 해결됐다는 증표를 주신다. 이렇듯 하나님께서 죄인들 중에서 어떤 이들은 그리스도께서 죄의 형벌을 대신 치르시도록 해 주시는데, 이것이 바로 하나님께서 베푸시는 자비다.

결국 자비와 공의는 하나님의 하나의 성품이 대상에 따라 다르게 표현되는 두 가지의 방식이라고 할 수 있다롬9:18. 하나님의 자비가 재판장으로서의 그분의 인격을 선명하게 드러내 준다면, 공의는 재판장이신 하나님께서 심판을 행하시는 원칙과 방식이라고 할 수 있다.

※ 성경에 성자께서 성부보다 열등하신 것처럼 보이는 표현들이 있는 이유
1. 성자께서 성부보다 열등하신 것처럼 표현된 성경 구절들

	표현	성경구절
1	하나님의 종	내가 붙드는 나의 종, 내 마음에 기뻐하는 자 곧 내가 택한 사람을 보라 내가 나의 영을 그에게 주었은즉 그가 이방에 정의를 베풀리라(사42:1)

2	성부에게서 권세를 받음	예수께서 나아와 말씀하여 이르시되 하늘과 땅의 모든 권세를 내게 주셨으니(마28:18)
3	스스로는 아무것도 할 수 없음	그러므로 예수께서 그들에게 이르시되 내가 진실로 진실로 너희에게 이르노니 아들이 아버지께서 하시는 일을 보지 않고는 아무것도 스스로 할 수 없나니 아버지께서 행하시는 그것을 아들도 그와 같이 행하느니라(요5:19)
4	하나님이 보내신 자	하물며 아버지께서 거룩하게 하사 세상에 보내신 자가 나는 하나님의 아들이라 하는 것으로 너희가 어찌 신성모독이라 하느냐(요10:36); 영생은 곧 유일하신 참 하나님과 그가 보내신 자 예수 그리스도를 아는 것이니이다(요17:3)
5	성부보다 작은 이	내가 갔다가 너희에게로 온다 하는 말을 너희가 들었나니 나를 사랑하였더라면 내가 아버지께로 감을 기뻐하였으리라 아버지는 나보다 크심이라(요14:28)
6	성부로부터 나신 이	내가 여호와의 명령을 전하노라 여호와께서 내게 이르시되 너는 내 아들이라 오늘 내가 너를 낳았도다(시2:7); 그는 보이지 아니하는 하나님의 형상이시요 모든 피조물보다 먼저 나신이시니(골1:15)
7	성부에게 통곡하고 눈물흘리며 기도하심	그는 육체에 계실 때에 자기를 죽음에서 능히 구원하실 이에게 심한 통곡과 눈물로 간구와 소원을 올렸고 그의 경건하심으로 말미암아 들으심을 얻었느니라(히5:7)
8	창조의 근본	라오디게아 교회의 사자에게 편지하라 아멘이시요 충성되고 참된 증인이시요 하나님의 창조의 근본이신 이가 이르시되(계3:14)
9	유업을 받음	내게 구하라 내가 이방 나라를 네 유업으로 주리니 네 소유가 땅 끝까지 이르리로다(시2:8).

2. 이유

성자께서는 근본적으로 하나님의 본체이시다빌2:6. 성자께서는 그 본체의 형상이시다히1:3. 따라서 성경 여러 곳에서 성자는 하나님으로 소개되고렘23:5,6; 히1:8,9; 요일5:20, 하나님과 동등한 영광과 존귀를 받으신다고 묘사된다롬9:5, 11:36; 시89:7, 99:2; 계4:11. 그뿐만 아니라 성자는 성부와 같이 영원하시며미5:2; 계1:8, 사람의 마음을 꿰뚫어 보시는 분이시다왕상8:39; 요2:25; 계2:23. 또한 그분께서는 세상을 창조하셨을 뿐 아니라요1:3; 골1:16,17; 롬11:36; 갈1:1, 창조하신 모든 만물을 다스리시며 자기에게 복종케 하신다빌3:21; 계19:6. 성자께서는 성부와 함께 영광과 경배를 받으시고요5:23; 히1:6; 계5:13, 그분 또한 성부와 같이 우리의 믿음의 대상이시다요14:1.

이렇듯 성자는 그 실체에 있어서 성부와 동일하시다. 그리고 그 영광과 능력에 있어서 성부와 동등하시다.[8] 그런데 앞서 살펴본 바와 같이 성경 속에는 성자가 성부와 비교해서 다소 열등한 것처럼 보이는 다양한 표현들이 있다. 이러한 표현들은 우리가 성자를 이해하는 데 적잖은 혼동을 준다. 성자의 존재를 성부에 종속시키는 것 같이 보이는 이러한 성경 속 표현들에는 어떠한 다른 뜻이 숨겨져 있는 것인가? 그것이 아니라면, 이것들이 성경이 기록될 당시 유행하던 어떤 관용적인 표현으로 현재 우리가 이해하는 것과 다른 뜻을 가지고 있는 것인가? 성자에 관하여 성경 속에 묘사된 이런 표현들을 어떻게 이해하면 성자에 대한 오해를 피할 수 있을까?

이 질문에 대한 답을 찾기 전에 먼저 많은 사람들이 성자가 성부에 비해 그 권위나 능력에 있어서 다소 열등하다고 오해하게 되는 이유를 몇 가지만 살펴보자. 가장 먼저 생각할 수 있는 것은 성부와 성자의 지위에 관한 것이다. 성경에서 성부는 아버지로, 그리고 성자는 아들로 소개된다. 그리고 그 관계는 단지 법적인 차원에서만이 아니라 실제 성부가 성자를 낳았다는 표현을 통해 친자관계 곧 부자관계로 소개된다시2:7; 히1:5. 우리의 일반 가정에서 아버지의 권위가 아들의 권위보다 높기 때문에 성부와 성자의 관계에 있어서도 성부가 성자에 비해 높은 권위를 가졌을 것이라 예상한다. 이런 추측은 성부께서 자신의 독생자인 성자에게 자신이 소유한 것들을 유업으로 주신다는 성경의 표현시2:8을 통해 더욱 쉽게 받아들여진다. 즉, 이는 권위와 능력이 우월하신 성부가 성자에게 자신의 권위와 능력을 나눠 주심으로 성자 또한 성부에 준하는 권위와 능력을 부여받게 된다는 것이다. 이러한 추론을 통해 성자는 성부에게 그 권위와 능력을 의존해야 하는 존재로 여겨지게 되는 것이다.

그러나 성경에서 성자가 성부로부터 영원히 나신 분이시며, 성자께서 성부로부터 유업을 받으신다고 하는 것은 결코 성부와 성자의 권위와 능력에 차등이 있음을 말하는 것이 아니다. 이는 삼위일체 하나님의 각 위의 발생에 관한 설명이다. 그뿐만 아니라 성부께서 성자께 유업을 주시는 것도 두 위 사이에서 권위와 능력에 차등이 있다고 말하는 것이 아니다. 이는 성자 또한 성부와 동일한 권위와 능력이 있으심을 나타내는 표현이다. 이에 대해서는 "내 아버지께서 이제까지 일하시니

---

8. WLC 9

나도 일한다"요5:17하시며 성자께서 직접 밝히시기까지 했다.

그리고 또 하나의 오해는 성자께서는 원래 성부와 같은 권위와 능력이 있는 분이셨으나, 그분께서 인성을 입으시고 인간이 되시면서 그분의 신적인 권위와 능력이 본래보다 약해졌다고 생각하는 경우다. 다시 말해 온전한 신이셨던 성자께 인성이 들어가면서 그만큼 그분의 신성의 권위와 능력이 자리를 빼앗겼다는 것이다. 그러나 이러한 생각 또한 옳지 않다. 성자의 성육신은 온전한 신성을 소유하신 성자께서 그분의 신성을 하나도 잃지 않은 상태로 온전한 인성을 입으신 것을 말한다. 참 신이시며 동시에 참 인간이 되시는 것이다. 이러한 이유로 성육신하신 성자께서는 비록 인간의 온전한 몸과 인간의 이성적인 혼을 취하셨지만, 그분의 신성의 권위와 능력은 영원 전에 성부로부터 나실 때의 상태에서 어떠한 변화도 없다. 인성을 입고 성육하신 그리스도께서도 세세에 찬양받으실 하나님이시다롬9:5. 그러니 성자께서 성육신 과정에서 성부보다 그 권위와 능력이 다소 약화되었다는 것은 완전히 잘못된 생각이다.

그렇다면 성경 속에서 성자께서 성부보다 다소 열등하다고 여겨지는 듯한 표현들이 있는 것은 도대체 왜일까? 이 부분에 있어서 답은 오히려 간단하다. 먼저 알아야 할 분명한 것은 성경 속 표현들 중에서 성자를 성부와 동등한 분으로 묘사한 것과 성자가 성부에 종속적인 것처럼 묘사된 것 모두가 다 성자에 대한 바른 설명이라는 것이다. 성자께서는 성부와 동등한 하나님이시다. 그러나 두 분의 관계는 성부께서 성자를 낳으신 것으로 정리된다. 이러한 이유로 성자와 성부께서는 서로 차등은 없으시지만 분명히 구별되신다. 이 점을 성자를 묘사하는 성경의 표현들에 대입해 보면, 성자께서 성부와 성령과 함께 한 하나님이시라고 묘사하는 것은 성자와 성부께서 차등이 없으심을 나타내는 표현이며, 성자께서 성부보다 다소 열등한 것처럼 읽히는 표현들은 성자와 성부 사이에 구별됨이 있음을 나타내는 것이 된다.

그렇다면 성자가 성부와 동등하시면서 구별되신다는 것은 무엇을 말하는가? 무엇이 성자를 성부와 구별되시게 하는가? 그것은 바로 성자께서 하시는 일이다. 성자께서 성부와 구별되시는 것은 그분의 본성도, 능력도 아닌 바로 그분의 사역이다. 택자들의 중보자로서 성자께서 맡으신 직분이 바로 그것이다. 성자께서 성부께 의존하시는 것은 다름 아닌 그분의 중보자 사역에 관한 것들이다. 이는 성자께서 이 직무를 수행하심에 있어서 능력이 부족하시기 때문은 아니다. 전적으로 중보자 사역에 관해 영원 전에 성부와 성자께서 서로 거룩하게 협의하신 작정 때문이다. 성부께서 영원한 생명으로 예정하신 이들을 위해 중보자가 되시기로 동의하신 성자께서는 자신이 감당하셔야 할 중보자 사역의 모든 방법 또한 성부의 뜻에 동의하셨다. 따라서 성자께서는 자신이 수행하는 직무에 관해서 전적으로 성부 뜻에 의존하신다. 성자께서 성부보다 다소 열등한 것처럼 보이는 성경의 표현들은 모두 이와 관련되어 있다. 즉, 이 모두가 다 성자의 중보자 사역에 관련된 표현들인 것이다. 결국 성경 속의 이러한 표현은 성자께서 성부와 비교해서 그 능력이 부족하거나 다소 열등한 신이시라는 의미가 아니라, 중보자 사역을 완수하기 위해 성부의 뜻에 전적으로 순종하는 모습을 보이시는 성자에 대한 묘사인 것이다.

3. 성부에 대한 중보자로서 성자의 모습

	표현	중보자로서의 모습
1	하나님의 종 (사42:1)	중보자의 일을 맡으신 성자께서는 기꺼이 성부의 종이 되시어, 성부께 온전히 순종하시며 성부의 뜻을 이루신다.
2	성부께 권세를 받음 (마28:18)	성자께서는 성부로부터 중보자로서의 온전한 자격과 권세를 부여받으신다.
3	스스로는 아무것도 할 수 없음(요5:19)	성자의 중보자 사역은 전적으로 성부의 뜻을 실행하는 것이다.
4	하나님께서 보내신 자 (요10:36; 17:3)	중보자로서 성자께서는 성부로부터 보냄을 받은 자다.
5	성부보다 작은 이 (요14:28)	성자께서 중보자가 되시는 권위는 성부께 있다.
6	성부로부터 나신 이 (골1:15)	성부의 고유성은 성자를 영원히 낳으시는 것에 있다. 반면 성자의 고유성은 성부께로부터 나심에 있다(WLC 9).
7	성부께 통곡하고 눈물 흘리며 기도하심 (히5:7)	중보자의 직무를 수행함에 있어서 성자께서는 모든 순간 성부의 뜻을 묻고 그에 따라 행하신다.
8	창조의 근본 (계 3:14)	성자께서는 창조된 피조물이 아니라, 성부로부터 영원히 나신 분으로서 모든 창조의 시작이 되신다.
9	유업을 받음 (시 2:8)	준보자이신 성자께서는 성부로부터 세상의 모든 것을 유업으로 받으신 분이시다.

창조

제12~20문답

＜제12~20문답＞

Q12: What are the decrees of God?

A12: God's decrees are the wise, free, and holy acts of the counsel of his will,[1] whereby, from all eternity, he hath, for his own glory, unchangeably foreordained: Whatsoever comes to pass in time,[2] especially concerning angels and men.

(1) 엡1:11; 롬9:15,18,22,23; 11:33 (2) 롬9:22-23: 엡1:4; 행4:27,28; 시33:11; 사45:6,7.

번역

문: 하나님의 작정들은 무엇인가요?

답: 하나님의 작정들은 자신의 뜻의 협의에 따른 지혜롭고, 자유롭고, 거룩한 행위들인데, 그것으로써 영원 전으로부터 그분께서는 자신의 영광을 위해 시간 안에서 앞으로 일어날 모든 일들을 변함없게 미리 정하셨는데, 특히 천사들과 사람들에게 그러합니다.

원문 이해의 키

- **decrees** 작정들

- **acts** 행위들

- **from all eternity** '영원 전으로부터'로 이는 시간이 창조되기 전, 오직 영원만 존재하던 때를 말한다. from all eternity(영원 전으로부터)나 until eternity(영원까지)는 창조된 시간 안에 살아가는 존재가 시간을 초월하여 존재하시고 일하시는 하나님을 표현하는 방법 정도로 이해하면 된다.

- **Whatsoever comes to pass in time** '시간 안에서 앞으로 일어날 모든 일'이라는 뜻이다. 여기서 '(어떠한 일이) 발생하다'는 뜻으로 happen을 사용하지 않고 comes to pass를 사용하고 있다는 것에 유의할 필요가 있다. comes to pass는

문자적으로 '어디로부터 와서 지나간다'는 뜻이다. 이 표현은 이 땅에서 발생하는 모든 일들이 다 그 원인이 있고 이유가 있다는 것을 잘 나타낸다. 즉, 이 표현은 시간 안에서 발생하는 모든 일들 중에 우연히 발생하는 것은 없고, 모두가 다 하나님의 작정에 의해서 나타나는 현상이라는 것을 의도적으로 밝히고 있다고 할 수 있다.

<원문대로 요약하고 구문대로 정리하기>

1. 하나님의 작정들은 자신의 뜻의 협의에 따른 지혜롭고, 자유롭고, 거룩한 행위들이다.

2. 하나님의 작정들은 모두 하나님 자신의 선하신 뜻의 협의에 따른 것이다. 하나님의 작정에 영향을 주는 것은 아무것도 없다.

3. 하나님께서는 시간을 넘어서 존재하시고 일하시는 영원하신 분이시기에 앞으로 일어날 모든 것들을 미리 아신다. 이것을 하나님의 예지라고 한다. 하나님께서는 이러한 예지의 능력이 있으심에도 불구하고, 작정을 세우심에 있어서는 이 능력을 사용하지 않으셨다. 이 또한 하나님의 선하신 뜻이다.

4. 하나님의 작정들의 목적은 오직 자신의 영광이다.

5. 하나님의 작정들의 시점은 영원 전이다. 즉, 하나님께서는 천지를 창조하시기 전, 시간이 존재하지 않은 오직 영원의 상태에서 자신의 선한 뜻을 세우셨다.

6. 영원 전에 하나님께서는 창조 이후에 시간 안에서 일어날 모든 일들을 미리 정하셨다.

7. 하나님께서는 앞으로 일어날 모든 일들을 변함없게 미리 정하셨다. 이러한 이유로 하나님의 작정들은 결코 변하지 않는다.

8. 하나님의 작정들이 변하지 않는다는 것은 하나님께서 신실하신 분이시라는 분명한 이유가 될 뿐 아니라, 성도가 어떠한 경우에도 하나님의 뜻을 따라 굳건하게 인내할 수 있는 근거가 된다.

9. 하나님의 작정들의 범위는 모든 피조물들이나, 그중에서 천사와 사람에 대한 하나님의 작정은 특별하다.

Q13: What hath God especially decreed concerning angels and men?

A13: God, by an eternal and immutable decree, out of his mere love, for the praise of his glorious grace, to be manifested in due time, hath elected some angels to glory;[1] and in Christ hath chosen some men to eternal life, and the means thereof:[2] and also, according to his sovereign power, and the unsearchable counsel of his own will (whereby he extendeth or withholdeth favor as he pleases), hath passed by and foreordained the rest to dishonor and wrath, to be for their sin inflicted, to the praise of the glory of his justice. [3]

(1) 딤전5:21 (2) 엡1:4,5; 2:10; 살후2:13,14 (3) 롬9:17,18,21,22; 마11:25,26; 딤후2:20; 유4; 벧전2:8.

<번역>

문: 하나님께서 천사들과 사람들에 관해서 특별히 무엇을 작정하셨나요?

답: 하나님께서는 영원하고 불변하는 작정에 의해, 자신의 순수한 사랑으로부터, 자신의 영광스러운 은혜를 찬미할 목적으로, 정해진 때에 분명하게 나타나도록 몇몇의 천사들을 영광으로 선택하셨고, 그리스도 안에서 몇몇의 사람들을 영원한 생명으로 선택하시면서 그 방법 또한 그렇게 하셨으며, 그리고 또한 자신의 주권적인 능력과 자신의 의지의 불가사의한 협의(그것에 의해 그분께서는 자신이 기뻐하시는 대로 은총을 넓히기도 하시고 거두기도 하신다)에 따라 나머지들을 모르는 체하시고 그들을 자기들에게 부과된 죄에 걸맞도록 치욕과 형벌로, 그러면서도 자신의 공의의 영광의 찬미로 미리 정하셨습니다.

<원문 이해의 키>

- to be manifested in due time 정해진 때에 분명하게 나타나도록

- **has elected** 선택하셨다.

- **has passed by** 모르는 체하고 지나가셨다. 유기하셨다.

- **predestinate** '예정하다'로 하나님의 선택의 작정을 표현한다.

- **foreordain** '미리 정하다'로 하나님의 유기의 작정을 표현한다.

- **to be for their sin inflicted** 자기들에게 부과된 죄에 걸맞도록

<원문대로 요약하고 구문대로 정리하기>

1. 하나님께서는 이성적인 피조물인 천사들과 사람들에 관해서는 다른 피조물들과는 달리 특별히 무엇인가를 작정하셨다.

2. 하나님께서는 몇몇의 천사들을 영광에로 선택하셨다.

3. 하나님께서는 그리스도 안에서 몇몇의 사람들을 영원한 생명에로 선택하셨다.

4. 하나님께서는 자신의 영광스러운 은혜의 찬미를 목적으로 천사들과 사람들을 선택하셨다.

5. 하나님께서는 선택하시는 그 동일한 방법으로 선택한 자들을 제외한 나머지를 모른 체하셨다. 이를 보통 유기라고 한다.

6. 하나님께서는 선택하지 않으신 유기한 자들을 자기들에게 부과된 죄에 걸맞도록 치욕과 형벌로 미리 정하셨다.

7. 하나님께서는 유기를 통해 자신의 공의의 영광의 찬미를 목적하셨다.

Q14: How doth God execute his decrees?

A14: God executeth his decrees in the works of creation and providence, according to his infallible foreknowledge, and the free and immutable counsel of his own will. [1]

(1) 엡1:11; 단4:35; 사40:12-31.

<번역>

문: 하나님께서는 그분의 작정들을 어떻게 수행하시나요?

답: 하나님께서는 자신의 오류가 있을 수 없는 예지와 자신의 뜻의 자유롭고 불변하는 협의에 따라서 창조와 섭리의 사역들에서 그분의 작정들을 수행하십니다.

<원문 이해의 키>

- executes '수행하신다'로 현재형이다. (administer: 실행하다, exercise: 행사하다. perform: 이행하다)
- decrees 작정들
- infallible 오류가 있을 수 없는 (fallible: 오류가 있을 수밖에 없는)
- foreknowledge 예지
- immutable 불변하는

<원문대로 요약하고 구문대로 정리하기>

1. 하나님께서는 자신이 작정하신 것들을 모두 수행하신다.
2. 하나님께서는 자신이 작정하신 것들을 모두 작정하신 대로 수행하신다.
3. 하나님께서는 자신의 오류가 있을 수 없는 예지에 따라 자신이 작정하신 것들을 수행하신다.
4. 하나님께서는 자신의 뜻의 자유롭고 불변하는 협의에 따라 자신이 작정하신 것들을 수행하신다.
5. 하나님께서는 창조와 섭리의 사역들에서 자신이 작정하신 것들을 수행하신다.

Q15: What is the work of creation?

A15: The work of creation is that wherein God did in the beginning, by the word of his power, make of nothing the world, and all things therein, for himself, within the space of six days, and all very good.[1]

(1) 창1장; 히11:3; 잠16:4; 계4:11; 시33:5,6.

<번역>

문: 창조의 사역은 무엇인가요?

답: 창조의 사역은 그 사역 안에서 하나님께서 태초에 그분의 능력의 말씀에 의해 세상과 그 안에 있는 모든 것들을 그 자신을 위해 무로부터, 6일간의 시간 안에, 그리고 그 모든 것들을 매우 선하게 만드신 것입니다.

<원문 이해의 키>

- God did make A, and all very good. 3형식 문장인 God did make A와 5형식 문장인 God did make all very good을 중복되는 God did make를 생략하고 등위접속사 and를 가지고 하나의 문장으로 묶어 놓았다. 따라서 이 문장의 의미를 정확히 이해하려면, 앞의 3형식 문장과 이어지는 5형식 문장을 각각 분리해서 분석해야 한다.

<원문대로 요약하고 구문대로 정리하기>

1. 창조는 오직 하나님만의 사역이다.

2. 창조는 하나님께서 작정하신 것을 수행하시는 하나님의 사역이다.

3. 창조는 하나님께서 태초에 하신 사역이다.

4. 하나님께서는 자기 자신을 위해 창조의 사역을 수행하셨다.

5. 하나님께서는 그분의 말씀으로 창조의 사역을 수행하셨다.

6. 하나님께서는 세상과 그 안에 있는 모든 것을 창조하셨다.

7. 하나님께서는 아무것도 없는 상태에서 만물을 창조하셨다.

8. 하나님께서는 6일간의 시간 안에 만물을 창조하셨다.

9. 하나님께서는 모든 것을 매우 선한 상태로 만드셨다. 최초에 하나님께서 만드신 상태가 바로 참으로 선한 상태다.

Q16: How did God create angels?

A16: God created all the angels[1] spirits,[2] immortal,[3] holy,[4] excelling in knowledge,[5] mighty in power,[6] to execute his commandments, and to praise his name,[7] yet subject to change.[8]

(1) 골1:16 (2) 시104:4 (3) 마22:30; **눅20:36** (4) 마25:31 (5) 삼하14:17; 마24:36; (6) **시91:11,12**; 살후1:7 (7) 시 103:20,21; **사6:1-3** (8) 벧후2:4.

<번역>

문: 하나님께서는 어떻게 천사들을 창조하셨나요?

답: 하나님께서는 모든 천사들을 불멸하고, 거룩하고, 지식에 있어서 뛰어나며, 능력에 있어서 강하고, 그분의 명령들을 수행하고, 그분의 이름을 찬양하는 영들로 창조하셨지만, 그들은 변하기 쉬운 영들입니다.

<원문 이해의 키>

- God created all the angels spirits. 5형식 문장이다.
- spirits, (which are) immortal, holy, excelling in knowledge, mighty in power 영들인데, 그것들은 불멸하고, 거룩하고, 지식에 있어서 뛰어나며, 능력에 있어서 강하다.
- spirits to execute his commandments, and to praise his name '그분의 명령들을 수행하고, 그분의 이름을 찬양하는 영들'로 to execute와 to praise는 형용사적 용법의 to 부정사이다. 참고로 이 두 개의 부정사를 부사적 용법으로 해석해서 '그분의 명령을 수행하고, 그분의 이름을 찬양하도록'으로 번역하면 문법적으로 명령을 수행하고, 찬양하는 주체가 하나님이 된다.
- spirits, yet (which are) subject to change 영들이지만 그것들은 변하기 쉬운 상태다.

<원문대로 요약하고 구문대로 정리하기>

1. 하나님께서는 모든 천사들을 영적인 존재spirits로 창조하셨다.

2. 하나님께서는 모든 천사들을 불멸하고, 거룩하고, 지식에 있어서 뛰어나며, 능력이 강한 영적인 존재로 창조하셨다.

3. 하나님께서는 자신의 명령을 수행하고 자신의 이름을 찬양하도록 천사들을 창조하셨다.

4. 하나님께서는 모든 천사들을 변하기 쉬운 존재로 창조하셨다.

5. 하나님께서는 모든 천사들을 한 번에 창조하셨다. 반면에 사람은 최초의 부모를 직접 흙으로 빚어서 만드시고, 나머지 인류는 생육법을 통해 그들의 후손으로 태어나는 방식으로 창조하셨다.

Q17: How did God create man?

A17: After God had made all other creatures, he created man male and female;[1] formed the body of the man of the dust of the ground,[2] and the woman of the rib of the man,[3] endued them with living, reasonable, and immortal souls;[4] made them after his own image,[5] in knowledge,[6] righteousness, and holiness;[7] having the law of God written in their hearts,[8] and power to fulfil it,[9] and dominion over the creatures;[10] yet subject to fall.[11]

(1) 창1:27 (2) 창2:7 (3) 창2:22 (4) 창2:7; 전12:7; 욥35:11; 마10:28; 눅23:43 (5) 창1:26,27 (6) 골3:10 (7) 엡4:24 (8) 롬2:14,15 (9) 전7:29 (10) 창1:28,29 (11) **창2:16,17**; 창3:6; 전7:29

<번역>

문: 하나님께서는 어떻게 사람을 창조하셨나요?

답: 하나님께서는 모든 다른 피조물들을 만드신 후에 사람을 남자와 여자로 창조하셨는데, 남자의 몸은 땅의 흙으로부터, 여자의 몸은 남자의 갈비뼈로부터 형태를

만드시고, 그들에게 살아 있고, 이성적이며, 불멸하는 영혼들을 부여하셨으며, 하나님의 법과 그것을 성취할 수 있는 힘과 피조물들에 대한 통치권을 그들의 심정에 기록하시면서, 그들을 지식과 의로움과 거룩함에서 자기의 형상을 따르도록 했으나, 그들은 타락하기 쉬운 상태였다.

<원문 이해의 키>

- having the law of God written in their hearts 5형식 사역동사 have의 단순 분사구문이다. 따라서 having을 완료분사구문의 표현으로 오해해서는 안 된다.
- ; yet subject to fall ; made them after his own image,~ ; yet (who were) subject to fall로 생략된 관계대명사의 선행하는 them이다. yet은 하나님께서 사람에게 부여하신 자신의 형상과 사람의 타락 가능성은 직접적인 관련이 없음을 잘 나타낸다. 다시 말해 하나님의 형상이 타락을 막아주는 도구나 장치가 아님을 잘 표현해준다.

<원문대로 요약하고 구문대로 정리하기>

1. 하나님께서는 모든 만물들을 다 창조하신 후에 사람을 창조하셨다.
2. 하나님께서는 사람을 남자와 여자로 창조하셨다.
3. 하나님께서는 땅의 흙으로부터 남자의 몸의 형태를 만드셨다.
4. 하나님께서는 남자의 갈비뼈로부터 여자의 형태를 만드셨다.
5. 하나님께서는 사람에게 살아 있고, 이성적이며, 불멸하는 영혼을 주셨다.
6. 하나님께서는 사람에게 지식과 의와 거룩함에서 자신의 형상을 따르도록 하셨다.
7. 하나님께서는 사람의 심정에 하나님의 법과 그것을 성취할 수 있는 힘과 피조물들에 대한 지배권을 새겨 주셨다.
8. 하나님께서 창조하신 사람은 타락하기 쉬운 상태였다.

Q18: What are God's works of providence?

A18: God's works of providence are his most holy,[1] wise,[2] and powerful preserving [3] and governing [4] all his creatures; ordering them, and all their actions,[5] to his own glory. [6]

(1) 시145:17; 레21:8 (2) 시104:24; 사28:29 (3) 히1:3; 느9:6 (4) 시103:19 (5) 마10:29,30; 창45:7; 시135:6 (6) 사43:14; 롬11:36

<번역>

문: 하나님의 섭리의 사역들은 무엇들인가요?

답: 하나님의 섭리의 사역들은 그분께서 가장 거룩하고, 지혜롭고, 능력 있게 자신의 모든 피조물들을 보존하고 다스리시며, 그것들과 그것들의 모든 행위들을 자신의 영광의 방향으로 규제하시는 것입니다.

<원문 이해의 키>

- **his most holy, wise, and powerful preserving and governing all his creatures**
  his는 동명사인 preserving과 governing의 의미상 주어이다. 따라서 his preserving and governing은 '그분의 보존하심과 다스리심'이 아니라, '그분께서 보전하시고 다스리시는 것'으로 번역해야 한다. 이러한 이유로 holy, wise, and powerful도 '거룩하고, 지혜롭고, 능력 있게'처럼 번역해야 한다.
- **to his own glory** to는 방향과 목적지를 나타내는 전치사이다.

<원문대로 요약하고 구문대로 정리하기>

1. 하나님께서는 섭리의 사역들을 통해 작정하신 것들을 수행하신다.
2. 하나님의 섭리적인 사역들은 자신이 창조하신 모든 것들을 보존하시는 것이다.
3. 하나님의 섭리적인 사역들은 자신이 창조하신 모든 것들을 통치하시는 것이다.
4. 하나님의 섭리적인 사역들은 자신이 창조하신 모든 것들과 그것들의 모든 행위들의 질서를 잡는 것이다.
5. 하나님의 섭리적인 사역들의 방향은 언제나 자신의 영광이다.

6. 하나님께서는 가장 거룩하고, 지혜롭고, 능력 있게 섭리적인 사역들을 수행하신다.

Q19: What is God's providence towards the angels?

A19: God by his providence permitted some of the angels, wilfully and irrecoverably, to fall into sin and damnation,[1] limiting and ordering that, and all their sins, to his own glory;[2] and established the rest in holiness and happiness;[3] employing them all,[4] at his pleasure, in the administrations of his power, mercy, and justice. [5]

(1) 유6; 벧후2:4; 히2:16; 요8:44 (2) 욥1:12; **눅10:17**; 마8:31 (3) 딤전5:21; 막8:38; **히1:14** (4) 시104:4 (5) 왕하19:35; 히1:14

<번역>

문: 천사들을 향한 하나님의 섭리는 무엇인가요?

답: 하나님께서는 자신의 섭리에 의해 몇 몇의 천사들에 대해서 그들과 그들의 모든 죄들을 하나님 자신의 영광의 방향으로 제한하시고 규제하시면서, 그들이 의도적으로 그리고 회복 불가능하게 죄와 영벌로 타락하는 것을 허용하셨고, 그 나머지들은 거룩함과 행복으로 세우셔서, 자신의 기쁨으로 자신의 능력과 자비와 공의를 시행함에 그들 모두를 고용하셨습니다.

<원문 이해의 키>

- God~ permitted some of the angels~ to fall into~ '하나님께서는 몇몇의 천사들이 ~로 타락하는 것을 허용하셨다.'

- ,wilfully and irrecoverably, to fall into~ wilfully and irrecoverably(의도적으로 그리고 회복 불가능하게)는 문장의 주동사인 permitted(허용하셨다)를 수식하는 것이 아니라, to fall(타락하다)를 수식하고 있다. 참고로 현대영어는 to wilfully and irrecoverably fall into~ 으로 표현하고 이를 분리부정사라고 한다.

- limiting and ordering~ '제한하시고 규제하시면서'로 동시동작을 나타내는 분사구문이다.

- employing '고용하셨다'로 연속동작을 나타내는 분사구문이다.

<원문대로 요약하고 구문대로 정리하기>

1. 천사에 대한 하나님의 섭리적인 사역은 몇몇의 천사들이 자신들의 의지로 회복 불가능한 죄와 영벌로 타락하는 것을 막지 않으시고 그대로 허용하신 것이다.

2. 하나님께서 몇몇의 천사들이 스스로의 의지로 죄와 영벌로 타락하는 것을 허용하셨음에도 불구하고, 그들을 절대적인 자유로 풀어 주신 것은 아니다. 하나님께서는 그들과 그들이 짓는 죄를 제한하실 뿐 아니라 규제하셨다.

3. 하나님께서 몇몇의 천사들의 죄를 제한하시고 규제하시는 방향은 전적으로 하나님 자신의 영광이다. 즉, 하나님께서는 천사들의 죄와 타락을 통하여 자신의 영광을 취하신다.

4. 하나님께서는 죄와 타락을 허용하신 몇몇의 천사들을 제외한 그 나머지는 거룩함과 행복으로 세우셨다.

5. 하나님께서는 거룩함과 행복으로 세우신 천사들 모두를 하나님의 섭리적인 사역을 수행하는 일꾼으로 고용하셨다.

6. 하나님께서는 거룩함과 행복으로 세우신 천사들 모두를 자신의 능력과 자비와 공의를 시행하는 일꾼으로 고용하셨다.

7. 하나님께서 거룩함과 행복으로 세워서 자신의 섭리적인 사역을 위한 일꾼으로 고용하는 천사들에게는 어떠한 조건도 이유도 없다. 하나님께서 어떤 천사를 일꾼으로 고용하는지에 대한 이유와 근거는 전적으로 하나님 자신의 기쁨에 있다.

Q20: What was the providence of God toward man in the estate in which he was created?

A20: The providence of God toward man in the estate in which he was created, was the placing him in paradise, appointing him to dress it, giving him liberty to eat of the fruit of the earth;[1] putting the creatures under his dominion,[2] and ordaining marriage for his help;[3] affording him communion with himself;[4] instituting the sabbath;[5] entering into a covenant of life with him, upon condition of personal, perfect, and perpetual obedience,[6] of which the tree of life was a pledge;[7] and forbidding to eat of the tree of the knowledge of good and evil, upon the pain of death.[8]

(1) 창2:8,15,16 (2) 창1:28 (3) 창2:18 (4) 창1:26-29: 3:8 (5) 창2:3 (6) 롬5:14; 고전15:22,47; 호6:7; 눅10:25-28; 갈3:12; 롬10:5; 갈3:10,12 (7) 창2:9,16,17 (8) 창2:17.

<번역>

문: 창조되었을 때의 상태에서 사람을 향한 하나님의 섭리는 무엇이었나요?

답: 창조되었을 때의 상태에서 사람을 향한 하나님의 섭리는 그를 낙원에 두고 그를 임명하여 그것을 가꾸게 하고 그에게 땅의 열매를 먹을 수 있는 자유를 주신 것과, 피조물들을 그분의 다스림 아래 두고 그를 돕기 위해 결혼식을 정하신 것과, 그로 하여금 자신과 교제할 수 있게 하신 것과, 안식일을 제정하신 것과, 인격적이고, 완전하고 영속적인 순종을 조건으로 생명의 나무가 보증이 되는 생명의 언약을 그와 맺으신 것과, 사망의 고통을 경고로 선과 악의 지식에 관한 나무 먹는 것을 금지시키신 것입니다.

<원문 이해의 키>

- in the estate in which he was created '그가 창조되었을 때의 상태에서'
- the placing him~, appointing him~, giving him~; putting the creatures~,

and ordaining marriage~; affording him~; instituting the sabbath; entering into a covenant of life~; and forbidding to~. A, B, C; D, and E; F; G; H; and I의 구조로 'A와 B와 C하는 것과, D하고 E하는 것과, F하는 것과, G하는 것과 H하는 것과 I하신 것'으로 연결하여 해석한다.

<원문대로 요약하고 구문대로 정리하기>

1. 사람이 창조되었던 그 상태에 있을 때 사람을 향한 하나님의 섭리는 그들을 낙원에 두신 것이었다.

2. 사람이 창조되었던 그 상태에 있을 때 사람을 향한 하나님의 섭리는 낙원을 가꾸도록 그들을 임명하신 것이었다.

3. 사람이 창조되었던 그 상태에 있을 때 사람을 향한 하나님의 섭리는 그들에게 땅의 열매를 먹을 수 있는 자유를 주신 것이었다.

4. 사람이 창조되었던 그 상태에 있을 때 사람을 향한 하나님의 섭리는 모든 만물을 그들의 통치 아래 두신 것이었다.

5. 사람이 창조되었던 그 상태에 있을 때 사람을 향한 하나님의 섭리는 그들의 도움을 위해 결혼식을 정하신 것이었다.

6. 사람이 창조되었던 그 상태에 있을 때 사람을 향한 하나님의 섭리는 그들이 하나님과 교제할 수 있게 하신 것이었다.

7. 사람이 창조되었던 그 상태에 있을 때 사람을 향한 하나님의 섭리는 안식일을 제정하신 것이었다.

8. 사람이 창조되었던 그 상태에 있을 때 사람을 향한 하나님의 섭리는 인격적이고, 완전하고 영속적인 순종을 조건으로 생명의 나무가 보증이 되는 생명의 언약을 그들과 맺으시면서, 사망의 고통을 경고로 선과 악의 지식에 관한 나무 먹는 것을 금지시키신 것이었다.

작정(제12-14문답)

작정의 원천	하나님의 선하시고 기뻐하신 뜻
작정의 때	영원 전 (시간의 개념이 있기 전)
작정 실행의 때	창조 후 (시간의 개념이 생긴 후)
작정의 목적	하나님 자신의 영광
작정의 방법	삼위 하나님의 거룩한 협의
작정을 이루는 수단	창조와 섭리
작정의 외적 근거	없음 (하나님의 작정에 영향을 주는 어떤 외부적인 요인도 없음)
작정의 방해요소	없음 (하나님의 작정이 실행되는 데는 어떠한 방해 요소도 없음)
작정하신 내용	일어날 모든 일(whatsoever comes to pass)
작정의 특성	영원성과 불변성

※ 작정에 대하여 우리가 모르는 것과 아는 것

우리가 모른 것	하나님께서 작정하신 구체적인 내용들
우리가 아는 것	1. 하나님께서 작정하셨다는 사실 2. 모든 일은 하나님께서 작정하신 대로 이루어진다는 것 3. 작정의 원천은 오직 하나님의 기쁘신 뜻이라는 것 4. 하나님께서는 작정의 목적뿐만 아니라 작정을 이루시는 모든 수단도 작정하셨다는 것 5. 하나님의 작정은 결코 변하지 않는다는 것

※ 작정한 것을 바꾸지 않으시는 하나님과 생각을 바꾸는 인간

하나님의 작정은 영원하며 결단코 변하지 않는다. 하나님의 작정이 변하지 않는 가장 근본적인 이유는 이것이 전적으로 하나님의 변하지 않으시는 속성에 기인하기 때문이다. 그뿐만 아니라 하나님께서 자신이 작정하신 것은 절대 바꾸지 않으시기로 작정하셨기 때문이다. 하나님께서 창조하신 것을 보존하시고 통치하시는 것을 섭리하고 한다. 하나님의 섭리는 전적으로 하나님의 작정을 따른다. 이 세상에서 하나님께서 행하시는 모든 섭리적인 사역은 하나님 자신이 작정하신 것을 하나님 자신이 성취하시는 것이다. 이러한 이유로 하나님의 모든 섭리적인 사역은 하나님께서 작정하신 대로만 성취된다.

하나님의 섭리적인 사역은 하나님께서 창조하신 모든 만물에서 나타난다. 이 섭리적 사역에는 자연현상뿐만 아니라 모든 동물과 식물 그리고 인간의 모든 생각과 행동까지 다 포함된다. 이 모든 것들이 하나님의 작정에 따른 섭리적 사역을 통해 운행된다. 모든 것들이 불변하는 하나님의 작정에 따라 발생한다. 그런데 이러한 원리를 인간의 삶에 적용하다 보면 쉽게 풀리지 않는 하나의 의문이 생긴다. 그것은 하나님의 작정의 불변성이 가변적인 인간의 삶에 어떻게 적용되는가 하는 점이다. 하나님께서는 불변하시지만 인간은 변한다. 인간은 마음과 행동이 수시로 바뀐다. 이런 상황에서 하나님의 작정이 가변적인 인간에게 적용될 때도 그 결과가 항상 작정하신 대로 변함없이 성취된다고 말할 수 있는 것인가? 아니면 인간의 경우는 다소 예외가 성립되는 것인가?

이러한 질문에 대해 성경은 비록 인간의 마음과 행동이 때와 상황에 따라 변하지만, 하나님께서는 인간의 이러한 가변성까지도 자신의 작정을 이루시는 수단으로 사용하신다고 설명한다. 하나님 앞에서 인간의 가변성은 하나님의 작정을 바꾸거나, 그 실행에 있어서 어떠한 변화를 초래하는 것이 아니다. 변함이 없으신 하나님 앞에서 인간의 가변성은 오히려 하나님의 뜻과는 멀리 있었던 자신의 생각과 행동이 점진적으로 하나님의 작정과 조화를 이루는 방향으로 맞춰지는 것으로 나타난다. 인간의 가변성에 의해 하나님의 작정이 바뀌는 것이 아니라, 말씀과 성령의 내적 사역을 통해 인간이 하나님의 뜻에 맞춰지는 것이다. 하나님의 뜻을 더 잘 알아 가면 알아 갈수록 그 뜻을 추구하며 우리의 생각과 행동을 고쳐나가는 것이다. 결국 바뀌는 것은 하나님의 작정이 아니라, 인간의 생각과 행동이다. 따라서 이러한 과정 속에서 더욱 잘 드러나는 인간의 가변성은 하나님의 작정이 불변하다는 사실을 더욱 분명히 드러내는 수단이 되는 것이다.

※ 작정과 조건적 약속은 서로 어떻게 조화를 이루는가?

하나님의 작정은 영원하며 결단코 변하지 않는다. 이는 하나님의 작정이 변하도록 영향을 미칠 수 있는 어떤 외부적인 요소도 없기 때문이기도 하지만, 그보다 더 확실한 이유는 하나님께서 한번 작정한 것을 변치 않기로 스스로 정하셨기 때문이다. 따라서 창조 후 일어나는 모든 일들 중에서 하나님의 작정을 따르지 않는 일은 아무것도 없다. 그런데 성경을 읽다 보면 하나님께서 인간들에게 어떤 조건을 제시하시면서 약속을 주시는 경우를 많이 볼 수 있다. 대부분 순종을 하면 그 조건에 따라 약속된 복을 주시겠다는 것이고, 불순종의 경우에는 약속된 복을 받지 못할 뿐 아니라, 벌을 받게 될 것이라는 내용이다. 이런 조건적 약속의 성경 기사를 읽다 보면 우리는 종종 하나님의 계획이 인간의 순종과 불순종에 따라 다르게 적용될 수 있는지를 생각하게 된다. 즉, 하나님의 작정이 인간의 반응에 따라 바뀔 수도 있지 않은지 고민하게 된다.

정말 그런 것인가? 하나님의 작정이 하나님께서 조건적으로 약속하신 경우에 있어서는 인간이 그 조건을 만족하느냐 그렇지 않으냐에 따라 달라질 수도 있는가? 결단코 그렇지 않다. 왜냐하면 하나님의 조건적인 약속 또한 하나님께서 자신이 작정하신 것을 이루시는 하나의 수단이기 때문이다. 하나님께서는 시간이라는 개념이 존재하기 전, 즉 오직 영원만 있던 때에 모든 것을 작정하셨다. 그리고 창조와 섭리를 통해 하나님께서는 자신이 작정하신 모든 것들을 이루신다. 하나님께서 이 세상을 창조하시면서 부여하신 질서 중에 하나가 바로 시간이다. 하나님께서 이 세상을 창조하실 때 시간 또한 함께 창조하시므로 이 세상에 시간의 개념이 들어왔다. 하나님께서는 이 시간 속에서 자신이 창조한 모든 것들을 보존하시고 통치하신다. 이것이 바로 하나님의 섭리다.

하나님의 조건적 약속은 하나님께서 인격적인 존재로 창조하신 인간을 대상으로 한 섭리적인 사역의 한 방편이다. 앞서 언급했듯이 하나님께서 시간 속에서 섭리적인 사역으로 행하시는 모든 일은 하나님께서 영원 속에서 이미 작정하신 것들이 실행되는 것이다. 이러한 차원에서 볼 때 하나님의 조건적인 약속 또한 하나님께서 이미 작정하신 것들이라는 결론이 나온다. 따라서 이를 정리하면 성경 속에서 발견되는 하나님의 조건적인 약속은 영원 가운데서 하나님께서 작정하신 것을 시간 속에서 실행하는 것이다.

그렇다면 하나님께서는 왜 조건적인 약속을 작정하셨으며, 또한 그것을 인류를 통해 실행하시는가? 그 이유는 하나님께서 자신의 자비와 공의를 인류에게 더욱 명확히 드러내시기 위함이다. 특히 택자와 유기자들에게 자신의 자비와 공의를 확실히 구별하여 나타내시기 위함이다. 왜냐하면 하나님의 조건적인 약속에 대해 택자와 유기자들은 각기 다른 방식으로 반응하기 때문이다. 성령의 도움과 인도를 받는 택자는 하나님께서 주신 조건적 약속을 사모하는 마음으로 받고, 그 조건을 만족하려 노력할 것이다. 반면에 유기자는 하나님의 약속에 대한 사모함이 없기 때문에 하나님께서 제시하신 조건을 무시할 뿐 아니라, 그것을 모독하기까지 한다.

이러한 결과 그 조건을 만족시킨 택자들은 하나님께서 약속하신 보상을 받지만, 그것을 무시한 유기자들은 보상을 받지 못하게 된다. 심지어 그것을 무시하고 모독했던 것으로 인해 벌을 받게 된다. 이때 약속의 보상을 받는 택자들은 순종에 대한 보람을 느끼며, 기쁨과 감사로 조건적인 약속을 주신 하나님께 반응하지만, 그 약속을 무시함으로 징계를 받은 유기자들은 어떠한 변명이나 불평도 할 수 없게 된다. 왜냐하면 택자와 유기자 모두 조건적인 약속을 공평하게 받았기 때문이다. 그리고 택자와 유기자 모두 전적으로 자신들의 의지로 그 조건적 약속에 순종할 것인지, 아니면 그것을 무시할 것인지를 결정하고 행동했기 때문이다. 이러한 차원에서 볼 때 하나님의 조건적인 약속은 작정의 변화 가능성이 아니라, 오히려 불변하는 작정의 정당함을 무지한 인간들에게 더욱 분명히 드러내는 수단이 되는 것이다.

예정

※ 미리 정하심과 예정하심

하나님께서 영원 전에 작정들decrees을 세우시는 것을 나타내는 대표적인 두 동사는 '미리 정하시다foreordain'와 '예정하시다predestinate'이다. 이 두 동사 모두 앞으로 발생할 일들에 관한 모든 것을 미리 결정한다는 의미가 있다. 그래서 두 동사는 단순히 무엇인가를 미리 정한다는 의미로 사용될 때에는 특별한 구분이 없이 혼용하여 사용되기도 한다. 그리고 이러한 이유 때문에 'foreordain'과 'predestinate'을 한국어로 번역할 때 둘 다 '예정하다'로 번역하는 경우가 많이 있다.

물론 본문의 문맥이 단순히 앞으로 일어날 일들을 미리 계획하는 것이라면 크게 문제가 될 것은 없다. 그러나 이것이 하나님의 작정들decrees을 다루는 내용이라면 상황은 많이 달라진다. 두 단어가 의미하는 신학적인 뜻이 분명히 차이가 있기 때문이다. 이러한 이유로 'foreordain'은 '미리 정하시다'로, 'predestinate'은 '예정하시다'로 구분해서 번역하는 것이 유익하다.

미리 정하심(foreordination)	예정하심(predestination)
1. 영원 전에 행하심	1. 영원 전에 행하심
2. 불변함	2. 불변함
3. 창조와 그 이후에 일어날 모든 것을 미리 정하심	3. 이성적인 피조물인 천사와 사람에 대해 누군가는 선택하고 누군가는 유기하심[1]
4. 하나님께서 작정하시는 방식	4. 하나님께서 선택과 유기하시는 방식
5. 예지(foreknowledge)를 통해 미리 아심	5. 예지(foreknowledge)를 사용하지 않으심
6. 섭리의 근거	6. 구원의 근거
7. 모든 일은 미리 정하신 대로 발생함	7. 생명으로 예정한 자들만 구원받음

※ 키워드로 정리하는 예정

키워드	내용
1. 하나님의 일	예정은 전적으로 하나님의 뜻에 따라 하나님께서 하신 일로써, 다른 어떤 요소도 하나님의 예정에 영향을 미치지 않는다(엡1:4). 그리스도의 구속의 공로도, 신자의 믿음도 결코 예정에 영향을 미치는 조건이 될 수 없다.
2. 이성적인 피조물	예정의 대상은 이성적인 피조물인 천사와 사람이다.
3. 이중예정	예정의 방식은 선택과 유기다. 천사와 사람들 중에 어떤 이들은 영원한 생명으로 선택하시고, 어떤 이들은 영원한 사망으로 선택하셨다. 하나님께서 영원한 생명의 명단에 포함시키지 않은 자들을 유기된 자들이라고 한다. 그러나 선택하고 남은 자들을 유기된 자들이라고 이해해서는 안 된다. 또한 선택을 먼저 하시고, 뒤에 유기할 자들을 따로 분류하신 것도 아니다. 하나님께서는 자신의 의지로 선택과 유기를 동시에 행하셨다.
4. 적용시점	하나님께서 예정을 행하신 시점은 시간의 개념이 있기 전인 영원 전이다. 반면에 그 예정을 실제 적용하시는 시점은 창조를 통해 시간의 개념이 생긴 이후다. 사람에 대한 예정은 오직 이 땅에 살아 있는 사람들에게만 적용된다. 택자의 경우 사람이 태어나서 죽음을 맞기 전에 부르심을 통해 그에 대한 예정은 반드시 적용된다. 그러나 각 사람에게 적용되는 시기는 오직 하나님만이 아신다.
5. 개별성	하나님께서는 구원할 자들의 총수만을 예정하신 것이 아니다. 하나님께서는 각 개인의 이름으로 구원할 자들을 선택하셨다. 따라서 하나님께서는 구원하실 자들의 이름을 모두 알고 계신다. 그뿐만 아니라 유기하신 이들의 이름도 모두 알고 계신다.
6. 불변성	예정은 작정의 일부다. 따라서 하나님의 작정이 불변하는 것처럼 예정 또한 결코 변하는 법이 없다.

---

1. 웨스트민스터 신앙고백서는 3장 2항에서 이성적인 피조물인 사람과 천사에 대한 하나님의 작정을 설명하면서 영원한 생명으로의 선택은 'predestinate'(예정하다)는 단어로 표현하는 반면에 유기하심으로 영원한 사망에 그대로 내버려 주신 자들에 대해서는 'foreordain'으로 표현한다.

7. 하나님의 영광	예정의 목적은 하나님 자신의 영광이다. 하나님께서는 선택을 통해서는 자신의 자비의 영광을 나타내시고, 유기를 통해서는 자신의 공의의 영광을 드러내신다. 하나님께서는 선택받은 자들이 그 은혜에 의해 하나님의 영광을 찬양하며, 영원한 복을 누리는 것을 기뻐하신다.
8. 생명을 위한 선택	하나님의 선택은 오직 영원한 생명을 위한 선택만을 말하는 것이다. 구원과 상관없이 어떠한 특정한 사역에 쓰임받기 위해 부름을 받은 자들은 여기에 해당되지 않는다. 바로, 고레스, 헤롯, 빌라도, 가룟 유다, 거짓 선지자 등이 이런 부류에 해당한다.

※ '구원받을 자들의 총수'는 이미 정해진 개인들인가? 새롭게 형성되는 단체인가?

하나님으로부터 구원받는 자들은 모두 하나님의 양자들이 된다. 이 사실에 근거하면 하나님께서 구원받을 사람들을 미리 정해 놓으셨다는 것은 하나님께서 자기의 양자로 삼을 자를 미리 정해놓으셨다는 말이 된다. 그리고 이는 또한 하나님께서 구원받을 자들의 총수를 이미 정해놓으셨다는 뜻이 된다. 그래서 하나님의 양자가 된다는 것을 구원받을 자들의 총수에 들어가게 되는 것으로도 표현하는 것이다.[2]

여기서 말하는 총수는 분명 하나님께서 구원하시기로 예정하신 총인구수를 말한다. 그런데 '구원받을 자들의 총수'라는 이 표현을 오해하는 이들이 많다. 심지어 이것을 오해함으로써 이단 사상에 빠지기까지 한다. 이러한 오해가 발생하는 이유는 이 표현이 크게 두 가지로 해석이 가능하기 때문이다. 하나는 말 그대로 구원받을 한 단체가 총 몇 명으로 구성되는지를 말하는 것으로 이해하는 것이다. 그리고 나머지 하나는 구원받기로 정해진 자들 한 명 한 명이 다 모였을 때 계수되는 그 총수로 이해하는 것이다.

먼저 이를 '구원을 받을 수 있는 한 단체의 최고 구성원 수'로 적용해보자. 그렇게 되면 가장 먼저 떠오르는 것이 바로 이 단체는 어떠한 조건만 충족하면 누구에게나 열려 있는 단체가 아닌가 하는 것이다. 그리고 그 조건을 가진 사람들이 그 단체에 한 명씩 가입하게 되는 것을 상상하게 된다. 그러다가 가입 인원이 정원에 차게 되면 이 단체는 더 이상 다른 사람을 회원으로 받을 수 없게 된다. 이렇게 구원받을 자들의 총수가 차게 되면, 더 이상 이 땅의 그 누구도 구원받을 수 있는 기

---

2. WCF 12.1.

회를 가질 수가 없게 된다. 즉, 천국 백성의 숫자가 다 찼기 때문에 천국의 문이 닫히는 것이다.

두 번째는 '구원받을 자들의 총수'를 '구원받기로 선택된 자들의 총수'로 이해하는 것이다. 이는 구원받기로 이미 정해진 개인들이 있다는 것에서 출발한다. 즉이미 이 단체에 회원권을 가지고 있는 사람들이 있다는 것이다. 좀 더 정확하게 말하면 각각 자신의 이름으로 불리는 어떤 사람들에게 개인적으로 이 회원권이 이미주어졌다는 것이다. 동시에 이는 이 땅의 사람들 중에는 어떠한 노력을 해도 이 단체의 회원권을 절대 가질 수 없는 사람들이 있다는 것을 의미한다. 따라서 이렇게이미 회원권을 가진 사람들의 총수가 다 찬다는 것은 회원권을 가진 자들 모두가하나의 단체에 다 모인다는 것을 의미한다.

그럼 성경이 말하는 '구원받는 자들의 총수가 찬다'는 것은 둘 중 어떤 경우를 말하는 것인가? 바로 두 번째의 경우를 말한다. 왜냐하면 구원은 하나님께서 구원을 주시기로 한 각 개인들에게 주어지기 때문이다. 그리고 이렇게 구원의 은혜가주어진 각각의 사람들을 하나님께서는 찾으신다. 이때 하나님께서는 자신이 직접구원으로 예정하신 한 사람 한 사람의 이름을 부르신다. 이러한 방식으로 선택한사람들을 다 찾게 되면 구원받을 자들의 총수가 차게 되는 것이다. 반면에 하나님의 유기 또한 같은 방식으로 인류 중에 어떤 특정한 개인들에게 적용된다. 이는 하나님께서 자신이 선택하신 이들의 이름을 모두 아실 뿐 아니라롬8:29, 선택하지 않은 자들의 이름 또한 모두 다 알고 계시기 때문이다.

하나님께서는 어떠한 조건을 제시하고 그 조건을 만족시키는 사람들에게 선착순으로 구원을 주시는 분이 아니시다. 하나님께서는 자신이 구원하기로 선택한 그사람들만 구원하신다. 이 땅에 시간의 개념이 들어오기 전인 영원의 때에 이미 하나님께서는 구원할 자들의 명단을 갖고 계셨다. 이를 성경은 생명책이라고 한다빌4:3, 계3:5. 이 명단에는 구원받기로 선택한 자들의 이름이 모두 들어 있다. 이 명단의 총수가 바로 구원받을 자들의 총수인 것이다. 따라서 구원받는 자들의 총수가찬다는 것은 이들을 하나님께서 이 땅에서 다 부르셨고, 이들 또한 그 부르심에 다응답함으로써 모두가 하나님의 양자의 신분을 얻었다는 것을 의미한다.

※ 이중예정에 대한 두 가지 견해, 칼뱅주의와 초칼뱅주의

칼뱅주의(Calvinism)	초칼뱅주의(Hyper-Calvinism)
1. 적극적-소극적 예정론 (positive-negative predestination)	1. 적극적-적극적 예정론 (positive-positive predestination)
2. 하나님께서는 택자들과 유기된 자들 모두에게 동일하고 동등하게 역사하시지는 않는다.	2. 하나님께서 택자들과 유기된 자들 모두에게 동등하게 역사하신다.
3. 택자들에게는 적극적으로 역사하시지만, 유기된 자에게는 소극적으로 역사하신다.	3. 택자들과 유기된 자들 모두에게 하나님께서는 적극적으로 역사하신다.
4. 택자들에게는 믿음을 선물로 주시어 하나님의 부르심에 순응하게 하시고, 유기된 자들에게는 믿음을 주지 않으시고, 그들을 그들의 죄에 그냥 내버려 두신다.	4. 택자에게는 믿음을 선물로 주시어 하나님의 부르심에 순응하게 하시고, 유기된 자들에게는 악한 마음을 주시어 마음을 완악하게 하셔서 하나님의 부르심에 저항하게 하신다.
5. 택자들이 믿게 되는 것은 하나님의 은혜지만, 유기된 자가 하나님을 거부하는 것은 그들의 죄의 결과다. 죄의 책임은 그 죄를 지은 그들에게 있다.	5. 택자들이 하나님의 부르심에 순응하는 것이나, 유기된 자들이 하나님의 부르심을 거부하는 것 모두 하나님께 그 원인과 책임이 있다.

※ "하나님께서 바로의 마음을 완악하게 하심"(출9:13)에 대한 다양한 해석들

펠라기우스주의	바로는 원죄에서 자유롭다. 따라서 바로는 하나님의 뜻을 따르거나 대항할 수 있는 자유의지가 있다. 하나님께서는 이 일에 적극적으로나 소극적으로나 어떠한 간섭도 하지 않으신다. 물론, 하나님의 은혜는 바로가 하나님의 뜻을 따르기로 결심하는데 도움이 될 수는 있다. 그러나 그 은혜를 받아들일지 거부할지도 바로의 의지에 달려있다. 따라서 하나님께서 바로의 마음을 완악하게 하셨다는 것은 하나님께서 바로에게 완전한 자유의지를 주셨다는 것을 의미한다.
반펠라기우스주의 (로마 가톨릭)	모세가 이끄는 이스라엘 백성들이 교회라면 바로는 교회 밖의 사람이다. 따라서 바로가 교회에 들어오지 않는 한 그에게는 구원이 없다. 이는 바로가 자기가 행한 일에 대해 회개(고해)와 보속의 기회를 갖지 못하기 때문이다. 따라서 여기서 하나님께서 바로의 마음을 완악하게 하셨다는 것은 그가 회개(고해)와 보속을 통한 죄 용서의 기회에서 그만큼 멀어졌다는 것을 의미한다.

알미니안	바로도 원죄 아래 있는 인간이다. 그러나 바로는 비록 그의 지성과 정서는 타락했으나, 그의 의지만은 여전히 순순하다. 그래서 그는 타락한 존재이긴 하지만, 전적으로 타락하지는 않았다. 그리고 그리스도께서 흘리신 구속의 피의 효력은 분명 바로에게도 충분히 미친다. 따라서 바로는 타락하지 않은 의지를 사용하여 그것을 받아들이기만 하면 된다. 이처럼 바로는 이 땅에 있는 모든 사람들처럼 자신의 의지에 따라 하나님 편에 설 수 있는 기회가 분명 있다. 즉, 바로의 구원은 바로 자신의 결정에 달려있다. 그러나 성경은 하나님께서 바로의 마음을 완악하게 하셨다고 한다. 하나님께서 이렇게 말씀하신 이유는 영원 전에 하나님께서는 바로가 하나님을 거부할 것을 미리 아셨기 때문이다. 이러한 이유로 하나님께서는 바로를 선택하지 않기로 예정하셨다는 것이다. 이것이 바로 하나님께서 바로의 마음을 완악하게 하셨다는 뜻이다. 그 결과 바로는 이스라엘을 향한 하나님의 뜻을 막는 자가 된 것이다.
웨슬리안	바로도 원죄 아래 있는 인간이다. 그리고 그러한 이유로 바로도 죄악된 본성 속에 있는 타락한 인간이다. 전적으로 타락한 인간이다. 그러나 하나님께서는 자기의 보편적인 사랑에 근거하여 바로에게 구원에 관한 예비적인 은혜를 주셨다. 바로는 이 은혜를 통해 구원에 이를 수 있는 가능성이 생겼다. 이스라엘을 향한 하나님의 구원 계획에 참여하게 되면 자신도 구원을 받을 수 있는 가능성이 생긴 것이다. 이러한 차원에서 바로에게 찾아가서 하나님의 뜻을 전하는 모세는 그에게 복음의 기회를 제공하는 전도자였다. 그러나 바로는 모세를 통해 소개되는 하나님과 그분의 구원의 소식을 거부하고 말았다. 이 상황에서 하나님께서 바로의 마음을 완악하게 했다는 것은 하나님께서 바로에게 구원의 길을 제공했음에도 불구하고 바로가 그 은혜를 거부하고 악한 길을 선택함으로 구원의 대열에 들지 못하게 된 것을 의미한다. 다시 말해, 이는 하나님께서 바로에게 구원에 이를 만큼의 충분한 은혜를 주신 것이 아니라, 구원의 과정을 시작할 정도의 은혜만 주셨다는 것을 의미하는 것이다.
초칼뱅주의	바로는 하나님께서 택하신 자에 들지 않는다. 즉, 바로는 하나님께서 유기하신 자다. 따라서 하나님께서는 적극적으로 바로의 마음에 악을 심어 넣어 하나님의 뜻을 거역하게 했다. 이를 통해 유기된 바로가 구원의 대열에 들어올 수 있는 길을 원천적으로 차단하셨다.
칼뱅주의	바로도 타락한 인간이다. 타락한 인간은 언제나 육체의 정욕인 죄악된 본성을 따라 판단하고 행동한다. 즉, 하나님께서 적극적으로 개입하셔서 죄를 막지 않으시면 그 생각하는 것과 행동하는 것이 언제나 악할 뿐이다. 이러한 차원에서 하나님께서 바로의 마음을 완악하게 하셨다는 것은 하나님께서는 바로에게 은혜를 주지 않으시고 자기의 죄악된 충동에 내버려 두심으로 스스로 악한 결정을 하도록 하신 것이다. 즉, 하나님께서는 바로에게 소극적인 방법으로 개입하셔서 바로가 자신이 짓는 죄를 전적으로 책임지게 하셨다.

※ 야곱에 대한 사랑과 에서에 대한 미움

하나님께서는 야곱은 사랑하시고 에서는 미워하셨다롬9:13. 이 표현은 하나님께서 야곱은 선택하셨고, 에서는 유기하셨다는 이중예정을 나타내는 말이다. 그 결과 야곱은 하나님의 구원의 은혜를 누리게 된 반면에, 에서는 하나님의 진노와 저주를 받게 되었다. 여기서 하나님께서 야곱을 사랑하셔서 야곱에게 구원의 은혜를 베푸셨다는 것에는 논리적인 문제가 전혀 없어 보인다. 그러나 하나님께서 에서를 미워하셔서 그에게 진노하셨다는 것에는 쉽게 이해가 되지 않는 부분들이 있다. 예를 들면 이런 것들이다. 사랑의 하나님께서 정말로 에서를 미워하신 것인가? 그를 혐오하신 것인가? 에서라는 사람 자체를 아무런 이유도 없이 하나님께서 미워하신 것인가? 하나님께서 누군가를 미워하기로 작정하셨다는 표현이 정말 하나님의 마음에 대한 바른 표현인가? 또한 그 미움이 극대화되어 결국 에서에게 진노하시고, 그를 영원한 지옥의 형벌로 내모시는 것인가? 하나님께서는 누군가는 사랑하면서, 동시에 다른 누군가는 미워하시는 분이신가?

이러한 의문들을 해결하기 위해서 우리는 '하나님께서 에서를 미워하셨다'는 표현의 의미를 꼼꼼히 따져볼 필요가 있다. 또한 하나님께서 미워하시는 것과 진노하시는 것이 서로 어떤 관련성이 있는지도 살펴보아야 한다. 다시 말해 하나님께서 누군가에게 진노하시는 것이 그를 미워하시는 마음에서 나온 것인지, 아니면 그것과는 다른 어떤 이유가 있는지를 살펴보아야 한다. 먼저 우리가 분명히 알아야 할 것은 하나님의 진노는 미워하는 마음의 표현이 아니라는 것이다. 하나님께서는 누군가를 미워한다고 진노하시는 분이 아니시다. 그렇다면, 하나님의 진노는 어디에서 오는 것인가? 하나님의 진노가 반영하는 것이 미움이 아니라면, 도대체 무엇인가?

하나님의 진노는 자신의 정의를 반영한 것이다. 하나님 자신의 정의를 드러내는 수단이 바로 진노다. 따라서 하나님의 진노는 죄에 대한 하나님의 정당한 반응이며 표현이지, 미워하는 감정 때문에 나타나는 현상이 아니라는 것이다. 그렇다면 하나님께서 진노를 통해 그분의 정의를 드러내시는 이유는 무엇인가? 다시 말해 하나님을 진노하시게 하는 것은 도대체 무엇인가? 그것은 다름 아닌 인간이 범하는 죄다. 즉, 인간의 죄가 하나님을 노엽게 하는 것이다. 따라서 하나님의 진노의 강도는 인간이 지은 죄에 비례한다. 그렇기 때문에 정의의 하나님께서는 인간이 지은 죄만큼 진노하신다. 좀 더 정확히 표현하면, 인간이 지은 죄만큼만 진노하신다. 그런데 하나님의 진노가 지옥 형벌로 나타나는 것은 인간이 지은 죄에 대한 합당한 벌이 지옥 형벌이기 때문이다.

그렇다면 하나님께서 에서를 미워했다는 말은 도대체 무슨 뜻인가? 그것은 하나님께서 에서를 의식적으로 혐오하신 것이라기보다는 에서에게는 야곱에게 주었던 사랑을 주지 않으셨다는 뜻이다. 이는 하나님께서 에서를 사랑하지 않으신 것에 대한 다소 적극적인 표현이다. 미워하는 것과 사랑하지 않는 것은 다르다. 하나님께서 누군가를 선택하신 것은 그를 사랑하기로 작정하셨다는 뜻이다. 반면에 하나님께서 누군가를 유기하신 것은 그를 사랑하기로 작정하지는 않으셨다는 뜻이다. 유기하셨다는 것은 누군가를 미워하기로 작정하셨다는 것이 아니다. 또한 이는 누군가를 사랑하지 않기로 작정하셨다는 것도 아니다. 하나님께서 야곱을 사랑하셨다는 것은 구원의 은혜를 받을 수 있는 대상으로 야곱을 정하셨다는 것이다. 물론 야곱이 그의 자질이나 행동에 있어서 구원의 은혜를 받을 만한 조건이 된 것은 결코 아니다. 야곱의 상태와는 전혀 상관없이 하나님께서 전적으로 그렇게 하시기로 작정하신 것이다. 반면에 하나님께서 에서를 미워하셨다는 것은 하나님의 마음에 에서에 대한 사랑이 없었다고 말하는 것이지, 에서에 대해 혐오하는 마음을 가지셨다는 것은 아니다. 다시 말해 하나님께는 에서를 구원하고자 하는 마음이 없었다는 것이다. 야곱과는 달리, 에서의 구원 문제에 있어서는 철저히 무관심하셨다는 것이다.

하나님께서 미워하시는 자는 그분께서 사랑하기로 작정하지 않으신 자를 말하며, 이는 결국 하나님의 관심 밖에 있는 자라는 말이다. 하나님께서 야곱을 사랑하셨다고 했을 때, 그 사랑은 야곱의 행동을 향한 것이 아니라, 인격적인 존재로서 야곱 자체를 말하는 것이다. 반면에 하나님께서 에서를 미워한다고 했을 때, 에서에 대한 이 무관심은 인격적인 존재로서 에서라는 사람 그 자체를 말하는 것이 아니라, 에서의 죄를 말하는 것이다. 왜냐하면 하나님의 사랑의 대상은 사람이지만, 하나님의 미움의 대상은 사람 자체가 아니라 그 사람의 죄이기 때문이다. 이러한 차원에서 볼 때 하나님의 무관심은 그 사람 자체를 버리는 것이 아니라, 그 사람이 죄를 짓더라도 관여하지 않고 내버려두는 것을 뜻하는 것이다. 이러한 원리로 볼 때 하나님께서 유기하신다는 것은 어떤 사람을 미워해서 그를 지옥으로 버리는 것이 아니라, 그 사람의 죄에 하나님께서 어떠한 관여도 하지 않는 것이라고 정리할 수 있다.

하나님으로부터 사랑을 받은 자나, 그렇지 않은 자나 모두가 죄를 범할 수 있다. 다시 말해 선택된 자나 유기된 자나 모두 죄에 빠질 수 있다. 그러나 하나님께서는 선택한 자들에게는 믿음을 주셔서 구원의 은혜를 받아들이도록 적극적으로 도우신다. 그리고 죄의 길에서 떠날 힘을 주신다. 그러나 하나님께서는 유기된 자들의 구원에 대해서는 어떠한 관심도 없으시다. 이러한 이유로 하나님께서는 자신이 유기한 자들의 구원에 관해서는 어떠한 관여도 하지 않으신다. 그들이 구원에 이를 수 있도록 어떠한 도움도 주지 않으신다. 물론 그들이 구원의 은혜를 거부하도록 적극적으로 방해하지도 않으신다.

이러한 하나님의 무관심 속에 있는 유기된 자들은 그리스도를 통한 구원의 은혜를 전혀 알 길이 없게 된다. 그렇기 때문에 그들은 그들 스스로의 타락한 본성에 따라 자발적으로 그리스도의 은혜를 모독하며 부인하게 된다. 유기된 자들은 이런 식으로 하나님으로부터 어떠한 관심도 받지 못하는 상태에서 결국 자기의 죄에 빠지게 되는 것이다. 그리고 이들은 자신들의 행동이 죄라는 것을 알지도 못한 채 죄의 깊은 수렁 속으로 더욱 빠져들게 된다. 당연히 이들은 자신들이 지은 죄를 회개하려 하지도 않는다. 이들이 이러한 비참한 상태에 머물러 있음에도 불구하고 하나님께서는 이들에게 어떠한 관심도 두지 않으신다. 하나님께서는 이들을 죄에 빠져 있는 상태 그대로 그냥 내버려 두신다.

이렇듯 하나님께서는 유기된 자들이 어떤 행동을 하든 무관심하시다. 그렇다고 하나님께서 그들의 행동의 결과에까지 무관심하신 것은 아니다. 다시 말해 하나님께서는 유기된 자들의 행동의 결과에 대해서는 분명한 관심을 보이신다. 그들이 죄를 범하는 것에는 무관심하시지만, 그들이 범한 죄의 결과에까지 무관심하신 것은 아니다. 하나님께서 유기된 자들이 범한 죄의 결과에 관심을 보이시는 방법이 바로 진노다. 죄에 대한 공정한 형벌을 내리는 것이 바로 진노다. 하나님께서 에서를 미워하시기 때문에 그에게 진노하시는 것이 아니다. 에서에 대한 하나님의 미움의 감정이 진노로 표출된 것이 아니라는 것이다. 그러나 하나님께서 에서를 미워하신 결과, 그에게 진노하는 상황이 필연적으로 도출되는 것은 사실이다.

그 원리는 다음과 같이 정리될 수 있다. 하나님께서 에서를 미워하셨다는 것은 에서를 선택하기로 작정하지 않으신 것을 말한다. 따라서 하나님께서는 에서의 구원 문제에 있어서는 아무런 관심이 없으시다. 그러니 당연히 그가 죄를 짓는 행동에 대해서도 전혀 관여하지 않으신다. 에서가 어떠한 죄를 범하더라도 하나님께서는 그냥 내버려 두신다. 이런 상황에서 에서는 결국 스스로 자기의 죄에 빠지게 된다. 그러나 하나님께서는 에서가 범한 죄의 결과에 대해서는 결코 무관심하지 않으셨다. 죄를 범한 에서에게 하나님께서는 반응하신다. 이때 하나님께서 죄를 범한 에서에게 반응하시는 원칙이 바로 공의다. 그리고 그 원칙이 정당하게 적용될 때 나타나는 하나님의 공정한 반응이 바로 진노다.

야곱	에서
1. 하나님께서 사랑하시는 자	1. 하나님께서 사랑하지 않으시는 자
2. 선택하신 자	2. 유기하신 자
3. 야곱에게 관심을 주심	3. 에서에게 무관심하심
4. 믿음을 주심	4. 믿음을 주지 않으심
5. 성령을 통해 도우심	5. 성령의 도움 없음
6. 죄를 회개하고 구원을 받아들이게 하심	6. 스스로 죄에 빠지도록 내버려 두심
7. 야곱이 죄를 대속 받음	7. 죄에 대한 책임을 물으심(진노)
8. 은혜로 천국에 감	8. 에서는 자기 죄에 대한 형벌로 지옥에 감

창조(제15-17문답)

※ 태초, 창세전, 그리고 영원 전이 의미하는 시기는 언제인가요?

성경의 표현	성경 구절	의미	관련 사건
태초 (in the beginning)	창세기 1:1	시간과 세상이 시작될 때	천지 창조 (첫째 날)
태초 (in the beginning)	요한복음 1:1	영원의 시기, 시간이 존재하기 전	삼위 하나님만 존재하심
창세 전 (before the creation of the world)	에베소서 1:4	영원의 시기, 시간이 존재하기 전, 세상을 창조하시기 전	택자와 유기자를 예정하심
영원 전 (before the beginning of the time)	디모데후서 1:9	영원의 시기, 시간이 존재하기 전	성부와 성자께서 은혜언약을 체결하심

"태초에 하나님이 천지를 창조하시니라"창1:1는 하나님께서 시간과 세상을 시작하실 때의 상황에 대한 묘사다. 특히, 삼위일체 하나님 외에는 아무것도 존재하지 않았던 상태에서 하나님께서 창조의 사역을 통해 시간과 물리적인 세상이 존재하도록 하신 첫째 날에 대한 묘사다. 반면에 "산이 생기기 전, 땅과 세계도 주께서 조성하시기 전"시90:2, "태초에 말씀이 계시니라"요1:1, "곧 창세 전에 그리스도 안에서 우리를 택하사"엡1:4, 그리고 "오직 자기의 뜻과 영원 전부터 그리스도 예수 안에서 우리에게 주신 은혜대로 하심이라"딤후1:9 등의 구절에서 나타내는 시기는 표현 그대로 물리적인 세상의 첫째 날보다 이전의 때를 말한다. 이때는 아직 시간의 개념이 존재하지 않았기에 인간은 어떠한 표현으로도 이 시기를 정확히 이해할 수 없다. 그렇다 보니 인간은 이 시기를 정확히 표현할 수도 없다. 이러한 이유로 우리는 하나님께서 시간의 개념을 창조하신 태초의 시기를 기준으로 그 이전과 그 이후를 나누어 두 시기를 정리할 수밖에 없는 것이다.

이렇게 구분된 두 시기가 바로 '영원eternity과 시간time'이다. '영원'의 개념은 '시간'의 개념과 완전히 구별된다. '영원'은 시간을 넘는 개념이다. '영원'은 시간 안에 속하지 않는 개념이다. '하나님께서 영원하시다eternal'는 것은 하나님께서는 시간 안에 제한되지 않는 분이라는 뜻이다. 하나님께서는 하루가 천 년 같고, 천 년이 하루 같은 이유가 바로 하나님께서 영원하시기 때문이다시90:4. 따라서 우리는 '영원'을 시간의 틀로 이해하려 해서는 안 된다. '영원'의 개념을 '시간'의 틀 속에 넣어 이해하려는 대표적인 시도가 바로 이를 '아주 긴 시간'으로 생각하는 것이다. 그러나 '영원'은 결코 이렇게 이해될 수 있는 개념이 아니다. 따라서 '영원'의 개념을 대하는 우리의 자세는 앞서 다룬 것처럼 성경의 표현을 따르는 것뿐이다. 그런데 만일 교육적인 차원에서 이를 굳이 우리의 표현으로 정리하기를 원한다면 '영원'의 개념은 '시간이 존재하기 전,' 혹은 '시간의 개념을 넘어서는' 정도로 정리하면 좋을 것이다.

※ 하나님의 형상과 모양, 로마 가톨릭과 개신교의 다른 이해

로마 가톨릭	개신교
형상과 모양은 두 개의 다른 개념이다. 인간성이 가지고 있는 두 가지의 구별된 측면이 형상과 모양으로 나타난다. 형상은 다른 피조물들과는 달리 인간이 가지고 있는 이성적이고 합리적인 기능을 의미하는 것이다. 반면에 모양은 인간이 가지고 있는 타고난 거룩함을 말하는 것으로 하나님께서 모든 인간에게 주신 '거룩함'이라는 은사다.	형상과 모양은 한 개의 개념을 나타내는 동의어다. 형상과 모양 모두 하나님께서 인간에게 주신 신과의 유사성을 나타내는 표현이다. 인간은 이 유사성을 통해 하나님을 어느 정도 알 수 있게 된다. 또한 이 유사성에 의해 하나님의 성품을 반사할 수 있으며, 동시에 반영할 수도 있게 되었다. 따라서 이는 인간이 다른 피조물들과 구별되게 받은 능력일 뿐 아니라, 동시에 인간만이 가진 책임이기도 하다.

※ 타락한 인간도 여전히 하나님의 형상인가?

인간은 하나님의 형상으로 창조되었다. 이렇게 창조된 인간은 그 자체로 하나님의 성품을 반영할 수 있었다. 그런데 이것은 인간이 타락하기 이전의 상황을 말하는 것이다. 현재 인간은 전적으로 타락한 상태다. 그렇다면 타락한 인간에게도 하나님의 형상은 그대로 남아있는가? 아니면 타락으로 인해 하나님의 형상을 잃어버렸나? 인간에게 있어서 이 문제가 중요한 것은 이 질문에 대한 답에 따라 그리스도의 구속의 효력이 달라지기 때문이다. 만일 인간이 타락함으로 하나님의 형상을 완전히 잃었다면, 그리스도의 구속은 우리에게 잃어버린 하나님의 형상을 다시 찾아주는 것이 된다. 반면에 타락에도 불구하고 하나님의 형상이 남아있다면 그리스도의 구속은 그 남은 형상에서 타락에 의해 문제가 된 부분을 회복하는 것이 되기 때문이다.

성경은 인간이 비록 전적으로 타락했다 하더라도 하나님의 형상을 완전히 잃은 것은 아니라고 말한다. 그렇다고 하나님의 형상이 온전한 상태로 남아있는 것도 아니다. 성경은 타락으로 인해 하나님의 형상의 온전함을 잃었다고 말한다. 죄로 오염되어 원래의 형상에서 뒤틀린 상태가 되었다고 말한다. 이러한 이유로 타락한 인간은 비록 하나님의 형상을 가지고는 있지만, 하나님의 성품을 온전하게 반영할 수는 없게 된 것이다. 이를 다시 정리하면 다음과 같다. 타락한 인간은 그 자체로는 하나님의 성품을 온전히 반영할 수 없다. 이는 인간이 하나님의 형상을 상실했기 때문이 아니라, 죄로 인해 하나님의 형상이 뒤틀려서 정상적인 작용을 못하

기 때문이다.[3]

죄로 인해 타락한 인간도 여전히 하나님의 형상을 소유한 자들이다. 그러나 온전하지 못한 하나님의 형상을 소유한 자들이다. 현재의 인간이 생각하고 판단하는 의지적인 존재일 수 있는 이유가 바로 타락에도 불구하고 여전히 하나님의 형상이기 때문이다. 그런데 문제는 하나님의 형상으로서 생각하고 판단하는 이러한 기능이 여전히 남아있음에도 불구하고 인간은 이제 어떠한 방법을 통해서도 스스로는 하나님의 형상을 원래의 모습으로 회복할 수 없다는 것이다.

이러한 인간에게 하나님께서는 왜곡된 형상을 회복할 수 있는 길을 열어주셨다. 그리스도와의 연합이 바로 그것이다. 성령님께서 우리에게 내주하셔서 우리로 하여금 그리스도의 형상을 따라 새롭게 회복되도록 하시는 것이다. 이를 통해 인간은 뒤틀린 하나님의 형상이 회복되는 은혜를 경험하게 된다. 물론 이 땅에서는 하나님의 형상을 완벽하게 회복할 수는 없다. 구속의 은혜를 받은 자라도 여전히 죄악된 본성이 그 안에서 존재하기 때문에 왜곡된 형상이 완전히 회복되지는 않는다. 그럼에도 불구하고 신자는 이 땅에서 하나님의 형상이 점진적으로 회복됨을 충분히 체험할 수 있다.

왜곡되고 뒤틀렸음에도 불구하고 인간이 여전히 하나님의 형상이라는 것은 하나님께서 인간을 자신의 형상으로 만드신 목적과 관련하여 두 가지 중요한 정보를 제공한다. 먼저 타락한 인간도 여전히 하나님의 형상이기에 하나님께서 세상을 창조하실 때 인간에게 하신 명령이 여전히 유효하다는 것이다. 반면에 하나님의 형상이 왜곡되고 뒤틀렸다는 것은 인간이 스스로는 그 명령을 완벽하게 수행할 수 없게 되었다는 것이다. 명령은 유효하지만 그 명령을 행할 능력이 없는 인간의 현재 상태는 하나님의 명령과 관련해서 상당히 모순적인 것처럼 보인다. 그러나 이러한 모순은 이것을 단지 인간의 입장에서 고려하기 때문이다. 왜냐하면 이 문제에 대한 해결책이 있기 때문이다. 하나님께서 해결책을 주셨기 때문이다. 이 또한 그리스도와의 연합이다. 그리스도의 구속의 은혜 속에 들어가는 것이다. 이를 통해 인간은 거듭나게 된다. 그리고 하나님의 형상이 회복되는 은혜를 경험하게 된다. 결국 비록 완벽하게는 아니지만 어느 정도 하나님의 성품을 반사하기도 하고,

---

3. WCF 6, WLC 21, WSC 13.

삶을 통해 그것을 반영할 수 있게 되는 것이다. 이렇게 살아가는 삶이 바로 그리스
도인의 삶이다.

※ 천사와 사람[4]

	천사	사람
공통점	1. 인격적인 존재 2. 지성과 의지가 있음 3. 불멸의 영을 소유 4. 하나님의 섭리적 사역에 참여함 5. 선하게 창조되었으나, 타락할 수도 있는 존재	
차이점	1. 영적인 존재 2. 모든 천사가 한 번에 창조됨 3. 생육하고 번식하게 창조되지 않음 4. 언제 창조했는지 밝혀지지 않음 5. 하나님께서 택한 자들을 섬김	1. 영혼과 육체를 가진 존재 2. 오직 한 사람만 창조됨[5] 3. 생육하고 번식하게 하심 4. 제6일째 창조됨 5. 하나님이 창조하신 것을 다스림

※ 아담이 인류의 대표가 되는 자격

아담과 하와는 하나님께서 직접 빚어서 만든 사람이다. 하나님께서는 아담을
먼저 만드시고, 아담을 통해 하와를 만드셨다. 반면에 아담 이후의 사람들은 모두
생육법the ordinary generation을 통해 태어났다. 따라서 이 땅의 모든 인류는 아담과 하
와의 후손이다. 이러한 차원에서 아담은 분명 인류의 조상이다. 따라서 성경이 말
하는 창조를 믿는 사람이라면 성경이 아담을 인류의 조상으로 소개하는 것에 대
해서는 그 누구도 의문을 가지지 않을 것이다. 그런데 이와 달리 인류와 관련하여
소개되는 아담에 대해 신자들이 쉽게 이해하지 못하는 부분이 하나 있다. 바로 성
경이 아담을 인류의 대표로 소개하는 것이다. 물론 제일 먼저 이 땅에 창조된 사람
이고, 인류의 조상이니 그가 인류를 대표한다고 말할 수는 있을 것이다. 쉽게 말해
아버지가 한 가정의 대표가 되는 것과 같고, 대통령이 한 나라의 대표가 되는 것과
같다고 생각하면 크게 문제가 되지는 않는다.

그런데 성경이 말하는 아담의 대표성에 대해 신자들이 쉽게 이해하지 못하는

---

4. WLC 16, 17; BC 12.
5. 하와는 제6일째 아담으로부터 만드심.

이유는 그것이 우리가 일반적으로 생각하는 대표와는 그 의미가 많이 다르기 때문이다. 성경은 인류의 대표인 아담이 죄를 범했기에, 그의 모든 후손들도 다 그 죄에 참여한 자들이 된다고 말한다. 그러면서 이러한 이유로 모든 인류도 아담처럼 하나님의 진노와 저주에 놓이게 되었다고 설명한다. 좀 더 구체적으로 살펴보면 성경은 인류의 대표로서 아담이 행한 죄가 그의 모든 후손들에게 전달되고, 그 죄책 또한 전가되기에 자연적인 출생법natural generation을 통해 이 땅에 태어나는 사람은 한 사람도 빠짐없이 죄인으로 태어나서 죄인으로 죽음을 맞게 된다고 가르친다. 성경이 이렇게 말한다는 것은 이것이 분명 사실이고 부인할 수 없는 진리라는 것이다.[6]

그렇다면 도대체 아담은 어떠한 자격으로 인류의 대표가 될 수 있는 것인가? 그것도 단지 인류의 조상으로서의 대표가 아니라, 아담이 죄 범할 때 그의 모든 후손들도 그 안에서, 그리고 그와 함께 죄 범한 것이 되는 정도의 대표가 되는 자격은 도대체 어디서 온 것인가? 생육법이 아니라, 하나님께서 손수 빚고 생기를 불어넣는 특별한 방법으로 출생했다는 것이 그에게 인류의 대표라는 자격을 부여하는 것인가? 아니면, 그가 이 땅에 처음 존재하는 사람이었기에 그런 것인가? 그것도 아니라면 전 인류의 가장 큰 할아버지가 되기 때문인가? 아니다. 물론 아담에 대해 앞서 언급한 내용들은 다 사실이다. 그러나 그러한 사실이 아담을 인류의 대표가 되게 하는 것은 아니다.

아담이 인류의 대표가 되는 이유는 바로 언약에 있다. 하나님께서 행위언약을 맺으신 이가 아담이기 때문이다. 하나님께서 인류와 온전한 순종을 조건으로 영원한 생명과 사망의 언약을 맺으실 때 아담을 대표로 선택하셨다. 그리고 그와 언약을 체결하셨다. 이러한 이유로 아담이 하나님과 언약을 체결할 때, 그의 모든 후손들도 그 언약에 참여자가 된 것이다. 그리고 아담이 그 언약을 파기할 때, 그의 모든 후손들도 그 행위에 참여한 것이다. 이와 같은 원리로 하나님께서 아담을 죄인으로 판결하실 때, 인류도 같이 죄인이 되었으며, 아담에게 주어진 그 형벌에서 아무도 벗어날 수 없게 된 것이다. 이것이 바로 아담이 인류의 대표가 되는 자격이다. 그리스도께서 마지막 아담고전15:45으로 택자들의 대표가 되셔서 한 번의 십자가 사

6. WSC 16; WLC 26; WCF 6.3.

역으로 택자들의 죄를 속량할 수 있는 것 또한 이와 같은 원리 때문이다. 즉, 하나님께서 그리스도와 은혜언약을 체결하셨기에 그리스도께서 택자들의 대표가 되시는 것이다.[7]

※ 인간 영혼의 특성들

	특성	이해	
1	영적	육체와 구별됨, 보이지 않음	
2	인격적	지성과 정서, 그리고 의지가 있음. 즉, 이성적인 영혼	
3	불멸성	창조된 영혼은 영속적으로 존재함	
4	개별성	각 사람마다 오직 하나의 영혼이 존재함	
5	육체와 영혼의 기원	육체	땅에서 와서 땅으로 돌아감
		영혼	하나님께로부터 와서 하나님께로 돌아감
6	육체와 관계	영혼이 육체와 연합해 있을 때 사람은 살아 있다.	
		영혼이 육체와 분리되면 사람은 죽는다.	
7	영혼의 창조	아담과 하와	하나님께서 창조하신 육체에 영혼을 불어넣으심
		아담의 후손들	생육의 과정을 통해 이 땅에 태어나는 각 사람에게 새로운 영혼을 창조하심
8	영과 육체의 분리 (죽음)	육체	흙으로 돌아서 부활 때까지 머무름
		영혼	죽음 이후에도 독립적으로 존재함 육체와 분리되는 즉시 신자의 영혼은 낙원으로, 불신자의 영혼은 지옥으로 이동함

섭리(제18-20문답)
※ 섭리의 사역들의 두 가지 키워드

보존 (provison)	미리 보신 것에 따라	모든 피조물들의 본성과 존재를 미리 보신 것대로 유지하심
통치 (supervison)	내려다 보시면서	모든 피조물들이 그 자체의 본성과 존재를 잃거나, 해를 입지 않도록 서로 간의 질서를 만들고 감독하심

---

7. WSC 16; WLC 22; WCF 7.1-6.

하나님의 섭리를 최대한 간단히 설명하면 하나님께서 자신이 창조하신 모든 피조물들을 보존하고 통치하는 것이라고 할 수 있다. 이 원리에 따라 섭리하시는 하나님의 행위를 좀 더 구체적으로 말하면 피조물들의 모든 필요를 미리 아시고 돌보시는 것provision과 자신의 작정에 따라 그것들을 관리하시는 것supervision이라 할 수 있다. 그러면 하나님께서는 어떠한 방법으로 피조물들을 돌보시고 관리하시는 것일까? 여기에도 크게 두 가지 방식이 있다. 먼저 하나님께서는 자신의 주권적 통치의 방법God's sovereign providential government으로 피조물들에 대해 섭리를 행하신다. 이는 창조주 하나님께서 모든 만물을 그 창조의 목적과 원리대로 다스리시는 것을 말하는 것이다. 그리고 동시에 하나님께서 사용하시는 또 한 가지의 방법은 인간과의 공동사역concurrence between God and human beings을 통해 피조된 만물을 보존하고 통치하는 것이다.

그런데 이 부분에서 우리가 분명하게 짚고 넘어가야 할 부분이 하나 있다. 그것은 하나님께서 인간과의 공동사역을 통해 섭리하신다고 할 때 말하는 인간이 누구인가 하는 점이다. 하나님께서 택하신 자들만을 말하는 것인지, 아니면 택자들은 물론 유기된 자들도 모두 이 범주에 포함하는 것인지를 분명하게 해야 한다는 것이다. 하나님께서 인간과의 공동사역을 통해 섭리하실 때 그 대상은 단지 택자들만이 아니다. 하나님께서는 유기된 자들과도 함께 일하시며 섭리를 이루신다. 단적인 예를 들면 이스라엘을 출애굽시킬 때는 바로와 함께 일하셨으며, 이스라엘 백성들을 바벨론 포로에서 귀환시킬 때는 고레스와 함께 일하셨다. 뿐만 아니라 하나님의 섭리는 악인들의 행동을 통해서도 성취된다. 예수님을 판 가룟 유다의 악행을 통해 구원의 대역사를 이루신 것이 바로 그 대표적인 예라 할 수 있다.

※ 섭리와 우연

하나님의 섭리는 전적으로 하나님의 작정에 근거한다. 이 말은 이 세상에 발생하는 모든 일들이 다 하나님의 계획 속에서 일어난다는 것이다. 그렇다면 이 땅에는 어떠한 우연도 없어야 한다. 그런데 우리가 살다 보면 수많은 우연과 같은 일들을 만나게 된다. 웨스트민스터 신앙고백서도 하나님의 섭리는 제2원인자들의 본성에 따라 우연적으로 일어나도록 하나님께서 조정하신다고 기록하고 있다.[8] 그 뿐만 아니라 성경도 룻이 보아스를 만나는 장면에서 우연을 말한다룻2:3. 이렇듯 성경과 우리의 신앙고백도 분명 우연을 말하고 있다. 따라서 우리는 하나님의 섭리와 우리의 삶 속에 일어나는 우연적인 일들을 어떻게 조화롭게 이해해야 하는 지 고민하지 않을 수가 없다.

하나님의 섭리와 우연의 문제를 다룰 때 가장 먼저 전제되어야 할 것이 있다. 그 것은 섭리의 권한은 전적으로 하나님께 있다는 것이다. 이를 다른 말로 하면 섭리 는 철저히 하나님 중심에서 이해되어야 한다는 것이다. 따라서 섭리를 다룰 때는 결코 인간의 생각이나 상황이 우선 되어서는 안 된다. 인간이 일을 계획하고 실행 함으로 나오는 결과도 철저히 하나님 중심으로 이해해야 한다잠16:9. 이러한 전제 가운데서 하나님의 섭리와 우연의 관계를 지혜롭게 정리하는 방법은 하나님께서 섭리하시는 두 가지의 방식인 '주권적 통치'와 '인간과의 공동사역'에 따라 각각 이 문제를 살펴보는 것이다.

먼저 하나님의 주권적 통치의 관점에서 보면 이 땅에 일어나는 일에 우연은 결 코 없다는 결론이 나온다. 이는 모든 것이 하나님의 작정 속에서 일어나기 때문이 다. 즉, 하나님께서 주권적으로 통치하는 모든 일에 하나님의 뜻을 벗어나는 일은 없기 때문에 우연한 일은 결코 발생할 수 없다는 것이다. 이 원리는 운명이나 행운 같은 일에 대해서도 동일하게 적용될 수 있다. 그러나 하나님과 인간의 공동사역 의 관점에서 섭리를 다룰 때는 우연이라는 방법을 통해서 일어나는 일들을 전혀 배제할 수 없다. 하나님의 주권적인 섭리는 분명 인간의 행위를 초월한다. 그러나 하나님께서 인간을 통해 자신의 뜻을 이루실 때는 인간의 의지적 행위를 무시하지 않으신다. 오히려 하나님께서는 인간의 의지를 통해 자신의 뜻을 이루시길 기뻐하 신다. 다시 말해 하나님께서는 인간의 생각과 판단, 그리고 그에 따른 자발적인 행 동을 통해 만물을 다스리시고 관리하신다. 하나님께서 이러한 방식으로 인간의 의 지를 사용하여 섭리하시는 것은 인간이 하나님의 형상이기 때문이다. 즉, 인간이 인격적인 존재이기 때문이다. 인격이신 하나님께서 인간을 자신의 모양과 형상을 따라 인격적인 존재로 만드셨다. 그리고 다른 피조물들과는 달리 인간을 인격적으

---

8. WC 5.2

로 대하시며 교제하시기를 기뻐하신다. 인간과 함께 그리고 인간을 통해 자신의 작성을 이루시며, 섭리를 행하시기를 기뻐하신다.

이러한 이유로 하나님께서는 인간의 의지를 억지로 꺾지 않으신다. 오히려 인간이 자유로운 의지를 통해 스스로 판단하고 결정해서 하나님의 뜻을 추구하게 하신다. 하나님께서 인간이 철저히 자신의 판단에 따라 행동할 수 있게 하신 것이 바로 이런 이유다. 그래서 인간은 항상 자신의 의지대로 생각하고 행동한다. 그러나 인간이 자신의 의지를 따라 행동한다고 해서 그의 행동이 하나님과 완전히 단절되어 있는 것은 아니다. 이러한 인간의 자유로운 생각과 행동 가운데도 하나님의 초월적인 섭리가 작용한다. 그렇기 때문에 인간은 비록 자신의 의지를 따라 행동할지라도 자신이 의도하지 않았던 상황을 만나게 되는 것이다. 이렇게 만나게 되는 상황을 우리는 일반적으로 우연이라고 말한다.

성경 속 인물 중 요셉에게서 우리는 이러한 상황을 발견하게 된다. 요셉이 형들에게 한 말이다. "당신들은 나를 해하려 하였으나 하나님은 그것을 선으로 바꾸사 오늘과 같이 많은 백성의 생명을 구원하게 하시려 하셨나니"창50:20 이 부분을 보면 요셉의 형들의 의지는 분명 요셉을 해하는 것이었다. 그리고 그 형들은 자신들의 의지에 따라서 행동했다. 그러나 요셉의 삶에는 그 형들의 악한 의지와 행동을 초월한 하나님의 간섭이 있었다. 세월이 지나 요셉은 그것이 하나님의 섭리였음을 알게 되었다. 단지 인간적인 입장에서만 보면 우리는 요셉에게 일어난 일을 어떻게 설명할 방법이 없다. 단지 우연이라고밖에 말할 수 없다. 그리고 더욱 신기한 것은 요셉의 일생을 보면 이러한 우연적인 사건이 한 번으로 끝난 것이 아니다. 보디발의 집의 총무가 된 것, 보디발의 아내에 의해 감옥에 갇힌 것, 감옥에서 꿈을 해석한 것, 그리고 바로의 꿈을 해석하고 총리가 된 것 등 요셉의 일생에는 여러 번의 우연들이 겹쳐서 일어났다. 지금 요셉이 그의 형들에게 하는 말은 자기에게 일어났던 모든 일들이 비록 우연처럼 보이지만 그중 하나도 하나님의 섭리를 벗어나서 일어난 것은 없다는 고백이다. 요셉의 일생은 우리가 우연이라고밖에 생각할 수 없는 일들의 연속이었다. 그러나 요셉의 고백을 통해서 알 수 있듯이 그 어떤 순간도 하나님의 섭리는 늘 그와 함께 있었다.

따라서 우리는 섭리와 우연의 관계를 다음과 같이 정리할 수 있다. 하나님의 섭리 속에서 결코 우연은 없다. 이는 모든 것이 하나님의 예지foreknowledge 안에서 일어나기 때문이다. 하나님께서 앞으로 일어날 모든 일들을 미리 알고 계시기 때문이다. 하나님께서는 인간들 사이에서 일어나는 우연한 일들의 가능성과 그 결과까지도 미리 다 알고 계신다. 따라서 하나님의 뜻을 떠나서 우연하게 일어나는 일은 절대 있을 수 없다. 그럼에도 불구하고 하나님의 이러한 섭리적인 통치 가운데서도 인간에게 우연처럼 느껴지는 일들은 수없이 많이 일어난다. 그러나 여기서 우리가 분명히 알아야 할 것은 그 모든 것들은 그 자체가 우연적인 것이 아니라, 인간이 하나님의 섭리적인 뜻을 미리 알 수 없었기 때문에 그렇게 보이는 것이다. 하나님께서는 모든 것을 예지를 통해서 아시지만, 인간은 단지 발생하는 일의 결과를 통해서만 하나님의 섭리적인 뜻을 알 수 있기 때문이다.

이러한 차원에서 볼 때 그리스도인들이 우연이라고밖에 할 수 없는 일들을 경험하는 것은 그 자체가 하나님의 섭리를 실제 삶에서 체험하는 것이라고 할 수 있다. 그리고 그러한 우연을 통해 하나님의 섭리적인 통치를 신앙으로 고백하게 되는 것이다. 바로 요셉이 그랬던 것처럼 말이다. 따라서 그리스도인이 우연적인 사건들을 통해 하나님의 섭리를 경험하는 것은 그 자체가 하나님의 은혜를 삶 속에서 실제로 누리는 것이라고 할 수 있다. 기대하지 않았던 하나님의 은혜에 대한 경험이고, 그것에 대한 겸손한 감사의 고백이라고도 할 수 있다. 이러한 차원에서 볼 때 그리스도인에게 있어서 우연은 미래를 기대하는 것이라기보다는, 지나온 날들을 돌아보며 순간순간 우리의 삶 속에 개입하셔서 섭리하신 하나님의 은혜를 깨닫고 감사하게 하는 동기가 되는 것이다.

참고로, 웨스트민스터 신앙고백서에는 '우연'이라는 표현이 세 번 나온다. 삼위일체 하나님에 대한 신앙을 고백하는 2장과 하나님의 영원한 작정을 말하는 3장, 그리고 섭리를 다루는 5장에 각각 한 번씩 나온다. 그런데 이 신앙고백서를 공부하다보면 '우연'이라는 이 주제를 이해함에 있어서 다소 아리송함을 경험하게 된다. 왜냐하면 2장에서는 우연은 없다고 단정하는데, 5장에서는 우연적으로 사건이 발생할 수도 있다고 말하기 때문이다. 이러한 이유로 그리스도인들에게 우연이라는 것이 있다고 말해야 하는지, 아니면 없다고 말해야 하는지를 고민하게 되는 것이다. 그런데 각 항의 문맥을 자세히 보면 문제는 오히려 생각보다 쉽게 풀린다. 먼저 삼위일체 하나님의 속성을 고백하는 제2장에서 우연이 없다고 고백하는 것은 그 대상이 하나님일 때 그러하다는 것이다. 즉, 하나님에게는 결코 우연이란 있을 수 없다는 것이다. 반면에 하나님께서 섭리하시는 방식을 고백하는 제5장에서 말하는 우연은 제1원인자로서 하나님의 작정을 말하는 것이 아니라, 제2원인자인 인간의 본성에 따라 하나님께서 섭리하시는 방식을 말하는 것이다. 즉, 이는 하나님께서 창조하신 세상을 운영하실 때 제2원인자인 인간의 판단과 행동을 기꺼이 허용하시기 때문에 인간의 입장에서 볼 때 자신이 경험하는 일들이 필연적이거나 자유로운 방식으로 발생할 수 있을 뿐 아니라, 심지어 우연한 일처럼 느껴질 수도 있다는 것이다.

그렇다면 창조자이신 하나님께는 해당되지 않는 우연이 제2원인자인 인간에게는 왜 발생하는 것인가? 그것은 하나님께서 그렇게 하시기로 작정하셨기 때문이다. 하나님께서 자신의 거룩하고 불변한 뜻을 이루실 때 제2원인자들의 자유나 우연성 또한 제거하지 않으시고 오히려 그것들을 통해서 일하시기로 작정하셨기 때문이다. 결론적으로 말하면 이 세상에 우연은 없다. 모두가 다 하나님의 작정 속에 있다. 그러나 하나님께서 작정을 이루시는 섭리 속에는 인간의 입장에서 볼 때 우연이라고밖에 설명할 수 없는 많은 일들이 있을 수 있다. 이러한 차원에서 우리는 우리의 삶 속에 일어나는 어떠한 우연적인 일도 모두 하나님께서 자신의 영원한 작정에 기초해 풀어내시는 섭리의 한 장면이라는 것을 겸허히 받아들이고 고백하는 자세를 가져야 할 것이다.[9]

※ 섭리의 방법으로서의 협력

하나님의 섭리는 자신이 창조하신 모든 만물들을 그 창조의 목적에 따라 보존하고 통치하시는 것을 말한다. 이 섭리는 하나님의 실질적인 사역으로 그 범위는 모든 피조물의 '본성'과 '존재'뿐 아니라, 그것들의 모든 '행동'까지를 다 포

---

9. "so as nothing is to him contingent, or uncertain"(그에게는 우연한 것이나 불분명한 것은 없다.), 참고, WCF 2.2; nor is the liberty or contingency of second causes taken away, but rather established(제2원인자들의 자유나 우연성을 제거하지 않고 오히려 세우신다.), 참고. WCF 3.1; "Although, in relation to the foreknowledge and decree of God, the First Cause, all things come to pass immutably, and infallibly; yet, by the same providence, he ordereth them to fall out, according to the nature of second causes, either necessarily, freely, or contingently."(제1원인자이신 하나님의 예지와 작정의 관점에서 보면 만사가 불변하고 무오하게 일어나지만, 동일한 섭리로 하나님께서는 만사가 제2원인자들의 본성을 따라 필연적으로나 자유롭게나 우연적으로 일어나도록 조정하셨다.), 참고, WCF 5.2.

함한다.[10] 그리고 하나님께서 섭리를 행하시는 가장 대표적인 방법이 바로 '협력 concurrence'이다. 하나님과 피조물 사이의 협력을 말한다. 그런데 여기서의 협력은 '서로의 힘을 모은다'는 뜻의 '협동cooperation'을 말하는 것이 아니다. 하나님께서 섭리적 사역을 실행하실 때 피조물들과 협력하는 방식을 취하신다는 것은 하나님께서 홀로 일하시는 것이 아니라, 피조물들과 공동으로 함께 일하신다는 뜻이다. 원칙적으로 하나님의 섭리적 사역에는 어떠한 외부적 도움도 필요 없다. 피조물의 도움 없이도 하나님께서는 자신이 창조한 것들을 충분히 보존하고 통치하실 수 있다. 그러나 하나님께서는 섭리적인 사역을 행하실 때 피조물들과 함께 일하시기를 기뻐하신다. 하나님께서는 피조물들을 보존하고 통치함에 있어서 피조물들을 단순한 객체로 두지 않으시고, 그들 또한 자신의 사역에 참여하도록 하셨다. 이것이 바로 하나님께서 협력을 섭리적인 사역의 방법으로 사용하신다는 뜻이다.

그렇다면, 하나님께서 피조물들과 협력하시는 방식을 통해 섭리적인 사역을 행하신다는 것은 어떻게 설명될 수 있는가? 다시 말해 하나님의 섭리적인 사역에 피조물들은 어떠한 방식으로 참여하게 되는가? 하나님께서 피조물들과 협력, 즉 공동의 사역concurrence을 통해 섭리하신다는 것은 '피조물들의 활동과 더불어' 일을 수행하신다는 뜻이다. 이를 좀 더 풀어서 설명하면 각각의 피조물들의 본성과 존재, 그리고 심지어 그것들의 활동까지도 활용해서 섭리적인 사역을 수행하신다는 것이다. 즉, 하나님께서는 자신이 피조물 하나하나에 부여하신 그 법칙에 따라서 섭리적인 사역을 이루어 가신다는 말이다. 바다를 보존하고 다스릴 때는, 바다에 부여된 그 본성에 따라서, 그리고 공기는 공기 나름의 본성과 그 흐름의 특성을 따른다. 이러한 피조물들의 본성을 우리는 보통 '자연법칙'이라고 부르는데, 이러한 '자연법칙'이 바로 피조물인 바다와 공기가 하나님의 섭리적인 사역에 참여하는 것이다. 하나님께서 바다와 공기와 공동사역을 통해 자신의 섭리적인 사역을 행하시는 것이다.

이러한 이유로 하나님과 섭리적으로 협력하는 피조물들은 하나님의 섭리적인 사역의 수단이 된다고 할 수 있다. 앞서 예를 든 바다와 공기가 바로 하나님께서 섭리하시는 사역의 수단이 되는 것이다. 정리하자면 하나님께서 피조물들과 협력

---

10. WCF 5.1, WLC 18. WSC

하는 방식으로 섭리적인 사역을 수행하신다는 것은 하나님께서 어떠한 수단을 사용하여 섭리를 수행하신다는 뜻이다. 하나님께서 수단을 사용하여 섭리하시는 것은 크게 두 가지로 나타난다. 하나는 '일반적인 수단'을 통한 섭리적 사역이고, 나머지 하나는 '특별한 수단'을 통한 섭리적 사역이다. 하나님께서 '일반적인 수단'을 사용해서 섭리하시는 것은 피조물의 본성과 존재, 그리고 그것의 활동에 부합하는 방식으로 섭리하심을 말한다. 반면에 '특별한 수단'을 사용해서 섭리하시는 것은 피조물 각각에게 주어진 그 본성과 존재, 그리고 활동의 법칙을 넘어선 방식으로 섭리하시는 것을 말한다. 홍해가 갈라진 사건출14, 하나님께서 여호수아의 기도를 들으시고 태양과 달의 운행을 잠시 멈추신 사건수10:12-13, 히스기야의 기도에 대한 응답으로 해 그림자를 뒤로 십 도 이동시키신 사건왕하20:11, 엘리야가 제자의 쇠도끼를 물에 뜨게 한 사건왕하6:1-7, 다니엘의 세 친구가 풀무불 속에서도 해를 입지 않은 사건단3:24-27, 엘리야가 아합의 마차를 앞질러 달린 사건왕상18:46등이 하나님께서 특별한 수단을 사용하셔서 섭리적인 사역을 행하신 경우에 해당한다.

그렇다면 하나님께서는 이러한 수단이 꼭 있어야만 섭리적인 사역을 하실 수 있는 것인가? 결단코 그렇지는 않다. 하나님께서는 자신이 창조하신 만물을 보존하고 다스리시는 데 어떠한 수단도 사용하실 필요가 없으시다. 하나님께서는 특별한 행동이나 수단 없이 세상을 창조하셨다. 하나님께서 세상을 창조하실 때 필요하셨고, 또 사용하신 것은 오직 그분의 '의지'였다. '말씀'으로 드러난 '의지'만으로 세상의 모든 것을 다 만드신 분이 바로 하나님이시다. 이러한 하나님께서는 세상을 창조하신 것과 동일한 방법으로 모든 피조물에게 섭리적인 사역을 하실 수 있다. 다시 말해 말씀만으로도 충분히 섭리적인 사역을 행하실 수 있다. 그러나 하나님께서는 통상적으로 수단들을 사용하셔서 그분의 섭리적인 사역을 수행하시기로 작정하셨다. 왜 그럴까? 왜 하나님께서는 수단들을 사용하셔서 섭리적인 사역을 수행하시는 것인가?

하나님께서 수단들을 통해 섭리하시는 이유는 피조물들에게 하나님 자신과 자신의 능력을 더욱 분명하게 드러내시기 위함이다. 하나님 자신이 창조된 모든 것을 여전히 보존하고 통치하고 계신다는 것을 실질적으로 보여주시기 위함이다. 특히, 인격적인 존재인 사람이 하나님의 섭리를 객관적으로 보고 듣고 경험함으로 하나님께서만 유일한 참 신이심을 고백하도록 하기 위함이다. 자신의 섭리를 여러 수단들을 통해 피조물들이 실제 경험할 수 있도록 하셔서 그들이 하나님을 더욱 찬양하고, 감사할 수 있게 하시는 것이다.

그뿐 아니라 하나님께서 여러 수단들을 통해 자신의 섭리적인 사역을 공개적이며 객관적으로 드러내시는 또 하나의 이유는 타락한 천사들과 이 땅에서 여전히 성령을 모독하는 인간들을 책망하시기 위함이다. 그리고 이는 이후 마지막 심판 때에 그들이 하나님의 통치를 거부한 것에 대해 변명할 수 없는 객관적인 증거로 삼기 위함이다. 하나님께서 섭리를 통해 사용하시는 모든 수단들은 마지막 심판에서 그리스도의 판결에 대한 증거 자료가 된다. 특히 그리스도의 심판이 공의로운 심판임을 증명하는 객관적인 자료가 되는 것이다. 이 모든 것들이 하나님께서 피조물들과 협력하여 섭리적인 사역을 행하시는 이유다. 다시 말해 섭리적인 사역에 피조물들을 수단으로 사용하시는 이유다. 특히, 인격적인 존재인 사람들과 협력 concurrence해서 섭리적인 사역을 하시는 이유이다.

※ 죄를 막으시는 하나님의 섭리적 사역

하나님께서는 죄를 미워하신다. 그럼에도 불구하고 하나님께서는 죄를 허용하기로 작정하셨다. 하나님께서 죄를 허용하신다는 것은 죄를 인정하거나 죄에 동의하시는 것이 아니다. 이는 죄 자체를 허용하는 것이 아니라, 죄짓는 행위를 허용하신다는 뜻이다. 즉, 하나님께서 죄를 허용하신다는 것은 하나님께서 죄짓는 것을 막지 않는 방식으로 죄의 존재를 허용하신다는 말이다.

그렇다면 하나님께서는 왜 죄를 미워하시면서도 죄짓는 행위는 허용하시는가? 그것은 죄의 존재를 통해 자신의 거룩함을 피조물들에게 드러내시기 위함이다. 하나님께서는 스스로 충만히 거룩하신 분이시다. 그러나 피조물은 스스로의 능력으로는 하나님의 거룩하심을 인식할 수가 없다. 따라서 하나님의 거룩하심을 찬양할 수도 없다. 물론 하나님의 거룩하심 앞에 두려워 떨 수도 없다. 이러한 이유로 하나님께서는 인간이 이해할 수 있는 방법을 통해 자신의 거룩함을 드러내시기로 하셨다. 그 방법이 바로 죄를 허용하는 것이다. 거룩함과 반대되는 죄의 존재를 허용하심으로 하나님 자신이 다른 어떤 피조물들과도 구별된 지극히 거룩한 존재라는 것을 드러내시는 것이다.

앞서 언급했듯이 하나님께서 죄를 허용하시는 대표적인 방식은 죄인이 죄짓는 것을 막지 않으시는 것이다. 그런데 어떠한 경우에는 하나님께서 직접 죄짓는 것을 막아서기도 하신다. 하나님께서 죄짓는 것을 막지 않으시는 방식으로 죄를 허용하시는 것을 '죄에 대한 하나님의 수동적인 허용'이라고 한다면, 이같이 하나님께서 직접 개입하셔서 죄짓는 것을 막아서는 것은 '죄에 대한 하나님의 능동적인 허용'이라고 할 수 있다. 그런데, 이 표현을 보면 많은 사람들이 공통으로 질문하는 것이 하나 있다. 하나님께서 적극적으로 죄짓는 것을 막아서는데 왜 이것이 '죄에 대한 하나님의 능동적인 허용'인가? '죄에 대한 하나님의 능동적인 금지'라고 하는 것이 맞는 표현이 아닌가?

물론, 단순히 생각해 보면 '허용'이 아니라, '금지'라고 하는 것이 맞는 것 같다. 그러나 '죄의 허용'에 대한 개념을 조금만 깊이 생각해 보면 오해는 오히려 쉽게 풀린다. 하나님께서 적극적으로 개입하셔서 사람들이 죄짓는 것을 막아서시는 것이 '죄에 대한 하나님의 능동적인 허용'인 이유는 하나님께서 죄짓는 것을 막으신다고 해서 죄의 존재 자체가 사라지는 것은 아니기 때문이다. 하나님께서 개입하셔서 막으신 것은 죄가 아니라, 죄짓는 행동이기 때문이다. 따라서 그 순간에도 죄는 여전히 존재하기 때문이다. 하나님께서 죄의 존재를 그대로 허용하시기 때문이다.

이것이 '죄에 대한 하나님의 능동적인 허용'인 또 다른 하나의 이유는 하나님께서는 인간이 죄짓는 것을 막으실 때도 여전히 그분께서 인간을 인격적인 존재로 대하시기 때문이다. 하나님께서는 결코 자유의지를 제거하시는 방식으로 인간이 죄를 못 짓도록 하시는 분이 아니시다. 억지로 죄를 못 짓도록 하시는 분이 아니시다. 이러한 이유로 하나님께서 죄짓는 것을 막으실 때도 우리의 자유의지는 여전히 살아 있다. 그뿐만 아니라 하나님께서는 인간이 죄지을 가능성이 있는 환경 자체를 바꾸시지도 않으신다. 하나님께서 인간이 죄짓는 것을 막으실 때도 죄지을 수 있는 환경은 여전히 허용되어 있다.

그럼 하나님께서는 어떠한 방식을 통해 인간이 죄짓는 것을 막으시는가? 그것은 인간에게 그가 현재 가지고 있는 생각이나, 앞으로 하려고 계획하는 행동들을 하나님께서 기뻐하지 않으신다는 것을 알려 주시는 것이다. 그것이 죄라는 것을 깨닫게 해 주시는 것이다. 이때 하나님께서는 구체적으로 두 가지의 인식을 사람들에게 심어 주신다. 하나는 죄를 지었을 때 하나님의 진노와 형벌이 있다는 것이고, 다른 하나는 그 죄를 피했을 때 하나님께서 기뻐하신다는 것이다. 결국 죄를 피하는 것이 하나님의 영광을 드러내는 것임을 알게 하시는 것이다. 죄를 지음으로써 하나님의 영광을 가리는 일을 피하게 하시는 것이다.

죄를 피하게 하시는 하나님의 섭리적인 사역은 택자들뿐 아니라, 유기자들에게도 유사한 방식으로 적용된다. 그러나 죄를 피하게 하시는 사역의 목적은 택자와 유기자에 대해서 확연히 다르다. 택자들에게는 죄를 피함으로 하나님의 영광을 가리지 않을 뿐 아니라, 하나님과 멀어지지 않게 하기 위함이다. 반면에 하나님께서 유기자들의 죄를 억제시키는 것은 택자를 보호하시기 위함이다. 다시 말해, 교회를 보호하시기 위함이다. 하나님께서 사랑하는 자들이 죄를 범하는 유기자들을 통해 고통을 당하거나 시험에 빠지지 않게 하시기 위해서다.

<택자를 보호하기 위해 유기자들의 죄를 억제시킨 성경의 예들>

	특성	이해	내용
1	그랄왕 아비멜렉	창 20:1-7	아브라함의 아내 사라를 취하려 했던 그랄 왕 아비멜렉의 꿈에 나타나셔서 그 일을 저지시키심
2	라반	창 31:29	라반에게 야곱을 해하지 말 것을 지시하심
3	에서	창 33:4	야곱에게 복수하려는 에서의 마음을 돌리심
4	발람	민 24	발람의 입에서 저주를 막고, 축복의 말을 하게 하심
4	사탄	욥 1:12; 2:6	욥에 대한 사탄의 공격을 제한하심

※ 율법으로서의 행위언약[11]

행위언약은 하나님과 인류의 대표인 아담과 맺어진 언약이다. 하나님께서는 완전한 순종을 조건으로 영원한 생명을 약속하셨다. 반면에 불순종에는 영원한 사망을 경고하셨다. 그리고 아담은 이 언약에 동의했다. 행위언약으로 약속된 생명은 그리스도의 순종을 통해 획득된 생명과 동일하다. 다시 말해 행위언약과 은혜언약에서 약속된 생명은 동일한 영원한 생명이다. 하나님께서 행위언약이 순수하게 지켜질 때 약속하셨던 영원한 생명은 은혜언약 안에서 그리스도께서 신자들을 위해 획득하신 영원한 생명과 동일하다.

---

11. 빌헬무스 아 브리켈, 『그리스도인의 합당한 예배』, 1권, 김효남, 서명수, 장호준 역, (서울: 지평서원, 2019), 672-79.

행위언약이 주어질 때 두 종류의 나무가 함께 제공되었다. 선악을 알게 하는 나무와 생명나무가 바로 그것들이다. 선악을 알게 하는 나무는 아담을 시험하는 수단으로 주어졌으며, 생명나무는 약속하신 영원한 생명에 대한 증표로 주어졌다. 행위언약은 아담에게 율법으로 주어져서 그의 속사람과 외적 행위를 규정하는 원리가 되었다. 행위언약은 아담에게 있어서 무엇이 선한 것이고 무엇이 악한 것인지를 알려주는 기준이 되었다.

시민이 법을 준수하는 의무를 갖는 것은 그렇게 하기로 합의하고 동의했기 때문이다. 그러나 인간이 율법을 지켜야 하는 의무는 합의나 동의에서 나오는 것이 아니다. 인간이 율법을 준수해야 하는 이유는 율법이 가진 신적 권위 때문이다. 율법은 인간이 만든 것이 아니다. 율법은 신이 인간에게 내려주신 것이다. 따라서 율법의 권위는 전적으로 신에게 있다. 이러한 이유로 동의하고 합의한 것을 지키는 법과는 달리, 율법은 순종을 요구한다.

행위언약은 인류에게 첫 번째로 주어진 율법이었다. 이 언약이 율법으로 주어졌기에, 이 언약에 대한 반응은 오직 순종뿐이다. 행위언약은 하나님께 순종해야 할 의무가 있음을 말해준다. 여기서의 순종은 완벽하고 전적인 순종을 말한다. 따라서 언약의 조항 중 아주 사소해 보이는 것 하나를 어겨도 그것은 행위언약을 어기는 것이 된다. 언약의 조항은 그것을 어기게 되면 그에 따른 책임과 벌이 있다. 반면에 언약의 내용 중에는 아담과 하와가 순종할 때 받을 복도 약속으로 포함되어 있다. 그러나 이것은 전적으로 언약의 체결자인 하나님의 자비에 의한 것이지, 행위에 대한 보상이나 대가를 말하는 것은 아니다. 아담과 하와는 언약 순종에 대한 일체의 보상을 요구할 권한이 없다. 왜냐하면 앞서 언급했듯이 언약이 율법으로 주어졌고, 이 율법에 따른 약속과 경고가 모두 신적인 권위를 바탕으로 하기 때문이다. 이 신적인 권위에 근거하여 하나님과 도덕적인 관계가 성립되었기에 인간은 순종에 대한 어떠한 보상도 요구할 자격이 없는 것이며, 동시에 경고에 대한 어떠한 불평도 할 수 없는 것이다. 오직 율법이 가진 신적인 권위가 선과 악의 기준이 되기에, 율법에 순종하는 것만이 선을 추구하는 유일한 방법이 되는 것이다. 따라서 행위언약을 통해 선을 추구하는 유일한 방법 또한 언약의 내용에 온전히 순종하는 것이다.

행위언약이 율법으로 주어졌다는 것은 사도 바울의 가르침을 통해 잘 드러난다. 바울은 로마서 2장 14, 15절에서 "율법 없는 이방인이 본성으로 율법의 일을 행할 때에는 이 사람은 율법이 없어도 자기가 자기에게 율법이 되나니 이런 이들은 그 양심이 증거가 되어 그 생각들이 서로 혹은 고발하며 혹은 변명하여 그 마음에 새긴 율법의 행위를 나타내느니라."라고 말하고 있다. 하나님께서 타락한 인간들에게 주신 율법이 바로 십계명이다. 이 율법이 주어진 대상은 이 땅의 모든 인류다. 타락한 모든 인류가 생각과 행동에 있어서 꼭 순종할 율법으로 십계명을 받은 것이다. 비록 타락한 인간은 본성적으로 하나님의 율법을 거부하려 하지만, 신자들은 말씀과 성령님의 도움으로 율법을 더욱 잘 알고 순종하려는 의지를 갖게 된다. 반면에 불신자들의 경우는 말씀과 성령님의 도움을 받지 못하기에 율법에 순종하려는 의지가 본질적으로 형성되지 않는다.

그럼에도 불구하고 바울은 불신자들에게도 양심이 그들의 율법이 된다고 말하고 있다. 다시 말해 비록 택함을 받지 못한 자들이라 할지라도 모든 인간에게는 희미하게나마 율법의 흔적이 남아있다는 것이다. 인간이 가진 양심이 바로 희미하게 남은 율법의 흔적이라는 것이다. 바울의 이러한 설명을 논리적으로 추론해 보면 다음의 결론에 이르게 된다. 타락한 인간의 양심 속에 율법의 희미한 잔상이 남아 있다는 것은 타락하기 전 인간에게는 온전한 율법이 있었다는 말이 된다. 타락하기 전 인간을 거론할 수 있는 사람은 오직 아담과 하와뿐이다. 그리고 아담과 하와에게 신적 권위로 주어진 규칙이 바로 행위언약이다. 그러니 이는 행위언약이 곧 하나님께서 인류에게 주신 최초의 율법인 것이다.

로마서 8장 3, 4절도 같은 사실을 증명해 준다. "율법이 육신으로 말미암아 연약하여 할 수 없는 그것을 하나님은 하시나니 곧 죄로 말미암아 자기 아들을 죄 있는 육신의 모양으로 보내어 육신에 죄를 정하사 육신을 따르지 않고 그 영을 따라 행하는 우리에게 율법의 요구가 이루어지게 하려 하심이니라"에서 바울은 율법이 육신으로 말미암아 연약해졌다고 표현하고 있다. 여기서 육신은 인간의 죄악된 본성the sinful nature을 말하는 것으로, 이를 다시 정리하면 율법이 인간의 죄악된 본성으로 연약해졌다는 뜻이 된다. 온전했던 율법이 죄로 인해 약해졌다는 말이다. 이 또한 앞서 언급한 2장 13, 14절과 동일한 추론이 가능하다. 먼저 율법이 약해졌다는 것은 그 전에 율법이 강했던 적이 있다는 말이다. 그리고 율법이 죄 때문에 약해졌다는 말은 전에 죄가 있기 전에는 율법이 강했다는 말이다. 이를 정리하면 결국 이 땅에 죄가 들어오기 전에 인간은 완전한 율법을 가지고 있었다는 말이 된다. 즉, 아담과 하와가 죄를 범하기 전에 하나님으로부터 받았던 그 행위언약이 바로 인류가 가졌던 완전한 율법이었다는 것이다.

※ 행위언약이 하나님의 특별한 섭리적 행위인 이유는?[12]

개혁주의 신앙고백서들 및 교리교육서들 중에서 행위언약을 직접적으로 다루는 것은 웨스트민스터 신앙고백서와 대·소교리교육서다. 벨직 신앙고백서, 도르트 신조, 그리고 하이델베르크 교리교육서는 행위언약을 직접적으로 다루지는 않는다. 행위언약을 다루는 세 문서 중 웨스트민스터 신앙고백서는 한 장을 할애해 행위언약과 은혜언약을 다룬다.[13] 반면에 대교리교육서와 소교리교육서는 모두 행위언약을 하나님의 섭리로 설명한다. 이를 좀 더 구체적으로 살펴보면 행위언약에 대하여 웨스트민스터 신앙고백서는 '하나님께서 인류와 맺은 첫 언약'으로 소개한다. 그리고 웨스트민스터 대교리교육서는 '창조된 본래의 상태에 있던 사람을 향한 하나님의 섭리'라고 표현한다. 반면에, 웨스트민스터 소교리교육서는 행위언약을 하나님께서 사람을 향해 행하신 '특별한 섭리적 행위special act of providence'라고 설명한다.

행위언약이 하나님의 섭리라는 것은 창조의 사건이 있기 전인 영원의 때에 하나님께서 이미 작정하신 것이라는 것을 전제로 한다. 또한 행위언약이 하나님께서 사람의 본성과 존재, 그리고 그 행위를 보존하고 통치하는 수단으로 제공된 것이라는 의미이다. 웨스트민스터 소교리교육서는 여기에 한 가지 의미를 더 부과하여 설명한다. 소교리교육서는 행위언약을 하나님의 '특별한' 섭리적인 행위라고 표현하고 있다. 여기서 우리가 주목해야 할 것이 바로 '특별한special'이라는 형용사다. 도대체 행위언약이 어떤 면에 있어서 특별하다는 것인가? 행위언약이 특별한 이유는 이것이 생명과 직접적인 연관성이 있기 때문이다. 이 언약이 생명의 언약a covenant of life이기 때문이다. 대·소교리교육서는 모두 이를 '생명의 언약'으로 표현하며, 웨스트민스터 신앙고백서는 생명이 약속된 '행위언약'a covenant of works이라

---

12. WCF 7.2, WLC 20, WSC 12,
13. 하나님의 사람과의 언약에 관하여

고 표현한다.

피조물에 대한 하나님의 섭리는 모두가 다 개별적이다. 하나님께서는 각 피조물에 대하여 각각의 개별적인 작정을 갖고 계신다. 그리고 그 작정에 따라 모든 피조물들을 각각 개별적으로 섭리하신다. 그런데 이 섭리들 가운데 행위언약이 특별한 또 한 가지 이유는 한 번의 섭리적 행위act가 전 인류에게 공통적으로 적용되기 때문이다. 이 한 번의 섭리적 행위가 아담뿐 아니라, 그의 모든 후손들에게 동시에 적용되며, 심지어 그 결과 또한 그러하다는 점에서 다른 섭리적 사역과는 특별히 구별된다는 것이다. 그뿐만 아니라 이 섭리가 특별한 것은 이 사역이 인류의 역사에 있어서 오직 한 번뿐인 섭리적 행위이기 때문이다. 아담과 하와에게 행했던 그 한 번의 사역 외에 다시는 시행되지 않기 때문이다. 그리고 한 가지만 더 언급한다면 이 언약은 오직 죄가 없는 사람만이 감당할 수 있는 언약이기에 특별하다. 다시 말해 이 땅에서 하나님의 이 섭리적 행위에 참여할 수 있었던 이는 죄가 없었던 아담과 하와밖에 없었다는 점에서 특별하다는 것이다. 물론 죄로 인해 이 언약을 파괴한 후로는 아담과 하와조차 더 이상 이 섭리적 행위에 참여할 수 없게 되었다. 따라서 죄 아래서 태어나는 아담과 하와의 모든 후손들은 그 누구도 하나님의 행위언약의 섭리적 행위에 참여할 자격을 가질 수가 없게 되었다.

Westminster
Larger
Catechism

타락

제21~29문답

<제21~29문답>

Q21: Did man continue in that estate wherein God at first created him?

A21: Our first parents being left to the freedom of their own will, through the temptation of Satan, transgressed the commandment of God in eating the forbidden fruit; and thereby fell from the estate of innocency wherein they were created.[1]

(1) 창3:6,7,8,13; 전7:29; 고후11:3.

번역

문: 사람은 하나님께서 최초에 창조하신 그 상태에 계속 머물러 있었나요?

답: 우리의 최초의 부모는 비록 그들의 의지의 자유로움에 놓여 있었음에도 불구하고 사탄의 유혹을 통해 금지된 열매를 먹을 때 하나님의 계명을 범했고, 그로 인해서 그들이 창조되었던 그 안에서의 순결한 상태에서 타락했습니다.

원문 이해의 키

- freedom 자유로움 (liberty: 속박이나 압제로부터 해방되는 자유)

- Our first parents being left to the freedom of their own will Our first parents 가 주어인 분사구문이다. being left~는 '~에 내버려 둔 상태였음에도 불구하고'의 뜻인 양보를 나타내는 분사구문이다.

- (Our first parents) transgressed the commandment of God '(우리의 최초의 부모는) 하나님의 계명을 범했다'로 분사구문의 주어와 주절의 주어가 일치하는 경우이지만, 주어를 주동사 앞이 아닌, 분사 앞에 둔 독특한 구조이다.

- in eating the forbidden fruit '금지된 열매를 먹을 때'이고, '금지된 열매를 먹음으로써'는 by eating the forbidden fruit이다.

- the estate of innocency wherein they were created '그들이 창조된 그 안에서의 순결한 상태'

<원문대로 요약하고 구문대로 정리하기>

1. 우리의 최초의 부모는 창조된 그 상태에서는 자신들의 의지를 자유롭게 사용할 수 있었다.
2. 우리의 최초의 부모는 의지를 자유롭게 사용할 수 있었던 그 상태에서 사탄의 유혹으로 하나님의 계명을 범했다.
3. 우리의 최초의 부모는 사탄의 유혹으로 금지된 열매를 먹을 때 하나님의 계명을 범했다.
4. 우리의 최초의 부모는 하나님의 계명을 범하므로 창조되었던 그 순결한 상태에서 타락했다.

Q22: Did all mankind fall in that first transgression ?

A22: The covenant being made with Adam as a public person, not for himself only, but for his posterity, all mankind descending from him by ordinary generation,[1] sinned in him, and fell with him in that first transgression.[2]

(1) 행17:26 (2) 창2:17; 롬5:12-20; 고전15:12-20.

<번역>

문: 모든 인류가 그 첫 번째 범죄행위에서 타락했나요?

답: 언약이 아담 자신뿐만 아니라 그의 후손들을 위해서도 공인으로서의 아담과 맺어졌기 때문에, 일반적인 출생을 통해 그로부터 내려온 모든 인류는 그의 첫 번째 범죄에서 그 안에서 죄를 지어 그와 함께 타락했습니다.

<원문 이해의 키>

- **The covenant being made~, all mankind ~.** The covenant는 분사구문 being 의 주어로, 주절의 주어인 all mankind와 일치하지 않기 때문에 분사 앞에 언급 된 것이다. 이러한 구분을 독립분사구문이라고 한다.
- **all mankind (who are) descending from~** '~로부터 내려오는 모든 인류'
- **ordinary generation** '일반적인 출생' (natural generation 자연적인 출생, 26 문답)

<원문대로 요약하고 구문대로 정리하기>

1. 인류에 대해 아담은 단지 이 세상의 한 사람이 아니라, 인류의 대표로서 공인이다.
2. 하나님께서는 단지 아담뿐 아니라, 아담의 모든 후손들과도 함께 언약을 맺으셨 다.
3. 일반적인 출생법에 의해 아담으로부터 내려오는 모든 인류는 아담의 첫 번째 범죄에서 아담 안에서 함께 죄를 지었다.
4. 일반적인 출생법에 의해 아담으로부터 내려오는 모든 인류는 아담의 첫 번째 범죄에서 아담과 함께 타락했다.
5. 아담과 그의 후손들이 타락한 죄는 하나님께서 언약으로 규정하신 아담의 첫 번 째 죄다. 타락 이후에 아담이 이 땅에 살면서 지은 죄들은 인류를 타락시키는 죄 가 아니라, 타락의 결과로 나타나는 죄들이다.

Q23: Into what estate did the fall bring mankind?

A23: The fall brought mankind into an estate of sin and misery. [1]

(1) 롬3:23; 5:12; 갈3:10; 엡2:1.

<번역>

문: 타락은 인류를 어떠한 상태에 빠뜨렸나요?
답: 타락은 인류를 죄와 비참함의 상태에 빠뜨렸습니다.

<원문 이해의 키>

- **The fall brought mankind into an estate of sin and misery.** brougnt into는 과거형이다. 이는 이미 완료된 사실을 말한다. 타락은 물론 인류가 죄와 비참함의 상태에 빠진 것도 모두 부인할 수도, 거부할 수도 없는 이미 완료된 사건이다.

<원문대로 요약하고 구문대로 정리하기>

1. 타락은 인류를 최초의 창조된 상태에 더 이상 머물지 못하게 했다.
2. 타락은 인류를 어떠한 상태로 빠뜨렸다.
3. 타락은 인류를 죄의 상태로 빠뜨렸다.
4. 타락은 인류를 비참함의 상태로 빠뜨렸다.

Q24: What is sin?

A24: Sin is any want of conformity unto, or transgression of, any law of God, given as a rule to the reasonable creature.[1]

(1) 롬3:23; 요일3:4; 갈3:10-12.

<번역>

문: 죄는 무엇인가요?

답: 죄는 이성적인 피조물에게 규칙으로 주어진 하나님의 어떠한 율법에 대해서도 순응에 있어서 조금이라도 부족한 것이나, 그것을 위반하는 모든 것입니다.

<원문 이해의 키>

- conformity 순응 (자신의 의지와는 상관없이 동의하든 그렇지 않든 그 뜻에 따르는 것, willingly or reluctantly)
- obedience 순종 (마음으로 그 뜻에 동의하며 따르는 것, willingly and happily)
- submission 복종 (무조건 동의하도록 강요되어 따르는 것)
- any law of God, (which was) given as a rule to the reasonable creature '이성

적인 피조물에게 규칙으로 주어진 하나님의 어떠한 율법에 대해서도'

- **the reasonable creature** '이성적인 피조물'로 천사와 사람을 말한다.

<원문대로 요약하고 구문대로 정리하기>

1. 하나님께서는 이성적인 피조물인 사람에게 규칙으로서 율법을 주셨다. 죄의 기준은 이 율법에 있다.

2. 죄는 하나님의 율법에 대한 순응에 있어서 조금이라도 부족함이 있는 것이다. 즉, 하나님께서 율법으로 규정하신 그대로 완벽하게 따르지 못하면 죄를 짓는 것이다.

3. 죄는 하나님의 율법을 위반하는 모든 것이다. 이는 하나님께서 규정하신 것에 반하여 행동하는 것으로, 하나님께서 명하신 것을 하지 않거나, 하나님께서 금하신 것을 하는 것을 말한다.

Q25: Wherein consists the sinfulness of that estate whereinto man fell?

A25: The sinfulness of that estate whereinto man fell, consisteth in the guilt of Adam's first sin,[1] the want of that righteousness wherein he was created, and the corruption of his nature, whereby he is utterly indisposed, disabled, and made opposite unto all that is spiritually good, and wholly inclined to all evil, and that continually;[2] which is commonly called Original Sin, and from which do proceed all actual transgressions.[3]

(1) 롬5:12,19; 고전15:22 (2) 롬3:10-19; 5:6-8; 8:7,8; 창6:5; 시51:5; 58:3; 엡2:1-3 (3) 약1:14,15; 마15:19.

<번역>

문: 사람이 타락해서 빠진 그 상태의 죄성은 어디에 있나요?

답: 사람이 타락해서 빠진 그 상태의 죄성은 아담의 첫 번째 죄의 죄책, 창조된 그 의의 부족, 자신의 본성의 부패에 있는데, 그것으로 인해 그는 영적으로 선한 모든 것을 싫어하고, 무능하며, 반대하게 되며, 모든 악한 것들에 전적으로 기울게 되는 경향이 있고, 계속해서 그러한데, 이것이 보통 원죄라고 불리며, 그것으로부터 모든 실제적 범죄들이 나옵니다.

<원문 이해의 키>

- The sinfulness~ consists in~ '죄성은 ~에 있다'인데, 여기서 중요한 것은 시제다. 타락의 시점은 과거다. 그러나 죄성의 존재는 현재형이다.
- that estate whereinto man fell 사람이 타락해서 빠진 그 상태
- consists in the guilt of Adam's first sin, the want of that righteousness wherein he was created, and the corruption of his nature 죄성이 있는 세 곳을 A, B, and C의 구조로 나열하고 있다.
- all that is spiritually good '영적으로 선한 모든 것'
- (is) wholly inclined to all evil '모든 악한 것들에 전적으로 기울게 되는 경향이 있다'
- that continually '계속해서 그러하다'로 that은 '영적으로 선한 모든 것을 싫어하고, 무능하며, 반대하게 되며, 모든 악한 것들에 전적으로 기울게 되는 경향이 있다'는 앞 내용 전체를 받는다.
- which is commonly called original sin. '이것이 보통 원죄라고 불린다'이며, which 선행하는 The sinfulness이다.
- from which do proceed all actual transgressions. '그것으로부터 모든 실제적 범죄들이 나온다'로 which의 선행사는 orignal sin이다. 이 문장의 주어는 all actual transgressions이며, do는 proceed를 강조하는 조동사이다.

<원문대로 요약하고 구문대로 정리하기>

1. 사람이 타락해서 빠진 상태에는 죄성이 있다.
2. 사람이 타락해서 빠진 상태의 죄성은 아담의 첫 번째 죄에 대한 죄책에 있다.
3. 사람이 타락해서 빠진 상태의 죄성은 아담이 창조된 상태 있었던 그 원래의 의

가 부족해진 것에 있다.

4. 사람이 타락해서 빠진 상태의 죄성은 본성의 타락에 있다.

5. 사람은 타락해서 빠진 죄성에 의해 영적으로 선한 모든 것을 철저하게 싫어하게 되었다.

6. 사람은 타락해서 빠진 죄성에 의해 영적으로 선한 모든 것을 온전히 행할 수 없게 되었다.

7. 사람은 타락해서 빠진 죄성에 의해 영적으로 선한 모든 것을 반대하게 되었다.

8. 사람은 타락해서 빠진 죄성에 의해 모든 악한 것들에 전적으로 기울게 되는 경향을 보이며, 이러한 경향은 일시적인 현상을 넘어 지속적이고 반복적으로 나타난다.

9. 사람이 타락해서 빠진 상태의 죄성 중 모든 인류에게 공통적으로 해당되는 것을 원죄라고 한다.

10. 타락한 모든 사람들이 각자 짓는 죄들을 자범죄(실제적 범죄)라고도 하는데, 모든 자범죄는 원죄로부터 나온다.

Q26: How is original sin conveyed from our first parents unto their posterity?

A26: Original sin is conveyed from our first parents unto their posterity by natural generation, so as all that proceed from them in that way are conceived and born in sin.[1]

(1) 시51:5; 욥14: 5; 15:14; 요3:6.

<번역>

문: 어떻게 우리의 첫 번째 부모로부터 그들이 후손들에게 원죄가 전달되나요?

답: 원죄는 자연적인 출생에 의해 우리의 최초의 부모로부터 그들의 후손들에게 전달되는데, 그래서 그러한 방법으로 그들로부터 나온 모든 이들은 죄 가운데 잉태되고 출생합니다.

<원문 이해의 키>

- Original sin is conveyed. '원죄는 전달된다'로 아담으로부터 모든 후손들에게 원죄는 전달되며, 죄책은 전가된다.

- natural generation 자연적인 출생 (ordinary generation, 22문답)

- all that proceed from them '그들로부터 나온 모든 이들'로 that은 all을 선행사로 받는 관계대명사이고, them은 our first parents를 말한다.

- are conceived and born in sin '죄 가운데 잉태되고 출생한다'

<원문대로 요약하고 구문대로 정리하기>

1. 원죄는 아담과 하와로부터 모든 후손들에게 전달된다.

2. 원죄는 아담과 하와로부터 자연적인 출생에 의해 모든 후손들에게 전달된다.

3. 자연적인 출생에 의해 모든 인류는 죄 가운데서 잉태된다.

4. 자연적인 출생에 의해 모든 인류는 죄 가운데 출생한다.

Q27: What misery did the fall bring upon mankind?

A27: The fall brought upon mankind the loss of communion with God,[1] his displeasure and curse; so as we are by nature children of wrath,[2] bond slaves to Satan,[3] and justly liable to all punishments in this world, and that which is to come. [4]

(1) 창3:8,10,24 (2) 엡2:2,3 (3) 딤후2:26; 눅11:21,22; 히2:14 (4) 롬6:23; 5:14; 창2:17; 애3:39; 마25:41,46; 유7.

<번역>

문: 타락은 인류에게 어떠한 비참함을 가져다줬나요?

답: 타락은 인류에게 하나님과의 교통의 상실, 그분의 노여움과 저주를 가져다주었기에, 우리는 본성적으로 진노의 자녀들이고, 사탄에게 붙들린 노예들이고, 이 세상과 오는 세상에서 모든 형벌을 받아 마땅합니다.

<원문 이해의 키>

- The fall 타락

- The fall brought upon mankind the loss of communion with God, his displeasure and curse. brought의 목적어 3개(the loss of communion with God, his displeasure, (his) curse)를 A, B and C의 구조로 나열하고 있다.

- communion 교통 (fellowship 교제)

- so as 그래서, ~하기에

- by nature 본성적으로

- children of wrath 진노의 자녀들

- bond slaves to Satan 사탄에게 붙들린 노예들

- justly liable to all punishments '모든 형벌을 받아 마땅하다'인데, 여기서 justly 는 '정당하게, 공편하게, 당연하게'라는 뜻으로 '~에 마땅하다'는 뜻의 liable to~ 를 강조하고 있는데, 한국어 번역에서는 이 두 표현이 겹치므로 '~에 마땅하다' 로 함께 번역하는 것이 좋을 듯하다.

- in this world, and that which is to come 이 세상과 오는 세상에서

<원문대로 요약하고 구문대로 정리하기>

1. 타락은 인류에게 비참함을 가져다준다.

2. 타락이 인류에게 가져다준 비참함은 하나님과의 교통을 잃은 것이다.

3. 타락이 인류에게 가져다준 비참함은 하나님의 노여움과 저주 아래 있게 된 것이다.

4. 타락이 인류에게 가져다준 비참함은 모두가 본성적으로 진노의 자녀들이 된 것이다.

5. 타락이 인류에게 가져다준 비참함은 사탄에게 붙들린 노예들이 된 것이다.

6. 타락이 인류에게 가져다준 비참함은 이 세상과 오는 세상에서 모든 형벌을 받아 마땅하게 된 것이다.

Q28: What are the punishments of sin in this world?

A28: The punishments of sin in this world are either inward, as blindness of mind,[1] a reprobate sense,[2] strong delusions,[3] hardness of heart,[4] horror of conscience,[5] and vile affections;[6] or outward, as the curse of God upon the creatures for our sakes,[7] and all other evils that befall us in our bodies, names, estates, relations, and employments;[8] together with death itself.[9]

(1) 엡4:18 (2) 롬1:28 (3) 살후2:11 (4) 롬2:5 (5) 사33:14; 창4:13,14; 마27:4; **히10:27** (6) 롬1:26 (7) 창3:17 (8) 신 28:15-18 (9) 롬6:21,23

<번역>

문: 이 세상에서의 죄의 형벌들은 무엇들인가요?

답: 이 세상에서의 죄의 형벌들은 죽음 자체와 함께 내적으로는 맹목적인 마음, 관념의 타락, 강한 망상들, 굳은 심정, 양심의 공포, 비열한 감정과 같은 것이거나, 외적으로는 우리 때문에 피조물들 위에 놓인 하나님의 저주와 우리의 몸과, 명성과, 재산과, 관계와, 직업에 닥치는 모든 다른 악들과 같은 것들이다.

<원문 이해의 키>

- The punishments of sin in this world are either inward A~; or outward B~; together with C~. 이 땅에서의 죄의 형벌들을 세 종류로 나눠서 설명하고 있다. 문법적인 구조로 볼 때 이 중에서 together with C에 해당되는 '죽음'은 누구에게나 예외 없이 공통적일 뿐 아니라 동일한 강도의 형벌임을 나타낸다. 반면 either A or B의 틀로 설명되는 내적인 형벌과 외적인 형벌은 이 땅에서의 일반적인 형벌을 말하지만, 그 형벌의 적용이나 강도는 사람에 따라 그 종류와 강도에서 다소 차이가 있을 수 있음을 나타낸다고 할 수 있다.

<원문대로 요약하고 구문대로 정리하기>

1. 타락으로 인류는 이 세상에서 죄에 대한 형벌을 받아 마땅하다.

2. 이 땅에서의 가장 대표적인 죄의 형벌은 죽음이다.

3. 이 땅에서의 죄의 형벌은 죽음과 함께, 내적인 형벌과 외적인 형벌이 있다.

4. 이 땅에서의 죄의 내적인 형벌은 맹목적인 마음, 관념의 타락, 강한 망상들, 굳은 심정, 양심의 공포, 비열한 감정과 같은 것들이 있다.

5. 이 땅에서의 죄의 외적인 형벌들은 우리 때문에 피조물들 위에 하나님의 저주가 놓인 것과, 우리의 몸과 명성과 재산과 관계와 직업에 악이 닥치는 것들이 있다.

Q29: What are the punishments of sin in the world to come?

A29: The punishments of sin in the world to come, are everlasting separation from the comfortable presence of God, and most grievous torments in soul and body, without intermission, in hell fire for ever. [1]

(1) 살후1:9; 막9:43,48; 눅16:24,26; 마25:41,46; 계14:11; 요3:36.

<번역>

문: 오는 세상에서의 죄의 형벌들은 무엇인가요?

답: 오는 세상에서의 죄의 형벌들은 하나님의 위로의 임재로부터 영속적인 분리와 막간의 쉼도 없이 지옥 불에서 영구히 영혼과 몸에 임할 최악의 고통입니다.

<원문 이해의 키>

- everlasting separation from the comfortable presence of God everlasting은 '영속적인'으로, 이는 그리스도의 심판 이후부터 지속되는 시간 속에서 하나님의 위로가 단절된 상태가 변하지 않고 계속된다는 뜻이다. 즉, 오는 세상에서 하나님의 위로를 받을 수 있는 그 어떤 기회나 순간도 허용되지 않는 다는 뜻이다.

- in hell fire for ever for ever는 '영구히'라는 뜻인데, 이는 '하나님께서 천지를

창조하실 때부터 언제나'라는 뜻이다. 이렇게 지옥의 불과 관련된 형벌에서 for ever를 사용한 것은 지옥의 불이 오는 세상의 형벌이 임할 때 만들어지는 것이 아니라, 이미 하나님께서 천지를 창조하실 때부터 죄인들의 감옥으로 계속해서 있었던 것이기 때문이며, 또한 오는 세상이 펼쳐지기 전에 이 땅에서 죽은 죄인들의 영혼이 이미 고통 받으며 심판을 기다리던 곳이기 때문이다.

<원문대로 요약하고 구문대로 정리하기>

1. 타락으로 인류는 오는 세상에서 죄에 대한 형벌을 받아 마땅하다.
2. 타락으로 오는 세상에서 인류에게 미칠 죄에 대한 형벌은 하나님의 위로의 임재로부터 영속적으로 분리되는 것이다. 즉, 오는 세상에서 결코 하나님의 위로를 받지 못하게 될 것이다.
3. 타락으로 오는 세상에서 인류에게 미칠 죄에 대한 형벌은 지옥 불에서 막간의 쉼도 없이 영구히 영혼과 몸으로 최악의 고통을 당하는 것이다.

[교리교사 카테키즘: 타락]

※ 범죄한 아담과 하와에게 생명나무의 길을 막으신 이유

에덴동산에는 두 종류의 특별한 나무가 있었다. 선악을 알게 하는 나무와 생명나무가 바로 그것이었다. 성경은 이 두 나무 모두 동산 중앙에 있었다고 말하고 있다창2:9. 하나님께서 아담과 행위언약을 체결하실 때 요구하신 것은 동산 중앙에 있는 두 개의 특별한 나무 중 선악을 알게 하는 나무의 열매를 따 먹지 않는 것이었다. 에덴동산 안에 있는 나무의 열매는 대부분 먹을 수 있으나, 선악을 알게 하는 나무의 열매는 죽음을 경고하시며 먹는 것을 금지하셨다. 그러나 결국 아담과 하와는 하나님께서 금하신 열매를 먹고 말았고, 그 결과 죽음의 형벌을 받게 되었다. 그리고 하나님께서는 아담과 하와를 에덴동산에서 쫓아내셨다.

그런데 이 과정에서 우리가 주의 깊게 보아야 할 부분이 하나 있다. 바로 생명나무에 관한 내용이다. 아담과 하와가 죄를 지은 것과 생명나무는 직접적인 상관이 없다. 생명나무는 먹어서는 안 되는 나무 열매의 목록에도 없었다. 그렇다면 아담과 하와에게 생명나무는 어떠한 의미였나? 이 생명나무의 열매가 그 이름 그대로 그들이 하루하루의 생명을 유지하는 중요한 수단이었나? 이 생명나무의 열매에 사람이 생명을 유지할 수 있는 모든 종류의 양분이 다 포함되어 있어서, 아담과 하와가 이 열매를 통해 생육하고 번성할 수 있는 모든 힘을 공급받아왔던 것인가? 에덴동산에는 보기도 좋고 먹기도 좋은 많은 나무들과 그 열매들이 있었다. 그 많은 나무들 중 생명나무는 생명을 유지할 수 있는 양분을 공급하는 역할을 했고, 나머지 나무들은 비록 영양분은 없지만 아담과 하와에게 다양한 좋은 맛으로 즐거움을 주는 용도였던 것인가? 아담과 하와가 행위언약에 순종하는 한 생명나무의 열매를 통해 하루하루를 살아갈 양분을 공급받았던 것인가? 그리고 그 순종이 지속되는 한 그들은 계속해서 생명나무의 열매를 먹을 수 있고, 그 시기는 그들의 순종에 따라 영원할 수도 있었던 것인가?

이러한 의문들을 종합하면, 생명나무의 열매는 실제로 생명을 유지하는 효능이 있었고, 그래서 아담과 하와는 행위언약을 순종하는 조건으로 매일매일 섭취할 수 있었던 것인가? 그렇지 않다. 선악을 알게 하는 나무가 그 자체로 죽음의 효력이 없듯이, 생명나무 또한 그 자체로 영생을 줄 수 있는 효력은 없다. 두 나무 모두 하나님의 언약에 대한 수단과 상징일 뿐이다. 선악을 알게 하는 나무가 행위언약에 순종하는 수단이었다면, 생명나무는 그 순종에 대한 약속으로 주어질 영원한 생명에 대한 상징이었다.

아담과 하와가 행위언약에 순종함으로써 선악을 알게 하는 나무를 먹지 않고 맡은 사역들을 성실히 행할 동안 하나님께서는 이들에게 생명나무에 관해서는 어떠한 언급도 하지 않으셨다. 이 생명나무에 대한 구체적인 언급은 아담과 하와가 죄를 범한 이후였다. 좀 더 구체적으로 말하면 하나님께서는 이 생명나무를 아담과 하와를 에덴동산에 내쫓으시면서 비로소 언급하셨다. 그것도 그들이 생명나무의 열매를 따 먹고 영생할까 한다는 우려를 나타내실 때 언급하셨다. 그리고 그들을 쫓아내신 후 에덴동산 동쪽에 그룹들과 두루 도는 불 칼을 두어 생명나무를 지키게 하셨다. 이를 통해 하나님께서는 타락한 아담과 하와가 생명나무에 접근할 수 있는 방법을 원천적으로 차단하셨다.

하나님께서는 왜 아담과 하와가 생명나무로 가는 것을 차단하셨을까? 정말 아담과 하와가 그것을 따 먹고 영생할지도 모른다는 걱정 때문에 그러셨을까? 이미 선악을 알게 하는 나무의 열매를 따 먹음으로써 이 부분에 있어서 하나님 자신과 동일한 능력을 갖게 된 아담과 하와가 생명나무까지 먹고 영원한 생명을 얻게 되면 자신이 내린 형벌이 무효로 돌아갈 것이 걱정되셔서 그렇게 하신 것일까? 전혀 그렇지 않다. 앞서 언급했듯이 생명나무는 실제 영원한 생명을 주는 능력의 나무가 아니다. 그것은 단지 상징이다. 행위언약을 온전히 지켰을 때 주어질 약속을 상징하는 것이었다. 그래서 아담과 하와는 에덴동산을 다스리면서 이 나무를 볼 때마다 하나님께서 약속하신 영원한 생명을 소망하고 기대할 수 있었다.

여기서 우리가 기억해야 할 것은 선악을 알게 하는 나무 또한 온전한 순종을 조건으로 한 시험의 상징이었지, 그 자체가 영생과 죽음의 능력을 가진 것은 아니었다는 점이다. 만일 그 자체가 그러한 능력이 있었다면 하와가 그 나무의 열매를 따 먹는 순간 바로 죽었어야 했다. 그래서 하와가 아담에게 자신이 먹어 본 그 나무의 열매를 권하는 일도 없었어야 했다. 그러나 아담도 하와도 그 나무의 열매를 따 먹고 바로 죽지는 않았다. 아담과 하와가 죽게 된 것은 그들이 언약을 깨뜨린 것에 대해서 하나님께서 형벌로 내리신 진노와 저주 때문이었다. 그 나무 자체가 가진 죽음의 효능 때문이 아니었다. 결국 이러한 사실은 타락한 아담과 하와가 이후에 이 생명나무 열매를 따 먹는다 할지라도 하나님께서 내리시는 죽음의 형벌을 회복하고 영생하는 일은 결코 일어나지 않는다는 것을 분명히 시사해준다. 이는 생명나무도 선악을 알게 하는 나무와 같이 단지 상징일 뿐이며, 그 자체에는 어떠한 능력도 없기 때문이다.

그렇다면 왜 하나님께서는 그들이 '생명나무 열매도 따 먹고 영생할까'라고 생각하셨을까? 그 이유는 하나님의 마음이 아니라, 인간의 타락한 상태에 있었다. 하나님께서 이 말씀을 하셨을 때 아담과 하와는 창조되었던 그 원래의 상태가 아니었다. 죄를 범하기 전 아담과 하와의 상태는 하나님의 형상 그 자체였다. 하나님과 만물에 대한 흠 없는 지식을 소유한 자들이었다. 그러나 죄로 타락한 이후 그들은 더 이상 순수한 상태가 아니었다. 그들 안에서 하나님의 형상은 뒤틀려 버렸다. 이제 그들은 더 이상 순수한 인간이 아니었다. 왜냐하면 죄로 인한 타락이 그들의 전인whole person에 미쳤기 때문이다. 그들의 지, 정, 의 그리고 몸까지 다 타락한 상태였다. 전적으로 타락한 것이다.

타락의 결과 하나님에 대한 지식뿐 아니라, 사물에 대한 지식도 뒤틀릴 수밖에 없게 되었다. 이런 이들에게 생명나무는 더 이상 그 원래의 의미인 영원한 생명의 상징이 될 수 없다. 하나님께서는 분명 이러한 사실을 아셨다. 그런데 이러한 사실을 아셨음에도 불구하고 하나님께서는 왜 이들이 생명나무에 접근할 수 없게 하신 것인가? 그것은 바로 이들이 생명나무를 영원한 생명의 능력을 주는 특별한 나무로 오해할 가능성이 있다는 것 또한 아셨기 때문이다. 생명나무 열매를 따먹음으로써 잃어버린 영생을 스스로 추구하려 할 것이라는 것을 아셨기 때문이다. 아담과 하와가 생각하기를 자신들이 선악을 알게 하는 나무 열매를 따 먹고 하나님의 진노와 저주를 받게 된 것은 사실이지만, 생명나무를 그 진노와 저주를 벗어날 하나의 카드로 여길 수 있다는 것을 아셨기 때문이다. 죄로 타락한 상태라 그 정도가 선악과를 따먹기 전보다 더 심해졌다는 것을 아셨기 때문이다.

죄로 타락한 이들의 이러한 상태를 잘 아셨기에 하나님께서는 생명나무의 길을 원천적으로 차단하신 것이다. 이들이 타락한 지성으로 우매한 행동에 빠지지 않도록 조치하신 것이다. 그뿐만 아니라 하나님께서 생명나무의 길을 원천적으로 봉쇄하신 것은 하나님께서 사탄의 성향을 너무도 잘 아셨기 때문이다. 사탄은 하나님으로부터 여자의 후손을 통해서 자신의 머리가 깨질 것이라는 저주를 받았다. 분명 이것은 사탄에게 엄청난 저주와 형벌이었다. 그러나 사탄은 절대 자중하고 엎드려 조용히 심판의 날을 기다릴 존재가 아니라는 것을 하나님은 아셨다. 사탄은 어떻게 해서라도 저주를 풀고 형벌에서 벗어나려 하리라는 것을 아셨다.

그 과정에서 사탄이 아담과 하와를 이용할 것이 분명했다. 사탄은 타락하기 전 온전한 하나님의 형상이었던 아담과 하와도 속이는 데 성공했었다. 그렇다면 타락으로 그 형상에 흠을 가진 아담과 하와를 속이는 것은 얼마나 더 쉽겠는가? 이런 상태에 있는 아담과 하와를 사탄이 절대 가만둘 리가 없다. 사탄은 분명 아담과 하와를 다시 유혹하려 할 것이다. 그리고 생명나무를 따 먹게 되면 하나님의 형벌에서 벗어날 수 있게 될 것이라는 식으로 그들을 유혹할 것이다.

타락 후 아담과 하와는 이제 그들의 본성을 따라 스스로 찾아서 죄를 짓게 되었다. 즉, 외부의 어떤 유혹 없이도 스스로 유혹에 빠질 수 있을 만큼 선을 추구하는 의지가 약해진 상태가 되었다. 그런데 여기에 사탄의 유혹까지 있게 되면 아담과 하와는 더 걷잡을 수 없을 정도로 하나님과 멀어질 것이 분명하다. 이러한 이유로 하나님께서는 생명나무로 향하는 길을 완전히 봉쇄하심으로 사탄이 생명나무를 통해 아담과 하와를 유혹할 수 있는 가능성 자체를 제거하신 것이다. 타락한 인간의 연약함과 여전히 인간을 속여 자신의 부하로 부리려고 하는 사탄의 교활함을 하나님께서 너무도 잘 아셨기에 생명나무의 길을 차단하신 것이다.

하나님께서 이렇게 생명나무의 길을 차단하심으로써 아담과 하와는 더 이상 선악을 알게 하는 나무를 따 먹은 것과 같은 죄를 짓지 않을 수 있게 되었다. 이는 하나님께서 아담과 하와가 죄를 지을 수 없는 상태로 환경을 바꾸신 것이라고도 할 수 있다. 다시 말해 하나님께서 아담과 하와가 동일한 죄에 다시 빠지지 않도록 그들의 삶에 적극적으로 개입하신 것이다. 하나님께서 사랑하시는 자들이 죄에 빠지지 않도록 환경을 바꾸신 것이다.

이처럼 하나님께서는 생명나무의 길을 완전히 차단하심으로써 아담과 하와에게 몇 가지를 교훈하고 계신다. 먼저 하나님께서는 행위로 영생할 수 있는 수단은 더 이상 없다는 것을 분명히 가르치신다. 인간의 온전한 순종을 조건으로 영생을 약속하신 것이 행위언약이었다. 그런데 이 언약이 아담과 하와의 행위로 파괴되었다. 따라서 더 이상 행위로 영생에 이를 수 있는 방법은 존재하지 않는다. 하나님께서는 생명나무를 차단하심으로 이 사실을 그들에게 분명히 각인시키셨다.

또한 하나님께서는 이를 통해 아담과 하와에게 행위언약이 아니라, 은혜언약에서만 소망을 찾도록 하셨다. 자신의 행위를 의지하는 것에는 더 이상 어떠한 미련도 갖지 않도록 생명나무의 길을 차단하시면서, 동시에 그들에게 여인의 후손을 통해서만 영원한 생명을 소망할 수 있다는 것을 각인시키신 것이다. 하나님께서는 행위언약을 어김으로 잃어버렸던 영생을 이제는 은혜 언약을 통해 주셨다. 그리고 이 사실을 더욱 명확히 깨닫게 하시기 위해 오해의 요소가 될 수 있는 생명나무를 그들의 눈에서 완전히 사라지게 하신 것이다.

※ 타락의 과정과 타락한 인간이 죄를 짓게 되는 과정

1. 최초의 인간이 타락한 과정

하나님의 형상 → 사탄의 유혹 → 죄를 수용 → 타락(하나님의 형상이 오염됨) → 언약을 깸(선악과를 따 먹음) → 하나님의 심판 → 죄책과 형벌

순서	과정	내용
1	하나님의 형상	하나님과 피조물에 대한 흠 없는 지식, 의, 거룩함 죄를 안 지을 수 있는 상태 선을 행할 수도 있는 상태 안 죽을 수도 있는 상태 하나님의 명령과 행위언약에 순종 하나님과 온전한 교제 이 기간이 얼마 정도였는지에 대한 기록은 없음
2	사탄의 유혹	사탄이 뱀을 수단으로 하와를 속임 사탄이 하와를 수단으로 아담을 속임 인간이 소유한 하나님의 형상이 하나님의 속성을 닮은 것을 넘어 그 형상을 공유할 수 있다고 자극함
3	죄를 수용함	인간의 마음에 죄(sin)가 들어옴 하나님께 맞설 수 있지 않을까 하는 호기심이 생김 하나님의 말씀이 희미해질 뿐 아니라, 그 말씀에 대한 작은 의심이 생기기 시작함
4	타락	하나님의 형상이 오염됨 창조된 원래의 상태에서 변형됨 죄를 안 지을 수 없는 상태가 됨 하나님과 피조물에 대한 지식에 오류가 생김 의와 거룩함에 때가 묻기 시작함 하나님의 말씀에 맞서 싸울 불의한 용기가 생김 하나님의 영광뿐 아니라, 자신의 영광도 중요하게 생각함 선악과를 따 먹고자 하는 의지를 가짐[1]
5	언약을 파기함	행위언약을 파기함 선악과를 따 먹음 마음속 죄(sin)를 실제 실행에 옮김(transgression) 아담이 대표하는 그의 모든 후손들도 같이 죄를 지음 눈이 밝아져 벗은 것을 부끄러워함 아담과 하와가 사탄에게 속은 것을 깨달음 아담과 하와가 언약을 파기했다는 것을 깨달음
6	하나님의 심판	하나님께서 숨어 있는 아담과 하와를 찾아오심 하나님께서 심판하심 하나님께서 아담과 하와를 죄인으로 판결하심
7	죄책과 형벌	아담과 하와가 죄책을 가짐 아담의 후손들도 동일한 죄책을 가지고 죄인이 됨 아담과 하와가 하나님의 진노와 저주에 놓이게 됨 모든 피조물들이 다 저주를 받음 아담의 후손들도 동일한 하나님의 진노와 저주에 놓이게 됨

---

1. 나는 너희에게 이르노니 음욕을 품고 여자를 보는 자마다 마음에 이미 간음하였느니라(마5:28)

인류에게 죄가 들어 온 이 사건은 인류의 역사상 단 한 번 있었던 사건이다. 선악과를 따 먹었기 때문에 타락한 것이 아니라, 타락했기 때문에 선악과를 따 먹은 것이다. 선악과를 따 먹은 결과는 타락이 아니라, 하나님의 심판을 받고 진노와 저주에 놓이게 되는 것이다. 아담과 하와가 죄를 지은 시점은 선악과를 따 먹는 시점이다. 그러나 아담과 하와가 죄인이 된 시점은 하나님께서 그들을 죄인으로 판결하시는 시점이다. 즉, 아담과 하와에게 죄책이 부여된 시점부터 그들이 죄인의 신분이 되었다. 인류는 아담과 하와가 선악과를 따 먹을 때 같이 죄를 범했다. 그리고 인류는 아담과 하와를 죄인으로 판결하실 때 함께 죄인이 되었다.

누군가 어떤 사건에 연루되었을 때, 우리는 그가 사건에 연루된 사실만으로 그를 죄인으로 취급하지는 않는다. 먼저 혐의가 있는지 면밀히 조사한다. 경찰이 주로 이 일을 맡는다. 이때 그는 혐의자가 된다. 그리고 그가 그 사건에 대해 어떠한 책임을 져야 한다고 판단이 되면 검사가 그를 기소한다. 그는 이제 피의자의 신분으로 법원에서 재판을 받는다. 그러나 비록 그가 죄의 혐의가 있고 피의자의 신분이라 하더라도, 아직까지는 누구도 그를 범인이라고 단정 지을 수 없다. 그를 죄인이라고 말할 수 없다.

그런데 판사가 판결을 하는 순간부터는 그 사람의 신분에 대한 모든 것이 일시에 정리된다. 판사의 판결은 단 두 가지다. 유죄 혹은 무죄다. 판사가 그에게 무죄를 선언하면 그 사람은 이전까지의 모든 오해를 풀고 자유인이 된다. 그러나 판사가 유죄를 선언하면 그때부터 이 사람은 죄인이 된다. 그리고 그 즉시 그에 대한 대우도 완전히 달라진다. 죄인으로서의 처우가 판사로부터 선언된다. 시민으로서 누릴 수 있었던 것의 일부가, 혹은 대부분이 일시에 박탈된다. 죄에 대한 형량이 선언되는 것이다. 이처럼 누군가가 죄인의 신분이 되는 것은 그가 죄를 지었을 때가 아니라, 판사에 의해 그가 죄를 지은 것이 분명하다고 선언될 때다. 즉, 죄책이 부여될 때부터 그 사람은 죄인이 되는 것이다. 그리고 이제 그 죄책에 따른 형벌을 받는다.

2. 신자가 죄를 짓게 되는 과정

전적타락 → 사탄의 유혹 → 영적전쟁 → 범죄를 행함 → 회개

순서	과정	내용
1	전적타락	신자의 육체에 죄악된 본성이 자리 잡음 신자의 전인이 죄로 오염됨 신자의 전인에 성령이 내주함 하나님의 양자가 된 상태 믿음(Faith)을 소유함 오염된 하나님의 형상을 회복해가는 과정(성화) 은혜의 외적 방편인 말씀, 성례, 기도를 통해 믿음을 강화시킴
2	사탄의 유혹	사탄이 신자의 죄악된 본성인 육체의 정욕을 자극함 사탄이 여러 가지 수단을 통해 은혜의 외적 방편을 방해함으로 믿음을 약화시키려 함 양자가 된 신분에 의심을 갖게 함
3	영적전쟁	신자 안에서 옛본성(옛자아)과 새본성(새자아) 육체의 정욕과 하나님의 말씀에 순종하려는 마음이 대치함 신자로서 고민하는 자신을 보며 자괴감에 빠지기도 함
4	범죄를 행함 (transgression)	육체의 정욕을 좇아 행함 잠시 하나님의 말씀에 눈과 귀를 닫음 하나님의 말씀을 오해하는 경우도 있음
5	회개	내주하시는 성령님께서 잘못을 깨닫게 하심 하나님의 마음을 아프게 한 것을 애통해함 범죄 행위를 후회하고, 그 자리에서 돌아섬 같은 잘못을 범하지 않기 위해 은혜의 외적 방편을 더욱 강화함 육체의 정욕을 이길 힘과 용기가 생김

신자가 죄를 짓는 이 사이클은 신자의 삶 속에서 수없이 반복된다.

3. 불신자가 죄를 짓게 되는 과정

전적타락 → 사탄의 명령 → 범죄를 행함 → 잘못을 뉘우침

순서	과정	내용
1	전적타락	지, 정, 의, 그리고 육체 모두가 타락함 생각하고 행동하는 모든 것이 악함 성령님께서 간섭하지 않으심

2	사탄의 명령	불신자들은 사탄이 부리는 악한 사람들 사탄의 명령에 절대 복종함 양심을 통해 선한 자극을 받기는 함
3	범죄를 행함	하나님께서 이들을 자기 죄에 그대로 내버려두심 택자들(교회)을 보호하려 하실 때나, 이들을 통해 자신의 뜻을 이루려고 하실 때에는 하나님께서 이들의 범죄를 막기도 하심 자신의 행동에 스스로 만족함
4	잘못을 뉘우침	이들의 뉘우침은 신자의 회개와는 다르다 공적인 법과 양심에 위배된다고 판단할 때 모두가 다 잘못을 뉘우치는 것은 아님

불신자는 자신이 이러한 과정으로 죄를 짓는다는 것을 인지하지 못한 채 살아간다. 그들에게는 단지 불법을 행한 것에 대한 양심의 찔림만 있을 뿐이다.

※ 선악을 알게 하는 나무의 열매를 따 먹은 것이 그렇게도 죽을죄인가?

인류가 모두 죄인이 된 것은 인류의 대표인 아담과 하와가 하나님께서 금하신 선악을 알게 하는 나무의 열매를 따 먹었기 때문이다. 아담이 인류의 대표로 죄를 범함으로써 그의 모든 후손들도 함께 죄인이 되었다. 하나님께서는 아담과 하와에게 선악과를 통해 온전한 순종을 조건으로 언약을 맺으셨다. 언약의 내용은 단순하다. 하나님의 뜻에 순종하여 선악과를 먹지 않으면 영원한 생명을 얻는 것이며, 그 반대로 하나님의 뜻을 어기고 선악과를 먹으면 영원한 사망에 이르는 것이다. 이 언약에 대해 아담과 하와는 사탄의 유혹에 넘어가 선악과를 따 먹었고, 결국 이들은 하나님 진노와 저주를 받아 영원한 죽음의 형벌을 받게 되었다. 아담과 하와뿐 아니라 그의 모든 후손들도 영원한 죽음의 형벌을 받게 되었다.

물론 아담과 하와가 하나님과 언약을 맺은 것은 맞다. 온전한 순종을 조건으로 생명의 은혜나 사망의 형벌에 따르기로 동의한 것도 맞다. 그래서 그 계약 조건에 따라 모든 인류가 영원한 사망의 형벌을 받아야 하는 것도 맞다. 하나님과 인류가 계약한 내용으로만 봤을 때는 모든 것이 다 맞다. 그런데 선악과 몇 개 따 먹은 것이 정말 죽어야 할 만큼 큰 죄인가? 죽음의 형벌을 받아야 할 만큼의 큰 죄인가 말이다. 의도적으로 에덴동산의 상당 부분을 파괴해서 하나님께서 창조하신 것들에 상해를 입힌 것도 아니고, 다른 생명에 해를 입힌 것도 아닌데 말이다.

아담과 하와가 선악과를 따 먹음으로써 인류가 영원한 형벌을 받게 되었다는 것은 그 자체가 죽음의 형벌을 받을 큰 죄이기 때문이라는 것인데, 왜 선악과를 따 먹은 것이 이토록 큰 죄가 되는 것인가? 하나님께서 창조하신 피조물들 중에 선악과가 인류의 생명을 담보할 정도는 되어야 보상이 가능할 정도의 귀한 나무이기 때문인가? 아니면 하나님께서 인류보다 이 나무를 더 사랑하셨기 때문인가? 도대체 이 나무의 가치가 어느 정도기에 이 나무 열매를 몇 개 먹었다고 인류가 죽음으로 그것을 보상해야 하는가?

인류가 죽음의 형벌을 받게 된 이유는 선악과에 있는 것이 아니다. 다시 말해 선악과의 가치 때문에 인류가 죽음의 형벌을 받아야 하는 것이 아니다. 아담과 하와가 선악과를 따 먹고 죽음의 형벌을 선고받은 일차적이고 표면적인 이유는 하나님과 아담 사이에 맺어진 언약 때문이다. 그 언약에 명시된 대로 불순종의 대가로 영원한 형벌을 받는 것이다. 그런데 그 이면에는 또 한 가지 이유가 있다. 그것은 바로 아담과 하와가 선악과를 따 먹음으로써 죄를 범한 그 대상 때문이다. 즉, 선악과를 따 먹은 것이 누구를 대항한 죄를 범한 것인지가 중요한 또 하나의 이유가 된다.

아담과 하와가 선악과를 따 먹은 행위는 음식을 섭취하는 단순한 행동들 중 하나가 아니다. 이것은 하나님과의 약속을 깨는 행위다. 다시 말해 하나님의 뜻을 거스르는 행동이다. 창조자의 뜻을 거역하는 행동이다. 아담과 하와가 선악과를 따 먹은 것이 영원한 형벌을 받아야만 하는 큰 죄가 되는 것은 바로 이들이 뜻을 거역하고 죄를 범한 대상이 무한히 높으신 하나님이시기 때문이다. 지극히 무한하고 높으신 분께 죄를 범했기에, 이들의 형벌 또한 영원한 죽음일 수밖에 없는 것이다.

같은 방식으로 사람에게 상해를 입혔다 할지라도 그 대상에 따라 그 죄질과 형벌은 분명히 차이가 있다. 누군가가 의도적으로 다른 사람에게 상해를 입혔다고 생각해보자. 이것은 분명 잘못된 행동이고 그에 따른 처벌은 분명히 필요하다. 그런데 같은 잘못이라도 그 대상이 옆집에 사는 이웃인 경우와 한 나라의 대통령인 경우는 그 죄질에 엄청난 차이가 있다. 따라서 그에 따른 형벌에서 큰 차이가 나는 것도 당연하다. 아담과 하와가 선악과를 따 먹은 것은 단순한 실수가 아니다. 규칙의 내용을 깜빡 잊었거나, 잠시 그것을 무시함으로써 발생한 규율 위반이 아니다. 이들이 선악과를 따 먹은 행위는 생명의 주인이신 창조주 하나님에게 정면으로 반기를 든 것이다.

하나님께서 정하신 법을 어겼다는 것은 창조주 하나님의 본질을 거부하는 것과 같은 것이다. '선악과를 먹는 날에는 정녕 죽으리라'고 말씀하셨음에도 불구하고 그것을 먹은 것은 말씀하신 하나님을 무시하고 모독하는 행위를 범한 것이다. 결국 그들이 선악과를 먹은 것은 피조물이 창조자를 거부한 것이다. 이렇게 자신을 대항해 죄를 범한 인류에게 하나님께서는 진노하셨고, 저주하셨다. 그리고 그들에게 영원한 죽음의 형벌을 내리셨다. 이러한 이유로 아담과 하와가 선악과를 따 먹은 행동이 영원한 죽음의 형벌을 받아 마땅한 범죄가 되는 것이다.[2]

※ 선악을 알게 하는 나무의 열매를 먹고 눈이 밝아졌다는 것은?

선악과를 먼저 먹은 것은 하와다. 아담은 그 후 하와가 권하는 선악과를 먹었다 창3:6. 그리고 선악과를 먹은 후 그들은 모두 눈이 밝아져서 자신들이 벗었다는 것을 알게 되었다3:7. 그런데 성경의 기록을 그 정황으로 정리해 보면, 두 사람의 눈이 밝아진 시점은 아담이 선악과를 먹은 후일 가능성이 농후하다. 만일 하와가 선악과를 따 먹은 즉시 눈이 밝아졌다면, 하와는 자신이 벗었다는 것이 부끄러워 아담을 바로 찾아가지 못했을 것이다. 그리고 선악과를 먹기 전의 아담은 하와의 이러한 행동을 이상하고 어색하게 보았을 것이다. 그러나 하와가 선악과를 먹고 그것을 아담에게 전달하는 과정에서 성경은 어떠한 특이사항도 언급하지 않는다. 이러한 사실로 볼 때 하와에 이어 아담이 선악과를 먹었을 때, 두 사람의 눈이 함께 밝아진 것으로 보는 것이 자연스러운 해석일 것이다. 이는 선악과 자체에 눈을 밝게 하는 능력이 있는 것이 아니라는 것을 말해준다.

그렇다면 그들의 눈은 어떻게 밝아지게 된 것인가? 그리고 그 의미는 무엇인가? 앞서 언급했듯이 아담과 하와의 눈을 밝게 한 것은 선악과의 효능이 아니다. 이는 하나님께서 직접 하신 일이다. 아담과 하와가 선악과를 모두 먹은 후 하나님께서 그들의 눈을 밝히신 것이다. 하나님께서 이들의 눈을 밝히신 것은 이들에게 무엇인가를 보여 주고 싶은 것이 있으셨기 때문이다. 그뿐만 아니라 이들이 봐야 할 것이 있었기 때문이다. 그들이 하나님 앞에서 죄를 범했다는 사실이 바로 그것이다. 즉, 하나님께서 아담과 하와의 눈을 밝히신 것은 그들에게 죄sin를 보여 주시

---

2. WLC 151.

기 위함이었다.

결국 선악과를 두 사람이 다 먹은 후에 하나님께서 그들의 눈을 동시에 밝히신 것은 선악과를 따 먹은 행동이 하나님과 맺은 언약을 파기하는 것임을 그들에게 알리시는 수단이었다. 이렇게 눈이 밝아졌기에 그들은 자신들이 사탄에게 속아서 죄를 범했다는 것을 깨달을 수 있었다. 그뿐만 아니라 하나님께서 경고하신 죽음의 심판이 있을 것이라는 것을 예상할 수도 있었다. 이러한 이유로 이들은 하나님을 피해 숨으려 한 것이다.

이 주제를 좀 더 구체적으로 살펴보자. 선악과를 먹고 눈이 밝아진 것은 뱀이 아담과 하와를 속인 것처럼 정말 그들의 지식이 하나님과 같이 되었다는 것을 의미하는 것이 아니다. 뱀의 말은 다 속임수다. 따라서 선악과를 먹고 아담과 하와가 선과 악을 구분하는 능력에 있어서 하나님과 같아진다는 말 또한 다 거짓말이다. 따라서 선악과를 따 먹는다 해도 결코 사탄이 말한 그러한 일을 발생하지 않는다. 그렇다면 선악과를 먹은 아담과 하와의 눈이 사탄이 말한 바대로 밝아진 것은 어떻게 이해해야 하는가?

그것은 죄를 깨닫는 부분에 있어서 그들의 눈이 밝아졌다는 뜻이다. 자신들의 행위가 하나님 보시기에 선한지 그렇지 않은지를 분별하게 되었다는 말이다. 아담과 하와는 자신들이 행한 일이 선한 것인지, 아니면 하나님의 뜻을 거스르는 악한 일인지를 알 필요가 있었다. 그래야만 하나님의 심판과 그것에 따른 결과를 수용할 수 있기 때문이다. 만일 선악과를 먹고도 그것이 잘못인지를 알지 못한다면, 또한 그것이 하나님과의 언약을 파기한 것인지 인지하지 못한다면, 이들은 이에 따른 하나님의 심판 또한 받아들이지 못할 것이다. 이들은 하나님의 심판이 있기 전에 자신들이 잘못했다는 사실을 인지하고 있어야 했다. 이러한 이유에서 하나님께서는 이들의 눈을 밝히신 것이다.

하나님께서 이들의 눈을 밝히신 시점도 한번 생각해 볼 필요가 있다. 하나님께서 이들의 눈을 밝히신 것은 이들을 심판하실 때가 아니었다. 하나님께서는 심판하시기 전에 이들의 눈을 밝히셨다. 이를 통해 하나님께서는 심판 전에 아담과 하와가 스스로 자신들의 죄를 깨닫게 하셨다. 눈을 밝히심으로써 죄를 범한 자신들의 모습과 상태를 분명히 인지하도록 하신 것이다. 눈이 밝아져서 죄를 깨닫게 되면서 이들은 두 가지 새로운 감정을 느끼기 시작했다. 이전에는 전혀 느끼지 못했고, 알지도 못했던 감정들이었다. 부끄러움과 두려움이 바로 그것이다. 자신들의 벗은 모습을 부끄럽게 느끼기 시작했다. 동시에 이들은 하나님께서 경고하신 진노와 저주를 생각하며 두려움에 빠졌다. 그래서 그들은 무엇이라도 급하게 찾아서 자신들의 부끄러움을 가리려 했고, 하나님의 눈을 피해 숨으려 했던 것이다.

이러한 사실은 우리에게 자신의 죄를 인지하게 된 아담과 하와에 대해 다소 측은한 마음을 갖게 한다. 그런데 이는 동시에 하나님께서는 사랑하는 자들에게는 심판하시기 전에 먼저 자신들의 죄를 깨달을 수 있는 기회를 주신다는 중요한 정보를 준다. 죄를 범한 자들이 스스로를 부끄러워하고, 죄를 심판하실 하나님을 두려워하는 마음을 갖게 하신다는 것을 알려준다. 심판하시기 전에 회개할 기회를 주시는 것이다. 왜냐하면 회개는 자신의 죄를 깨달은 자만이 할 수 있기 때문이다.

하나님께서 죄를 범한 아담과 하와에게 진노와 저주만 내리신 것은 아니다. 그들이 파기한 행위언약을 대신해, 새로운 언약을 제공해주셨다. 은혜언약을 주셨다. 하나님께서 이들의 눈을 밝게 하신 또 하나의 이유는 은혜언약의 중요성을 인식하고, 이를 굳게 붙잡게 하기 위함이다. 죄를 범하고도 여전히 눈이 어두워서 그것이 죄인 줄 알지 못했다면, 그들은 자신들에게 새롭게 주어진 은혜언약 또한 수용하지 않았을 것이다. 은혜언약의 필요성도 느낄 수도 없었을 것이며, 심지어 그것을 거부했을 것이다.

지금껏 정리한 내용에 따라 하나님께서 선악과를 따 먹은 아담과 하와의 눈을 밝히신 이유를 요약하면 다음과 같다. 첫째, 그들이 죄를 범했다는 사실을 깨닫고 인정하게 하시기 위함이다. 둘째, 죄를 범한 자신들의 상태가 얼마나 비참한 상태인지를 스스로 느끼게 하시기 위함이다. 즉, 죄를 깨닫고 회개하도록 하기 위함이다. 셋째, 공의의 하나님의 위엄을 알게 하시기 위함이다. 넷째, 하나님 자신이 행하시는 심판의 공정함을 알게 하시기 위함이다. 다섯째, 은혜언약을 수용할 수 있도록 하시기 위함이다.

※ 인간은 도대체 어느 정도까지 악해질 수 있나?

현대를 사는 사람들이 현 세상의 일들에 대해 가장 많이 하는 말들 중에 하나가 바로 '세상 말세다'이다. 사람들이 이러한 말들을 하는 이유는 세상이 악하다고 생각하기 때문이다. 또한 점점 더 악해진다고 생각하기 때문이다. 점점 더 대범해지고 무자비해지는 범죄의 소식들을 뉴스를 통해 보고 듣게 되면 너 나 할 것 없이 '인간이 도대체 어느 정도까지 악해질 수 있나?'라는 말까지 하게 된다. 이는 인간이 행하는 악한 일이 우리의 상상을 넘어서고 있기 때문일 것이다.

그런데 현 세상을 보면서 우리가 쉽게 하는 이러한 말들이 실제 무엇을 의미하는지에 대해 한번 생각해 볼 필요가 있을 것 같다. 왜냐하면 이 말들은 그리스도인들뿐 아니라 비그리스도인들도 동일하게 하는 말이기 때문이다. 그러면서도 비그리스도인들이 이 말을 할 때 의미하는 것과 그리스도인들이 이 말을 할 때 의미하는 것에 차이가 있기 때문이다. 물론 그리스도인들도 비그리스도인들과 같은 개념에서 이러한 말을 쓰기도 하지만 말이다.

'세상이 점점 더 악해진다'는 말은 그 이전에는 덜 악했던 세상이 있었다는 것을 전제한다고 볼 수 있다. 그리고 '인간이 도대체 어느 정도까지 악해질 수 있는가?'라는 말은 이전에 인간이 지금보다 덜 악했던 때가 있었다는 것을 전제로 한다. 그리고 이 둘은 동시에 인간 세상 자체만으로도 덜 악한 사회가 존재할 수 있다는 가능성을 내포한 말이다. 심지어 이를 극대화하면 이러한 말들은 인간의 힘만으로도 선한 세상이 가능할 수도 있다는 희망의 메시지이기도 하다. 또한 이는 우리가 다시 그러한 세상으로 돌아갈 수 있다는 암묵적인 바람이기도 하다. 이것이 바로 비그리스도인들이 말하는 '더 악해지는 세상'이라는 표현들이 내포하고 있는 속뜻일 것이다.

그런데 세상은 정말 점점 더 악해져 가고 있는 것일까? 그와 마찬가지로 인간도 악해져 가는 세상과 함께 점점 더 악해져 가고 있는 것일까? 성경은 그렇게 말하지 않는다. 성경은 우리에게 이 땅에 악이 어떻게 들어오게 되었고, 그 악의 결과가 어떠한지를 분명히 밝혀준다. 인류의 조상의 범죄와 함께 악이 이 땅에 들어왔고, 그 결과 인류와 함께 세상이 모두 타락했다. 여기서 중요한 것이 바로 전적타락이다. 인류가 전적으로 타락했다는 것은 인간의 모든 요소가 다 죄로 오염된 상태가 되었다는 것을 말한다. 그리고 인간은 어떠한 수단을 통해서도 스스로 타락한 상태를 회복할 수 없다는 것을 말한다. 그리고 세상 또한 동일한 상태로 타락했다고 성경은 말한다. 이러한 이유로 인간뿐 아니라 세상 또한 하나님의 진노와 저주 아래 놓이게 되었다.

이러한 차원에서 볼 때 인간은 타락한 그 시점부터 이미 스스로는 회복할 수 없을 정도로 악한 존재였다. 그리고 세상도 같은 원리로 악한 세상이었다. 따라서 '인간이 도대체 어디까지 악해질 수 있을까?'라는 말보다는 '인간은 얼마나 악한 존재인가?'라고 질문하는 것이 더 바람직할 것이다. 그렇다면 이 질문에 대한 답은 무엇일까? 물론 비그리스도인들은 자신들이 경험한 것에 기초해서 그 최대치를 말할 것이다. 그렇다면 그리스도인들은 이 질문에 어떠한 답을 해야 하는가? 당연히 성경에서 주는 대답을 따라야 할 것이다. 성경은 분명히 그리고 아주 간략하게 말한다. 인간은 어느 한 사람도 예외 없이 스스로는 하나님의 영광에 이르지 못할 만큼 악하다롬3:23. 또한 인간은 죽음의 형벌을 받을 만큼 악하다롬6:23. 다시 말해 지옥 형벌을 받을 만큼 악하다. 인간이 이렇게 악한 것은 점점 더 악해져서 그런 것이 아니라, 원래 이 정도로 악하다는 말이다.

그렇다면 인간이 점점 더 악해져가는 것처럼 보이는 이유는 왜일까? 그것은 바로 악한 인간이 살아가는 생활 양식이 이전보다 더 다양해지기 때문일 것이다. 즉, 발전하는 문화에 따라 인간의 악이 더욱 다양하게 드러나기 때문일 것이다. 따라서 인간과 세상이 더 악해져 가는 것처럼 보이는 것은 악이 세상의 문화 속에서 더 구체적으로 드러나기 때문이지 세상과 인간에게 악이 이전보다 더해져서 나타나는 현상은 아닌 것이다. 인간은 본성적으로 타락했다. 전적으로 타락했다. 따라서 더 많이 타락할 것도 없다. 더 많이 악해질 것도 없다. 이러한 이유 때문에 인간에게는 오직 은혜만이 살 길인 것이다.

※ 하나님의 허용은 능력을 주시는 것인가? 권한을 주시는 것인가?

인간이 죄를 짓는 것은 하나님께서 인간에게 죄를 짓도록 의도하신 것이 아니라, 인간에게 죄를 허용하셨기 때문이다. 그런데 여기서 우리가 분명하게 알아야 할 것은 죄에 대한 허용permission은 능력power to sin의 문제지, 권한right to sin의 문제가 아니라는 점이다. 다시 말해 인간에게 죄를 지을 수 있는 능력이 허락된 것이지, 죄를 지을 수 있는 권한이 허락된 것은 아니라는 말이다. 따라서 우리는 분명 죄를 지을 수는 있지만, 죄를 짓는 그 자체는 모두 우리의 권한 밖의 일을 범하는 것이 된다. 다시 말해 모든 권한을 가진 창조주의 뜻을 어기는 것이 된다.

능력과 권한의 문제는 죄의 허용뿐 아니라, 하나님에 뜻에 대한 우리의 순종과도 관련이 있다. 하나님께서 인간을 자신의 모양과 형상으로 만들었다는 것은 인간에게 하나님 자신의 뜻을 순종할 수 있는 능력을 허용하신 것이다. 하나님께서 인간에게 순종obedience을 요구하시고, 굴종submission을 요구하시지 않는 것이 바로 이와 관련되어 있다. 종에게 순종을 요구하는 것은 비록 종이 주인의 뜻을 거스를 수 있는 권한은 없지만, 스스로 결정해서 주인의 뜻을 따를 수 있는 능력이 종에게 있다는 것을 전제로 한다. 그래서 이런 경우 종은 노예slaves가 아니라 주인을 돕는 자servants가 되는 것이다. 반면에 종에게 굴종을 요구한다는 것은 권한뿐 아니라 어떠한 능력도 부여하지 않았다는 것을 의미한다. 따라서 이 종은 주인의 노예slaves일 뿐이지, 그 이상 어떠한 존재도 될 수 없다.

하나님께서는 인간을 순종하는 존재로 만드셨지, 굴종하는 존재로 만드신 것이 아니다. 허용이 능력이며, 권한이 아닌 것은 우리의 순종 또한 능력이지 권한이 아니라는 뜻이다. 즉, 우리는 순종하는 능력을 창조주로부터 받은 것이지, 순종할 수 있는 권한을 부여받은 것이 아니라는 것이다. 이러한 차원에서 순종은 결코 우리의 선택이 될 수 없다. 인간에게 있어서 순종이 당연한 의무인 것이 바로 이러한 이유다.

하나님의 뜻을 무시하거나 거역하는 자는 분명 하나님의 진노를 받게 된다. 왜냐하면 인간에게는 하나님의 뜻을 거부할 수 있는 권한이 없기 때문이다. 그렇다면 하나님의 뜻에 순종하는 자는 어떠한가? 순종에 대한 대가나 보상을 요구할 수 있는가? 그것 또한 그렇지 않다. 하나님께 순종했다면 그것은 우리가 해야 할 마땅한 것을 한 것이다. 우리의 능력을 최대한 발휘해 하나님의 뜻에 전적으로 순종하는 모습을 보인 후에 우리가 취해야 할 태도는 "우리는 무익한 종이라 우리가 하여야 할 일을 한 것뿐이라"눅17:7-10밖에 없다.

※ 죄의 결과, 죄책과 오염

죄의 결과는 죄책과 오염이다. 이는 원죄뿐 아니라 자범죄에도 마찬가지로 적용된다. 죄책이란 죄에는 반드시 벌이 따른다는 것을 말한다. 죄의 결과로서 오염은 크게 두 가지로 나타난다. 하나는 전적으로 부패하게 되는 것이고, 다른 하나는 전적으로 무능해지게 되는 것이다. 여기서 전적부패란 우리의 전인 중에 그 어느 부분 하나 부패하지 않고 원래 창조된 상태로 남아있는 부분이 없다는 것이고, 전적무능이란 우리의 전인 중에 그 어느 부분도 스스로의 힘으로는 하나님의 영광에 이르는 온전한 능력을 발휘할 수 없다는 것을 말한다. 그뿐만 아니라 죄의 결과가 말해주는 분명한 한 가지는 죄를 지은 자는 결코 스스로 그 죄의 결과에서 빠져나올 수 없다는 것이다.

※ 어떻게 모든 사람이 다 죄를 지었나?

성경은 모든 사람이 죄를 지었다고 말한다. 그 결과 이 땅의 그 누구도 하나님의 영광에 이를 수 없을 뿐 아니라롬3:23, 모두가 사망에 이르게 되었다롬5:12. 물론 이 땅에 살아가는 사람들 중에 죄를 한 번도 안 짓는 사람은 없을 것이다. 과거에도 없었고, 앞으로도 없을 것이다. 아무리 공덕을 쌓고 수련을 한다고 해도 죄 문제에 있어서 한 점의 흠도 없다고 자신할 수 있는 사람은 아무도 없을 것이다. 분명 이 것은 당연한 사실이다. 그러니 모든 사람이 죄를 짓기 때문에 하나님의 영광에 이르지 못하고, 사망에 이르게 된다고 말하는 것은 별로 문제가 없어 보인다.

그런데 성경의 '모든 사람이 죄를 지었다'라는 표현을 조금 자세히 보면 이것이 단순히 사람의 의가 부족해서 죄를 짓게 된다는 일반적인 경향성에 대한 표현이 아니라는 것을 알 수 있다. 성경은 '모든 사람이 죄를 짓는다'라고 표현하지 않고, '모든 사람이 죄를 지었다'라고 표현하고 있다. 이미 모든 사람이 죄를 지었다고 말하고 있다. 만일 여기서 말하는 모든 사람이 이 본문이 기록되기 이전의 사람들만을 말한다면 그 표현에 대한 해석으로 그리 문제가 없을 것이다. 성경이 기록될 당시를 기준으로 그 이전의 사람들 중에 죄의 문제에서 자유로울 수 있었던 사람은 분명 하나도 없었을 것이기 때문이다. 그런데 문제는 여기서 말하는 '모든 사람'이 성경이 기록되기 이전에 살았던 사람들뿐 아니라, 그 이후부터 현재까지 살아왔고, 또 현재 살고 있을 뿐 아니라, 앞으로 이 땅에 살게 될 모든 사람들을 다 포함하고 있다는 것이다. 즉, 성경은 이 땅에 존재했던 사람뿐 아니라 존재할 모든 사람들이 이미 죄를 지었다고 말하고 있다. 그뿐만 아니라 그 모든 사람들이 다 이미 사망에 이르렀다고 단언하고 있다.

왜 성경은 이렇게 말하고 있는가? 도대체 모든 사람이 무슨 죄를, 언제, 그리고 어떻게 지었다는 것인가? 그리고 '모든 사람이 죄를 범했기에, 누구도 사망을 피할 수 없게 되었다롬5:12'에서 우리는 또 한 가지 의문을 가지게 된다. 그것은 각기 다른 사람들이 지은 죄에 대해 모든 사람이 받는 형벌이 다 같다는 것이다. 모든 사람의 형벌이 동일하게 법정 최고형인 사형이다. 이는 이 땅에 태어난 모든 사람들의 죄질이 사망의 형벌을 받을 만큼 다 악질이라는 말이 된다. 그렇다면 모든 사람들이 다 같은 죄를 지었다는 말인가? 아니면 각기 다른 죄들을 지었는데 그 죄질이 사망에 이를 만큼 다 악한 죄들이란 말인가? 그것도 아니면 인간이 어떠한 죄를 짓든지 그 형벌은 무조건 사망으로 정해져 있다는 말인가?

이 질문들은 결국 '모든 사람이 어떤 죄를 지었기에 사망에 이르게 되었는가?'라는 하나의 질문으로 다시 정리된다. 이 질문에 대해 성경은 "아담처럼 언약을 어기고 거기에서 나를 반역하였느니라" 호6:7라고 답하고 있다. 즉, 모든 사람들이 아담과 같은 죄를 지었기 때문에 사망에 이르게 된 것이라는 말이다. 그렇다면 여기서 말하는 아담이 지은 죄는 무엇을 말하는가? 일단 우리가 분명히 아는 것은 아담이 하나님께서 온전한 순종을 조건으로 생명과 사망에 대하여 맺으신 언약을 파기하는 죄를 지었다는 것이다. 그런데 비록 성경에는 기록되어 있지 않지만, 에덴동산에서 쫓겨난 이후 아담과 하와의 삶에도 분명 여러 가지 죄악된 요소들이 많이 있었을 것이다. 그들의 본성이 죄로 오염된 상태였기에 결코 죄에서 자유하지 못했을 것이다.

따라서 우리가 일반적으로 아담의 죄를 생각한다면 행위언약을 파기하는 최초의 죄original sin뿐 아니라 에덴동산에서 쫓겨난 이후 죽기 전까지 지은 여러 가지 자범죄actual sin들도 모두 포함해야 할 것이다. 그렇다면 '모든 사람이 아담과 같은 죄를 지어서 사망에 이르게 되었다'는 말은 아담이 지은 이 두 가지 종류의 죄, 즉 원죄와 자범죄를 모든 사람이 지었고, 그래서 모든 사람이 아담처럼 사망의 형벌을 받게 되었다는 말인가? 다시 말해, 모든 인간이 다 각자에게 주어진 행위언약을 파기했으며, 일상에서도 아담과 같은 죄를 행하기에 사망에 이를 수밖에 없다는 말인가?

물론 성경은 그렇게 말하지 않는다. 성경은 실제 행위언약을 파기한 사람은 오직 한 사람뿐이라고 말한다. 성경은 "한 사람의 범죄를 인하여 …… 심판은 한 사람으로 말미암아 …… 한 사람의 범죄로 말미암아 …… 한 범죄로 …… " 롬5:15-18를 통해 이를 분명히 밝히고 있다. 이를 통해 성경은 인류 최초의 조상 외에는 그 누구도 직접적으로 행위언약을 또다시 파기했거나, 그렇게 할 사람은 없다고 단언한다. 그도 그럴 것이 아담과 하와의 후손들에게는 행위언약이 이미 파기된 언약이기 때문에 그들의 조상이 하나님과 맺었던 것과 같은 언약 자체가 존재하지도 않기 때문이다. 따라서 아담의 후손들은 행동으로 책임져야 할 언약 자체가 없다. 그리고 성경은 아담이 사망의 형벌을 선고받은 것은 행위언약을 파기했기 때문이지 에덴동산에서 쫓겨난 후 그가 죽기 전까지 지은 죄들과 사망의 형벌에 대해서는 어떠한 관련성도 언급하고 있지 않다. 이것으로 볼 때 모든 사람이 사망에 이르게 된 것은 그들이 일상에서 범하는 자범죄가 아니라, 오직 원죄와 관련된 것이라는 것이 더욱 분명해진다.

그럼 '오직 한 사람인 아담이 행위언약을 어김으로 모든 사람이 다 같이 죽었다'는 것과 '모든 사람이 아담과 같이 언약을 어기고 사망에 이르게 되었다'는 성경의 표현들 어떻게 이해해야 하는 것인가? 실제로 사망에 이르는 죄를 지은 사람은 한 사람뿐인데, 모든 사람이 죄를 지었고 그들도 모두 사망에 이르게 되었다는 것이 무슨 뜻인가? 언약 파기의 주동자는 아담이고, 나머지 사람들은 아담을 도왔기 때문에 그들도 같이 벌을 받아야 한다는 말인가? 다시 말해 아담의 죄에 협동cooperation했다는 말인가? 아니면, 그의 행동에 협력concurrence했다는 말인가? 그래서 이들도 같이 그 책임을 져야 한다는 말인가? 그렇지 않다. 행위언약을 파기한 것은 전적으로 아담의 단독 범행이다. 앞서 언급했듯이 성경은 분명 '한 사람'이 죄를 지었다고 말한다. 오직 한 사람만이 행위언약을 파기하는 죄를 지었다고 명확히 밝히고 있다.

그러면 도대체 모든 사람은 이 한 사람의 죄와는 어떤 관련이 있기에 그들도 아담 안에서 범죄하고, 아담과 함께 타락했다는 것인가?[3] 그것은 아담의 후손인 모든 인류가 아담의 범죄에 함께 참여participation했기 때문이다. 그 결과 인류는 아담이 받는 형벌에도 함께 참여하게 된 것이다. 그럼 인류는 어떻게 아담의 죄와 형벌에 참여하게 된 것인가? 이는 하나님께서 아담을 대표로 인류와 행위언약을 맺으셨기 때문이다. 행위언약은 인류의 조상인 아담하고만 맺으신 것이 아니라, 동시에 모든 인류와 같이 맺으신 것이다. 여기에 아담이 그 대표로 선택된 것이다.

이를 인류의 입장에서 보면 모든 인류가 아담과 함께 행위언약에 참여하는 것이 된다. 그래서 아담이 행위언약에 순종하는 동안은 인류도 함께 그 순종에 참여

---

3. WLC 22, WSC 16, CD 첫째 교리 1.

한 것이 되고, 반면에 아담이 행위언약을 파기하는 순간 인류도 동시에 그의 불순종에 참여한 것이 된다.[4] 이러한 원리로 인류는 아담 안에서 아담과 함께 죄를 범했고, 아담과 함께 사망의 형벌을 받은 것이다. 그 결과 모든 사람이 아담 안에서 죽는 것이다고전15:22. 이것이 바로 한 사람, 아담이 죄 범함으로 모든 사람이 죄를 지었고, 모든 사람이 사망에 이르게 된 이유와 원리이다.

※ 신자의 자녀는 죄인인가? 의인인가?

성경은 이 땅에 사는 인류 중 의인은 하나도 없다고 말한다롬3:10. 모두 다 죄인이라고 말한다롬3:23. 인류가 다 죄인인 것은 아담의 죄책이 전가되기 때문이다. 아담의 죄책이 그의 후손들에게 전가되는 방식은 정상적인 출산의 방법을 통해서다. 이를 생육법the ordinary generation이라고 한다.[5] 따라서 모든 사람은 이 땅에 죄인으로 출생한다. 이를 좀 더 구체적으로 말하면 인간은 출생하는 그 순간이 아니라, 어머니의 태에 잉태되는 그 순간부터 이미 죄인의 신분이 된다. 그뿐만 아니라 아직 몸의 형태가 완전히 잡히지 않은 태아라 할지라도 그의 본성은 이미 타락했고, 그 속의 하나님의 형상은 이미 오염된 상태다. "내가 죄악 중에서 출생하였음이여 어머니가 죄 중에서 나를 잉태하였나이다"시51:5라는 다윗의 고백을 통해 우리는 이 사실을 분명히 알 수 있다.

이 땅에 의인이 없고, 모두가 다 죄인인 것은 모든 사람이 태어나서 죄를 짓기 때문이 아니라, 그 모두가 다 죄인으로 태어나기 때문이다. 이러한 이유로 모든 인간의 생각이 근본적으로 악할 수밖에 없는 것이다창6:5. 그리고 장성하면서 죄에 더 물들기 때문에 점점 더 악해지는 것이 아니라, 생각하는 모든 것이 어려서부터 악한 것이다창8:21. 이러한 원리로 볼 때 우리는 죄인인 인간은 계속해서 죄인만을 생산하게 됨을 분명히 알 수 있다. 따라서 부모가 자녀를 한 명 낳을 때마다 이 땅에 죄인이 한 명씩 더 늘어나는 것이다. 그 어떤 사람도 이 사실에서 예외가 될 수 없다. 이는 불신자의 가정만이 아니라, 신자의 가정에서도 마찬가지다. 즉, 신자의 가정에서도 모든 자녀들이 예외 없이 그 태에서부터 죄인이었고, 죄인의 신분으로

---

4. WCF 7.2, WLC 22, WSC 16.
5. WCF 6.3, WLC 26, WSC 16.

태어난다. 따라서 신자의 가정에서 태어난 자들도 불신자의 가정에서 태어난 자들과 다름없이 모두 진노의 자녀가 되는 것이다엡2:3.

그렇다면 신자의 자녀와 불신자의 자녀 사이에는 어떠한 구별도 없는 것인가? 그렇지 않다. 비록 불신자들의 자녀들과 같이 모두가 다 진노의 자녀로 태어나지만, 신자의 자녀들은 '거룩한 자로 여김을 받는다.' 이것이 불신자들의 자녀들과 확연히 구별되는 특성이다. 바울은 고린도교회에게 이 사실을 다음과 같이 설명한다. "믿지 아니하는 남편이 아내로 말미암아 거룩하게 되고 믿지 아니하는 아내가 남편으로 말미암아 거룩하게 되나니 그렇지 아니하면 너희 자녀도 깨끗하지 못하니라 그러나 이제 거룩하니라"고전7:14 바울은 결혼을 통해 신앙의 가정을 이룬 자들과 신자의 가정에서 태어난 자녀들은 불신자들과 구별된다고 말한다.

여기서 바울이 말하는 거룩함은 그들의 신분이 죄인에서 의인으로 바뀐다는 것을 의미하는 것이 아니다. 신앙의 가정을 이루고, 또 그 가정에서 태어난 자들도 비록 근본적으로는 죄인의 신분이지만, 그리스도께서 머리 되신 교회의 지체가 되는 것을 통해 불신자들과 구별됨을 말하는 것이다. 또한 이들이 행위언약의 효력에서 벗어나 은혜언약 안에 속하게 되는 차원에서의 구별됨을 의미한다. 즉, 신자와 결혼을 통해 신앙의 가정을 이룬 사람들과 신자의 가정에서 태어난 자들은 언약에 참여한 자들이 되었기에 거룩한 자들이 되는 것이다. 따라서 믿음의 가정의 출산은 비록 죄인을 출산하는 것이나, 동시에 언약의 자녀를 출산하는 것이다.

신자의 가정에서 태어난 자녀들이 유형교회의 회원으로 태어난다고 하는 것이 바로 이러한 원리 때문이다. 신자의 자녀들에게 유아세례를 주는 것도 또한 이런 이유 때문이다. 그래서 성인 개종자들의 세례는 그들의 신앙고백에 기초하지만, 유아세례는 언약의 연속성에 기초한다고 하는 것이다. 그뿐만 아니라 유아세례는 신자의 유아들을 유형교회로 받아들이는 의식이 아니라, 이미 그들이 유형교회의 회원임을 공적으로 공포하는 의식인 것이다. 이러한 차원에서 볼 때 신자의 가정에서 태어난 자녀들은 비록 죄인으로 태어나지만 하나님께서 구별해서 사랑하시는 자들이고, 그리스도께서 죄책을 해결하신 자들이며, 성령님께서 함께하시는 거룩한 자들이라고 할 수 있다.

※ 죄의 전가와 전달

죄의 전가(imputation)	죄의 전달(conveyance)
전가의 주체는 하나님	생육법을 통해 부모로부터 자녀에게
생육법을 통해 아담으로부터 모든 후손에게	전인(whole person)에 전달됨
전인(whole person)에 전가됨	원죄와 타락한 본성이 전달됨
죄책이 전가됨	뒤틀린 하나님의 형상(부패)이 전달됨
모든 사람이 죄인인 것	모든 사람이 죄를 짓는 것
죄를 지은 사람은 한 명	모든 사람이 죄를 지음
모든 사람이 죄에 참여	모든 사람이 직접 죄를 범함

구속

제30~59문답

<제30~59문답>

Q30: Doth God leave all mankind to perish in the estate of sin and misery?

A30: God doth not leave all men to perish in the estate of sin and misery,[1] into which they fell by the breach of the first covenant, commonly called the Covenant of Works;[2] but of his mere love and mercy delivereth his elect out of it, and bringeth them into an estate of salvation by the second covenant, commonly called the Covenant of Grace.[3]

(1) 살전5:9 (2) 창3:10,12; 갈3:10,21 (3) 딛1:2; 3:4-7; 롬3:20-22.

번역

문: 하나님께서는 모든 인류를 그대로 내버려 두셔서 죄와 비참함의 상태에서 멸망하게 하시나요?

답: 하나님께서는 모든 사람들이 보통 행위언약이라고 불리는 첫 번째 언약의 위반으로 빠져버린 죄와 비참의 상태에 그들을 그대로 내버려두지 않으시고, 자신의 순수한 사랑과 자비로 자신의 택한 자들을 그 상태에서 구출해내시고, 그들을 보통 은혜언약이라고 불리는 두 번째 언약을 통해 구원의 상태로 이끄십니다.

원문 이해의 키

- **God does not leave all men to perish~** 이 부분에서는 크게 두 가지를 생각할 수 있다. 하나는 not~all으로 '부분부정'의 표현이다. 이는 '하나님께서 모두를 멸망하도록 내버려 두지 않으시고, 다 살리신다'가 아니라, '하나님께서 멸망하도록 모두를 내버려 두시는 것은 아니다'로, 모두 중에서 누군가는 살리신다는 뜻이다. 그리고 또 한 가지는 does not leave로, 문장의 시제가 현재라는 것이다. 이는 여기서 언급하는 하나님의 구원하시는 방법이 과거, 현재, 미래의 모든 시

제에서 참이라는 뜻이다. 다시 말해 불변의 진리라는 의미다.

<원문대로 요약하고 구문대로 정리하기>

1. 타락으로 인류는 죄와 비참함의 상태에서 멸망하게 되었다.

2. 타락으로 인류는 하나님께서 개입하시지 않고 그대로 놓아두면 죄와 비참의 상태에서 멸망하게 된다.

3. 인류가 타락해서 죄와 비참의 상태에서 멸망할 수밖에 없게 된 것은 보통 행위언약이라고 불리는 첫 번째 언약을 위반했기 때문이다.

4. 하나님께서는 타락한 모든 인류 중에서 사랑과 자비로 택하신 자들은 그 상태로 놓아두지 않으시고 구출하신다.

5. 하나님께서는 타락한 모든 인류 중에서 사랑과 자비로 택한 자들을 보통 은혜언약이라고 불리는 두 번째 언약에 의해 구원의 상태로 이끄신다.

Q31: With whom was the covenant of grace made?

A31: The covenant of grace was made with Christ as the second Adam, and in him with all the elect as his seed.[1]

(1) 갈3:16; 눅22:29; 삼하23:5; 롬5:15-21; 사53:10,11; 59:21; 히2:10,11,14; 고전15:22,45; 엡1:4; 딤후1:9.

<번역>

문: 은혜언약은 누구와 맺어졌나요?

답: 은혜언약은 두 번째 아담인 그리스도와, 그리고 그 안에서 그분의 씨인 모든 선택받은 자들과 맺어졌습니다.

<원문 이해의 키>

- with Christ as the second Adam 두 번째 언약인 은혜언약은 두 번째 아담인 그리스도와 맺어졌다. 반면 첫 번째 언약인 행위언약은 첫 번째 아담과 맺어졌다.

- in him with all the elect as his seed 두 번째 언약인 은혜언약은 두 번째 아담인

그리스도 안에서 그분의 씨인 모든 택자들과 맺어졌다. 반면 첫 번째 언약인 행위언약은 첫 번째 아담 안에서 그의 모든 후손들과 맺어졌다.

<원문대로 요약하고 구문대로 정리하기>

1. 은혜언약은 아버지 하나님과 둘째 아담인 그리스도 사이에서 맺어진 언약이다.

2. 은혜언약은 아버지 하나님과 그리스도 안에서 그의 씨인 모든 택자들 사이에서 맺어진 언약이다.

3. 모든 택자들은 그리스도 안에서 하나님과 은혜 언약으로 묶여있다.

Q32: How is the grace of God manifested in the second covenant?

A32: The grace of God is manifested in the second covenant, in that he freely provideth and offereth to sinners a Mediator,[1] and life and salvation by him;[2] and requiring faith as the condition to interest them[3] in him, promiseth and giveth his Holy Spirit [4] to all his elect, to work in them that faith,[5] with all other saving graces;[6] and to enable them unto all holy obedience,[7] as the evidence of the truth of their faith [8] and thankfulness to God,[9] and as the way which he hath appointed them to salvation.[10]

(1) 창3:15; 사42:6; 요6:27 (2) 요일5:11,12 (3) 요3:16; 1:12; **3:36** (4) 잠1:23 (5) 고후4:13 (6) 갈5:22,23 (7) 겔36:27 (8) 약2:18,22 (9) 고후5:14,15 (10) 엡2:18.

<번역>

문: 두 번째 언약에서 하나님의 은혜는 어떻게 명확하게 드러나나요?

답: 두 번째 언약에서는 그분께서 값없이 중보자와 그에 의한 생명과 구원을 죄인들에게 제공하고 제시하시며, 그들에게 그에 대한 권한을 갖게 하는 필수요소로서

의 믿음을 요구하시면서 그분의 성령을 모든 택자들에게 약속하고 주시어 그들 안에서 다른 모든 구원의 은혜들과 함께 믿음을 작동시키며, 그들의 하나님에 대한 믿음과 감사의 진실함에 대한 증거와 그분께서 구원으로 그들에게 지정하신 방법으로서의 모든 거룩한 순종을 그들이 행할 수 있게 하신다는 점에 있어서 하나님의 은혜가 명확히 드러납니다.

<원문 이해의 키>

- to interest them in him '그들에게 그분에 대한 권한을 갖게 하다'라는 뜻으로 'A에게 B에 대한 권한을 갖게 하다'라는 의미를 나타내는 to interest A in B의 틀이다.

- to work in them that faith '그들 안에서 그 믿음을 작동시키다'로, to work는 '~을 작동시키다'라는 뜻이다. 문맥상 to work의 의미상 주어는 his Holy Spirit이다. 그리고 that faith는 앞서 언급한 faith as the condition to interest them in him(그에 대한 권한을 갖게 하는 필수요소로서의 믿음)를 말한다.

<원문대로 요약하고 구문대로 정리하기>

1. 두 번째 언약인 은혜언약 안에서는 하나님의 은혜가 분명하게 드러난다.

2. 두 번째 언약에서 하나님의 은혜는 하나님께서 죄인들에게 중보자를 값없이 제공하고 제시한다는 점에서 분명히 드러난다.

3. 두 번째 언약에서 하나님의 은혜는 하나님께서 죄인들에게 중보자에 의해서 생명과 구원을 제공하고 제시한다는 점에서 분명히 드러난다.

4. 두 번째 언약에서 하나님의 은혜는 하나님께서 죄인들에게 중보자에 대한 권한을 갖도록 하는 필수조건으로서의 믿음을 요구하신다는 점에서 분명히 드러난다.

5. 두 번째 언약에서 하나님의 은혜는 자신의 모든 택자들에게 성령을 약속하시고 주신다는 점에서 분명히 드러난다.

6. 두 번째 언약에서 하나님의 은혜는 다른 모든 구원의 은혜들과 더불어서, 자신의 모든 택자들에게 그분의 성령을 약속하시고 주셔서 그들 안에서 중보자에 대해 권한을 갖게 하는 필수요소로서의 믿음을 작동시키신다는 점에 있어서 분명히 드러난다.

7. 두 번째 언약에서 하나님의 은혜는 그들의 하나님에 대한 믿음과 감사의 진실함
   에 대한 증거와 그분께서 구원에로 그들에게 지정하신 방법으로서의 모든 거룩
   한 순종을 그들이 행할 수 있게 하신다는 점에 있어서 분명히 드러난다.

Q33: Was the covenant of grace always administered after one
     and the same manner?

A33: The covenant of grace was not always administered after
     the same manner, but the administrations of it under the Old
     Testament were different from those under the New. [1]

(1) 고후3:6-9; 히1:1,2; 8:7,8.

<번역>

문: 은혜언약은 항상 유일하고 동일한 방식을 따라서 시행되었나요?

답: 은혜언약이 항상 같은 방식을 따라서 시행된 것은 아닙니다. 구약 아래서의 그것
   의 시행들은 신약 아래서의 그것들과는 달랐습니다.

<원문 이해의 키>

- was not always administered after the same manner not always는 부분부정
  표현으로 '항상 그렇지는 않았다'이다. 따라서 이것을 '항상 그러지 않았다'처럼
  전체부정으로 오해하지 않도록 주의해야한다.
- administrations 시행들
- those under the New '신약 아래서의 그것들'로 those는 administrations(시행
  들)를 말한다.

<원문대로 요약하고 구문대로 정리하기>

1. 은혜언약은 항상 같은 방식으로 시행되지는 않았다.
2. 은혜언약은 구약 아래서 시행되었다.

3. 은혜언약은 신약 아래서 시행되었다.

4. 구약 아래서의 은혜언약의 시행 방식은 신약 아래서의 시행 방식과 달랐다.

5. 은혜언약은 구약과 신약 아래에서 시행 방식이 달랐을 뿐 동일한 하나의 언약이다.

Q34: How was the covenant of grace administered under the Old Testament?

A34: The covenant of grace was administered under the Old Testament, by promises,[1] prophecies, [2] sacrifices, [3] circumcision, [4] the passover, [5] and other types and ordinances, which did all foresignify Christ then to come, and were for that time sufficient to build up the elect in faith in the promised Messiah, [6] by whom they then had full remission of sin, and eternal salvation. [7]

(1) 롬15:8 (2) 행3:20,24 (3) 히10:1 (4) 롬4:11 (5) 고전5:7 (6) 히8-10장; 11:13 (7) 갈3:7-9,14

<번역>

문: 은혜언약은 구약 아래에서는 어떻게 시행되었나요?

답: 구약 아래에서 은혜언약은 약속들, 예언들, 희생제사들, 할례, 유월절, 그리고 다른 모형들과 규례들에 의해서 시행되었는데, 그것들은 모두가 앞으로 오실 그리스도를 그때 예표했고, 약속된 메시아에 대한 믿음 안에서 선택받은 자들을 세우는 데 그 당시로서는 충분했으며, 그때 그들은 그에 의해 온전한 죄의 사면과 영원한 구원을 받았습니다.

<원문 이해의 키>

- which did all foresignify Christ then to come~ then은 구약 아래에서 은혜언약이 시행될 때를 말하는 것으로 모든 언약의 시행들이 다 오실 그리스도를 미

리 보여주는 것이었다는 뜻이다.

- were for that time sufficient to build up the elect in faith in the promised Messiah '그 당시로서는'으로 번역할 수 있는 for that time은 구약 아래에서 은혜언약의 시행이 비록 모형이긴 했지만, 단지 상징만이 아니라, 구약의 택자들을 약속된 메시아에 대한 믿음 안에 세움에 있어서는 전혀 부족함이 없었다는 것을 잘 드러낸다. 뿐만 아니라 이 표현은 구약 아래에서의 은혜언약이 시행되는 이러한 방식들은 오직 그 시대에만 적절한 효력이 있었음을 말해준다. 즉, 구약 아래에서만 효력을 발휘하는 은혜언약의 통상적인 방편이었음을 잘 나타내는 표현인 것이다.

- by whom they then had full remission of sin, and eternal salvation. 구약 시대의 택자들은 은혜언약이 다양한 모형을 통해 시행되는 바로 그때에 오실 메시아에 의해 온전한 죄의 사면과 영원한 구원을 받았다.

<원문대로 요약하고 구문대로 정리하기>

1. 구약 아래에서 은혜언약은 약속들, 예언들, 희생제사들, 할례, 유월절, 그리고 다른 모형들과 규례들에 의해서 시행되었다.

2. 구약 아래에서의 은혜언약의 시행들인 약속들, 예언들, 희생제사들, 할례, 유월절, 그리고 다른 모형들과 규례들은 모두 앞으로 오실 그리스도를 예표하는 것이었다.

3. 구약 아래에서의 은혜언약의 시행들인 약속들, 예언들, 희생제사들, 할례, 유월절, 그리고 다른 모형들과 규례들은 약속된 메시아에 대한 믿음 안에서 선택받은 자들을 세우는 데 그 당시로서는 충분했다.

4. 구약 아래에서의 은혜언약의 시행들인 약속들, 예언들, 희생제사들, 할례, 유월절, 그리고 다른 모형들과 규례들 속에서 선택받은 자들은 그 언약이 시행될 때 약속된 메시아에 의해 온전한 사면과 영원한 구원을 받았다.

Q35: How is the covenant of grace administered under the New
    Testament?

A35: Under the New Testament, when Christ the substance was
    exhibited, the same covenant of grace was and still is to
    be administered in the preaching of the word,[1] and the
    administration of the sacraments of Baptism [2] and the
    Lord's Supper;[3] in which grace and salvation are held forth
    in more fulness, evidence, and efficacy, to all nations. [4]

(1) 막16:15; 눅24:47,48 (2) 마28:19,20 (3) 고전11:23-26 (4) 마28:19; 롬1:16; 고후3:6; 히8:6, 7.

<번역>

문: 은혜언약은 신약 아래에서는 어떻게 시행되나요?

답: 신약 아래에서는 그리스도의 실체가 공개되었을 때 그 동일한 은혜언약이 시행
되었으며, 말씀의 설교와 세례와 성찬의 성례들의 시행에서 여전히 시행되어야
하는데, 그것들 안에서 은혜와 구원은 모든 나라들에게 더욱 충만하고 분명하며
효력 있게 제시됩니다.

<원문 이해의 키>

- when Christ the substance was exhibited 그리스도께서 실체로 나타나신 것을
  was exhibited로 표현하고 있다. 문자적으로 '전시되다'라는 뜻으로, 이는 그리
  스도께서 누구나 볼 수 있게 분명히 드러나셨다는 것을 잘 나타낸다.

- the same covenant of grace was and still is to be administered in~ the same
  covenant of grace was administered(동일한 은혜언약이 시행되었다)와 the
  same covenant of grace still is to be administered in~ (동일한 은혜언약이 ~
  에서 여전히 시행되어야 한다)의 두 문장을 and로 연결한 표현이다.

<원문대로 요약하고 구문대로 정리하기>

1. 그리스도께서는 구약 아래에서는 모형으로 제시되셨고, 신약 아래서는 실체로 나타나셨다.

2. 신약 아래서의 은혜언약은 그리스도께서 실체로 나타나셨을 때 시행되었다.

3. 그리스도께서 실체로 나타나실 때 시행된 신약의 은혜언약은 구약 아래에서의 은혜언약과 동일하다.

4. 은혜언약은 말씀의 설교 안에서 여전히 시행되어야 한다.

5. 은혜언약은 세례와 성찬의 성례들을 안에서 여전히 시행되어야 한다.

6. 은혜언약이 시행되는 말씀과 성례들 안에서 은혜와 구원은 모든 나라들에게 더욱 충만하고 분명하며 효력 있게 제시된다.

Q36: Who is the Mediator of the covenant of grace?

A36: The only Mediator of the covenant of grace is the Lord Jesus Christ,[1] who, being the eternal Son of God, of one substance and equal with the Father,[2] in the fulness of time became man,[3] and so was and continues to be God and man, in two entire distinct natures, and one person, for ever.[4]

(1) 딤전2:5 (2) 요1:1,14; 10:30; **14:6**; 빌2:6 (3) 갈4:4 (4) 눅1:35; 롬9:5; 골2:9; 빌2:5-11; **히13:8.**

<번역>

문: 누가 은혜언약의 중보자인가요?

답: 은혜언약의 유일한 중보자는 주 예수 그리스도이신데, 하나님의 영원한 아들이시며, 아버지와 한 실체이시며 동등하신 그분께서는 때가 차매 사람이 되셨고, 두 개의 온전하고 구별된 본성과 한 인격에서 하나님과 사람이셨고, 영구히 그러하십니다.

<원문 이해의 키>

- being the eternal Son of God, of one substance and equal with the Father, 중보자 그리스도에 대한 설명으로, 영원 전부터 어떠한 분이신지를 나타낸다.

- in the fulness of time became man, and so was and continues to be God and man, in two entire distinct natures, and one person, for ever. 중보자 그리스도에 대한 설명으로, 성육신하심으로써 중보자의 자격을 얻으신 예수 그리스도께서 어떠한 분이신지를 나타낸다. 예수 그리스도께서 한 인격에 신성과 인성의 두 본성을 가지신 분이 되신 사건이 바로 성육신이다. 따라서 성육신 이전의 아들이 참 신이시며 참 인간이었다고 말한다거나, 예수 그리스도께서 영원히 참 신이시고 참 인간이신 분이라고 말하는 것은 아들 하나님에 대한 심각한 오해다.

<원문대로 요약하고 구문대로 정리하기>

1. 행위언약과 은혜언약의 가장 큰 차이점은 중보자의 필요성이다. 은혜언약은 행위언약과 달리 하나님과 택자들 사이에 중보자가 필요하다.

2. 은혜언약의 유일한 중보자는 예수 그리스도이시다.

3. 은혜언약의 유일한 중보자이신 예수 그리스도께서는 하나님의 영원한 아들이시다.

4. 은혜언약의 유일한 중보자이신 예수 그리스도께서는 아버지와 한 실체이시다.

5. 은혜언약의 유일한 중보자이신 예수 그리스도께서는 아버지와 동등하시다.

6. 은혜언약의 유일한 중보자이신 예수 그리스도께서는 때가 차매 사람이 되셨다.

7. 은혜언약의 유일한 중보자이신 예수 그리스도께서는 성육신하신 후에 하나님이시며 사람이셨다.

8. 은혜언약의 유일한 중보자이신 예수 그리스도께서는 사람이 되신 후부터는 계속해서 하나님이시며 사람이다.

9. 은혜언약의 유일한 중보자이신 예수 그리스도께서는 사람이 되신 후부터는 영구히 한 인격이시며, 두 개의 온전하고 구별된 본성으로 존재하신다.

Q37: How did Christ, being the Son of God, become man?

A37: Christ the Son of God became man, by taking to himself a true body, and a reasonable soul, [1] being conceived by the power of the Holy Ghost in the womb of the virgin Mary, of her substance, and born of her, [2] yet without sin. [3]

(1) 요1:14; 마26:38; 눅2:40,52; 요11:33 (2) 눅1:27,31,35,42; 갈4:4 (3) 히4:15; 7:26; 요일3:5.

<번역>

문: 그리스도께서는 하나님의 아들이신데 어떻게 사람이 되셨나요?

답: 하나님의 아들이신 그리스도께서는 동정녀 마리아의 태에, 그녀의 실체를 따라, 성령의 능력으로 잉태되시고, 그녀에게서 출생하시면서 하나의 참 몸과 하나의 이성적인 영혼을 취하심으로써 사람이 되셨기에 죄가 없으십니다.

<원문 이해의 키>

- **Christ the Son of God became man** became man은 '사람이 되셨다'로 번역해야 하지만, 이는 하나님의 아들이신 그리스도께서 신의 성품을 버리고 사람으로 변하셨다는 뜻이 아니다. 이는 '신께서 사람으로 나타나셨다'는 뜻이다. 그렇다고 이것이 '사람처럼 보이게 되었다'(가현설)는 것도 아니다. '하나님의 아들이신 그리스도께서 사람이 되셨다'는 것은 참 신이신 그리스도께서 그 신성을 그대로 가지신 채로 참 사람으로 이 땅에 나타나신 신비한 사건에 대한 사람의 이해를 돕기 위해 찾은 나름의 가장 적절한 표현이라고 할 수 있다.

- **yet without sin** Christ the Son of God became man yet without sin의 구조로 '하나님의 아들이신 그리스도께서는 죄 없는 사람이 되셨다'는 뜻이다. 'by taking~, and born of her' 부분은 그리스도께서 사람이 되시는 방법에 대한 삽입구문이다. 이 문장구조를 오해해서 '동정녀 마리아의 태에, 그녀의 실체를 따라, 성령의 능력으로 잉태되시고, 그녀에게서 출생하시면서 하나의 참 몸과 하나의 이성적인 영혼을 취하심으로 사람이 되셨으나 죄는 없으신 분이다'로 번역하

면 일반적인 출생 방법을 넘어서 사람이 되셨지만, 죄가 있을 수도 있었다는 심각한 오류를 범하게 된다.

<원문대로 요약하고 구문대로 정리하기>

1. 그리스도께서는 영원히 하나님의 아들이시다.

2. 아들 하나님께서는 아버지와 은혜언약을 체결하시면서 아버지와 택자들 사이의 중보자가 되기로 하셨다.

3. 아들 하나님께서는 그리스도로서 중보자의 직을 감당하신다.

4. 아들 하나님께서는 성육신하심으로써 중보자의 직을 감당하기에 합당한 자격을 획득하셨다.

5. 그리스도로서 중보자의 직을 감당하기에 합당한 자격은 참 신이시며, 동시에 죄 없으신 참 인간이 되시는 것이다.

6. 하나님의 아들이신 그리스도께서 사람이 되신 방법은 신께서 사람으로 변하시는 것이 아니라, 신으로서 참 사람을 취하시는 것이다.

7. 하나님의 아들이신 그리스도께서는 사람의 참 몸과 이성적인 영혼을 취하심으로써 사람이 되셨다.

8. 하나님의 아들이신 그리스도께서는 동정녀 마리아의 태에, 그녀의 실체를 따라, 성령의 능력으로 잉태되시고, 그녀에게서 출생하시면서 하나의 참 몸과 하나의 이성적인 영혼을 취하심으로써 사람이 되셨다.

9. 하나님의 아들이신 그리스도께서는 아담의 후손들의 일반적인 출생 방법을 넘어서, 동정녀 마리아의 태에, 그녀의 실체를 따라, 성령의 능력으로 잉태되시고, 그녀에게서 출생하시면서 하나의 참 몸과 하나의 이성적인 영혼을 취하여 사람이 되심으로써, 아담의 원죄가 전달되고 그의 죄책이 전가되는 길이 차단되었기에, 아담의 후손으로 이 땅에 오시면서도 죄가 없는 참 사람이 되셨다.

Q38: Why was it requisite that the Mediator should be God?

A38: It was requisite that the Mediator should be God, that he might sustain and keep the human nature from sinking under the infinite wrath of God, and the power of death;[1] give worth and efficacy to his sufferings, obedience, and intercession;[2] and to satisfy God's justice,[3] procure his favor,[4] purchase a peculiar people,[5] give his Spirit to them,[6] conquer all their enemies,[7] and bring them to everlasting salvation.[8]

(1) 행2:24; 롬1:4 4:25; 히9:14 (2) 행20:28; 히7:25-28; 9:14; **요17장** (3) 롬3:24-26 (4) 엡1:6; **마3:17** (5) 딛2:13,14 (6) **요14:26; 15:26; 16:7**; 갈4:6; (7) 눅1:68,69,71,74 (8) 히5:8,9; 9:11-15.

<번역>

문: 왜 중보자가 하나님이어야 하는 것이 필수적이었나요?

답: 중보자는 그가 인성을 유지하면서 그것이 하나님의 무한한 진노와 죽음의 능력 아래로 침몰하는 것을 막고, 자기의 고통과 순종과 중보기도에 가치와 효력을 주기 위해서, 그리고 하나님의 공의를 만족시키기 위해 그분의 은총을 얻고, 자기 소유의 특별한 한 백성을 취득하고, 그들에게 자신의 영을 주시고, 그들의 모든 적들을 정복하고, 그들을 영속적인 구원으로 데려오기 위해서 필수적으로 하나님이어야 했습니다.

<원문 이해의 키>

- **It was requisite that the Mediator should be God.** It-that(가주어-진주어) 구문이다.

- **he might sustain and keep~, give~, procure~, purchase~, give~, conquer~, and bring~.** 중보자가 하나님이셔야 하는 목적 일곱 가지를 that he might~의 틀을 통해 A(sustain and keep), B(give), C(procure), D(purchase), E(give), F(conquer), and G(bring)의 구조로 동등하게 나열하고 있다.

- **he might sustain and keep the human nature from sinking under the infinite wrath of God, and the power of death** sustain the human nature(그가 인성을 유지하기 위함이다)와 keep the human nature from sinking~ (그가 인성이 ~에 빠지는 것을 막기 위함이다)의 두 문장을 동일한 목적어인 the human nature로 묶어서 표현하고 있다. 따라서 이러한 경우는 두 동사를 묶어 놓은 의도들 살려서 '그가 인성을 유지하면서 그것이 하나님의 무한한 진노와 죽음의 능력 아래로 침몰하는 것을 막기 위함이다'로 번역하는 것이 좋다.

<원문대로 요약하고 구문대로 정리하기>

1. 아버지 하나님과 택자들 사이의 중보자는 참 하나님이어야만 했다.

2. 중보자는 인성을 유지하면서 그것이 하나님의 무한한 진노와 죽음의 능력 아래로 침몰하는 것을 막기 위해서 참 하나님이어야만 했다.

3. 중보자는 자기의 고통과 순종과 중보기도에 가치와 효력을 주기 위해서 참 하나님이어야 했다.

4. 중보자는 하나님의 공의를 만족시키기 위해 참 하나님이어야만 했다.

5. 중보자는 하나님의 은총을 얻기 위해 참 하나님이어야만 했다.

6. 중보자는 자기 소유의 특별한 한 백성을 취득하기 위해 참 하나님이어야만 했다.

7. 중보자는 자기가 취득한 백성에게 자신의 영을 주시기 위해 참 하나님이어야만 했다.

8. 중보자는 자기가 취득한 백성의 모든 적들을 정복하기 위해 참 하나님이어야만 했다.

9. 중보자는 자기가 취득한 백성을 영속적인 구원으로 데려오기 위해 참 하나님이어야만 했다.

Q39: Why was it requisite that the Mediator should be man?

A39: It was requisite that the Mediator should be man, that he might advance our nature,[1] perform obedience to the law,[2] suffer and make intercession for us in our nature,[3] have a fellow feeling of our infirmities;[4] that we might receive the adoption of sons,[5] and have comfort and access with boldness unto the throne of grace.[6]

(1) 벧후1:4; 롬8:34; 히2:16 (2) 갈4:4; 롬5:19; 마5:17 (3) 히2:14; 7:24,25 (4) 히4:15 (5) 갈4:5 (6) 히4:16.

<번역>

문: 왜 중보자가 필수적으로 사람이어야 했나요?

답: 중보자는 그가 우리의 본성을 개선하고, 율법에 대해 순종을 이행하고, 우리의 본성으로 우리를 위해서 고난당하면서 중보기도 하고, 우리의 연약함에 대해 동료의 감정을 갖기 위해, 그리하여 우리가 양자들의 자격을 받고, 은혜의 보좌로 위로를 누리며, 그곳으로 담대히 나아갈 수 있도록 필수적으로 사람이어야 했습니다.

<원문 이해의 키>

- It was requisite that the Mediator should be man. It-that(가주어-진주어) 구문이다.

- that he might advance~, perform~, suffer and make~, have; that we might receive~, and have comfort and access~. 중보자가 사람이어야 하는 목적을 크게 여섯 가지로 구분해서 A(advance), B(perform), C(suffer and make), D(have); E(receive), and F(have comfort and access)의 구조로 동등하게 나열하고 있다. 그러면서도 이 문답은 이 여섯 가지의 목적들을 중보자 그리스도에 대한 목적 네 가지와 우리에 대한 목적 두 가지를 that he might~; that we mihgt~의 틀로 구분하고 있다. 이러한 경우는 문맥의 의미를 고려해서 중간의

세미콜론(;)을 '그리하여' 정도로 해석해 주는 것이 좋다.

- **(he might) suffer and make intercession for us in our nature** (he might) suffer for us in our nature(그가 우리를 위해 우리의 본성으로 고통당하시기 위함이었다)와 (he mihht) make intercession for us in our nature(그가 우리를 위해 우리의 본성으로 중보기도하시기 위함이었다)의 두 내용을 하나로 묶은 표현이다.

<원문대로 요약하고 구문대로 정리하기>

1. 아버지 하나님과 택자들 사이의 중보자는 참 사람이어야 했다.
2. 중보자는 우리의 본성을 개선하기 위해 참 사람이어야 했다.
3. 중보자는 율법에 대한 순종을 이행하기 위해 참 사람이어야 했다.
4. 중보자는 우리의 본성으로 우리를 위해 고통을 당하기 위해 참 사람이어야 했다.
5. 중보자는 우리의 본성으로 우리를 위해 중보기도하기 위해 참 사람이어야 했다.
6. 중보자는 우리의 연약함에 대해 동료의 감정을 갖기 위해 참 사람이어야 했다.
7. 중보자는 우리가 양자들의 자격을 받도록 하기 위해 참 사람이어야 했다.
8. 중보자는 우리가 은혜의 보좌로 위로를 누리도록 하기 위해 참 사람이어야 했다.
9. 중보자는 우리가 은혜의 보좌로 담대히 나아갈 수 있도록 하기 위해 참 사람이어야 했다.

Q40: Why was it requisite that the Mediator should be God and man in one person?

A40: It was requisite that the Mediator, who was to reconcile God and man, should himself be both God and man, and this in one person, that the proper works of each nature might be accepted of God for us, and relied on by us,[1] as the works of the whole person.[2]

(1) 마1:21,23; 3:17; 히9:14 (2) 벧전2:6.

<번역>

문: 왜 중보자가 필수적으로 한 인격 안에서 하나님과 사람이어야 했나요?

답: 하나님과 인간을 화해시켜야 했던 중보자는 각각의 본성의 적절한 사역들이 전 인격의 사역들로써 우리를 위해 하나님께 용납되고, 우리에 의해 의존되기 위해서 필수적으로 그 스스로가 하나님이며 인간이고, 그것이 또한 한 인격 안에서 그래야 했습니다.

<원문 이해의 키>

- who was to reconcile God and man 이 표현은 문장을 어떻게 보느냐에 따라 두 가지 방식으로 해석이 가능하다. 먼저 was to reconcile을 의무를 나타내는 be to 용법으로 보면 '그는 하나님과 사람을 화해시켜야 했다'로 해석할 수 있다. 반면에 was를 '존재했다'는 뜻의 1형식 동사로 보고, to reconcile을 목적을 나타내는 부사적 용법의 to 부정사로 보면 '그는 하나님과 사람을 화해시키기 위해 존재했다'로 해석할 수 있다. 의미상으로는 두 해석이 모두 가능하지만, 한국어 문장 표현에 있어서는 첫 번째 번역이 좀 더 적절한 것 같다.

<원문대로 요약하고 구문대로 정리하기>

1. 중보자는 한 인격 안에서 참 하나님과 참 사람이어야 했다.

2. 중보자는 하나님과 사람을 화해시킨다.

3. 한 인격 안에서 신성과 인성을 각각 따라서 적절한 사역들을 행하기 위해 중보자는 참 신이며 참 인간이어야 했다.

4. 한 인격 안에서 신성과 인성을 각각 따라서 행하는 사역들이 모두 전 인격의 사역으로 하나님께 용납되기 위해 중보자는 참 신이며 참 인간이어야 했다.

Q41: Why was our Mediator called Jesus?

A41: Our Mediator was called Jesus, because he saveth his people from their sins. [1]

(1) 마1:21.

<번역>
문: 왜 우리의 중보자께서는 예수라고 불리셨나요?
답: 우리의 중보자께서는 그분께서 그분의 백성들을 그들의 죄들에서 구원하시기 때문에 예수라고 불리셨습니다.

<원문 이해의 키>
- Why was our Mediator called Jesus? 우리의 중보자께서 예수라고 불리시는 것은 단순한 호칭을 넘어 그분께서 중보자로서 감당하실 일을 말해준다.

<원문대로 요약하고 구문대로 정리하기>
1. 우리의 중보자께서는 예수라고 불리신다.
2. 우리의 중보자께서는 사람으로 이 땅에 태어나시면서 예수라는 이름을 얻으셨다.
3. 우리의 중보자께서는 그분의 백성들을 그들의 죄에서 구원하시기 때문에 예수라고 불리셨다.

Q42: Why was our Mediator called Christ?

A42: Our Mediator was called Christ, because he was anointed with the Holy Ghost above measure;[1] and so set apart, and fully furnished with all authority and ability,[2] to execute the offices of prophet,[3] priest,[4] and king of his church,[5] in the estate both of his humiliation and exaltation.

(1) 요3:34; 시45:7 (2) 요6:27; 마28:18-20 (3) 행3:21,22; 눅4:18,21 (4) 히4:14,15; 5:5-7; (5) 시2:6; 사9:6,7; 마21:5; 빌2:8-11; 계19:16

<번역>

문: 우리의 중보자께서는 왜 그리스도라고 불리셨나요?

답: 우리의 중보자께서는 그분께서 성령으로 한량없이 기름부음을 받으셔서, 그렇게 성별되셨고, 낮아지심과 높아지심의 상태 모두에서 자신의 교회의 제사장과 선지자와 왕의 직무들을 수행하기 위해 모든 권세와 능력을 충만히 부여받으셨기에 그리스도라고 불리셨습니다.

<원문 이해의 키>

- he was anointed with the Holy Ghost above measure; and so set apart, and fully furnished with all authority and ability, to excute~. 세미콜론(;) and는 원인-결과를 의미하는 구조적 장치로 쓰였기에 '~해서'로 번역한다. 이 구조를 따라 이 문장을 분석하면 성령으로 기름부음 받은 것이 원인이고, 성별되는 것과 ~을 수행하기 위해 모든 권세와 능력을 충만히 부여받은 것이 결과가 된다. 이러한 차원에서 이 표현은 그리스도께서 성별되시는 것과 중보자의 직을 수행함에 있어서 성령으로 한량없이 기름부음 받으시는 것이 필수적인 조건이 됨을 잘 드러내주고 있다.

<원문대로 요약하고 구문대로 정리하기>

1. 우리의 중보자께서는 그리스도라고 불리셨다.

2. 우리의 중보자께서는 성령으로 한량없이 기름부음을 받으셨기에 그리스도라고
불리셨다.

3. 우리의 중보자께서는 성령으로 한량없이 기름부음을 받아 성별되셨기에 그리
스도라고 불리셨다.

4. 우리의 중보자께서는 성령으로 한량없이 기름부음을 받아 모든 권세와 능력을
충만히 부여받으셨기에 그리스도라고 불리셨다.

5. 우리의 중보자께서는 성령으로 한량없이 기름부음을 받아 낮아지심과 높아지
심의 상태에서 자신의 교회의 제사장과 선지자와 왕의 직무를 수행하시기에 그
리스도라고 불리셨다.

Q43: How doth Christ execute the office of a prophet?

A43: Christ executeth the office of a prophet, in his revealing to
the church, [1] in all ages, by his Spirit and word, [2] in divers
ways of administration, [3] the whole will of God, [4] in all
things concerning their edification and salvation. [5]

(1) 요1:1,4,18 (2) 고후2:9, 1:10-12; 벧후1:21 (3) 히1:1,2 (4) 요15:15 (5) 요20:31; 행20:22; 엡4:11-13

<번역>

문: 그리스도께서는 어떻게 선지자의 직무를 수행하시나요?

답: 그리스도께서는 모든 시대에 그분의 영과 말씀을 통해, 다양한 시행 방법으로,
만물 안에서 그들의 교화와 구원에 관련하여 하나님의 뜻 전체를 자신이 교회에
계시하시는 경우에 있어서 선지자의 직무를 수행하십니다.

<원문 이해의 키>

- **Christ executes the office of a prophet.** executes(수행하다)가 현재형인 것은
그리스도께서는 자신의 선지자 직무를 과거, 현재, 미래에 걸쳐 항상 수행하신다
는 것을 잘 보여준다.

- **in his revealing to the church** when he reveals to the church의 동명사 구문 형태이다.

<원문대로 요약하고 구문대로 정리하기>

1. 그리스도께서는 하나님의 뜻 전체를 그분의 교회에 계시하실 때 선지자의 직무를 수행하신다.

2. 그리스도께서는 하나님의 뜻 전체를 모든 시대에 걸쳐 그분의 교회에 계시하심으로 선지자의 직무를 수행하신다. 그리스도께서는 구약시대에도 하나님을 뜻을 그분의 미성숙한 교회인 이스라엘 백성에게 계시하셨으며, 이 땅에 계시면서는 직접 말씀으로 계시하셨으며, 이후 부활하신 이후부터는 성령님을 통해 기록된 말씀으로 사도들에 의해 이 땅에 세워진 자신의 교회에 계시하신다.

3. 그리스도께서는 하나님의 뜻 전체를 자신의 영과 말씀으로 계시하심으로써 선지자의 직무를 수행하신다.

4. 그리스도께서는 하나님의 뜻 전체를 다양한 시행의 방법으로 계시하심으로 선지자의 직무를 수행하신다.

5. 그리스도께서는 만물 안에서 그들의 교화와 구원에 관련하여 하나님의 뜻 전체를 자신이 교회에 계시하시는 경우에 있어서 선지자의 직무를 수행하신다.

Q44: How doth Christ execute the office of a priest?

A44: Christ executeth the office of a priest, in his once offering himself a sacrifice without spot to God,[1] to be a reconciliation for the sins of his people;[2] and in making continual intercession for them.[3]

(1) 히9:14,28 (2) 히2:17 (3) 히7:25.

<번역>

문: 그리스도께서는 어떻게 제사장의 직무를 수행하시나요?

답: 그리스도께서는 자신의 백성들의 죄들을 위한 화목제물이 되시기 위해 스스로 자신을 흠 없는 희생제물로 하나님께 단번에 드리는 경우와 그들을 위해 계속하여 중보기도를 하시는 경우에 있어서 제사장의 직무를 수행하십니다.

<원문 이해의 키>

- Christ executes the office of a priest. executes(수행하다)가 현재형인 것은 그리스도께서는 자신의 제사장의 직무를 과거, 현재, 미래에 걸쳐 항상 수행하신다는 것을 잘 보여준다.
- in his once offering~; and in making~ in A(offering~); and in B(making~)의 구조를 통해 그리스도께서 제사장의 직무를 수행하시는 경우를 두 가지로 나눠 설명하고 있다.
- a sacrifice without spot '흠 없는 희생제물'

<원문대로 요약하고 구문대로 정리하기>

1. 그리스도께서는 자신의 백성들의 죄들을 위한 화목제물이 되기 위해 스스로 자신을 흠 없는 희생제물로 하나님께 단번에 드리는 경우에 있어서 제사장의 직무를 수행하신다.

2. 그리스도께서는 자신의 백성들을 위해 계속하여 중보기도하시는 경우에 있어서 제사장의 직무를 수행하신다.

Q45: How doth Christ execute the office of a king?

A45: Christ executeth the office of a king, in calling out of the world a people to himself,[1] and giving them officers,[2] laws,[3] and censures, by which he visibly governs them;[4] in bestowing saving grace upon his elect,[5] rewarding their obedience,[6] and correcting them for their sins,[7] preserving and supporting them under all their temptations and sufferings,[8] restraining and overcoming all their enemies,[9] and powerfully ordering all things for his own glory,[10] and their good;[11] and also in taking vengeance on the rest, who know not God, and obey not the gospel.[12]

(1) 요10:16,17; 사55:5; 창49:10; 행15:14-16; 시110:3 (2) 고전12:28; 엡4:11,12 (3) 사33:22; **요15:14; 마28:19,20** (4) 마18:17,18; 고전5:4,5 (5) 행5:31; **시68:18** (6) 계2:10; 22:12; **마25:34-36; 롬2:7** (7) 계3:19; 히12:6,7 (8) 사63:9 (9) 시110:1,2; 고전15:25; **행12:17; 18:9,10** (10) 롬14:10,11 (11) 롬8:28 (12) 살후1:8,9; 시2:8,9.

<번역>

문: 그리스도께서는 어떻게 왕의 직무를 수행하시나요?

답: 그리스도께서는 세상으로부터 한 백성을 자신에게로 불러내셔서, 그분께서 그들을 가시적으로 통치하시는 직분자들과 율법들과 권징들을 그들에게 주시는 경우와, 그분의 택자들에게 구원의 은혜를 선사하시고, 그들의 순종에 상을 주시며, 그들의 죄들에 대해 그들을 교정하시며, 그들의 모든 유혹들과 고통들 아래서 그들을 보존하시고 지지하시며, 그들의 모든 원수들을 억제시키시고 압도하시고, 자신의 영광과 그들의 선을 위해 모든 것들을 능력 있게 규제하시는 경우는 물론, 하나님을 모르고, 복음에 순종하지 않는 나머지들에게 복수하시는 경우에 있어서 왕의 직무를 수행하십니다.

<원문 이해의 키>

- **Christ executes the office of a king.** executes(수행하다)가 현재형인 것은 그리

스도께서는 자신의 왕의 직무를 과거, 현재, 미래에 걸쳐 항상 수행하신다는 것을 잘 보여준다.

- **in calling out of the world a people to himself** when he calls out of the world a people to himself의 동명사 구문 형태이다.

- **in calling out of~, and giving~; in bestowing~, rewarding~, and correcting~, preserving and supporting~, restraining and overcoming~, and ordering~; and also in taking~.** 그리스도께서 왕의 직무를 수행하는 경우를 in A(calling out of~, and giving~); in B(bestowing~, rewarding~, and correcting~, preserving and supporting~, restraining and overcoming~, and ordering~); also in C(taking~)의 구조를 통해 크게 세 가지의 경우로 분류해서 설명한다.

<원문대로 요약하고 구문대로 정리하기>

1. 그리스도께서는 세상으로부터 자신에게로 한 백성을 불러내시는 경우에 있어서 왕의 직무를 수행하신다.

2. 그리스도께서는 세상으로부터 자신에게로 불러낸 한 백성에게 그들을 가시적으로 통치하는 직분자들과 율법들과 징계들을 주시는 경우에 있어서 왕의 직무를 수행하신다.

3. 그리스도께서는 그분의 택자들에게 구원의 은혜를 선사하시는 경우에 있어서 왕의 직무를 수행하신다.

4. 그리스도께서는 그분의 택자들의 순종에 대해 상 주시는 경우에 있어서 왕의 직무를 수행하신다.

5. 그리스도께서는 죄에 빠진 그분의 택자들을 그들의 죄에서 교정하시는 경우에 있어서 왕의 직무를 수행하신다.

6. 그리스도께서는 유혹과 고통 속에 있는 그분의 택자들을 보존하시고 지시하시는 경우에 있어서 왕의 직무를 수행하신다.

7. 그리스도께서는 그분의 택자들의 모든 원수들을 억제하시고 압도하시는 경우에 있어서 왕의 직무를 수행하신다.

8. 그리스도께서는 자신의 영광과 자신의 택자들의 선을 위해 모든 것들을 능력 있게 규제하시는 경우에 있어서 왕의 직무를 수행하신다.

9. 그리스도께서는 하나님을 모르고, 복음에 순종하지 않는 택함 받지 않은 사람들에게 복수하시는 경우에 있어서 왕의 직무를 수행하신다.

Q46: What was the estate of Christ's humiliation?

A46: The estate of Christ's humiliation was that low condition, wherein he for our sakes, emptying himself of his glory, took upon him the form of a servant, in his conception and birth, life, death, and after his death, until his resurrection. [1]

(1) 빌2:6-8; 눅1:31; 고후8:9; 행2:24; 갈4:4.

<번역>
문: 그리스도의 낮아지신 상태는 무엇이었나요?
답: 그리스도의 낮아지신 상태는 그분께서 우리를 위해 자신의 영광을 비우시고 자신의 잉태와, 출생과 삶과 죽음과 죽음 이후와 부활까지 종의 형태를 취하신 그 비천한 처지였습니다.

<원문 이해의 키>
- **The estate of Christ's humiliation** 그리스도의 낮아지신 상태
- **The estate of Christ's humiliation was that low condition.** 그리스도의 낮아지신 상태는 비천한 처지를 말하며, 이는 과거에 그리스도께서 수행하신 중보자의 사역이다.

<원문대로 요약하고 구문대로 정리하기>
1. 그리스도의 낮아지신 상태는 우리를 위해 자신의 영광을 비우신 비천한 처지에 있었다.
2. 그리스도의 낮아지신 상태는 우리를 위해 자신의 영광을 비우시고 종의 형태를 취하신 것에 있었다.

3. 그리스도의 낮아지신 상태는 우리를 위해 자신의 영광을 비우시고 잉태와 출산에서 종의 형태를 취하신 비천한 처지에 있었다.

4. 그리스도의 낮아지신 상태는 우리를 위해 자신의 영광을 비우시고 일생과 죽음에서 종의 형태를 취하신 비천한 처지에 있었다.

5. 그리스도의 낮아지신 상태는 우리를 위해 자신의 영광을 비우시고 죽음 이후부터 부활 때까지 종의 형태를 취하신 비천한 처지에 있었다.

Q47: How did Christ humble himself in his conception and birth?

A47: Christ humbled himself in his conception and birth, in that, being from all eternity the Son of God, in the bosom of the Father, he was pleased in the fulness of time to become the son of man, made of a woman of low estate, and to be born of her; with divers circumstances of more than ordinary abasement.[1]

(1) 요1:14,18; 눅1:48; 2:7; 갈4:4.

<번역>

문: 그리스도께서는 잉태와 출생에서 어떻게 자기 자신을 낮추셨나요?

답: 그리스도께서는 영원 전부터 아버지의 품에 계신 하나님의 아들이셨음에도 불구하고 일반적인 비참함보다도 더 다양한 환경 가운데서 때가 차매 사람의 아들이 되시는데, 낮은 상태의 여인에게서 형성되고, 그녀에게서 나시기를 기뻐하셨다는 점에서 자신의 잉태와 출생에서 자신을 낮추셨습니다.

<원문 이해의 키>

- Christ humbled himself in his conception and birth. humbled himself는 능동적인 표현으로 이는 그리스도께서 중보자의 직무를 감당하심에 있어서 자발적으로 자신을 낮추셨다는 것을 잘 드러내는 표현이다.

<원문대로 요약하고 구문대로 정리하기>

1. 그리스도께서는 잉태와 출생에서 자신을 낮추셨다.

2. 그리스도께서는 영원 전부터 하나님의 아들이시고, 하나님의 품에 계셨다.

3. 그리스도께서는 영원 전부터 하나님의 아들이시고, 하나님의 품에 계셨음에도 불구하고, 때가 차매 사람의 아들이 되시는 것을 기뻐하셨다는 점에서 잉태와 출생에서 자신을 낮추셨다.

4. 그리스도께서는 영원 전부터 하나님의 아들이시고, 하나님의 품에 계셨음에도 불구하고, 낮은 상태의 여인에게서 형성되고, 그녀에게서 나시기를 기뻐하셨다는 점에서 잉태와 출생에서 자신을 낮추셨다.

5. 그리스도께는 영원 전부터 하나님의 아들이시고, 하나님의 품에 계셨음에도 불구하고, 일반적인 비참함보다도 더 다양한 비참한 환경 가운데서 잉태되시고 태어나셨다는 점에서 자신을 낮추셨다.

Q48: How did Christ humble himself in his life?

A48: Christ humbled himself in his life, by subjecting himself to the law, [1] which he perfectly fulfilled; [2] and by conflicting with the indignities of the world, [3] temptations of Satan, [4] and infirmities in his flesh, whether common to the nature of man, or particularly accompanying that his low condition. [5]

(1) 갈4:4 (2) 마5:17; 롬5:19; **마3:15; 요19:30** (3) 시22:6; 히12:2,3 (4) 마4:1-12; 눅4:1-14 (5) 히2:17,18; 4:15; 사 52:13-14.

<번역>

문: 그리스도께서는 자신의 삶 속에서 어떻게 자신을 낮추셨나요?

답: 그리스도께서는 자기 자신을 율법에 복종시키셔서 그것을 온전히 성취하시고, 사람의 본성에 공통적이든지, 아니면 특별히 자신의 비천한 처지에 수반되든지

간에 그러한 세상의 경멸과 사탄의 유혹과 육체의 연약함과 맞서 싸우심으로 자신의 삶 속에서 자기 자신을 낮추셨습니다.

<원문 이해의 키>

- by subjecting~; and by conflicting~ 그리스도께서 삶 속에서 자신을 낮추신 방법을 두 개의 by~ing(~함으로써) 구문을 동등하게 나열하여 나타내고 있다.

<원문대로 요약하고 구문대로 정리하기>

1. 그리스도께서는 자신이 율법의 제정자이시며, 재판관이심에도 불구하고, 그 율법에 자신을 온전히 복종시키시고, 그것을 온전히 성취하심으로써 자신의 삶 속에서 자신을 낮추셨다.

2. 그리스도께서는 온전한 하나님이심에도 불구하고 세상의 경멸과 맞서 싸우심으로써 자신의 삶 속에서 자신을 낮추셨다.

3. 그리스도께서는 온전한 하나님이심에도 불구하고 사탄의 유혹과 맞서 싸우심으로써 자신의 삶 속에서 자신을 낮추셨다.

4. 그리스도께서는 온전한 하나님이심에도 불구하고 육체의 연약함과 맞서 싸우심으로써 자신의 삶 속에서 자신을 낮추셨다.

5. 그리스도께서 자신을 낮추심으로써 자신의 삶 속에서 맞서 싸우신 세상의 경멸과 사탄의 유혹과 육신의 연약함은 사람의 본성에 의해 공통적으로 적용되는 것도 있었지만, 그리스도의 비천한 처지 때문에 특별히 수반되는 것들도 있었다.

Q49: How did Christ humble himself in his death?

A49: Christ humbled himself in his death, in that having been betrayed by Judas,[1] forsaken by his disciples,[2] scorned and rejected by the world,[3] condemned by Pilate, and tormented by his persecutors;[4] having also conflicted with the terrors of death, and the powers of darkness, felt and borne the weight of God's wrath,[5] he laid down his life an offering for sin,[6] enduring the painful, shameful, and cursed death of the cross.[7]

(1) 마27:4 (2) 마26:56 (3) 사53:3; 눅18:32,33 (4) 마27:26-50; 눅22:63,64; 요19:34 (5) 눅22:44; 마27:46; 롬 8:32 (6) 사53:10; 롬4:25; 고전15:3 (7) 빌2:8; 히12:2; 갈3:13.

<번역>

문: 그리스도께서는 죽음에서 어떻게 자신을 낮추셨나요?

답: 그리스도께서는 유다에게 배신당하시고, 그분의 제자들에게 버림받으시고, 세상으로부터 조롱당하시고 거부되시고, 빌라도로부터 정죄받으시고, 박해자들로부터 고문당하실 뿐 아니라, 죽음의 공포와 어둠의 권세에 맞서 싸우고, 하나님의 진노의 무게를 느끼고 짊어지게 되신 후에, 고통스럽고, 부끄럽고, 저주받은 십자가의 죽음을 감당하시며 자신의 생명을 죄에 대한 제물로 내어놓으신 점에 있어서 죽음에서 자기 자신을 낮추셨습니다.

<원문 이해의 키>

- in that having been betrayed by~ ; having also conflicted with~ , he laid down his life~, enduring~. '~라는 점에 있어서'의 뜻인 in that 구문 속에서 he laid down his life~이 주절이며, having been betrayed~와 having also conflicted with~은 완료분사구문이며, enduring~은 단순분사구문이다. 따라서 이 부분의 전체적인 해석은 '그분께서 ~에 의해 배신당하실 뿐 아니라, ~와 맞서 싸우신 후에, ~을 견디시면서 자신의 생명을 내려놓으셨다는 점에 있어서'가 된다.

<원문대로 요약하고 구문대로 정리하기>

1. 그리스도께서는 유다에 의해 배신당하셨다는 점에 있어서 그분의 죽음에서 자신을 낮추셨다.

2. 그리스도께서는 그분의 제자들에게 버림받으셨다는 점에 있어서 그분의 죽음에서 자신을 낮추셨다.

3. 그리스도께서는 세상으로부터 조롱당하시고 거부되셨다는 점에 있어서 그분의 죽음에서 자신을 낮추셨다.

4. 그리스도께서는 빌라도로부터 정죄받으셨다는 점에 있어서 그분의 죽음에서 자신을 낮추셨다.

5. 그리스도께서는 박해자들로부터 고문당하셨다는 점에 있어서 그분의 죽음에서 자신을 낮추셨다.

6. 그리스도께서는 죽음의 공포와 어둠의 권세에 맞서 싸우셨다는 점에 있어서 그분의 죽음에서 자신을 낮추셨다.

7. 그리스도께서는 하나님의 진노의 무게를 느끼고 짊어지게 되었다는 점에 있어서 그분의 죽음에서 자신을 낮추셨다.

8. 그리스도께서는 고통스럽고 부끄럽고 저주받은 십자가의 죽음을 감당하셨다는 점에 있어서 그분의 죽음에서 자신을 낮추셨다.

9. 그리스도께서는 자신의 생명을 죄에 대한 제물로 내어놓으셨다는 점에 있어서 그분의 죽음에서 자신을 낮추셨다.

Q50: Wherein consisted Christ's humiliation after his death?

A50: Christ's humiliation after his death consisted in his being buried,[1] and continuing in the state of the dead, and under the power of death till the third day;[2] which hath been otherwise expressed in these words, he descended into hell.

(1) 고전15:3,4 (2) 마12:40; 시16:10; 행2:24,27,31; 롬6:9.

<번역>

문: 죽음 이후에 그리스도의 낮아지심은 어디에 있었나요?

답: 죽음 이후에 그리스도의 낮아지심은 그분께서 묻히셔서, 죽은 자들의 상태에서 죽음의 권세 아래에서 삼 일째까지 계속해서 계신 것에 있었는데, 이것은 다르게는 그분께서 음부로 내려가셨다는 말로 표현되어왔습니다.

<원문 이해의 키>

- consisted in his being buried, and continuing~ '~에 있었다'는 뜻의 consisted in을 사용하여 죽음 이후에 그리스도의 낮아지심의 상태가 나타나는 두 가지의 경우인 '그분께서 묻히시는 것'과 '(그분께서) 계속 계신 것'을 등위접속사 and를 사용하여 나타낸다. 여기서 and는 두 개의 사실을 단순히 나열하는 것을 넘어, 과거 시제의 시간의 경과는 물론 원인과 결과의 관계 또한 함께 제공하고 있다. 따라서 his being buried, and~는 '그분께서 묻히신 것과'보다는 '그분께서 묻히셔서'로 번역하는 것이 더욱 자연스럽다.

<원문대로 요약하고 구문대로 정리하기>

1. 죽음 이후에 그리스도의 낮아지심은 그분께서 묻히신 것에 있었다.

2. 죽음 이후에 그리스도의 낮아지심은 죽은 자들의 상태에서 계속 계신 것에 있었다.

3. 죽음 이후에 그리스도의 낮아지심은 삼 일째까지 죽음의 권세 아래 계속 계신 것에 있었다.

4. 죽음 이후에 그리스도께서 죽은 자들의 상태에서 죽음의 권세 아래 삼 일째까지 계속 계신 것은 그분께서 음부로 내려가셨다는 말로 표현되어왔다.

Q51: What was the estate of Christ's exaltation?

A51: The estate of Christ's exaltation comprehendeth his resurrection,[1] ascension,[2] sitting at the right hand of the Father,[3] and his coming again to judge the world.[4]

(1) 고전15:4 (2) 눅24:51; 막16:19; 행1:9-11 (3) 엡1:20 (4) 행1:11; 17:31; 마25:31,46.

<번역>

문: 그리스도의 높아지신 상태는 무엇이었나요?

답: 그리스도의 높아지신 상태는 그분의 부활, 승천, 아버지의 오른편에 앉아계시는 것, 그리고 그분께서 세상을 심판하러 다시 오실 것을 포괄합니다.

<원문 이해의 키>

- **comprehend** comprehend는 문장에 따라 '이해하다'와 '포괄하다'의 두 가지의 의미로 사용된다. 그리고 이에 따른 형용사도 comprehensible(이해할 수 있는) 과 comprehensive(포괄적인)으로 각각 다르다. 이 둘 중에 이 문답에서는 '포괄하다'의 뜻으로 사용되었다.

- **The estate of Christ's exaltation comprehends~** 대교리문답은 그리스도의 높아지신 상태를 '그리스도의 높아지신 상태는 ~을 포괄한다'의 틀로 설명한다. 대교리문답은 이러한 표현을 통해 그리스도의 중보자 사역 중에 높아지신 상태가 드러나는 사역들을 하나의 문장으로 묶어서 포괄적으로 정리해준다. 참고로 소교리문답은 '그리스도의 높아지심은 ~에 있습니다'(Christ's exaltation consisteth in~)로 설명한다.

- **What was the estate of Christ's exaltation?** 대교리문답은 '그리스도의 높아지신 상태는 무엇이었나요?'로 높아지신 상태에 대해 과거형으로 질문하지만, 이에 대한 대답은 The estate of Christ's exaltation comprehends~(그리스도의 높아지신 상태는 ~을 포함한다)처럼 현재형으로 표현하고 있다. 대교리문답의 이러한 현재형 표현은 크게 두 가지의 의도를 가진 것으로 분석될 수 있다. 하나

는 그리스도의 높아지신 상태가 나타나는 사건들이 분명하고 객관적인 사실이라는 것과, 또 하나는 그 사건들이 어떠한 한 시제에 국한되는 것이 아니라 과거, 현재, 미래를 아울러 포괄적으로 나타난다는 것을 드러내는 것이다.

<원문대로 요약하고 구문대로 정리하기>

1. 그리스도의 높아지신 상태는 그분의 부활을 포괄한다.
2. 그리스도의 높아지신 상태는 그분의 승천을 포괄한다.
3. 그리스도의 높아지신 상태는 그분께서 아버지의 오른편에 앉아 계시는 것을 포괄한다.
4. 그리스도의 높아지신 상태는 그분께서 세상을 심판하러 다시 오실 것을 포괄한다.

Q52: How was Christ exalted in his resurrection?

A52: Christ was exalted in his resurrection, in that, not having seen corruption in death (of which it was not possible for him to be held),[1] and having the very same body in which he suffered, with the essential properties thereof [2] (but without mortality, and other common infirmities belonging to this life), really united to his soul,[3] he rose again from the dead the third day by his own power;[4] whereby he declared himself to be the Son of God,[5] to have satisfied divine justice,[6] to have vanquished death, and him that had the power of it,[7] and to be Lord of quick and dead:[8] all which he did as a public person,[9] the head of his church,[10] for their justification,[11] quickening in grace,[12] support against enemies,[13] and to assure them of their resurrection from the dead at the last day.[14]

(1) 행2:24,27; **시16:10** (2) 눅24:39; **롬6:9** (3) 롬6:9; 계1:18 (4) 요10:18 (5) 롬1:4 (6) 롬8:34 (7) 히2:14 (8) 롬14:9 (9) 고전15:21,22 (10) 엡1:20-23; 골1:18 (11) 롬4:25 (12) 엡2:1,5,6; 골2:12 (13) 고전15:25-27 (14) 고전15:20

<번역>

문: 그리스도께서는 어떻게 그분의 부활에서 높아지셨나요?

답: 그리스도께서는 죽음에서 부패를 겪지 않으시고(그분께서 거기에 갇히시는 것 자체가 불가능했다), 본질적인 속성으로 인해 그분께서 고통 받고(그러나 죽어 없어져야 하는 성질과 이생에 속한 다른 보통의 연약함 없이), 그러면서도 실제 그분의 영과 연합된 바로 그 몸을 가지고, 그분께서 죽은 자들로부터 삼 일째에 자기 자신의 능력에 의해 다시 일어나심으로써 자기 자신이 하나님의 아들이신 것과 신적인 정의를 만족시키셨다는 것과 죽음과 그것의 권세를 가졌던 자를 정복하신 것과 산 자와 죽은 자의 주이심을 선언하셨는데, 그들의 칭의와 은혜 안에서 살게 하는 것과 원수들을 대항한 지지를 위해, 그리고 그들에게 마지막 날에 죽은 자들로부터의 부활을 확신시키실 목적으로 그분께서 그분의 교회의 머리인 공인으로서 모든 것을 행하셨다는 점에 있어서 그분의 부활에서 높아지셨습니다.

<원문 이해의 키>

- Christ was exalted in his resurrection. 대교리문답은 그리스도의 높아지심의 상태를 '그리스도께서 높아지셨다'고 표현한다. 또한 이 문답은 그리스도께서 능동적으로 자신을 높이셨다가 아니라, 수동적으로 높아지셨다고 표현하고 있다. 그리고 그리스도께서 그분의 부활에서 높아지신 것을 다루는 이 문답은 그 역사적인 사실에 근거해서 과거시제로 내용을 정리하고 있다.

- in that 그리스도께서 부활에서 높아지신 것을 '~라는 점에 있어서'의 틀로 나열해서 설명한다. in that 구문 속에서 not having seen~, and having the very same body~는 분사구문이며, he rose again~이 주절이다. 그리고 ; whereby he declared~은 원인이 되는 앞부분에 대한 결과를 나타내는 추가 정보에 해당된다.

<원문대로 요약하고 구문대로 정리하기>

1. 그리스도께서는 그분의 부활에서 높아지셨다.

2. 그리스도께서는 죽음에서도 부패를 겪지 않으셨다는 점에 있어서 그분의 부활에서 높아지셨다.

3. 죽음이 그리스도를 가둘 수 없다는 점에 있어서 그리스도께서는 그분의 부활에서 높아지셨다.

4. 그리스도께서는 본질적인 속성으로 인해 고통 받으셨던 바로 그 몸으로 죽은 자들 가운데서 자신의 능력으로 삼 일째에 다시 일어나셨다는 점에 있어서 그분의 부활에서 높아지셨다.

5. 그리스도께서는 자신의 몸의 본질적인 속성으로 인해 고통 받으셨으나, 그럼에도 보통의 사람과는 달리 그 몸이 죽어 없어져야 하는 성질과 이생에 속한 다른 보통의 연약함은 없었다는 점에서 그분의 부활에서 높아지셨다.

6. 그리스도께서는 고통 받으셨던 바로 그 몸이 그분의 영혼과 실제로 연합된 상태로 죽은 자들 가운데서 자신의 능력으로 삼 일째에 다시 일어나셨다는 점에 있어서 그분의 부활에서 높아지셨다.

7. 그리스도께서는 죽은 자들 가운데서 스스로 다시 일어나심으로써 자신이 하나님의 아들이심을 선포하셨다는 점에서 그분의 부활에서 높아지셨다.

8. 그리스도께서는 죽은 자들 가운데서 스스로 다시 일어나심으로써 아버지 하나님의 신적인 정의를 만족시켰음을 선포하셨다는 점에 있어서 그분의 부활에서 높아지셨다.

9. 그리스도께서는 죽은 자들 가운데서 스스로 다시 일어나심으로써 죽음을 정복하신 것을 선포하셨다는 점에서 그분의 부활에서 높아지셨다.

10. 그리스도께서는 죽은 자들 가운데서 스스로 다시 일어나심으로써 죽음의 권세를 가졌던 자를 정복하셨음을 선포하셨다는 점에서 그분의 부활에서 높아지셨다.

11. 그리스도께서는 죽은 자들 가운데서 스스로 다시 일어나심으로써 죽은 자들과 산자들의 주이심을 선포하셨다는 점에서 그분의 부활에서 높아지셨다.

12. 그리스도께서는 죽은 자들 가운데서 스스로 다시 일어나심을 통해 그분께서 행하신 모든 것이 공인으로서 하신 것이라는 점에서 그분의 부활에서 높아지셨다.

13. 그리스도께서는 죽은 자들 가운데서 스스로 다시 일어나심을 통해 그분께서 행하신 모든 것이 교회의 머리로서 하신 것이라는 점에서 그분의 부활에서 높아지셨다.

14. 그리스도께서는 죽은 자들 가운데서 스스로 다시 일어나심을 통해 그분께서 행하신 모든 것이 그분의 교회의 칭의를 위한 것이라는 점에서 그분의 부활에서

높아지셨다.

15. 그리스도께서는 죽은 자들 가운데서 스스로 다시 일어나심을 통해 그분께서 행하신 모든 것이 그분의 교회가 은혜 안에서 살게 하기 위함이라는 점에서 그분의 부활에서 높아지셨다.

16. 그리스도께서는 죽은 자들 가운데서 스스로 다시 일어나심을 통해 그분께서 행하신 모든 것이 그분의 원수들을 대적하여 그분의 교회를 지지하기 위함이라는 점에서 그분의 부활에서 높아지셨다.

17. 그리스도께서는 죽은 자들 가운데서 스스로 다시 일어나심을 통해 마지막 날에 죽은 자들로부터 그들도 부활할 것을 그분의 교회에 확신시키신다는 점을 통해 그분의 부활에서 높아지셨다.

Q53: How was Christ exalted in his ascension?

A53: Christ was exalted in his ascension, in that having after his resurrection often appeared unto and conversed with his apostles, speaking to them of the things pertaining to the kingdom of God,[1] and giving them commission to preach the gospel to all nations,[2] forty days after his resurrection, he, in our nature, and as our head,[3] triumphing over enemies,[4] visibly went up into the highest heavens, there to receive gifts for men,[5] to raise up our affections thither,[6] and to prepare a place for us,[7] where himself is, and shall continue till his second coming at the end of the world.[8]

(1) 행1:2,3 (2) 마28:19,20; **행1:8; 막16:15** (3) 히6:20 (4) 엡4:8,10 (5) 행1:9-11; 시68:18 (6) 골3:1,2 (7) 요14:2,3 (8) 행3:21.

<번역>

문: 그리스도께서는 어떻게 그분의 승천에서 높아지셨나요?

답: 그리스도께서는 자신이 부활하신 후 그분의 제자들에게 자주 나타나셔서, 하나님 나라에 속한 일들을 그들에게 말씀하시면서 그들과 대화하신 후, 그들에게 모든 나라에 복음을 설교하라는 사명을 주시면서, 부활 후 40일 후에 우리의 본성으로, 그리고 우리의 머리로서, 원수들을 이기시면서 눈에 보이는 상태로 최고의 하늘로 올라가셨는데, 거기서 사람들을 위해 선물을 받으시고, 거기로 우리의 애착을 끌어올리시며, 우리를 위한 자리를 마련하시는데, 스스로 그곳에 계시고, 세상 끝에 자신의 재림 때까지 계속 그러하실 것이라는 점에서 그분의 부활에서 높아지셨습니다.

<원문 이해의 키>

- Christ was exalted in his ascension. 그리스도께서 그분의 승천에서 높아지신 것을 다루는 이 문답은 그 역사적인 사실에 근거해서 과거시제로 내용을 정리하고 있다.

- in that 그리스도께서 승천에서 높아지신 것을 '~라는 점에 있어서'의 틀로 설명한다. in that 구문 속에서는 having after his resurrection of tern appeared unto and conversed with~, speaking~, and giving~으로 총 네 개의 분사구문이 나열되어있지만, 전체적으로는 having appeared unto and conversed with~ and giving~으로 A and B의 구조이다. 이 중 A부분에 해당되는 having appeared unto and conversed with~는 완료분사구문으로 그 시제가 주절인 he~ went up into의 과거보다 더 먼 과거를 나타내며, B부분에 해당되는 giving~은 단순분사구문으로 주절과 같은 과거 시제를 나타낸다. 그리고 A부분에 함께 언급된 speaking~은 conversed with~와 동시동작으로 이해하는 것이 부드럽다.

- there to prepare~, to raise up~, and to prepare~ 그리스도께서 승천하신 그곳에서 그분께서 하시는 일 세 가지를 결과를 나타내는 부사적 용법의 to 부정사를 A, B, and C의 구조로 나열해서 표현한 것이다.

<원문대로 요약하고 구문대로 정리하기>

1. 그리스도께서는 그분의 승천에서 높아지셨다.

2. 그리스도께서는 부활하신 후 그분의 제자들에게 자주 나타나셔서 그들과 대화하셨다는 점에 있어서 그분의 승천에서 높아지셨다.

3. 그리스도께서는 부활하신 후 그분의 제자들에게 하나님 나라에 속한 일들을 말씀하셨다는 점에 있어서 그분의 승천에서 높아지셨다.

4. 그리스도께서는 부활하신 후 그분의 제자들에게 모든 나라에 복음을 설교하라는 사명을 주셨다는 점에서 그분의 승천에서 높아지셨다.

5. 그리스도께서는 부활하신 40일 후에 최고의 하늘로 올라가셨다는 점에 있어서 그분의 승천에서 높아지셨다.

6. 그리스도께서는 부활하신 40일 후에 우리의 본성인 인성으로 최고의 하늘로 올라가셨다는 점에 있어서 그분의 승천에서 높아지셨다.

7. 그리스도께서는 부활하신 40일 후에 우리의 머리로서 최고의 하늘로 올라가셨다는 점에 있어서 그분의 승천에서 높아지셨다.

8. 그리스도께서는 부활하신 40일 후에 원수들을 이기시면서 최고의 하늘로 올라가셨다는 점에 있어서 그분의 승천에서 높아지셨다.

9. 그리스도께서는 부활하신 40일 후에 눈에 보이시는 상태로 최고의 하늘로 올라가셨다는 점에 있어서 그분의 승천에서 높아지셨다.

10. 그리스도께서는 승천하신 그 최고의 하늘에서 사람들을 위해 선물을 받으셨다는 점에 있어서 그분의 승천에서 높아지셨다.

11. 그리스도께서는 승천하신 그 최고의 하늘로 우리의 감정을 올리신다는 점에 있어서 그분의 승천에서 높아지셨다.

12. 그리스도께서는 승천하신 그 최고의 하늘에서 우리를 위한 자리를 마련하신다는 점에서 그분의 승천에서 높아지셨다.

13. 그리스도께서는 승천하신 그 최고의 하늘에 스스로 계신다는 점에 있어서 그분의 승천에서 높아지셨다.

14. 그리스도께서는 승천하신 그 최고의 하늘에서 세상 끝에 재림하실 때까지 계속 계실 것이라는 점에서 그분의 승천에서 높아지셨다.

Q54: How is Christ exalted in his sitting at the right hand of God?

A54: Christ is exalted in his sitting at the right hand of God, in that as God-man he is advanced to the highest favor with God the Father, [1] with all fulness of joy, [2] glory, [3] and power over all things in heaven and earth; [4] and doth gather and defend his church, and subdue their enemies; furnisheth his ministers and people with gifts and graces, [5] and maketh intercession for them. [6]

(1) 빌2:9 (2) 행2:28; 시16:11 (3) 요17:5 (4) 엡1:22; 벧전3:22 (5) 엡4:10-12; 시110:1 (6) 롬8:34.

<번역>

문: 그리스도께서는 그분께서 하나님의 우편에 앉아 계시는 경우에 어떻게 높아지시나요?

답: 그리스도께서는 하나님이시며 인간으로서 기쁨과 영광과 하늘과 땅에 있는 모든 것들에 대한 권세의 모든 충만함으로 아버지 하나님의 지고한 은총까지 승격되고, 자기의 교회를 모으고 방어하고, 그것으로 인해 그들의 원수들을 굴복시키며, 자기의 사역자들과 백성들에게 은사들과 은혜들을 주시고, 그들을 위해 중보기도하시는 점에 있어서 하나님 우편에 계신 경우에 높아지십니다.

<원문 이해의 키>

- **Christ is exalted in his sitting at the right hand of God** 그리스도께서 하나님의 우편에 앉아계시는 경우에 있어서 높아지신 것을 다루는 이 문답은 현재시제로 내용을 정리하고 있다.

- **in that** 그리스도께서 하나님의 우편에 앉아계시는 경우에 높아지신 것을 '~라는 점에 있어서'의 틀로 나열해서 설명한다.

- **as God-man he is advanced~; and doth gather and defend~, and subdue~; furnishes~, and makes intercession~.** as God-man(하나님이시며 사람으로

서)는 he is advanced~의 문장뿐만 아니라, he를 주어로 뒤에 열거된 모든 동사와도 연결되어 있다. 즉, 그리스도께서 하나님 우편에 앉아서 하시는 일들은 모두 하나님이시며 사람으로서 하시는 일이다. 승천하신 그리스도께서는 하나님의 보좌 우편에 계신 지금도 여전히 신성과 인성의 두 본성을 가지신 한 인격이시다. 그리스도께서는 아버지와 성령과는 달리 부활하신 바로 그 몸으로 존재하신다.

- he is advanced~; and does gather and defend~, and subdue~; furnishes~, and makes intercession~. 그리스도께서 하나님의 우편에서 계신 상태와 하시는 일을 두 개의 세미콜론(;)을 사용하여 세 개의 묶음으로 분류해서 정리하고 있다. 첫 번째인 he is advanced~은 하나님에 의해 그리스도께서 승격되신 상태에 관한 것이고, 조동사 doth로 묶고 있는 두 번째 분류인 and doth gather and defend~, and subdue~는 그리스도께서 자기의 교회를 지키시는 일에 대한 것이며, 세 번째 분류인 furnishes~, and makes intercession~는 그리스도께서 자기의 사역자들과 백성들을 위해 하시는 일에 관한 것이다.

- , and subdue~ 콤마(,) and는 앞부분과 뒤에 이어지는 부분이 원인과 결과의 관계라는 것을 나타낸다. 따라서 '~하고, 그것으로 인해'로 번역한다.

<원문대로 요약하고 구문대로 정리하기>

1. 그리스도께서는 하나님의 우편에 앉아 계시는 경우에 높아지신다.

2. 그리스도께서는 하나님이시며 인간이시라는 점에 있어서 하나님의 우편에 앉아 계시는 경우에 높아지신다.

3. 그리스도께서는 하나님이시며 인간으로서 기쁨과 영광과 하늘과 땅에 있는 모든 것들에 대한 권세의 모든 충만함으로 아버지 하나님의 지고한 은총에까지 승격되시는 것에 있어서 하나님 우편에 앉아 계시는 경우에 높아지신다.

4. 그리스도께서는 하나님이시며 인간으로서 자기의 교회를 모으고 방어하신다는 점에 있어서 하나님의 우편에 앉아 계시는 경우에 높아지신다.

5. 그리스도께서는 하나님이시며 인간으로서 자기의 교회의 원수들을 굴복시키신다는 점에 있어서 하나님의 우편에 앉아 계시는 경우에 높아지신다.

6. 그리스도께서는 하나님이시며 인간으로서 자기의 사역자들과 백성들에게 은사

와 은혜를 주시는 점에 있어서 하나님의 우편에 앉아 계시는 경우에 높아지신다.

7. 그리스도께서는 하나님이시며 인간으로서 자기의 백성들을 위해 중보기도하시는 점에 있어서 하나님의 우편에 앉아 계시는 경우에 높아지신다.

Q55: How doth Christ make intercession?

A55: Christ maketh intercession, by his appearing in our nature continually before the Father in heaven,[1] in the merit of his obedience and sacrifice on earth,[2] declaring his will to have it applied to all believers;[3] answering all accusations against them,[4] and procuring for them quiet of conscience, notwithstanding daily failings,[5] access with boldness to the throne of grace,[6] and acceptance of their persons[7] and services.[8]

(1) 히9:12,24 (2) 히1:3 (3) **요3:16**; 17:9,20,24 (4) 롬8:33-35 (5) 요일2:1,2; 롬5:1-2 (6) 히4:15,16 (7) 엡1:6 (8) 벧전 2:5.

<번역>

문: 그리스도께서는 어떻게 중보기도하시나요?

답: 그리스도께서는 이 땅에서의 자신의 순종과 희생의 공로로 하늘에서 아버지 앞에 우리의 본성으로 계속해서 나타나셔서, 그것이 모든 믿는 자들에게 적용되게 하고자 하는 자신의 뜻을 선포하시고, 그들에 대한 모든 고소에 답변하시고, 그리고 그들을 위해 매일의 실패 가운데서도 양심의 평안, 은혜의 보좌로의 담대한 접근, 그들의 인격과 봉사의 수용을 얻어 내심으로 중보기도를 하십니다.

<원문 이해의 키>

- by his appearing~, declaring~; answering~, and procuring~. 그리스도께서 중보기도하시는 방법 네 가지를 by ~ing의 구문을 A, B; C, and D의 구조로 나

열하여 설명한다. 이 네 가지를 나열함에 있어서 두 번째 동명사 뒤에 콤마(,)대신 사용된 세미콜론(;)은 앞의 두 동명사가 단순한 나열이 아니라, 원인-결과의 특별한 관계가 있다는 것을 나타내며, 동시에 뒤에 오는 두 동명사도 두 번째 동명사와 함께 첫 번째 동명사의 결과가 됨을 나타낸다. 따라서 이 네 개의 동명사는 '~에 나타나셔서, ~을 선포하시고, ~에 답변하시고, ~을 얻어 내심으로'로 연결하여 번역한다.

<원문대로 요약하고 구문대로 정리하기>

1. 그리스도께서는 자기의 백성들을 위해 하나님 우편에서 중보기도하신다.

2. 그리스도께서는 이 땅에서 자신이 행하신 순종과 희생의 공로로 하늘에서 아버지 앞에 우리의 본성으로 계속해서 자신을 나타내심으로써 중보기도하신다.

3. 그리스도께서는 이 땅에서 자신이 행하신 순종과 희생의 공로가 모든 믿는 자들에게 적용되길 원하는 자신의 뜻을 아버지께 선포하심으로써 중보기도하신다.

4. 그리스도께서는 모든 믿는 자들에 대한 모든 고소에 답변하심으로 중보기도하신다.

5. 그리스도께서는 모든 믿는 자들이 매일 실패를 경험함에도 불구하고 양심의 평안을 누리고, 은혜의 보좌 앞으로 담대히 나아가며, 그들의 인격과 봉사가 아버지께 받아들여지는 것을 얻어내심으로써 중보기도하신다.

Q56: How is Christ to be exalted in his coming again to judge the world?

A56: Christ is to be exalted in his coming again to judge the world, in that he, who was unjustly judged and condemned by wicked men, [1] shall come again at the last day in great power, [2] and in the full manifestation of his own glory, and of his Father's, with all his holy angels, [3] with a shout, with the voice of the archangel, and with the trumpet of God, [4] to judge the world in righteousness. [5]

(1) 행3:14,15 (2) 마24:30 (3) 눅9:26; 마25:31 (4) 살전4:16 (5) 행17:31.

<번역>

문: 그리스도 그분께서는 세상을 심판하러 다시 오실 때 어떻게 높아지시나요?

답: 그리스도 그분께서는 사악한 사람들로부터 부당하게 심판받고 정죄되셨는데, 마지막 날에 큰 권능으로, 그분 자신과 그분의 아버지의 영광의 완전한 현현으로, 그분의 모든 거룩한 천사들과 함께, 큰 함성 소리와 함께, 천사장의 호령과 함께, 그리고 하나님의 나팔소리와 함께, 공의로 세상을 심판하시기 위해 다실 오실 것이라는 점에 있어서 세상을 심판하러 다시 오실 때 높아지십니다.

<원문 이해의 키>

- **Christ is to be exalted in his coming again to judge the world.** 대교리문답은 그리스도께서 세상을 심판하러 다시 오실 때 높아지시는 일을, 미래에 분명히 일어나기로 되어 있는 사건임을 말해주는 be to 용법으로 정리해서 설명한다.
- **in that** 그리스도께서 세상을 심판하러 다시 오실 때 높아지실 것을 '~라는 점에 있어서'의 틀로 설명한다.
- **he shall come again at the last day in great power~** 그리스도께서 마지막 날에 세상을 심판하러 다시 오실 때의 상황을 다양한 부사구들을 통해 설명하는 방식으로 그리스도의 높아지심을 설명한다.

<원문대로 이해하고 구문대로 정리하기>

1. 최고의 심판자이신 그리스도께서는 사악한 사람들로부터 부당하게 심판받고 정죄되셨다.

2. 사악한 사람들로부터 부당하게 심판받고 정죄되셨던 그리스도께서는 마지막 날에 큰 권능으로 임하실 것이라는 점에서 세상을 심판하러 다시 오실 때 높아지실 것이다.

3. 사악한 사람들로부터 부당하게 심판받고 정죄되셨던 그리스도께서는 마지막 날에 자신의 영광을 완전히 드러내실 것이라는 점에서 세상을 심판하러 다시 오실 때 높아지실 것이다.

4. 사악한 사람들로부터 부당하게 심판받고 정죄되셨던 그리스도께서 다시 오시는 마지막 날에 아버지의 영광이 완전히 드러나실 것이라는 점에서 세상을 심판하러 다시 오실 때 높아지실 것이다.

5. 사악한 사람들로부터 부당하게 심판받고 정죄되셨던 그리스도께서는 마지막 날에 그분의 모든 거룩한 천사들과 함께 임하실 것이라는 점에서 세상을 심판하러 다시 오실 때 높아지실 것이다.

6. 사악한 사람들로부터 부당하게 심판받고 정죄되셨던 그리스도께서는 마지막 날에 큰 함성 소리와 함께 임하실 것이라는 점에서 세상을 심판하러 다시 오실 때 높아지실 것이다.

7. 사악한 사람들로부터 부당하게 심판받고 정죄되셨던 그리스도께서는 마지막 날에 천사장의 호령과 함께 임하실 것이라는 점에서 세상을 심판하러 다시 오실 때 높아지실 것이다.

8. 사악한 사람들로부터 부당하게 심판받고 정죄되셨던 그리스도께서는 마지막 날에 하나님의 나팔소리와 함께 임하실 것이라는 점에서 세상을 심판하러 다시 오실 때 높아지실 것이다.

9. 사악한 사람들로부터 부당하게 심판받고 정죄되셨던 그리스도께서는 마지막 날에 공의로 세상을 심판하실 것이라는 점에서 세상을 심판하러 다시 오실 때 높아지실 것이다.

Q57: What benefits hath Christ procured by his mediation?

A57: Christ, by his mediation, hath procured redemption,[1] with all other benefits of the covenant of grace.[2]

(1) 히9:12 (2) 고후1:20; 롬8:32; 고전1:30

<번역>

문: 그리스도께서는 자신의 중보사역에 의해 어떠한 은덕들을 얻으셨나요?

답: 그리스도께서는 자신의 중보사역에 의해 은혜언약의 모든 다른 은덕들과 함께 구속을 얻으셨습니다.

<원문 이해의 키>

- **benefits** 은덕들 (merit: 공로, virtue: 공덕)
- **mediation** 중보사역 (intercession: 중보기도)
- **procure** (수고해서) 얻다 (purchase: 취득하다, obtain: 획득하다)
- **Christ, by his mediation, has procured~** 그리스도께서 중보사역으로 얻으신 것을 현재완료 시제(has procured)로 표현하고 있다. 이러한 현재완료 표현은 그리스도께서 과거에 이미 완전히 무엇인가를 얻으셨으며, 그 결과가 현재까지 계속해서 영향을 미치고 있다는 의미를 담고 있다.

<원문대로 이해하고 구문대로 정리하기>

1. 그리스도께서는 자신의 중보사역으로 어떠한 은덕들을 얻으셨다.

2. 그리스도께서는 자신의 중보사역으로 구속을 얻으셨다.

3. 그리스도께서는 자신의 중보사역으로 은혜언약의 다른 은덕들을 얻으셨다.

4. 그리스도께서 자신의 중보사역으로 얻으신 구속과 은혜언약의 다른 은덕들은 지금도 여전히 유효하다.

5. 그리스도께서 자신의 중보사역으로 얻으신 구속과 은혜언약의 다른 은덕들은 그분께서 중보자의 직분을 마치는 그 순간까지 계속해서 유효할 것이다.

Q58: How do we come to be made partakers of the benefits which Christ hath procured?

A58: We are made partakers of the benefits which Christ hath procured,[1] by the application of them unto us, which is the work especially of God the Holy Ghost.[2]

(1) 요1:12 (2) 딛3:5,6; 요3:5,6; 16:7,8,14,15.

<번역>

문: 우리는 어떻게 그리스도께서 얻으신 은덕들의 참여자들이 되나요?

답: 우리가 그리스도께서 얻으신 은덕들에 참여자가 되는 것은 그것들을 우리에게 적용하는 일에 의해서인데, 이는 특히 성령님의 사역입니다.

<원문 이해의 키>

- How do we come to be made partakers of the benefits which Christ has procured? 이 문답은 우리가 그리스도께서 수고해서 얻어내신 은덕들에 참여자들이 되는 방법을 다루고 있다.

- be made partakers 사역동사 make의 수동태 표현이다. 여기서 수동태 표현은 우리가 참여자들이 되는 것이 우리의 능동적이고 자발적인 의지나 행동에 의한 것이 아니라, 외부의 어떤 힘에 의해 그렇게 되는 사건이라는 것을 말해준다. 그리고 이것이 단순한 수동이 아니라, 5형식 사역동사 make의 수동 표현인 것은 우리가 참여자들이 되는 것은 우리가 우리의 의지로 거부할 수 없는 강제적인 사건임을 분명히 밝혀준다.

- by the application of them unto us, which is the work especially of God the Holy Ghost. 수동태에서 'by+명사'는 그렇게 되게 만드는 외적인 동인이 있음을 말한다. 즉, 이는 우리가 그리스도께서 수고해서 얻어 내신 은덕들에 참여자들이 되는 것이 전적으로 그 은덕들이 우리에게 적용되는 일에 의한 것임을 밝혀주며, 그것이 특히 성령 하나님의 사역임을 알려 준다.

<원문대로 이해하고 구문대로 정리하기>

1. 우리는 그리스도께서 수고하여 얻으신 은덕들의 참여자들이 된다.

2. 우리는 우리 스스로의 의지나 힘으로는 그리스도께서 수고하여 얻으신 은덕들의 참여자들이 될 수 없다.

3. 그리스도께서 수고하여 얻으신 은덕들이 우리에게 적용될 때 우리는 그 은덕들의 참여자들이 된다.

4. 우리가 그리스도께서 수고하여 얻으신 은덕들의 참여자들이 되는 것은 전적으로 외부의 힘에 의해 그 은덕들이 우리에게 적용되기 때문이다.

5. 특히 성령 하나님의 사역으로 그리스도께서 수고하여 얻으신 은덕들이 우리에게 적용된다.

6. 우리는 그리스도께서 수고하여 얻으신 은덕들이 우리에게 적용되어 그 은덕들의 참여자들이 되는 것을 거부할 수 없다.

Q59: Who are made partakers of redemption through Christ?

A59: Redemption is certainly applied, and effectually communicated, to all those for whom Christ hath purchased it;[1] who are in time by the Holy Ghost enabled to believe in Christ according to the gospel.[2]

(1) 요6:37,39; 10:15,16; 엡1:13,14; 롬8:29,30 (2) 엡2:8; 고후4:13; 벧전1:2; 요3:36; 살후2:13.

<번역>

문: 누가 그리스도를 통한 구속에 참여자들이 되나요?

답: 구속은 그리스도께서 위해서 취득하신 모든 자들에게 확실하게 적용되고, 효과적으로 전달되는데, 그들은 때가 되면 성령에 의해 복음을 따라 그리스도를 믿을 수 있는 능력을 부여받게 됩니다.

<원문 이해의 키>

- **Who are made partakers of redemption through Christ?** 그리스도를 통한 구속의 참여자들이 되는 것을 5형식 사역동사 make의 수동태로 표현하고 있다. 자세한 설명은 58문답 <원문이해의 키>를 참고하라.

- **to all those for whom Christ has purchased it** '그리스도께서 위해서 그것을 취득하신 모든 자들에게'로, it은 구속(redemption)을 받는 대명사다. 이처럼 대교리문답은 '그리스도께서 구속을 취득하셨다'고 표현한다.

- **who are enabled to believe in Christ.** '그리스도를 믿을 수 있게 된다'는 뜻이다. 여기서 are enabled to는 능력을 부여받는다는 뜻이다. 그런데 이것을 단지 '믿을 수 있게 된다'로 번역하면, 허락(may)을 말하는 것이나, 가능성(can)을 말하는 것으로 오인될 여지가 있다. 따라서 이는 '그리스도를 믿을 수 있는 능력을 부여받게 됩니다'로 번역하는 것이 좋다.

<원문대로 이해하고 구문대로 정리하기>

1. 오직 그리스도께서만 구속의 참여자가 되는 통로가 되신다.
2. 그리스도께서는 오직 하나님께서 택하셔서 그분께 백성으로 주신 자들을 위해서만 구속을 취득하셨다.
3. 구속은 그리스도께서 위해서 취득하신 모든 자들에게 확실하게 적용된다.
4. 구속은 그리스도께서 위해서 취득하신 모든 자들에게만 확실하게 적용된다.
5. 구속은 그리스도께서 위해서 취득하신 모든 자들에게 효과적으로 전달된다.
6. 구속은 그리스도께서 위해서 취득하신 모든 자들에게만 효과적으로 전달된다.
7. 그리스도께서 위해서 구속을 취득하신 모든 자들은 때가 되면 그리스도를 믿을 수 있는 능력을 부여받게 된다.
8. 그리스도께서 위해서 구속을 취득하신 모든 자들은 성령에 의해 그리스도를 믿을 수 있는 능력을 부여받게 된다.
9. 그리스도께서 위해서 구속을 취득하신 모든 자들은 복음을 따라 그리스도를 믿을 수 있는 능력을 부여받게 된다.

구속

※ 구원, 구속, 그리고 구조

용어	영어표현	의미	해설
구원	Salvation	사망에서 생명으로	1. 영원한 사망에서 영원한 생명으로 옮겨진 것 2. 구원자가 택자들의 생명을 살림 3. 택자들이 죄책과 형벌에서 자유롭게 되고, 의인으로 인정받게 되므로 지옥에 가지 않고, 천국에 갈 수 있는 자격을 얻음 4. 구속과 구조를 모두 포함함.
구속	Redemption	빚을 청산 받음	1. 인간이 하나님께 죄에 대한 생명의 빚을 짐 2. 그리스도께서 기꺼이 택자들의 보증인이 되시기로 하시고, 하나님께서는 그리스도를 보증인으로 인정해 주심 3. 인간들은 죄의 빚을 지불할 능력이 없음 4. 인간들 중 택자들의 빚이 보증인인 그리스도께로 넘어감. 이것이 바로 택자들이 죄책이 그리스도께 전가되는 것. 반면에 보증인이 없는 유기자들은 지불 불능에 대한 책임을 스스로 저야 함 4. 택자들의 빚을 그들의 보증인 되신 그리스도께서 자신의 생명으로 모두 대신 갚아주심 5. 하나님께서 그리스도께서 자신을 대속물로 제공하시는 것을 택자들의 죄의 빚에 대한 합당한 값으로 인정하시고 받으심 6. 보증인이 모든 빚을 청산해 주셨기에 택자들은 하나님에 대한 죄의 빚에서 자유로는 상태가 됨. 즉, 구속자에 의해 모든 죄책과 형벌에서 자유롭게 됨 7. 지옥의 형벌을 면함
구조	Deliverance	세상에서 천국으로	1. 모든 인간은 전적으로 타락한 죄인 2. 그리스도께서 율법을 성취하시고 의를 획득하심 3. 이 의가 믿음을 통로(through faith)로 택자들에게 전가됨 4. 아직 여전히 죄인의 신분이지만, 하나님께서 신자들을 예수님과 같은 의인으로 인정해주시고 양자로 삼으심 5. 이들은 더 이상 세상이 아니라, 천국에 그 거처를 두게 됨. 즉, 사탄이 왕노릇 하는 세상에서 천국으로 구조됨 6. 천국 백성의 자격을 얻음

※ 죄의 문제가 해결되기 위한 세 가지의 필수조건

첫째 조건	형벌이 정당하게 치러져야 함	모든 죄에는 그에 합당한 벌이 있다. 죄의 문제가 해결되기 위해서는 죄에 합당한 벌이 정당하게 치러져야 한다. 이것이 죄에 대한 하나님의 작정이며, 하나님의 공의를 만족시키는 것이다. 이를 통해 하나님께서는 자신의 공의를 드러내신다(출34:7; 나1:2). 죄를 용서받는 것은 형벌이 감면되거나, 없어지는 게 아니다. 정당한 형벌을 받은 것이 인정되는 것이다.
둘째 조건	하나님의 진노가 사라져야 함	아무리 작은 죄라도 하나님의 진노를 피할 수 있는 죄는 없다. 왜냐하면 하나님께서 죄를 싫어하시기 때문이다. 죄에 대한 하나님의 진노는 그 죄에 합당한 형벌과 깊은 관련이 있다. 형벌의 크기는 하나님께서 그 죄를 얼마나 싫어하시는지를 보여준다. 그러나 공의의 하나님께서는 죄인이 합당한 형벌을 성실히 받게 되면 더 이상 그 죄에 대해서 같은 진노를 품지 않으신다. 형벌이 정당하게 치러지는 그 순간 하나님께서는 그 죄에 대한 진노를 완전히 거두신다.
셋째 조건	죄책이 없어져야 함	죄인이 자기의 죄에 대하여 합당한 형벌을 받게 되면, 그는 더 이상 그 죄에 대하여 책임을 지지 않아도 된다. 즉, 죄책에서 자유하게 된다. 그러나 형벌이 완수되었다고 하더라도 죄인이 자동적으로 그리고 온전히 죄책에서 자유로워지는 것은 아니다. 죄인이 죄책을 벗는 것은 형벌이 정당하고 성실하게 수행되었다는 것을 판사가 합법적으로 판결해 줄 때 비로소 가능해진다. 즉, 죄에 대한 유일한 재판장이신 하나님께서 죄책이 사라졌음을 공포해 주실 때 죄인은 그 죄의 문제에 있어서 자유롭게 된다.

※ 죄인이 구원받기 위한 두 가지 필수조건

	죄의 문제 해결	완전한 거룩함 획득
조건의 이유	죄의 삯은 사망이기에 생명에 이르기 위해서는 죄의 문제가 해결되어야 한다(롬6:23).	죄로 인해 모든 사람이 하나님의 영광에 이를 수 없게 되었다(롬3:23). 이를 해결하기 위해서는 율법의 요구를 이루고 거룩함을 회복하는 것뿐이다(롬8:4; 벧전1:15-16).
인간의 상태	어떤 사람도 자신의 죄의 문제를 스스로 해결할 수는 없다(잠20:9; 마16:26; 요일1:8).	본성이 타락한 인간은 그 누구도 하나님의 율법을 만족시킬 수 없다(롬8:3).
조건 성취의 주체	중보자 그리스도	중보자 그리스도
조건의 만족	그리스도께서 죄에 대한 형벌을 당하시고 구속 사역을 완성하심	그리스도께서 율법을 성취하심으로써 완전한 의를 획득하심
그리스도의 자세	수동적인 순종	능동적인 순종
적용 수단	믿음으로 그리스도의 구속을 수용하고 입으로 고백함	믿음으로 죄인임을 고백하고 그리스도의 의를 의지함

조건 성취의 유익들	1. 모든 택자들에게서 죄책과 하나님의 진노가 사라짐 2. 모든 택자들이 지옥의 형벌을 면함 3. 자신에게 주어진 구속의 유익을 확신하고 고백할 때 신자가 됨	1. 택자가 믿음으로 그리스도를 구주로 영접할 때 그리스도께서 획득하신 의가 전가되며, 이때 택자는 신자가 됨 2. 참 신자들은 하나님께 거룩한 자로 인정받음 3. 신자들이 천국을 보장받음

※ 택함 받은 자들에 대한 성자의 호칭들

성자의 호칭	주	예수	그리스도	임마누엘
성경의 설명	주인	자기 백성을 그들의 죄에서 구원할 자	기름부음을 받은 자	하나님이 우리와 함께 계시다
호칭의 의미	주권을 가진 자	자기 백성의 구원자	택자들의 중보자로서 선지자, 제사장, 왕의 직무를 수행하는 자	우리와 함께 계시는 분
택함 받은 자와의 관계	성자와 택함 받은 자의 신분, 주인과 종(servants)	성자가 인간으로 이 땅에 오신 목적, 택함 받은 자를 구원하기 위해	성자의 직무, 자기 백성(택함 받은 자들)을 구원하기 위해 성자께서 하시는 일	성자께서 일하시는 장소
택함 받은 자의 위치	종(servants)	성자의 백성	그리스도인 1. 그리스도의 도를 따르는 자 2. 직무를 맡은 자 3. 그리스도의 고난에 동참하는 자	성자와 동행 및 성자의 일에 참여

언약

※ 언약의 다섯 가지 구성요소

창조주 하나님과 인격적인 피조물인 인간과의 관계를 나타내는 가장 분명한 단어는 언약covenant이다. 이러한 언약은 기본적으로 계약의 개념을 전제한다. 계약의 가장 기초적인 의미는 쌍방이 합의하여 인준한 조약이다. 따라서 계약은 상호간 동등한 협상이다. 쌍방의 동의가 있어야만 성립하며, 쌍방 모두 거부권을 행사할 수 있다. 반면에 언약은 협상과는 다르다. 상호간 불균등한 조약이다. 권위를 가진 쪽에서 일방적으로 맺어버리는 것이다. 따라서 조약을 요구받는 쪽에서는 어떠한 거부권도 행사할 수 없다. 그들에게는 오직 언약의 조항을 지켜야 할 의무만 있을 뿐이다. 역사적으로 볼 때 이러한 조약은 주로 정복자와 피정복민과의 관계에서 맺어졌다. 이런 일방적인 조약인 언약은 보통 다섯 가지의 요소를 필수적으로 포함하고 있다. 그리고 언약 전문에서 각각의 요소들은 일반적으로 다음의 순서로 배치되어 있다.[1]

1	언약전문	언약을 체결하는 쌍방의 관계를 명시한다. 주로 언약을 요구하는 쪽의 지위와 권위를 부각시키는 내용이다. "나는 너를 애굽 땅, 종 되었던 집에서 인도하여 낸 네 하나님 여호와니라"(출20:2)에서 "네 하나님 여호와니라"가 여기에 해당한다.
2	역사서문	쌍방의 역사적인 관계를 기록한다. 특히 피정복자에 대한 정복자의 정당한 권위와 권리를 역사적으로 서술한다. "나는 너를 애굽 땅, 종 되었던 집에서 인도하여 낸 네 하나님 여호와니라"(출20:2)에서 "너를 애굽 땅, 종 되었던 집에서 인도하여 낸"이 여기에 해당한다.
3	의무사항	정복자의 요구사항이 구체적으로 기록된다. 십계명의 각 항이 여기에 해당한다.
4	제제사항	이 부분은 왕이 제시하는 의무사항에 따른 복과 저주의 내용을 다루는 부분이다. 언약을 성실히 수행할 때 왕으로부터 받게 되는 복과, 언약을 어겼을 때 감당해야 하는 벌에 대한 구체적인 조항들이다. 십계명 제2계명 뒤에 있는 "나를 미워하는 자의 죄를 갚되 아버지로부터 아들에게로 삼사 대까지 이르게 하거니와 나를 사랑하고 내 계명을 지키는 자에게는 천 대까지 은혜를 베푸느니라"와 제5계명 뒤에 있는 "그리하면 네 하나님 여호와가 네게 준 땅에서 네 생명이 길리라"가 여기에 해당한다.
5	언약인준	주로 동물의 피로 언약을 인준했다. 이는 언약을 파괴하는 자는 죽음으로 그 책임을 묻겠다는 왕의 굳은 의지를 말하는 것이다(창15:7-21). 이러한 차원에서 예수님께서 십자가에서 흘리신 피는 새 언약의 인준을 의미하는 것이다.

※ 행위언약과 은혜언약 한눈에 비교하기

	행위언약	은혜언약
체결시점	창조 직후, 타락 전	창조 전 (영원 전)
체결대상	하나님과 인간	성부와 성자
적용시점	창조 직후, 타락 전	타락 직후
현재상태	이미 파기되고 없음	재림의 때까지 유효함
교리분류	섭리(특별한 섭리)	작정 (예정)

---

1. R. C. Sproul, Essential Truths of the Christian Faith (Illinois: Tyndale House Pub., 1992), 71-72.

수행담당	아담 (인간)	그리스도
적용대상	전 인류	택자들
요구하는 의무	인간의 완전한 순종	중보자의 완전한 순종
인간의 참여	완전한 순종	믿음으로 고백
약속된 복	영원한 생명	영원한 생명
인간의 행위	영원한 생명의 조건이 됨	영원한 생명의 증거가 됨
언약파기	인간이 파기	파기할 수 없음/ 파기되지 않음

※ 아담과 하와에게 주어진 행위언약

아담과 하와는 행위언약을 통해 다른 피조물들과는 달리 하나님과 도덕적인 관계가 성립되었다. 행위언약은 하나님께 순종해야 할 의무가 있음을 말해준다. 여기서의 순종은 완벽하고 전적인 순종을 말한다. 따라서 언약의 조항 중 아무리 사소해 보이는 것 하나를 어겨도 그것은 행위언약을 어기는 것이 된다. 언약의 조항을 어기게 되면 그에 따른 책임과 벌이 있다. 아담과 하와는 언약 순종에 대한 일제의 보상을 요구할 권한이 없다. 언약의 내용 중에는 아담과 하와가 언약을 순종할 때 복을 받을 것이라는 약속이 포함되어 있다. 이것은 전적으로 언약의 체결자인 하나님의 자비이지, 행위에 대한 대가를 말하는 것이 아니다.

※ 행위언약과 그리스도의 구속

행위언약은 우리에게 그리스도의 구속이 절대적으로 필요함을 보여주는 근거가 된다. 그뿐만 아니라 이는 우리가 그리스도의 구속을 소망할 수 있는 기초가 된다. 행위언약이 그리스도의 필요성을 말하는 이유는 모든 사람이 아담과 함께 이 언약을 깨뜨렸고, 그 결과 모두가 다 하나님의 진노와 저주 가운데 놓였기 때문이다. 그 누구도 이 저주에서 자유로울 수 없다. 따라서 우리에게 그리스도의 구속은 절대적으로 필요하다. 또한 그리스도께서 행위언약을 완벽하게 성취하셨기 때문에 행위언약은 우리가 그리스도의 구속을 소망할 수 있는 기초가 된다.

아담 이후 이 땅에 생육법ordinary generation을 통해 태어난 사람들 중에 죄인이 아닌 사람은 하나도 없다. 모두가 다 행위언약을 어긴 죄 아래 있다. 그러나 예수 그리스도께서는 아담의 죄가 전달되고 죄책이 전가되는 방식인 생육법을 통해 태어나지 않으셨다. 그래서 그분께서는 우리와 같은 인간이시지만, 죄인은 아니셨다. 성령으로 잉태되어 동정녀의 몸에서 나심으로써 완전한 인간으로 태어나시면서도, 죄에서는 자유로운 분이셨다. 그랬기에 그분께서는 행위언약의 결과에서 자유로울 수 있으셨고, 심지어 그 언약을 성취할 수도 있으셨다. 예수 그리스도께서는 자신의 선한 행위를 통해 천국으로 갈 수 있는 자격을 가진 유일한 인간이셨다. 그뿐만 아니라 그분께서는 이를 통해 우리에게도 천국에 갈 수 있는 길을 열어주셨다. 우리에게도 천국에 갈 수 있는 자격을 부여해 주셨다. 그리스도께서는 몸소 선행을 행하심으로 행위언약을 성취하셨다. 율법을 완성하셨고, 이에 합당한 의를 획득하셨다. 그리스도께서 획득하신 의는 믿음을 통해 우리에게 전가된다. 이것이 바로 그리스도께서 행하신 선행을 통해 우리가 천국에 갈 수 있게 되는 방법이다.

그렇다면 우리가 천국에 갈 수 있는 조건은 무엇인가? 그것은 다름 아닌 선행이다. 우리도 그리스도처럼 선행을 조건으로 천국에 간다. 그런데 여기서 분명히 해야 할 것이 있다. 우리의 구원의 조건이 되는 선행이 누구의 선행인가 하는 점이다. 우리는 분명 행위언약을 지킨 그 선행을 조건으로 천국에 갈 수 있는 권한을 얻는다. 그러나 그 선행은 우리의 선행이 아니다. 그것은 그리스도의 선행이다. 그리스도께서 우리 대신에 그리고 우리를 위해서 행하신 선행이다. 그리스도께서 만족하신 선행이라는 조건을 우리가 믿음을 통해 누리는 것이다. 요약하자면, 우리가 천국에 갈 수 있는 조건은 그리스도의 선행이고, 우리가 천국에 갈 수 있는 통로는 믿음이다.

※ 은혜언약을 통해 택자들에게 약속하신 것들[2]

비참함에서 구원하실 것을 약속	복 주실 것을 약속
1. 모든 죄에서 구원 - 모든 죄를 다 용서하심(렘33:8) - 다시는 죄를 기억하지 않으심(렘31:34; 사 43:25; 사44:22) 2. 진노에서 구원(살전1:10) 3. 저주에서 구원(갈3:13) 4. 육신적인 환란과 죽음에서 구원(호13:14) 5. 마귀의 권세에서 구원(행26:18) 6. 죄의 지배에서 구원(롬6:14) 7. 영원한 정죄에서 해방(롬8:1)	1. 자신을 내어주심(창17:7; 렘31:33, 하나님; 애 3:24, 기업; 시73:25,26, 반석, 분깃) 2. 자기 영을 주심(겔36:27; 욜2:28; 갈4:6) 3. 우리의 벗이 되어주심(약2:23; 요15:14; 고후 6:18) 4. 평안을 주심(사54:13; 롬14:17) 5. 거룩하게 하심(시110:3) 6. 은혜와 사랑으로 지키시고 보호하심(렘32:40; 롬8:35) 7. 영원한 복락을 주심(요10:28; 마25:34)

※ 은혜언약 안에서 택자들이 동의한 외적인 약속들

	외적인 약속	관련성경구절
1	하나님께 영광	값으로 산 것이 되었으니 그런즉 너희 몸으로 하나님께 영광을 돌리라(고전 6:20).
2	예배하는 삶	그러므로 형제들아 내가 하나님의 모든 자비하심으로 너희를 권하노니 너희 몸을 하나님이 기뻐하시는 거룩한 산 제물로 드리라(롬12:1).
3	경건한 삶	망령되고 허탄한 신화를 버리고 경건에 이르도록 네 자신을 연단하라(딤전 4:7).

※ 새 언약

하나님께서는 아담과 하와에게 행위언약과 은혜언약을 제공하셨다. 그뿐만 아니라 그 이후에도 그들의 후손들과 계속해서 언약을 맺으셨다. 노아와 언약을 맺으셨고창9:8-17, 아브라함과 언약을 맺으셨고창15장, 출애굽한 이스라엘 백성들과 시내산에서 언약을 맺으셨으며출19-24장, 다윗과도 언약을 맺으셨다삼하7장; 시89:1-37. 또 선지자 예레미야를 통해서는 자기 백성들과 언약을 맺으실 것을 약속하시며 이를 '새 언약'이라고 말씀하셨다렘31:31. 예수님을 통해서도 새로운 언약이 맺어졌다. 예수님께서 십자가에서 흘리시는 피는 언약의 피였다. 그래서 예수님께서는 이를 기

---

2. 빌헬무스 아 브라켈, 『그리스도인의 합당한 예배』, 1권, 김효남, 서명수, 장호준 역, (서울: 지평서원, 2019), 791-97.

념하는 성찬의 잔을 '새 언약'이라고 하셨다 고전11:25.

그렇다면 은혜언약이 배포된 후에 하나님께서 아담과 하와의 후손들과 맺으신 언약들은 은혜언약과 어떠한 관련이 있나? 은혜언약과 상관없이 새롭게 제공된 언약들인가? 즉, 은혜언약과 동등한 권위를 가진 새로운 언약들인가? 아니면, 은혜언약의 부족한 부분을 채워주는 내용인가? 아담과 하와의 후손들과 추가적으로 언약을 맺으므로 다소 부실했던 은혜언약의 내용을 보강하는 차원의 언약들인가? 그것도 아니면, 아담과 하와가 살았던 때보다 문화가 발전하면서 그에 걸맞은 언약들의 필요에 따른 하나님의 조치인가? 성경에서 '새 언약'이라는 이름으로 제공되는 언약들은 우리가 어떻게 이해해야 하는가? 하나님께서 이전의 언약인 행위언약과 은혜언약을 완전히 갈아엎으시고, 이전과는 다른 새로운 언약을 제공하신다는 말인가?

그렇지 않다. 은혜언약 이후에 하나님께서 아담과 하와의 후손들과 체결하신 언약들은 모두 은혜언약과 동일한 언약이다. 단지 그 언약의 적용방식이 다를 뿐이다. 즉, 은혜언약 이후에 맺어진 모든 언약은 동일한 언약의 새로운 시행방식을 나타내는 표인 것이다. 이러한 차원에서 은혜언약의 배포 이후에 성경에 언급된 모든 언약들은 각각 다양한 시대와 문화에도 은혜언약이 계속해서 적용된다는 사실을 더욱 분명히 드러내준다고 할 수 있다. 은혜언약이 '새 언약'인 것은, 그 내용이 새로운 것이 아니라, 이를 통해 언약을 맺은 하나님의 백성들이 새로워지기 때문이다. 즉, 새로운 내용의 언약이 아니라, 백성들을 새롭게 하는 언약이라는 뜻이다.

성자 예수님
※ 성부가 성자에게 제시한 은혜언약의 여섯 가지 조건

은혜언약은 영원 전에 성부와 성자께서 택자들에 대해 협의하신 언약을 말한다. 성부께서는 성자와 은혜언약을 체결하시면서 성자에게 다음의 조건들을 성취할 것을 명하셨다. 그리고 성자께서는 성부의 명령에 온전히 순종하심으로써 이 조건을 만족시킬 것에 동의하셨다.

	조건의 세 가지 틀	여섯 가지 조건
1	중보자의 조건에 관해	죄 없는 참 인간
		임마누엘의 참 신
2	십자가 사역에 관해	택자들의 죄책 감당
		택자들의 형벌 감당
3	구속에 합당한 의에 관해	율법의 성취를 통한 의 획득
		획득한 의를 택자들에게 적용

성부께서 성자에게 제시하신 이 여섯 가지의 조건을 성자께서는 성실히 수행하셨을 뿐 아니라, 그 조건의 요구를 모두 만족시키셨다. "그는 근본 하나님의 본체시나 하나님과 동등됨을 취할 것으로 여기지 아니하시고, 오히려 자기를 비워 종의 형체를 가지사 사람들과 같이 되셨고 사람의 모양으로 나타나사 자기를 낮추시고 죽기까지 복종하셨으니 곧 십자가에 죽으심이라"빌2:6-8, "아버지께서 내게 하라고 주신 일을 내가 이루어 아버지를 이 세상에서 영화롭게 하였사오니"요17:4, 그리고 예수님께서 십자가에 달리셔서 운명하시기 직전에 마지막으로 "다 이루었다"요19:30라고 말씀하신 것들은 성부께서 은혜언약을 통해 성자에게 제시하신 것을 성자께서 모두 완벽하게 만족시키셨다는 것을 분명히 보여준다.

※ 은혜언약을 통해 성자께서 성부께 요구하시는 것

성부와 성자께서 맺으신 은혜언약에는 성부께서 성자에게 제시하신 조건들뿐 아니라, 성부께서 성자에게 약속하신 것들도 있었다. 성부께서 성자에게 제시하신 조건을 한 단어로 요약하면 '고난'이라 할 수 있다. 반면에 이 고난에 대하여 성부께서는 성자에게 '영광'을 약속하셨다. "이러므로 하나님이 그를 지극히 높여 모든 이름 위에 뛰어난 이름을 주사 하늘에 있는 자들과 땅에 있는 자들과 땅 아래 있는 자들로 모든 무릎을 예수의 이름에 꿇게 하시고 모든 입으로 예수 그리스도를 주라 시인하여 하나님 아버지께 영광을 돌리게 하셨느니라"빌2:9-11 이 말씀이 바로 은혜언약의 조건을 만족시키심으로 성부로부터 약속된 영광을 받으신 성자의 모습을 잘 나타내준다.

그런데 성자께서 이 약속된 영광을 수용하심에 있어서 우리가 분명히 알아야 할 것은 성부께서 약속하신 영광을 취하심에 있어서 성자께서는 결코 수동적으로만 반응하지 않으셨다는 점이다. 성부께서 약속하셨으니 당연히 알아서 해 주실 것이라는 식으로 결과만 기다리신 것이 아니란 말이다. 성자께서는 성부께서 약속하신 영광을 위해 적극적으로 그 약속에 참여하셨다. 성자께서는 성부께서 제시하시는 조건과 그에 따른 약속에 동의하셨다. 이렇게 해서 언약이 성사되었다. 이러한 이유로 성자께서는 성부께서 제시하신 조건을 만족시켜야 하는 의무를 가지심과 동시에 성부의 약속을 기대할 수 있게 되었다. 그뿐만이 아니었다. 이 언약에는 성자께서 성부께 약속하신 영광을 요구할 수 있는 권한까지도 포함되어 있었다. 성자께서 이 땅에서 은혜언약의 조건들을 성취하시면서 기쁨으로 모든 고통을 감내하시고 견뎌낼 수 있으셨던 것이 바로 이 때문이다. "그는 그 앞에 있는 기쁨을 위하여 십자가를 참으사"히12:2가 이를 잘 나타내준다.

성자께서는 성부께서 제시하신 조건을 만족시키기 위해 모든 조건에 적극적으로 순종하셨다. 그와 동시에 성자께서는 언약을 통해 성부께서 약속하신 것을 실행해 주실 것을 적극적으로 요구하셨다. "아버지께서 내게 하라고 주신 일을 내가 이루어 아버지를 이 세상에서 영화롭게 하였사오니, 아버지여 창세전에 내가 아버지와 함께 가졌던 영화로서 지금도 아버지와 함께 나를 영화롭게 하옵소서"요17:4,5를 보면 성자께서 성부께 약속을 지켜 주실 것을 적극적으로 요구하고 계심을 잘 알 수 있다.

그러나 성자께서 은혜언약의 약속 성취를 언급하시면서 성부께 이런 요구를 한 것은 단지 자신의 영광만을 추구한 것은 아니었다. 성자께서는 성부께서 택해서 자신에게 주신 자들을 위해서도 약속의 성취를 요구하셨다. "아버지여 내게 주신 자도 나 있는 곳에 나와 함께 있어 아버지께서 창세전에 나를 사랑하시므로 내게 주신 나의 영광을 그들로 보게 하시기를 원하옵나이다"요17:24에 이러한 내용이 잘 드러나 있다. 이를 통해 우리가 분명히 알 수 있는 것은 성자께서는 자신이 은혜언약의 조건을 모두 만족하고 약속한 영광을 받으실 때 택자들 또한 그 영광에 함께 동참할 수 있기를 성부께 요구하고 계신다는 것이다.

이를 통해 우리는 성부와 성자께서 은혜언약을 체결하실 때부터 성자께서 장차 받게 될 영광에 택자들 또한 함께 참여하게 되도록 협의되어 있었음을 알 수 있다. 이는 다음의 다섯 가지로 정리될 수 있다. 첫째, 성부와 성자 사이의 은혜언약 안에는 택자들에 관한 내용도 함께 들어 있었다. 둘째, 은혜언약 안에서 택자들은 조건이 아니라 약속을 받았다. 셋째, 이 약속은 성자께서 성부께 받은 조건을 만족시키면 성취된다. 넷째, 이 약속의 내용은 성자께서 받으실 영광에 함께 참여하는 것이다. 다섯째, 성자께서는 성부께 자신에게 약속된 것뿐만 아니라, 택자들에게 약속하신 것도 성취해주실 것을 요구하셨다.

※ 죄에 대한 인간의 빚에 있어서 성부, 성자, 그리고 인간의 관계

이 땅의 모든 사람은 하나님께 죄의 빚을 지고 있다. 따라서 죄에 관하여 성부는 채권자가 되고, 모든 인류는 채무자가 된다. 그런데 성부와 채무의 관계를 가진 모든 사람들 중에 택자들의 경우는 성자가 그들의 보증인이 되신다. 채무의 보증이 되신 성자가 택자들의 빚을 모두 갚아 주시므로, 그들이 죄의 빚에서 자유로워진다. 이러한 이유로 성자가 우리의 구속자redeemer인 것이다.[3]

성부	채권자
성자	택자들의 보증인
인간(택자와 유기자)	채무자

중보자 그리스도

※ 예수님께서는 꼭 여자에게서 태어나시는 방법으로 인간이 되셔야만 했나?

예수님께서는 택자들의 중보자 자격으로 이 땅에 오셨다. 이렇게 오신 예수님께서는 자신이 맡은 중보자의 일을 성실히 수행하셨고, 그 일을 완벽히 성취하셨다. 예수님께서 자신이 맡은 중보자의 일을 완수하실 수 있었던 것은 자신을 보낸 아버지의 뜻에 온전히 순종하셨기 때문이다. 그런데 누군가가 자신이 맡은 일을 수행함에 있어서 단지 맡긴 자의 뜻에 따라 성실하게 임한다고 해서 그 일을 항상 완수해 낼 수 있는 것은 아니다. 일을 맡은 자가 그 일을 감당할 자격과 능력이 될 때 비로소 그의 성실함은 빛을 발할 수 있다.

---

3. 영어에서 'redeemer'의 사전적 의미는 '저당된 물건을 되찾는 사람'이다. 따라서 그리스도께서 우리를 속량 (to redeem)하신 다는 것은 죄로 인해 사망에 저당 잡혀 있는 우리를 합당한 대가를 지불하고 다시 찾아오신 다는 뜻이다. 이 때 지불된 대가인 '속전'이 바로 그리스도의 목숨이다.

예수님의 중보자 사역도 마찬가지다. 예수님께서 중보자로서 맡은 일을 완수하실 수 있었던 근본적인 이유는 그분께서 중보자로서 자격과 능력이 충분했기 때문이었다. 이 땅에서 택자들의 중보자가 갖춰야 할 필수 자격은 '참 신이며, 동시에 참 인간인데, 죄는 없으신 분'이다. 참 신이신 성자께서는 참 인간이시지만 죄 없는 몸으로 이 땅에 오심으로써 중보자의 자격을 완벽히 갖추시고 그 사역을 감당하셨다. 이러한 이유로 그리스도의 중보자 사역이 완벽히 성취될 수 있었던 것이다.

그런데, 여기서 우리가 한 가지 더 생각해 볼 것이 있다. 하나님의 보내심을 받아 이 땅에 죄 없는 참 인간으로 예수님께서 오신 것은 분명 사실이다. 예수님께서는 인간의 온전한 몸과 이성적인 영혼을 취하심으로써 완전한 인간으로 이 땅에 오셨다. 원죄가 전달되고 죄책이 전가되는 방식인 생육법이 아닌 신비한 방식으로 출생하심으로써 죄 없으신 인간으로 이 땅에 오셨다.[4]

이를 통해 그리스도께서는 이 땅에 온 인류 중 유일하게 중보자로서의 자격을 갖춘 분이 되셨다. 그렇다면 그리스도께서는 중보자로서 자격을 갖추시기 위해 '죄 없는 인간'으로 이 땅에 오시면서 왜 굳이 여자의 몸을 통해서 오신 것일까?갈4:4

중보자로서의 조건을 갖추기 위해 하나님께서 예수님을 이 땅에 '죄 없는 인간'으로 보내시는 방법은 여러 가지가 가능했을 것이다. 아담을 창조하셨듯이 하나님께서 특별한 한 인간을 창조하실 수도 있었을 것이다. 아니면 부활하신 예수님께서 제자들 앞에서 승천하실 때의 모습처럼 이미 죄 없는 온전한 인간의 몸을 입으시고 하늘로부터 내려오실 수도 있었을 것이다. 만일 예수님께서 이러한 방법으로 이 땅에 오셨다면 여인의 몸을 통해 출생하는 것보다 훨씬 신비한 장면을 연출하실 수도 있었을 것이다. 그뿐만 아니라 이 땅의 사람들에게도 좀 더 강한 인상을 줄 수도 있었을 것이다. 이를 통해 이 땅에 오신 예수님께서 온전한 인간이면서 동시에 신적인 본성 또한 동시에 갖고 계신 분이심을 더 선명하게 드러내실 수도 있었을 것이다.

그런데 하나님께서는 예수님을 이 땅에 여자의 몸을 통해서 태어나게 하셨다. 그것도 낮고 천한 상태에서 태어나게 하셨다. 왜 예수님께서는 이러한 출생의 방법으로 우리에게 오신 것일까? 첫째, 이는 언약의 성취다. 하나님께서 죄 범한 아

---

4. WFC 8, WSC 22, WLC 37, BC 18, HC 35.

담과 하와에게 주신 은혜언약이 성취되었다는 것을 보여준다창3:15. 하나님께서 약속하신 대로 사탄의 머리를 깰 구주가 여인을 통해서 오신 것이다. 이러한 이유로 예수님께서는 하나님께서 약속하신 대로 여인의 후손으로 오신 것이다. 예수님께서 여인의 몸에서 태어나시는 것은 그 자체가 하나님의 뜻이고, 그 뜻이 성취된 것이다. 즉, 하나님께서는 자신의 아들을 이 땅에 보내시는 방법을 통해서 자신이 언약에 신실하신 분이심을 증명하신 것이다.

둘째, 이는 그리스도께서 언약의 보증이시라는 것을 나타낸다히7:22. 언약을 성취하실 분이 예수 그리스도시라는 것을 나타내는 증거가 된다는 것이다. 예수님의 이 땅에서의 생애는 출생부터사7:14 시작해서, 고난당하시고사53:4-6, 묻히시고마12:39-40, 부활하시고마16:21; 요12:19-22, 승천하시는 것사52:13까지 어느 하나도 하나님께서 언약 속에서 예언하신 것에서 벗어난 것이 없었다. 이러한 예수님의 생애는 그 자체로 예수님 자신이 언약의 보증이 되는 바로 그분이심을 분명히 증명해 준다.

예수님께서 자신의 출생을 포함해 일생을 통해 스스로 증명하신 언약의 보증인으로서의 자격은 신자로 하여금 부활하셔서 승천하신 그리스도께서 성경에서 약속하신 대로 현재 하늘 보좌 우편에 앉아 계시다는 것과시110:1 앞으로 세상을 심판하러 다시 오실 것이라는 것행17:31 역시 분명한 사실임을 믿음으로 받아들이게 한다. 다시 말해, 예수 그리스도께서 여자의 몸에서 태어나심으로써 자신이 언약의 보증임을 증명하신 것은, 신자로 하여금 지금도 여전히 하늘 보좌 우편에서 우리를 통치하고 계신 그리스도를 바라보게 하며, 또한 그분께서 앞으로 다시 오셔서 영원한 생명을 선언해 주실 것을 간절히 소망하게 한다.[5]

이와 더불어 그리스도께서 여인의 몸에서 태어나신 또 한 가지의 이유는 죄인인 인간과 동일한 본성을 가진 존재로 그분께서 오셔야 했기 때문이다. 앞서 언급했듯이 하나님께서는 분명 아담을 창조하시듯 그리스도를 죄 없는 인간으로 창조하셔서 이 땅에 보내실 수도 있었고, 신령한 방법으로 그리스도께 몸을 입히셔서 이 땅에 내려보내실 수도 있었다. 그러나 만일 하나님께서 그리스도께 이러한 방식으로 육체를 입히셨다면 그리스도께서는 결코 죄 범한 인류와 동일한 본성을 가진 사람이 되실 수 없게 된다. 죄 없는 몸을 가진 인간일 수는 있어도, 죄를 짓는 본

---

5. WCF 33.

성을 가진 인간의 몸은 될 수 없다는 것이다.

그리스도께서 이 땅에 오신 이유는 죄 범한 인간의 중보자가 되시기 위함이셨다. 특히, 택자들의 죄책을 감당하시고, 그들을 위해 율법을 성취하시는 것이 그리스도께서 이 땅에서 담당하신 일이었다. 이를 위해 그리스도께서는 죄 없는 온전한 인간으로 이 땅에 오셔야만 했다. 그런데, 여기서 온전한 인간이란 죄 범한 인간과는 다른 본성의 완벽한 인간을 말하는 것이 아니다. 온전한 인간은 죄 범한 인간과 동일한 본성을 가진 참 인간을 말하는 것이다. 그래야만 그리스도께서 택자들의 보증이 되실 수 있기 때문이다. 다른 본성을 가진 인간이라면 그들의 보증이 될수 없기 때문이다. 결국 예수 그리스도께서는 죄 범한 인간과 동일한 본성을 가진 인간으로 태어나시기 위해 여인에게서 태어나셔야만 했던 것이다.

마지막으로 예수 그리스도께서 여인에게서 태어나신 것은 하나님께서 이 땅에 창조하신 인류는 오직 하나라는 사실을 더욱 분명히 해 준다. 하나님께서는 하와를 창조하실 때 아담과 같은 방식으로 새롭게 흙을 빚어서 만들지 않으시고, 아담의 갈비뼈를 취하셔서 만드셨다. 이는 하나님께서 아담과 하와라는 두 인류를 창조하신 것이 아니라, 아담이라는 한 인류를 창조하시고, 그 인류 안에서 하와를 만드셨다는 것을 의미한다. 이러한 이유로 하나님께서 최초에 창조하신 인류는 오직하나다. 그리고 하나님께서는 이렇게 창조된 한 인류를 생육법을 통해 이 땅에서그 수를 더해가도록 작정하셨다. 따라서 이 땅에 오고 오는 모든 사람들은 그 세대만 다를 뿐 모두 한 혈통 속에 있는 한 인류에 속하게 되는 것이다.[6]

그리스도께서 여인에게서 태어나신 것도 이와 밀접한 관련이 있다. 그리스도께서 이 땅에 온전한 사람으로 오셨다는 것은 그분 또한 하나님께서 창조하신 한 혈통을 가진 인류의 구성원으로 이 땅에 오셨음을 의미한다. 만일 그리스도께서 인류의 후손으로 태어나지 않으시고 특별한 방법으로 이 땅에 출현하셨다면, 이 땅에 새로운 인류가 하나 더 생기는 것이 되기 때문이다. 이렇게 되면 그리스도께서이 땅에 계셨던 기간 동안은 이 땅에 두 종류의 인류가 존재한 것이 되며, 현재 하늘 보좌 우편에 앉아 계신 그리스도께서도 인류와는 다른 인성을 가진 분이시라는의미가 된다. 하나님께서는 오직 한 인류만 창조하셨다. 그리고 그리스도를 이 땅

6. 정두성, 『키워드 카테키즘』 (서울: 세움북스. 2019), 47.

에 보내실 때도 자신이 창조하신 그 한 인류 안으로 그분을 보내셨다. 하나님께서 그리스도를 한 인류 안으로 보내신 방법이 바로 여인에게서 태어나게 하시는 것이었다. 이러한 이유들로 예수님께서는 꼭 여자에게서 태어나시는 방식으로 인간이 되셔야만 했던 것이다.

※ 한 인격 안에 두 본성이 어떻게 가능한가?

그리스도라는 이름은 '기름부음을 받은 자'라는 뜻이다. 여기서 기름부음이란 특수한 직무를 부여받았다는 의미다. 특히 성경에서 기름부음을 받았다는 말은 선지자, 제사장, 왕의 직무를 부여받았다는 의미로 사용된다. 성자께서 그리스도로 불리시는 것은 그분께서 성부께로부터 이 땅에서의 선지자, 제사장, 왕의 직무를 부여받으셨기 때문이다. 이를 역으로 생각하면 성자께서는 이 땅에서 선지자, 제사장, 왕의 직무를 부여받는 순간 그리스도가 되셨다고도 할 수 있다.

따라서 우리가 보통 성자를 그리스도로 부를 때는 그분께서 성부와 함께 계셨던 영원의 때가 아니라, 선지자, 제사장, 왕의 직무를 부여받고 택자들의 중보자로 사역을 시작하신 이후부터의 그분의 행보를 다룬다는 것을 의미한다. 특히, 성육신하신 이후의 성자를 말하는 것이다. 오직 신성만 가지셨던 성자가 아니라, 신성은 물론 인성도 함께 가지고 계신 성자를 말하는 것이다. 그리스도의 한 인격 안에는 두 본성이 함께 있다. 신성과 인성이 함께 있다. 원래 성자께서는 신적인 위격만 가지신 분이셨다. 그런데 그분께서는 성육신하시면서 한 위격 안에 신성뿐만 아니라 인성도 함께 갖게 되셨다. 이렇게 성육신을 통해 신성과 인성을 동시에 갖게 되신 예수님께서 기름부음을 받으시고 주와 그리스도가 되신 것이다^{행2:36}.

그렇다면 그리스도께서는 어떻게 신성과 인성을 같이 가질 수 있으셨나? 또한 성자의 신성과 인성은 서로 어떠한 방식으로 공존하고 있나? 이 질문들에 대한 답을 찾기 위해서는 먼저 분명히 해야 할 것이 하나 있다. 그리스도 안에 신성과 인성이 공존한다는 것을 그리스도께서 신적인 인격뿐만 아니라 인간적인 인격 또한 갖고 계시다는 것으로 이해해서는 안 된다. 그리스도 안에 두 인격이 있어서 어떨 때는 신적인 인격이 작용하고, 또 다른 상황에서는 인간적인 인격이 작용하는 것이라고 이해해서는 안 된다. 그리스도께서는 신성과 인성의 두 본성을 갖고 계시지만 여전히 한 인격이시다. 그래서 이를 한 인격 안에 두 본성이라고 표현하는 것이다.

또한 그리스도께서 원래 가지고 계셨던 신성의 한 부분을 인성의 자리에 내주시는 방식으로 신성과 인성을 동시에 갖게 되신 것도 아니다. 즉, 인성을 갖기 위해 신성의 반을 포기하고, 그렇게 만들어진 반의 자리를 반쪽짜리 인성으로 채운 것도 아니다. 그뿐만 아니라 신성 안에 인성이 들어오는 순간 그 둘이 혼합되어 독특하고 신비한 새로운 하나의 성품이 생성된 것도 아니다. 물론 성자께서 성육신하시면서 신성이 인성으로 바뀌지만, 신성이 완전히 사라지지 않고 그 흔적이 남아 있기에 성육신 안에 신성과 인성이 공존하게 되었다고 보는 것 또한 잘못된 생각이다.

그렇다면 그리스도께서는 어떤 방식으로 한 위격 안에서 두 본성을 갖게 되었나? 그것은 바로 '취하심by taking'이다. 그리스도께서는 취하시는 방식으로 한 위격 안에 두 본성을 갖게 되셨다. 성자의 본래적인 본성은 신성이다. 다시 말해 성자께서 기본적으로 갖고 계신 본성이 신성이라는 것이다. 이 신성의 인격이 인성 또한 갖게 된 방법이 바로 인성을 취하시는 것이었다. 성자께서 인성을 취하심으로 신성과 인성의 두 본성을 가진 한 인격이 되신 것이다.[7]

그럼 그리스도께서는 어떻게 인성을 취하셨는가? 그리스도께서는 인간의 참된 몸과 이성적인 영혼을 취하시고 여자의 몸에서 인간으로 출생하시는 방법을 통해 온전한 인성을 갖게 되셨다.[8] 즉, 성육하실 때 온전한 인성을 취하심으로써 한 인격 안에 신성과 인성을 함께 갖게 되신 것이다. 참고로, 그리스도께서 여자의 몸에서 출생하심으로써 취하신 인성은 하나님을 대항해 죄를 지은 바로 그 인성이다. 그럼에도 불구하고 그리스도께서는 아담의 다른 후손들과는 달리 원죄에서는 자유로우신 몸으로 태어나셨다. 원죄가 전가되는 방식인 생육법을 통하지 않고, 성령으로 잉태되시고 처녀에게서 나시는 신비한 출생을 통해 죄 없는 온전한 인성을 취하셨다.

그렇다면 한 인격이신 그리스도 안의 신성과 인성은 서로 어떠한 방식으로 함께 존재하는가? 솔직히 우리는 이를 정확하게 알 수가 없다. 따라서 그리스도의 신

---

7. 헤르만 바빙크, 『개혁교의학』 제3권, 박태현 옮김 (서울: 부흥과 개혁사, 2014), 335.
8. WCF 8, WSC 22, WLC 37, HC 14, BC 26.

성과 인성이 서로 어떻게 존재하는지 단정해서 말할 수는 없다. 왜냐하면 이 연합이 영적인 연합이기 때문이다. 우리의 이해를 넘어서는 신비한 연합이기 때문이다. 그리스도의 신성과 인성의 연합에 대해 우리가 말할 수 있는 방식은 오직 이 연합은 한 위격 안에서 전환도, 합성도, 혼합도 없는 불가분리한 결합이라는 것뿐이다.[9] 이러한 방식을 통해 그리스도께서는 참 신이시며, 동시에 참 인간이신데, 죄는 없으신 분이 되셔서 중보자의 완벽한 조건을 갖추신 것이다.

※ 한 인격 안의 두 본성의 연합을 어떻게 설명해야하나?

그리스도께서 가지신 두 본성의 관계는 그리스도의 본질에 관한 부분으로 기독교의 교리의 핵심 중의 핵심이다. 이 문제는 이 땅의 교회를 최초의 공의회Council로 모은 주요 주제가 될 만큼 중요한 사항이다. 그리스도의 한 인격 안에서의 신성과 인성의 위격적 연합은 325년 제1차 니케아 공의회에서 처음 거론되어, 계속된 논의 끝에 451년 제4차 칼케돈 회의에 가서야 비로소 정리되었다. 그리스도에 관해 칼케돈 회의에서 정리된 사항의 핵심은 크게 두 가지인데, 하나는 중보자로서 그리스도의 자격에 관한 것이고, 나머지 하나는 그리스도의 한 격person 안에 두 본성이 서로 어떠한 방식으로 존재하느냐 하는 것이다.

이 회의에서 정리한 그리스도의 중보자로서의 자격은 '참 사람이시며, 동시에 참 인간이신데, 죄는 없으신 분'이다. 이처럼 칼케돈 회의는 그리스도의 중보자 자격에 대해서 간략하면서도 명료한 정의를 내렸다. 따라서 우리는 이 정의에 따라 그리스도를 이해하면 될 뿐만 아니라, 이 정의에 어긋나게 중보자에 대해 말하는 것들은 그 어떤 표현이든지 배격하면 된다. 그런데 칼케돈 회의에서 그리스도 한 분 안에서 신격과 인격이 결합하는 방식에 관해 정리한 방법은 그리스도의 중보자 자격에 대한 정리와는 그 방법에 있어서 많은 차이가 있다. 이 문제에 관해 이 회의에서 정리한 방법은 신격Godhead과 인격manhood의 결합을 이해함에 있어서 우리가 잘못 생각할 수 있는 요소들을 제거해 나가는 것이었다. '우리의 표현으로 정확하게 말할 수는 없지만, 이런 것이 아닌 것은 분명해'라는 식이다. 이러한 방식으로 이들이 표현한 그리스도 한 분 안의 두 본성은 '서로 혼합되지도 않고without

---

9. WCF 8.2.

composition, 혼동되지도 않고without confusion, 분리되지도 않고without separation, 변화되지도 않는다without conversion'라는 것이었다. 그리고 이 주제에 관한 이 회의의 설명 방법은 현재 장로교 교리 표준인 웨스트민스터 신앙고백서에서도 동일하게 따르고 있다.[10]

그렇다면 왜 교회는 그리스도 한 분 안에서의 신격과 인격의 결합을 단정적으로 설명하지 않고, 이렇게 부정적인 표현의 방식을 사용해서 설명하는 것일까? 그것은 인간으로서는 이 방식 외에 이 주제를 설명할 수 있는 마땅한 방식이 없기 때문이다. 그리스도 안에서 두 본성divine nature and human nature은 영적으로 연합되어 있다. 그리고 그 연합은 신비적이다. 그 연합이 분명 실제적이기는 하지만 그 방식이 영적이고 신비적이기 때문에 인간은 근본적으로 그것을 이해할 수 없다. 그래서 많은 이들이 이 주제를 믿음의 영역이지 이해의 영역이 아니라고 말하는 것이다.

두 본성의 관계	해설
혼합되지 않는다 (without compostion)	그리스도 안에서 신성과 인성은 결코 서로 섞이지 않는다. 두 물질이 서로 혼합되어 하나의 새로운 물질이 형성되는 것처럼 그리스도 안에서 신성과 인성이 서로 혼합되어 하나의 새로운 인간형이 만들어지는 것이 아니라는 말이다. 그리스도께서는 육신으로는 다윗의 가문으로 나셨고, 성결의 영으로는 죽은 자들 가운데서 부활하사 능력으로 하나님의 아들로 선포되셨다(롬1:3,4). 성경은 이렇게 그리스도의 신성과 인성이 구별되어 있기에 혼합되지 않는다는 것을 분명히 알려준다. 그런데 왜 우리는 그분의 두 본성이 서로 혼합되는 듯한 착각을 하게 되는 것일까? 이는 신성과 인성이 모두 한 인격으로 모이기 때문이다. 그분의 신성과 인성이 한 주체 안에서 서로 연합하기 때문이다. 우리 눈에 신성과 인성이 그리스도라는 한 주체 안에서 함께 발견되기 때문에 혼합된 하나로 보이는 것이다. 결국 그리스도 안에서 그분의 신성과 인성이 서로 혼합한다고 생각하는 것은 이 두 본성이 한 위격 안에서 서로 연합한다는 것을 온전히 이해하지 못하는 인간의 무지가 낳은 결과라 할 수 있다.

---

10. WCF 8.2.

혼동되지 않는다 (without confusion)	그리스도께서는 참 신이시며, 동시에 참 인간이시다. 이는 그 안에서 신성과 인성이 각각 온전한 상태로 존재하시기에 가능하다. 따라서 신성이 인성처럼 보인다든지, 인성이 신성처럼 보여서 서로 혼동되는 일은 결코 없다. "하나님은 한 분이시요 또 하나님과 사람 사이에 중보도 한 분이시니 곧 사람이신 그리스도 예수라"(딤전2:5) 그리스도의 신성과 인성은 서로 혼동되지 않고 분명히 구별된다. 그러나 인간은 그리스도의 신성과 인성을 자주 혼동한다. 그 이유는 그리스도의 인성이 그분의 신성과 연합함으로써 다른 피조물들과는 다른 탁월한 가치를 가지게 되었기 때문이다(사11:2; 시45:7). 특히, 그리스도께 임한 성령의 충만이 어느 인간도 상상하거나 경험할 수 없는 수준이기 때문이다(요1:14; 3:34). 인간의 지혜와 눈으로 보는 그리스도의 인성이 이미 우리의 이해를 넘어서는 수준이기에 우리가 이를 그분의 신성과 착각하게 되는 것이다. 그러나 여기서 우리가 분명히 알아야 할 것은 그리스도께서 취하신 인성이 그 아무리 대단하다 할지라도, 그것이 결코 그분의 신성의 수준에 미칠 수는 없다는 것이다. 그리스도의 인성이 특별한 가치를 가지는 것은 이것이 그분의 신성과 연합했기 때문이지, 그 인성 자체가 가치가 있는 것은 아니다. 심지어 그분의 인성은 성육신하실 때 완벽하게 그 가치와 능력이 갖춰진 것도 아니었다. 성경에서 예수님께서 성장하시면서 지혜가 자라셨고(눅2:52), 고난을 통해 순종하는 법을 배우셨다고 표현하는 것(히5:8)을 보면 이를 잘 알 수 있다. 결국 그리스도의 인성과 신성을 혼동하는 것은 그분의 탁월한 인성을 이해하지 못하는 인간의 무지가 낳은 결과지, 결코 그 자체는 서로 혼동되지도 또한 혼동을 유발시킬 어떠한 근거를 제공하지도 않는다.
분리되지 않는다 (without separation)	그리스도 안에서 신성과 인성은 불가분리하게 서로 연합되어 있다. 따라서 그리스도 안에서 어느 부분까지는 신성이고, 나머지 부분은 인성이라는 식으로 설명될 수 없다. 성자께서 성육신하시며 인성을 취하심으로써 그분 안에서 인성과 신성의 연합은 계속해서 지속된다. 이러한 이유로 부활하신 후 하늘 보좌 우편에 계신 그리스도께서도 여전히 한 인격에 두 본성을 가지신 분이시며, 이후 심판과 새 하늘과 새 땅에서 영원히 통치하실 때도 그분께서는 여전히 신성과 인성이 연합된 한 인격이시다. "성령이 네게 임하시고 지극히 높으신 이의 능력이 너를 덮으시리니 이러므로 나실 바 거룩한 이는 하나님의 아들이라 일컬어지리라"(눅1:35)와 "그 안에는 신성의 모든 충만이 육체로 거하시고"(골2:9)가 이러한 사실을 잘 표현한다.

전환되지 않는다 (without conversion)	그리스도께서 성육신하실 때 그분의 신성이 인성으로 전환되었고, 죽으시고 부활하실 때 그분의 인성이 다시 신성으로 전환되었다는 식의 주장은 너무도 잘못되었다. 이는 "말씀이 육신이 되어"(요1:14)의 의미를 오해함으로써 나타난 추론이다. "말씀이 육신이 되어"라는 것은 신격을 가지신 성자께서 인격을 가지신 예수로 변하셨다는 말이 아니다. 다시 말해 신이 사람으로 변했다는 의미가 아니다. 이는 신격을 가지신 성자께서 인격을 취하심으로 그 안에 두 본성이 위격적으로 연합하게 된 것을 의미하는 것이다.[11] 이렇게 그리스도 안에서 연합한 두 본성은 서로 전환되지 않을 뿐만 아니라, 그 자체의 고유한 속성을 서로에게 조금도 전달하지 않는다. 즉, 신성은 인성에게, 혹은 인성이 신성에게 그 자체의 속성을 조금도 전달하지 않고, 신성은 신성대로, 그리고 인성은 인성대로 그 자체의 고유한 속성을 온전하게 유지한다. 이러한 이유로 그리스도께서는 한 인격 안에서 그분의 신성을 통해서는 자신이 전지전능한 하나님이심을 완벽히 드러내셨으며, 동시에 그분의 인성을 통해서는 인간과 같이 느끼고, 행동하고, 고통 받고 심지어 죽음에 이르기까지 하신 것이다. 따라서 그리스도께서 죽은 자를 살리시고, 풍랑을 잠잠하게 하신 것들은 신성의 도움을 받은 인성이 행한 것이 아니라, 그분의 신성이 인성을 통해 적절하게 드러난 것으로 이해해야 한다. 그뿐만 아니라 그분께서 배고파하시고, 슬퍼하시고, 고통당하신 것들은 그분의 신성이 인성 때문에 다소 약해졌기 때문이 아니라, 그분의 인성이 온전히 드러난 것으로 이해해야 한다. 이러한 신성과 인성의 두 본성이 작용하는 원리는 전적으로 그리스도로서 그분의 중보자 사역에 있다. 이 사역을 감당함에 있어서 신성과 인성은 한 인격으로 모이고, 또한 한 인격을 통해서 작용한다. 좀 더 구체적으로 표현하면 그리스도께서 하나님으로서 중보자의 사역을 담당하실 때는 그분의 신성을 따라 행하시며, 사람으로서 그분의 중보자 사역을 담당하실 때는 그분의 인성을 따라 행하시는 것이다. 이렇듯 중보자로서 그리스도께서 그분의 사역을 담당하실 때 그 안에 신성과 인성은 결코 전환되지도 않으며, 속성을 서로 전달하지도 않는다. 그러나 중보자로서 그리스도께서는 두 본성을 긴밀히 상호 연합하는 방식을 통해 그분의 사역을 완성하신다. 그리스도께서는 인성을 통해 택자들의 죄책을 지시고 저주의 십자가를 지셨고, 죽으시고, 묻히셨다. 그러나 중보자 되신 그리스도께서는 그분의 신성을 통해 죄와 사망의 법을 이기시고 다시 살아나셔서 부활의 첫 열매가 되셨고, 하늘 보좌 우편에 앉으셨고, 장차 세상을 심판하러 오실 것이다. 이러한 방식을 통해 그리스도께서는 그분의 신성과 인성을 한 인격 안에서 사용하심으로 그분의 중보사역을 완벽하게 성취하시는 것이다.

---

11. 이와 비슷한 표현의 용례들이 성경의 다른 부분에서도 발견된다. 개역개정에 "그리스도께서 우리를 위하여 저주를 받은 바 되사"(갈3:13)로 되어있는 이 표현의 원어상 의미는 '우리를 위하여 저주가 되심으로'(by becoming a curse for us)이다. 즉, 우리를 율법의 저주에서 속량하시기 위해 그분께서 친히 저주가 되셨다는 뜻이다. 그렇다면 이것이 정말 그리스도께서 십자가에서 저주로 변하셨다는 것을 말하는 것인가? 그렇지 않다. 그리스도께서는 저주로 변하신 것이 아니다. 실제 저주받은 자는 아니지만 그들의 보증인으로서 그 채무를 담당하는 차원에서 그들과 같이 저주받은 자로 취급받았다는 것을 의미하는 것이다. 즉, 그리스도께서 저주의 십자가를 지셨다는 것을 의미하는 것이지, 그분께서 저주받은 자로 변한 것을 말하는 것이 아니다. 또한 "사람이 생령이 된지라"(창2:7)도 육신을 입은 사람이, 영적인 존재로 변했다는 뜻이 아니라, 육과 영혼의 신비한 연합이 이루어졌음을 말하는 것이다.

※ 그리스도께서는 어떻게 생명의 보증이 되시는가?

보증이란 누군가의 빚을 대신 책임지기로 약속하는 것을 말한다. 따라서 보증인은 채무자가 빚을 갚지 못하는 경우 그의 빚을 대신 갚아야 할 책임이 있다. 이러한 보증의 예는 우리의 일상에서 쉽게 많이 볼 수 있을 뿐 아니라, 성경 속 장면들에서도 발견된다. 요셉의 형제들이 애굽에 내려왔을 때 유다가 동생 베냐민을 대신해 자신을 종으로 내놓은 것창44:32,33과 바울이 빌레몬에게 오네시모를 보내면서 그가 빚진 것이 있다면 자신에게 그 빚을 전가하라고 말하는 장면들몬1:18이 그 대표적인 예라 할 수 있다. 이처럼 보증의 제도가 성경 속에서 합법적으로 사용된 것을 보면 이 제도가 하나님께서 허락하신 정당한 제도라는 것을 우리는 쉽게 짐작할 수 있다.

그런데 여기서 우리가 분명히 알아야 할 것은 하나님께서 인간 사이에서 허락하신 보증은 결코 금전적인 재산의 범위를 넘어서지 않는다는 것이다. 따라서 인간의 생명은 어떠한 경우에 있어서도 보증으로 제시될 수도 없고, 사용될 수도 없다. 나의 생명을 다른 사람의 생명에 대한 보증으로 내놓을 수 없다는 것이다. 다시말해, 누군가를 대신해서 죽는다는 것은 원칙적으로 불가능하다는 것이다.

생명의 보증이 불가하다는 것은 하나님께서 직접 정하신 법칙이기도 하다. 모든 사람은 다 자신이 지은 죄 때문에 죽음의 형벌을 받아야 한다. 아무리 사랑하는 사람이라 할지라도 다른 사람의 형벌을 결코 대신 받아 줄 수는 없다. 즉, 자신의 생명을 보증으로 다른 사람을 살릴 수 있는 방법은 없다. 이것이 하나님께서 정하신 죄에 대한 법칙이다. "너희가 이스라엘 땅에 관한 속담에 이르기를 아버지가 신 포도를 먹었으므로 그의 아들의 이가 시다고 함은 어찌 됨이냐 주 여호와의 말씀이니라 내가 나의 삶을 두고 맹세하노니 너희가 이스라엘 가운데에서 다시는 이 속담을 쓰지 못하게 되리라 모든 영혼이 다 내게 속한지라 아버지의 영혼이 내게 속함 같이 그의 아들의 영혼도 내게 속하였나니 범죄하는 그 영혼은 죽으리라"겔18:2-4와 "아버지는 그 자식들로 말미암아 죽임을 당하지 않을 것이요. 자식들은 그 아버지로 말미암아 죽임을 당하지 않을 것이니"신24:16의 두 말씀만 봐도 모든 사람은 다 자기의 죄로 말미암아 사망의 형벌을 받게 되고, 그 누구도 다른 사람의 죄 때문에 형벌을 받는 일은 없다는 것을 잘 알 수 있다.

그렇다면 인간 사이에서 생명의 보증이 금지된 것은 무엇 때문일까? 다른 말로,

사람이 다른 사람을 위해서 생명을 걸고 보증할 수 없는 이유는 무엇인가? 왜 하나님께서는 사람들 사이에서 생명의 보증을 허락하지 않으셨는가? 먼저 생명은 하나님께 달린 것으로 인간 스스로가 함부로 할 수 없기 때문이다. 인간은 자기의 생명을 다른 이에게 줄 수 있는 권리가 없다. 인간에게 생명을 부여하신 분은 하나님이시다. 그리고 그것을 거두시는 분도 하나님이시다. 우리의 생명의 주인은 하나님이시다. 우리의 모든 것이 다 하나님의 소유라는 말은 우리의 생명 또한 그 소유권이 하나님께 있다는 말이다. 따라서 인간은 자기의 생명을 자기 마음대로 할 수 있는 권한 자체가 없다. 그 권한은 생명의 소유주이신 오직 하나님께만 있다. 따라서 인간이 자신의 생명을 자신의 마음대로 사용한다는 것은 그 자체로 하나님의 것을 자기 마음대로 도용하는 것이 된다. 이러한 이유로 그 목적이 아무리 선한 것처럼 보인다 할지라도 인간이 생명을 보증으로 사용하는 것은 하나님의 뜻에 반하는 것이 되며, 심지어 하나님을 대적하는 것이 된다.

그리고 인간이 다른 이들을 위해 자신의 생명을 보증으로 사용할 수 없는 또 하나의 이유는 인간의 생명이 다른 사람의 생명에 대한 보증으로서 충분한 가치가 없기 때문이다. 보증인이 채무자를 그의 빚에서 자유하게 하는 유일한 방법은 채무자가 빚진 만큼의 가치 있는 것을 채권자에게 지불하는 것이다. 그리고 이때 채권자가 보증인이 지불한 것의 가치를 인정하고 그것을 받아들일 때 비로소 채무자는 빚을 갚아야 할 책임에서 벗어날 수 있다. 이와 같은 원리로 볼 때 죄에 빚진 생명의 문제를 해결하는 유일한 방법은 보증인이 인간의 생명에 버금가는 가치를 지닌 그 무엇인가를 제공하는 것이다.

그런데 문제는 이 세상의 어떤 인간도 죄에 빚진 생명을 구속할 만한 가치가 있는 생명을 보증으로 내놓을 수 없다는 것이다. 모든 인간은 전적으로 타락했다. 지, 정, 의 그리고 몸까지 어느 곳 하나 하나님께서 창조하실 때 가졌던 그 상태에서 타락하지 않은 데가 없다. 타락한 인간은 온전하지 않다. 심지어 인간의 생명 또한 온전한 상태가 아니다. 인간의 생명은 죄로 빚진 생명이다. 어떻게 빚진 자가 빚진 자의 보증이 될 수 있다는 말인가? 동일한 채권자에게 생명을 빚진 자들끼리 서로 생명의 보증을 선다는 것은 그 자체로 말이 안 되는 소리다. 어떠한 채권자도 이들의 보증을 가치 있는 것으로 받아 주지 않을 것이다.

반면에 이 땅에 인간으로 오신 그리스도께서는 택자들의 생명의 보증이 되신다. 그리스도께서는 택자들을 살리기 위해서 자신의 생명을 보증으로 내놓으셨다. 그리고 그분의 보증은 문제없이 받아들여졌다. 그렇다면 이 땅에 온전한 인간으로 오신 그리스도께서는 어떻게 다른 사람들과는 달리 자신의 생명을 보증으로 내놓을 수 있으셨는가? 그리고 어떠한 이유에서 그분의 보증은 가치를 인정받았고, 또 합법적인 보증으로 받아들여졌는가? 즉, 그리스도께서는 어떠한 이유로 택자들의 생명의 보증이 되실 수 있었나?

그리스도께서 택자들의 생명의 보증이 되신다는 것은 성경이 증언하는 사실이다. 성경은 이에 대해 그리스도께서는 더 좋은 언약의 보증이 되셨으며히7:22, 우리 모두의 죄악을 담당하셨으며사53:6,7, 자기 목숨을 많은 사람의 대속물로 주셨다마20:28는 표현들을 통해 그리스도께서 생명의 보증이 되셨다는 사실을 분명히 밝히고 있다. 뿐만 아니라 성경은 그리스도께서 택자들의 생명의 보증이 되신 것이 성부 하나님의 기쁘신 뜻이라고 설명한다. 또한 성경은 "곧 우리가 원수 되었을 때에 그의 아들의 죽으심으로 말미암아 하나님과 화목하게 되었은즉"롬5:10과 "그의 십자가의 피로 화평을 이루사 만물 곧 땅에 있는 것들이나 하늘에 있는 것들이 그로 말미암아 자기와 화목하게 되기를 기뻐하심이라"골1:20를 통해 그리스도께서 생명의 보증이 되심으로 택자들이 성부와 화해할 수 있게 되었다고 증언한다.

그럼 그리스도께서는 어떻게 택자들의 생명의 보증이 되셨는가? 그리스도께서 생명의 보증이 되신 과정을 살펴보면 다음과 같다. 택자들이 사망의 빚을 지지 않았거나 자신들이 진 빚을 스스로 갚을 능력이 되었다면, 그리스도께서 그들을 위해 생명의 보증을 서실 필요가 없었을 것이다. 혹은 비록 보증이 되셨다 해도 그 책임을 져야하는 일은 없었을 것이다. 그러나 인간은 죄로 인해 사망의 빚을 졌고, 스스로의 힘으로는 그것을 해결할 능력이 안 된다는 것이 밝혀졌다. 그 빚에 해당하는 책임과 처벌을 스스로는 감당할 수 없는 상태가 되었다. 이러한 상황에서 결국 그 빚의 책임이 보증인인 그리스도께로 넘어갔고, 그리스도께서는 보증인의 책임을 성실히 행하신 것이다. 즉, 그 빚을 자신의 생명으로 해결하신 것이다.

그런데 여기서 우리가 생각해 보아야 할 것이 하나 있다. 앞서 다뤘듯이 하나님께서 인간 사이에서 허락하신 합법적인 보증은 오직 재산에 관한 것들이었다. 생명의 보증은 하나님께서 허락하지 않으셨다. 그렇다면 이러한 상황에서 그리스도께서 택자들의 생명의 보증이 되신 것은 어떻게 이해되어야 하는가? 다시 말해, 그리스도께서는 어떻게 택자들의 생명의 보증이 되실 수 있었고, 또 그것을 수행하실 수 있었나?

그 답은 바로 그리스도의 신분에 있다. 그리스도께서는 분명 온전한 인간으로 이 땅에 오셨기에 그 조건만으로 볼 때는 결코 다른 인간의 생명의 보증이 되실 수 없다. 그러나 그분께서 생명의 보증이 되실 수 있었던 것은 그분께서 온전한 인간인 동시에 참 신이시기 때문이다. 그리스도께서는 참 신으로서 자기 스스로가 자기 생명의 주인이 되시기 때문이었다. 앞서 언급했듯이 인간이 다른 사람의 생명의 보증이 될 수 없는 이유는 자신의 생명의 소유권이 자기에게 있지 않기 때문이다. 그러나 그리스도께서는 다르시다. 그분께서는 참 신으로서 모든 생명에 대한 소유권을 가지고 계신 분이시다. 그리고 자신의 생명에 대한 소유권 또한 자신에게 있으시다. 따라서 그리스도께서는 스스로 자신의 생명을 내어놓을 수 있을 뿐 아니라, 그것을 스스로가 다시 취할 권한도 있으셨다.

예수님께서는 이 사실을 직접 말씀으로 설명하셨다. "내가 내 목숨을 버리는 것은 그것을 내가 다시 얻기 위함이니 이로 말미암아 아버지께서 나를 사랑하시느니라. 이를 내게서 빼앗는 자가 있는 것이 아니라 내가 스스로 버리노라 나는 버릴 권세도 있고 다시 얻을 권세도 있으니 이 계명은 내 아버지에게서 받았노라 하시니라"요10:17,18 충분히 빚을 청산해 줄 재력을 소유한 자만이 금전적인 빚의 보증인이 될 수 있는 것처럼, 오직 자기 생명의 소유권을 가진 자만이 자신의 생명을 다른 사람을 위해 보증으로 내놓을 수 있는 것이다. 이러한 이유에서 생명의 주인 되신 그리스도께서 우리 생명의 보증이 되실 수 있는 것이다. 그리고 우리의 생명의 보증께서 그 책임을 완수하신 것이 바로 그분의 구속사역이다.

※ 그리스도와 복음[12]

그리스도께서는…	관련성구
1. 복음의 저자	율법은 모세로 말미암아 주어진 것이요 은혜와 진리는 예수 그리스도로 말미암아 온 것이라(요1:17)
2. 복음의 전달자	또 오셔서 먼 데 있는 너희에게 평안을 전하시고 가까운 데 있는 자들에게 평안을 전하셨으니(엡2:17)
3. 복음의 내용	우리는 십자가에 못 박힌 그리스도를 전하니 유대인에게는 거리끼는 것이요 이방인에게는 미련한 것이로되(고전1:23)

※ 그리스도께서 선지자의 직무를 수행하시는 방법[13]

구분		수행 방법
시대	구약시대	선지자들을 통해 자신을 예언하심(사7:14; 사53:4; 벧전1:11)
	이 땅에 계실 때	직접 말씀하심(마7:29; 눅4:22; 요7:46; 히1:1,2)
	승천 후	사도들과 목사, 그리고 교사들을 통해(눅10:16; 엡4:11,12)
장소	외적	성경과 말씀의 선포를 통해(롬10:14-18; 히4:2)
	내적	성령의 내적 조명(벧전2:9; 고전2:16; 고후4:6; 엡1:17,18 ; 4:21)

※ 그리스도께서 대제사장의 직무를 수행하시는 방법[14]

제사장직	수행방법
영단번의 제사	1. 자신의 몸을 제물로 온전하고 영원한 한 번의 제사를 드림(엡5:2; 히 7:26,27; 9:11,12; 10:10-14). 2. 한 번의 제사로 택자들이 죄의 문제를 해결하고 하나님과 온전한 화해를 이루심 (롬5:1; 히9:26)
중보기도	1. 성부 앞에서 택자들의 대언자가 되심(히5:7; 요일2:1) 2. 이 땅에 계실 때뿐 아니라, 부활하시고 승천하셔서 하늘 보좌 우편에 계신 지금도 계속해서 중보기도사역을 행하심(롬8:34; 히1:3, 7:25)

---

12. 빌헬무스 아 브리켈, 『그리스도인의 합당한 예배』, 1권, 920.

13. WCF 8.5-8, WLC 43, WSC 24, HC 31.

14. 제사장직은 크게 두 가지로 백성들을 대표해서 제사를 드리는 것과 백성들을 위해 기도하는 것이다. 이 때 제사장의 기도는 중보기도뿐 아니라, 백성들에게 복을 선포하는 것 또한 포함된다(민 6:23; 욜 2:17). 참조, WCF 8.4, WLC 44, WSC 25, HC 31, BC 21.

※ 구약의 대제사장과 그리스도의 공통점과 차이점[15]

	구약의 대제사장	그리스도
공통점	1. 백성들을 대표해서 제사를 지냄 2. 백성들을 위해 중보기도하고 강복을 선언함 3. 기름부음을 통해 직분을 받음	
차이점	1. 모형(히8:5) 2. 아론의 반차를 따름(히7:11) 3. 레위지파 4. 제사장의 한 직분 5. 동물을 잡아 제사를 지냄 6. 제사 지낸 동물의 피를 들고 성소(지성소)로 들어감 7. 매년 반복되는 제사를 드림 8. 매년 성소(지성소)에 들어갔다가 나옴(히10:3) 9. 매년 제사를 통해 반복해서 죄를 상기시킴 10. 사람 11. 자신들의 죄를 위해서도 제사를 드려야 했던 죄인 12. 아버지로부터 제사장직을 물려받음 13. 자연적인 기름이 부어짐 14. 이들의 제사는 죄를 실제로 없앨 수는 없고, 단지 상징일 뿐임 15. 그리스도께서 제사장직을 수행하시면서 더 이상 존재하지 않음	1. 본형(히8:5) 2. 멜기세덱의 반차를 따름(히6:20) 3. 유다지파 4. 제사장뿐 아니라, 선지자와 왕의 직분 5. 자신의 몸으로 제사를 지냄(히9:11,12) 6. 자신의 피를 들고 천국으로 올라가심(히10:12) 7. 한 번의 온전한 제사를 드림(히7:12) 8. 한 번 성소(지성소)에 들어가신 후 영원히 그곳에 계심(히9:11,12; 10:12) 9. 영단번의 제사와 영원히 보좌에 앉아 계심으로써 다시는 죄를 기억하지 않음(히10:7) 10. 참 사람이며, 동시에 참 신 11. 죄가 없으신 의인으로 자신을 위해서는 제사드릴 필요가 없음 12. 영원한 대제사장(히7:24) 13. 성령으로 기름부음을 받음(행10:38) 14. 그분의 신성을 통해 죄를 없애는 실효가 있음 (제사의 효력은 그리스도의 신적인 위격에서 나옴) 15. 직분을 받으신 이후로부터 영원히 유일한 대제사장이 되심

---

15. 빌헬무스 아 브리켈, 『그리스도인의 합당한 예배』, 1권, 953-55.

※ 그리스도의 중보사역(Mediation)과 중보기도(Intercession)

중보사역(Mediation)	중보기도(Intercession)
1. 그리스도께서 택자를 구원하시는 모든 사역 2. 참 신이시고, 동시에 참 인간이신데 죄는 없으신 조건을 만족하시고 중보자(Mediator)의 자격을 획득하심 3. 선지자, 제사장, 왕의 직무를 행하심 4. 언약을 통해 하나님과 택자들을 화해시키심 5. 하나님 앞에 인간의 죄가 전가된 죄인의 신분으로 서심 6. 율법을 완성하심으로 온전한 의를 획득하시고, 고난과 십자가 사역을 통해 택자들의 죄책의 문제를 해결하여 구속을 완수하심으로써 모든 택자들을 죄와 사망의 권세에서 해방시켜 천국으로 인도하시는 일련의 사역들, 즉, 우리의 중보자(Mediator)로서 하시는 모든 사역들	1. 그리스도께서 택자들을 위해 하나님께 간구하시며(롬8:33,34), 동시에 그들에게 죄 용서와 복을 선언하시는 사역(히10:17) 2. 이 땅에서 율법을 성취하시고 온전한 의를 획득하신 것과 구속 사역을 완수하신 것으로써 구속받은 자들을 위한 중보자(Intercessor)의 자격을 획득하심 3. 그리스도의 대제사장직에 속한 직무 중 하나 4. 성령을 통해 하나님과 택자들이 교제하게 하심 (롬5:10) 5. 하나님 앞에 의인으로 서심 6. 완수하신 구속을 택자들에게 적용하셔서 그들이 구속의 참여자가 되게 하시는 사역

죄 없는 인간이신 그리스도께서는 이 땅에서 사시는 동안에 율법을 온전히 성취하심으로써 구속에 합당한 의를 획득하셨다. 이를 통해 그분께서는 흠 없는 제물이 될 수 있는 자격을 스스로 증명하셨다. 성령에 의해 대제사장으로 기름부음 받은 그리스도께서는 흠 없고 의로운 자신을 제물로 드림으로써 모든 택자들의 죄책을 속량하기에 합당한 제사를 드리셨다. 그러나 이것만으로는 제사가 완벽하게 수행되었다고 할 수는 없다. 왜냐하면 대제사장이 희생된 제물의 피를 들고 성소로 들어가서 지성소에 있는 속죄소에 그 피를 뿌리고 향을 태워야만 비로소 그 제사가 완성되기 때문이다. 대제사장이신 그리스도께서도 이와 같은 방식으로 제사를 완성하셨다. 대제사장이 희생된 흠 없는 피를 들고 성소로 들어가 하나님 앞에 섰던 것처럼, 그리스도께서도 율법을 성취하시고 획득한 의로 가득 찬 자기의 피를 들고 성소로 들어가 하나님 앞에 서셨다.

그런데 이때 그리스도께서 들어가신 성소는 이 땅에서 대제사장들이 들어갔던 성소와는 다르다. 그리스도께서 들어가신 성소는 이 땅의 성소가 아니라, 하늘 보좌를 말한다히9:11,12. 우리의 대제사장이신 그리스도께서는 하늘 보좌 앞에 거룩한 피를 뿌리고 향을 태우심으로 제사를 완성하신다히10:12. 구약의 대제사장이 희생된 피를 들고 성소에 들어가 속죄소에 피를 뿌리고 향을 태우는 것이 백성들을 위한 중보기도의 사역이라면, 그리스도께서 거룩한 자신의 피를 들고 하늘 보좌 앞에 나가 그 피를 뿌리고, 향을 태우는 것은 택자들을 위한 그리스도의 중보기도 사역이 되는 것이다. 구약시대 제사에서 대제사장이 속죄소에 뿌리고 향을 태운 그 피를 보시고 하나님께서 응답하셨듯이, 그리스도께서 하늘 보좌 앞에 뿌리고 향을 태우신 그 피를 보시고 하나님께서 응답하시는 것이다.

그리스도의 중보기도 사역의 핵심은 크게 두 가지다. 하나는 우리를 위해 자신이 직접 간구하시는 것으로서, 그 내용은 우리에게 성령을 보내 주실 것요14:16,17과, 우리 또한 그리스도와 같이 천국에 이르는 것이다요17:24. 그리고 나머지 하나는 우리의 대언자로서 우리의 간구를 하나님께 올려드리는 것이다요일2:1. 이러한 이유로 그리스도의 중보기도 사역은 모든 택자들이 구속에 참여하게 될 때까지 계속된다. 즉, 택자들이 모두 천국에 모일 때까지 쉬지 않고 계속 된다히7:25. 우리가 때를 따라 돕는 은혜를 얻기 위하여 은혜의 보좌 앞에 담대히 나아갈 수 있는 것이 바로 우리의 중보자Mediator되신 그리스도께서 대제사장직을 성실히 수행하심으로써 지금도 우리를 위해 중보기도intercession하고 계시기 때문이다히4:14-16; 7:25. 우리가 하나님께 기도할 때 예수 그리스도의 이름으로 하는 것이 바로 이러한 이유 때문이다. 즉, 예수 그리스도의 중보기도 사역이 있기에 우리가 하나님께 우리의 기도의 향을 피워 올릴 수 있는 것이다계8:3,4.

※ 죽은 성인들이 신자들의 중보자가 될 수 없는 이유

죽은 성인들이 신자들의 중보자가 될 수 있다고 주장하는 이들이 있다. 대표적인 경우가 바로 로마 가톨릭이다. 이들이 이렇게 주장하는 이유는 죽은 성인들이 이 땅에서 살면서 획득한 공덕merits이 자신을 구원할 뿐 아니라 공덕이 부족한 다른 사람들에게 나눠 줄 만큼 충분하다고 생각하기 때문이다. 물론 이들도 죽은 성인들이 구속을 행하는 이로서의 중보자Mediator가 될 수 있다고는 생각하지 않는다. 이들도 오직 그리스도께서만 구속을 행하시는 분으로서 우리의 유일한 중보자가 되신다는 것을 인정한다. 그렇다면 이들이 이렇게 그리스도를 유일한 중보자Mediator로 인정하면서도, 죽은 성인들이 중보자가 될 수 있다고 말하는 것은 무슨 근거에서 일까?

먼저, 이들은 그리스도의 속죄 사역이 우리의 원죄의 죄책은 완전히 제거할 수 있으나, 우리가 일상생활에서 짓는 죄들의 모든 죄책을 완전히 제거하는 것은 아니라고 생각한다. 이러한 이유로 이들은 비록 신자들이 그리스도의 속죄사역을 통해 지옥의 형벌을 면할 수는 있다 하더라도, 그 자체로 천국을 보장받은 것은 아니라고 주장한다. 심지어 어떤 심각한 죄들은 구속의 사역으로 받은 은혜까지도 오염시킨다고 주장한다. 이러한 상황에서는 인간이 천국에 가기 위해서는 이 땅에서 지은 죄에 대한 문제를 다 해결해야만 한다. 이때 필요한 것이 바로 공덕merits이다. 선을 행함으로써 공덕을 쌓고, 이렇게 쌓은 공덕을 사용하여 천국을 가는 데 방해가 되는 죄의 문제들을 해결하는 것이다. 로마 가톨릭에서는 이러한 행위를 보속satisfaction이라고 한다. 좀 더 구체적으로 말하면 고해성사를 통해 죄를 고백하고, 보속을 행함으로써 그 죄에 대한 형벌의 문제를 해결하는 것이다.

그런데 문제는 이 땅의 사람들 대부분이 고해성사와 보속을 완벽하게 수행함으로써 천국에 이를 수 있을 만큼 자신을 정화시킬 능력이 안 된다는 것이다. 그러한 이유로 사람들이 천국으로 바로 가지 못하고, 죄의 문제가 해결될 때까지 연옥에 머물러야 한다는 것이다. 그뿐 아니라 문제가 하나 더 있다. 연옥에 있는 사람들은 더 이상 자신의 문제에 대해 고해성사와 보속을 행할 수 없다는 것이다. 즉, 죽기 전에 해결하지 못한 자신의 죄의 문제를 스스로는 더 이상 해결할 방법이 없다는 것이다.

따라서 연옥에 있는 이들을 위해서 누군가가 대신해서 죄의 문제를 해결해 주어야 한다. 주로 자녀들과 후손들이 부모들과 조상들의 이 문제에 직접적으로 관여하게 된다. 자신들이 더 열심히 공덕을 쌓아서 그것을 부모와 조상에게 돌리는 것이다. 그런데 이렇게 하다보면 결국 부모도 연옥에서 탈출시키지 못할 뿐 아니라, 자기 자신도 천국이 아닌 연옥으로 가게 된다. 그리고 세대를 거듭나면서 죄의 문제는 점점 더 쌓이게 된다. 교회 역사 속에서 이러한 문제 가운데 나온 폐단 중 하나가 바로 '면벌부'였다. 결국 연옥을 탈출해서 천국에 갈 수 있는 표를 돈을 주고 사는 것이다.

이러한 문제를 해결하기 위한 또 다른 방편으로 로마 가톨릭 교회가 제시하는 것이 바로 '성자들의 잉여공로설'이다. 이 땅에 사는 신자들 중 어떤 이들은 보통의 사람들과는 달리 자신들의 죄의 문제를 완전히 해결할 뿐 아니라, 다른 이들이 사용하도록 나눠줄 수 있을 만큼의 공로를 쌓을 수 있다는 것이 바로 이 이론이다.

이러한 사람들은 이렇게 쌓은 공로에 근거해서 교회로부터 성인으로 축성된다. 그리고 동시에 이들은 중보자의 자격이 있음을 인정받게 된다. 물론 여기서 중보자란 구속의 사역을 행하는 자로서의 중보자Mediator가 아니라, 이 땅의 신자들을 위해 중보기도의 사역을 하는 이로서의 중보자Intercessor를 말한다.

로마 가톨릭 교회가 말하는 죽은 성자들의 중보사역은 크게 두 가지다. 그들이 선을 행하고 획득한 공로merits를 이 땅과 연옥의 신자들에게 나눠주는 것과 이 땅의 신자들의 기도를 하나님께 올려 드리는 기도의 연계자로서의 역할이 바로 그것이다. 죽은 성자들이 이 땅의 신자들의 기도를 하나님께 올려드리기 위해서는 먼저 신자의 기도를 들어야한다. 따라서 신자들은 기도의 연계자인 죽은 성자들을 대상으로 기도를 해야 한다. 이러한 이유로 로마 가톨릭 교회에서는 죽은 성자들이 신자들의 기도의 대상이 되는 것이다. 그러나 성경은 어느 곳에서도 로마 가톨릭 교회의 이러한 주장을 지지하지 않는다. 신자가 천국에 가기 위해서 공로를 쌓아야 한다는 것, 공로가 부족하면 연옥이라는 곳에 가야 한다는 것, 죽은 성자의 잉여 공로를 통해 부족한 공로를 채울 수 있다는 것, 그리고 이 땅에 살았던 사람들 중 누군가가 하나님과 사람 사이에서 기도의 중보자가 될 수 있다는 것 등의 주장들은 결코 성경을 통해 증명될 수 없는 잘못된 사상들이다.

'죽은 성자들이 중보자가 될 수 없는 이유'를 한번 정리해보자. 앞서 언급했듯이 여기서 말하는 중보자는 율법을 성취하여 구원에 합당한 의를 획득하는 것과 구속사역을 완수하심으로써 죄의 문제를 해결하신 분을 의미하는 중보자Mediator를 말하는 것이 아니다. 지금 하늘에서 신자들을 위해 간구하는 중보자Intercessor를 말하는 것이다. 즉, 이 땅의 신자들을 위해 중보기도Intercession를 하고 있는 분을 말하는 것이다. 죽은 성인들이 신자들의 중보자가 될 수 없는 첫 번째 이유는 그들이 기도의 대상이 될 수 없기 때문이다. 신자들의 기도의 대상은 오직 성부 하나님이시다. 기도를 받으시는 분은 오직 성부 하나님으로 그 외의 어떠한 존재도 기도를 받을 수 없다. 심지어 성자와 성령님도 기도를 받으시는 분은 아니다. 그런데, 로마 가톨릭에서는 죽은 성인들이 기도의 대상이 된다. 그 가장 대표적인 예가 바로 성모 마리아다. 이처럼 죽은 성자들을 대상으로 기도하는 것 자체가 성경과 어긋나는 것이기에, 이들을 기도의 중보자로 여기는 것은 두말할 것도 없이 비성경적인 사상이라 할 수 있다.

두 번째는 죽은 성인들을 기도의 중보자로 여기는 것이 성경이 가르쳐주는 신자의 기도의 방법과 다르기 때문이다. 성경은 우리의 기도는 '예수님의 이름으로' 수행될 때 바른 기도가 된다고 가르친다. 즉, 이 자체가 우리의 기도의 중보자는 오직 살아계신 예수 그리스도뿐임을 분명히 말해준다. 예수님 외에 우리의 기도의 중보자가 될 수 있는 존재는 없다. 따라서 죽은 성인들이 신자들의 기도의 중보자가 될 수 없는 것은 당연하다. 이러한 이유로 죽은 성인들의 이름으로 하는 기도는 결코 바른 기도가 될 수 없다. 물론 살아 있는 어떤 존재를 기도의 중보자로 여기는 것 또한 결코 정당화될 수 없다.

마지막으로 죽은 성인들이 중보자Intercessor의 자격을 충족할 수 없기 때문이다. 그리스도께서 하늘 보좌 우편에서 우리의 기도의 중보자로서 하시는 사역은 자신의 대제사장직을 수행하시는 것이다. 중보자로서 우리의 대제사장은 오직 한 분뿐이시다딤전2:5,6. 따라서 그리스도 외에 다른 어떤 사람도 우리의 중보자가 될 수 없다. 뿐만 아니라 그리스도께서는 율법을 성취하시고 구원을 이루기에 합당한 의를 획득하시고, 택자들을 위한 구속 사역을 완수하시므로 기도의 중보자Intercessor가 되시는 자격을 부여받으셨다. 그리스도께서는 의롭고 온전한 제물인 자신을 드려 제사를 완수하셨다. 그리고 흠 없는 피를 들고 성소로 들어가셔서 중보기도의 사역Intercession을 담당하심으로 지금도 여전히 우리의 중보자Mediator로서 그 맡은 사역에 충실하시다히9:11,12.

이렇듯 그리스도께서는 중보자Mediator로서 중보기도의 사역Intercession을 하고 계신다. 이를 뒤집어서 이야기 하면 그리스도께서 지금도 우리의 기도의 중보자Intercessor로서 사역하실 수 있는 까닭은 그분께서 '참 신이시고, 동시에 참 인간이신데 죄는 없으신 분'이라는 중보자Mediator의 자격을 갖추신 분이시기 때문이다. 오직 '생명의 중보자Mediator'만이 기도의 중보자Intercessor가 되실 수 있다. 교회에 의해 성자로 축성된 자들이 기도의 중보자가 될 수 없는 이유가 바로 이것이다. 이들 중 그 누구도 생명의 중보자Mediator의 사역을 완수한 자도 없을 뿐 아니라, 심지어 그 자격을 획득한 사람도 없기 때문이다.

※ 요한1서 2장 2절은 보편구원론을 지지하는가?

"그는 우리 죄를 위한 화목제물이니 우리만 위할 뿐 아니요 온 세상의 죄를 위하심이라"요일2:2는 그리스도의 구속이 이 땅의 모든 사람을 위한 것임을 나타내는 말인가? 다시 말해 요한은 지금 전 인류의 구원 가능성을 말하는 보편구원론을 말하고 있는 것인가? 이 표현을 통해 요한이 실제 의미하는 것을 찾아내려면 요한이 말한 '우리'가 의미하는 것이 무엇인지를 살펴보면 된다.

만일 여기서 '우리'가 의미하는 것이 그리스도인이라면, '온 세상'은 당연히 비그리스도인들이 된다. 그리고 이는 '온 세상'이 아직 그리스도인이 안 된 사람이라는 뜻도 된다. 결국 이는 '온 세상'이 그리스도인이 될 가능성이 있는 모든 사람들이라는 의미로까지 확장된다. 왜냐하면 그리스도께서 '우리'만 아니라 '온 세상'을 위해서도 화목제물이 되셨기 때문이다. '온 세상'의 죄가 그리스도의 화목제물로 이미 해결되었다. 따라서 이제 남은 것은 이들이 이 사실을 받아들이는 것뿐이다. 이 본문을 이런 방식으로 읽으면 이는 자연스럽게 요한이 보편구원론을 가르치는 것이 된다.

그런데 '우리'와 '온 세상'이라는 대조적인 단어를 통해 요한이 표현하고 있는 것이 '신자'와 '세상 사람들'일까? 이를 통해 요한이 보편적인 구원을 설명하고 있는 것인가? 이것은 한번 생각해 볼 필요가 있다. 이 문제를 해결하기 위해서는 먼저 구원과 관련된 신약성경의 표현의 특성에 대해서 살펴볼 필요가 있다. 특히 구원과 관련하여 신약성경이 대조법을 사용할 때 의미하는 바가 무엇인지를 점검해 볼 필요가 있다. 구원의 가능성에 관해 설명할 때 신약성경은 두 가지를 대조해서 표현하는 경우가 많다. 그런데 여기서 중요한 사실은 대부분의 경우 신자와 불신자를 대조하는 것이 아니라는 것이다. 구원에 있어서 두 부류를 대조해서 설명하는 경우는 유대인 신자와 이방인 신자를 말하는 경우가 대부분이다. 이를 통해 유대인뿐 아니라 이방인에게도 구원이 열려있음을 말하는 것이다.

이런 입장에서 볼 때 요한의 이 표현은 유대인 택자뿐 아니라 이방인 택자들을 위해서도 예수님께서 화목제물이 되셨다는 것을 의미하는 것이다. 다시 말해 택자는 이스라엘 안에만 국한된 것이 아니라 전 세계에 걸쳐서 존재한다는 말이다. 따라서 요한의 이 표현은 그리스도의 구속이 유대인에게만 적용되는 것이 아니라, 전 세계에 걸쳐서 적용된다는 것을 의미한다. 결국 요한은 이 표현을 통해 보편구원을 말한 것이 아니라, 오히려 하나님의 예정을 통한 제한속죄의 교리를 분명히 하고 있는 것이다. 오직 택자만 구원받는다는 것을 분명히 밝히면서도 동시에 택자들이 속한 범위가 이스라엘 민족에 제한되지 않고 전 인류에 퍼져 있다는 것을 명료하게 드러낸 것이라 하겠다.

※ 그리스도의 낮아지심과 높아지심을 가르칠 때 사용된 시제

교리교육서카테키즘의 일반적인 구성은 십계명, 주기도문, 사도신경, 세례, 성찬 이렇게 다섯 가지다. 교리교육서들은 보통 이 다섯 가지 구성 중 사도신경을 다루는 부분에서 그리스도의 구속사역을 가르친다. 그런데 웨스트민스터 대교리교육서와 소교리교육서는 이와 같은 일반적인 방식과는 다르게 예수 그리스도의 구속사역을 다룬다. 왜 그럴까?

그 이유는 간단하다. 이 두 교리교육서가 사도신경을 다루지 않기 때문이다. 웨스트민스터 의회는 교리교육서를 만들면서 의도적으로 사도신경 강해를 뺐다. 이들은 교리교육서의 내용이 철저히 성경의 내용이여야 한다고 생각했다. 물론 사도신경도 그 내용은 성경적biblical이다. 성경의 내용을 요약하고 정리하여 공교회 신자들의 신앙고백으로 사용한 것이 바로 사도신경이다. 그럼에도 불구하고 사도신경은 성경의 본문은 아니다. 웨스트민스터 회의 의원들은 신앙고백서는 물론 교리교육서 또한 철저히 성경 중심적in the Bible이길 원했다. 이러한 이유로 이들은 교리교육서의 내용 구성에 대한 전통적인 방식을 깨고 사도신경 해설을 교리교육서에 넣지 않은 것이다.[16]

반면에 이들은 새로운 방식을 통해 그리스도의 구속사역을 가르쳤다. 예수님의 생애와 사역을 그리스도의 낮아지신 상태와 높아지신 상태로 정리했다. 각각 네 단계로 정리해서 학습자들의 이해를 도왔다. 먼저 낮은 자리에서 인간으로 탄생하신 것, 율법 아래 놓이신 것, 이 땅에서의 삶의 비참함, 하나님의 진노, 심지어 저주의 십자가 죽음을 겪으신 것, 그리고 무덤에 묻혀 잠시 죽음에 놓이신 것을 통해 그리스도의 낮아지신 상태를 설명했다. 이어서 그리스도의 부활, 승천, 하늘 보좌 우편에 앉으신 것, 그리고 마지막 날에 이 땅을 심판하러 다시 오실 것을 통해 그분의 높아지신 상태를 설명했다.

그런데 웨스트민스터 교리교육서의 원문을 자세히 살펴보면 한 가지 흥미로운

---

16. 정두성, 『교리교육의역사』 (서울: 세움북스, 2016), 208-11.

사실을 발견하게 된다. 예수님의 낮아지신 상태와 높아지신 상태를 문답으로 가르칠 때 이들이 사용한 동사의 시제가 바로 그것이다. 웨스트민스터 소교리교육서는 27문에서 예수님의 낮아지신 상태를 다룬다. 이 문답의 질문은 일반적으로 "그리스도의 낮아지심은 어떠합니까?"로 번역되어 한국 성도들에게 소개되고 있다. 대교리교육서는 46-50문에서 예수님의 낮아지신 상태를 다루는데, 그 내용을 포괄적으로 다루는 46문의 질문도 "그리스도의 낮아지신 상태는 무엇입니까?"로 소교리교육서와 비슷하게 번역되어 있다. 그런데 이 질문들에 대한 원문을 살펴보면 우리가 일반적으로 알고 있는 해석과는 약간의 차이가 있다는 것을 발견하게 된다.

소교리교육서 27문의 원문은 "Wherein did Christ's humiliation consist?"로 되어 있고, 대교리교육서 46문의 원문은 "What was the estate of Christ's humiliation?"으로 되어있다. 두 질문을 각각 번역해보면, "그리스도의 낮아지심은 어디에 있었나요?"와 "그리스도의 낮아지신 상태는 어떠했나요?"가 된다. 내용적인 면에서 일반적인 해석과 비교해 볼 때 어떻게 보면 별 차이가 없는 것 같지만, 표현에 있어서 분명하게 드러나는 차이가 하나 있다. 그것은 바로 시제다. 한국어로는 주로 현재시제로 번역되어 있다. 그러나 원어의 시제는 과거다. 이는 웨스트민스터 문서들이 예수님의 낮아지신 상태를 과거 시제로 가르치고 있다는 것을 나타낸다. 즉, 예수님의 낮은 신분으로의 탄생, 율법 아래 놓이심, 고난 당하시고 죽으심, 그리고 장사되심까지의 모든 사역을 과거의 사건으로 가르치고 있다는 것이다. 그리고 이를 다룰 때 이미 질문자체에서 이 사실을 분명히 하고 있다는 것이다.

물론 웨스트민스터 의회 회원들이 이것을 우리의 일반적인 번역처럼 현재시제로 사용했어도 의미를 전달하고 내용을 가르치는 부분에 있어서 크게 문제될 것은 없었을 것이다. 그리스도의 사역에 대한 진리가 훼손되거나, 이 내용을 배우는 이들이 그 내용을 성경과 달리 오해할 상황도 분명 아닐 것이다. 오히려 이를 현재시제로 표현하면 그리스도의 낮아지신 사역이 불변하는 진리이며, 그 효력이 오고 오는 모든 세대에 미친다는 것을 나타낼 수도 있었을 것이다. 그런데 왜 굳이 이 문서들의 저자들은 예수님의 낮아지신 상태를 과거형으로 표현한 것인가? 이들이 이러한 표현을 통해 의도한 것은 과연 무엇인가?

이를 이해하기 위해서는 영어 표현에서 과거시제가 의미하는 바가 무엇인지를 살펴보면 된다. 영어에서 과거시제는 이미 그 실행이 완료된 역사적인 사실을 말할 때 사용된다. 따라서 그리스도의 낮아지신 상태가 과거형으로 표현되었다는 것은 다음과 같은 의미가 있다고 정리해 볼 수 있다.

먼저 예수님의 낮아지신 상태의 사역이 역사적인 사실임을 의미한다. 예수님의 낮은 신분으로의 탄생, 율법 아래 계심, 비참한 가운데서 살고 저주받고 죽으심, 그리고 장사되고 죽은 상태로 얼마를 머무신 사건이 모두 과거에 실제 일어난 사건이라는 것을 말해준다. 다시 말해, 모두가 역사를 통해 증명된 객관적인 사실이라는 것이다. 두 번째, 이는 그리스도께서 낮아지신 일들이 모두 완료된 사건이라는 것을 말해준다. 모두가 완료된 사건으로 그 이후로는 반복되었거나, 앞으로 이러한 일이 다시 일어날 가능성은 전혀 없는 사건이란 뜻이다. 세 번째는 이 사건들이 모두 완벽하게 성취되었다는 것을 말해준다. 그리스도의 낮아지신 사역들은 모두 완벽하게 성취된 사건이다. 어느 사건 하나 중간에 취소되거나, 중단되거나, 미완성으로 남아 있지 않다는 말이다.

마지막으로 이 문서들이 예수님의 낮아지신 사역을 과거형으로 기록한 것은 앞으로 예수님의 남은 사역에는 결코 '낮아지심humiliation'이 없다는 것을 말해준다. 따라서 이 교리교육서 교육에 참여하는 모든 학습자들은 누구도 앞으로 다시 예수님께서 낮아지실 것을 예상하거나 소망해서는 안 된다는 것을 배우게 된다. 즉, 예수님의 낮아지심은 신자들이 감사할 이유가 되는 것이지, 결코 소망이 되어서는 안 된다는 것을 알게 되는 것이다. 신자가 해야 할 것은 그리스도께서 성취하신 이 사역들을 오직 믿음으로 받아들이는 것뿐임을 분명히 배우게 되는 것이다.

지금껏 살펴보았듯이 웨스트민스터 대교리교육서와 소교리교육서는 동일하게 예수님의 낮아지심을 과거형으로 설명하고 있다. 그런데 예수님의 높아지심에 대한 표현은 대교리교육서과 소교리교육서에서 약간의 차이점이 발견된다. 소교리교육서는 28문에서 "그리스도의 높아지심은 어디에 있나요?Wherein consisteth Christ's exaltation?"라 표현하고 있는 반면에 대교리교육서는 51문에서 "그리스도의 높아지신 상태는 무엇이었나요?What was the estate of Christ's exaltation?"로 표현하고 있다. 예수님의 높아지신 상태를 설명함에 있어서 소교리교육서는 현재형으로 표현하는 반면에 대교리교육서는 낮아지심과 같이 과거형으로 표현하고 있다는 것이다.

그런데 사실 대교리교육서도 예수님의 높아지심을 설명하는 51-56문을 조금만 자세히 살펴보면, 과거에 예수님께서 이미 성취하신 일들인 부활과 승천을 다루는 52문과 53문은 과거형으로 표현하고 있지만, 그리스도께서 하나님 우편에 앉아 계신 일에 대한 54문은 현재형으로, 그리고 그리스도께서 심판하시기 위해 다시 오실 것에 대한 56문은 미래형으로 표현하고 있다. 이로 보건대 대교리교육서는 그리스도의 낮아지신 상태와 높아지신 상태에서 이미 성취된 사건들은 모두 과거형으로 설명하고, 현재 진행 중인 사건은 현재형으로, 그리고 앞으로 일어날 일에 대해서는 미래형으로 표현함으로써 예수님의 사역에 대한 순서를 학습자들이 오해하지 않고, 현실감 있게 받아들일 수 있도록 표현하고 있다는 것을 알 수 있다.

그렇다면 소교리교육서가 예수님의 높아지신 상태를 나타내는 부활, 승천, 하나님 보좌 우편에 앉아 계시는 것, 심판하러 다시 오실 것을 현재형으로 다루는 것은 어떠한 의도가 있는 것인가? 이는 이미 성취된 과거의 사건도, 현재 그리스도께서 행하시는 사역도, 그리고 심지어 그리스도께서 앞으로 완성하실 사역도 모두 그리스도께서 지극히 높으신 분이심을 밝히 드러냄을 나타낸다고 할 수 있다. 다시 말해 그리스도께서는 과거에도 높임을 받으실 분이셨고, 현재도 그러하며, 앞으로도 그러하실 것이라는 사실을 학습자들에게 분명히 심어주는 표현이라고 할 수 있다.

그렇다면 두 개의 웨스트민스터 교리교육서가 예수님의 낮아지신 상태와 높아지신 상태를 설명하는 부분에서 이러한 미묘한 차이를 두는 것을 또 왜일까? 대교리교육서를 소교리교육서로 줄이면서 약간의 실수가 있었던 것일까? 분명 그렇지는 않을 것이다. 그럼 어떠한 이유에서 일까? 그것은 다름 아닌 각 교리교육서의 학습 대상자들이 다르기 때문일 것이다. 구원의 확신을 가지고 있을 뿐 아니라 각자 직분을 맡아 교회를 섬기는 이들에게는 그리스도의 낮아지신 상태와 높아지신 상태를 좀 더 세부적이면서도 선명하게 가르칠 필요가 있었기에, 대교리교육서는 각 사건에 따라 그 시제를 세분화한 것으로 보인다. 반면에 아직 구원의 확신이 없는 새신자들이나 성경적인 지식이 미미한 어린이들을 대상으로 한 소교리교육서에서는 이미 성취된 그리스도의 낮아지신 사역을 믿음의 든든한 기초로 삼을 뿐아니라, 그리스도의 높아지시는 사역이 모두 현재와 미래의 유일한 소망이 된다는 것을 가르침으로써 이들의 믿음이 더욱 굳게 다져지길 기대했기 때문일 것이다.

카테키즘Catechism의 내용은 분명 교의다. 그러나 카테키즘은 교의학 서적이 아니다. 이 문서의 목적은 교의를 논리적으로 정리하는 것이 아니다. 교의를 가르치는 것이다. 그래서 카테키즘은 교리교육서다. 교의를 다루는 학습서다. 따라서 이 문서의 내용과 표현에는 학습자에 대한 교사의 의도가 철저히 반영된다. 교사는 교의를 가르침에 있어서 학습자에게 깊이 심어주고 싶은 내용들을 다양한 구성과 표현을 통해 나타낸다. 이러한 관점에서 볼 때 웨스트민스터 대·소교리교육서는 예수님의 낮아지신 상태와 높아지신 상태를 설명함에 있어서 그 구성과 표현이 탁월하다고 할 수 있다.

※ 그리스도의 성육신과 낮아지신 상태

그리스도의 성육신은 제2위 하나님께서 인성을 취하심으로써 사람이 되신 것을 말한다. 그리스도께서는 인간의 참 몸과 이성적인 영혼을 취하심으로써 하나님께서 창조하신 인류의 한 사람으로 이 땅에 출생하셨다. 그렇지만 성령으로 잉태되시고, 동정녀의 몸에서 나시는 신비한 출생을 통해 죄 없는 사람으로 이 땅에 오셨다. 이렇게 이 땅에 오신 그리스도께서는 그분의 전 인생을 걸쳐서 철저히 자신을 낮추셨다. 출생을 시작으로 율법 아래서 사신 것과 저주의 십자가를 지고 죽으시고 무덤에 묻히신 모든 것이 그분의 낮아지신 상태를 잘 보여준다. 이렇게 낮아지신 모습으로 그리스도께서는 중보자로서 그분께서 맡으신 구속사역을 성실히 수행하셨다. 구속사역을 완수하기 위해 그분께서는 죽어서 무덤에 묻히는 그 순간까지 기꺼이 자신을 낮추셨다. 이처럼 그리스도께서 이 땅에서 낮아지신 상태로 살아가신 것에 대해서는 그 누구도 부인하지 않을 것이다.

그렇지만 우리가 그리스도의 낮아지신 상태를 다룰 때에 좀 더 면밀히 다루어야 할 부분이 있다. 그리스도께서는 본질적으로 하나님이시기에 결코 낮아질 수 없는 존재이신데빌2:6, 어떻게 낮아지신 상태가 되실 수 있다는 것인가? 또한 그럼에도 불구하고 그리스도께서 낮아지신 상태가 되신 것이 분명하다면, 도대체 그 시작은 어디부터인가? 만일 우리가 그리스도의 낮아지신 상태의 시작을 정확히 안다면 참 신이신 그리스도께서 어떻게 낮아지신 상태가 되었는지도 분명히 알 수 있을 것이다.

이러한 질문들에 대한 답을 찾으려 할 때 우리가 가장 먼저 생각해 볼 수 있는 것이 바로 그리스도의 성육신이다. 성육신이란 신적 위격이신 성자께서 인성을 취하시므로 참 신이신 동시에 참 인간이 되신 것을 말한다. 그렇다면 성자께서 인성을 취하시는 이 성육신이 그리스도의 낮아지신 상태의 시작을 말하는 것인가? 다시 말해 '말씀이 육신이 된 것'요1:14이 지극히 높으신 신께서 인간으로 낮아지신 것을 의미하는가? 결코 그렇지 않다. '말씀이 육신이 되었다는 것'은 말씀이신 제2위 하나님께서 인간으로 변하셨다는 것을 의미하는 것이 아니다. 이는 제2위의 신성이 인성을 취하심으로 신인이 되신 것을 말하는 것이지, 그분의 신성이 인성으로 대체되었다는 것을 말하는 것이 아니다. 거룩하고 지극히 높으신 신께서 인간이라는 하찮은 피조물로 변했다는 것을 말하는 것이 아니다.

성육신은 그리스도의 낮아지신 상태의 시작을 말하는 것이 아니다. 왜냐하면 지극히 높으신 신성의 그리스도께서는 인성을 취하신다고 해서 그 지위나 영광의 가치가 떨어지시는 것이 아니기 때문이다. 그리스도께서는 온전한 인성을 취하심에도 불구하고, 여전히 그분의 신성에 있어서 지극히 높으신 분이시다. 말씀이 육신을 취했다 하더라도 그분의 영광은 이전과 다를 바 없이 아버지의 독생자의 영광이며, 은혜와 진리 또한 여전히 충만하시다요1:14. 왜냐하면 그리스도께서 취하신 인성은 그분의 신성에 어떠한 해도 주지 않기 때문이다. 이러한 차원에서 볼 때 그리스도의 성육신은 그분의 낮아지신 상태의 시작이 아닐뿐더러, 그 자체가 그분의 낮아지신 상태 중의 하나가 될 수도 없다. 오히려 그리스도께서 온전한 인성을 취하심으로써 성육신하신 것은 중보자의 완전한 자격을 취득하셨다는 말이다. 즉, 말씀이 육신이 되심으로써 제2위께서 중보자의 사역을 온전하게 할 수 있게 되셨음을 말하는 것이다.

그렇다면 그리스도의 낮아지신 상태의 시작은 어디부터인가? 성육신을 통해 그리스도께서 인성을 취하셨다는 것은 인간의 이성적인 영혼뿐 아니라, 인간의 참 몸도 취하심을 말하는 것이다. 따라서 성육신은 그리스도께서 이 땅에 사람으로 태어나시는 것까지를 말한다. 앞서 언급한 것처럼 성육신이 그리스도의 낮아지신 상태에 들어갈 수 없으니, 그리스도의 낮아지신 상태의 시작은 그리스도께서 이 땅에 태어나신 이후부터가 되는 것인가? 엄밀히 따지면 이러한 구분 또한 명확하지 않다. 다소 불분명한 것처럼 여겨질 수는 있다. 그러나 그리스도의 성육신과 그분의 낮아지신 상태의 시작의 관계는 '그리스도의 성육신 자체는 분명 그분의 낮아지신 상태에는 해당되지 않지만, 그리스도의 낮아지신 상태의 시작은 그분께서 인간으로 출생하는 시점이 분명하다.'라고 표현하는 것이 가장 적절할 것이다. 왜냐하면 그리스도의 낮아지신 상태의 시작은 그분께서 비천한 상태로 이 땅에 태어나신 것이기 때문이다.

근본 하나님의 본체이신 그분께서 낮고 천한 모습으로 이 땅에 오신 것이 바로 그리스도의 낮아지신 상태의 시작이기 때문이다. 인성을 취하심으로써 참 사람이 되신 그리스도께서는 화려한 모습으로 이 땅에 오실 수도 있었다. 왕의 신분으로 출생할 수도 있었다. 꼭 왕이 아니더라도 가난하고 멸시받을 만한 환경을 피해 좀 더 칭송받을 만한 환경에서 이 땅에 오실 수도 있었다. 그러나 그분께서는 철저히 낮은 자리에서 태어나셨다. 심지어 정상적인 분만 장소가 아닌 마구간에서 출생하시기까지 낮아지신 상태로 이 땅에 오셨다.

그리스도의 낮아지신 상태는 그분의 삶과 죽음 전반에서도 동일한 방식으로 나타난다. 그리스도의 낮아지신 상태를 공부하는 사람들 중 많은 이들이 하는 오해가 바로 거룩하신 신이신 제2위 하나님께서 인간으로 살아가신 것과 죽으신 것 자체를 낮아지신 상태로 이해하는 것이다. 그리스도께서 인간으로 살아가신 것 자체는 그분께서 낮아지신 것이 아니다. 그리스도께서 인생을 살아가시면서 낮아지신 것은 비참한 인생을 살아가신 것이다. 출생에서 그랬던 것처럼 그리스도께서 비참한 인생을 살아가신 것이다. 왕이나 귀족으로 살 수도 있었다. 부유한 삶을 살 수도 있었다. 그러나 그분께서는 그렇게 살아가지 않으셨다. 가난하고 비참한 삶을 살아 가셨다. 이것이 그리스도께서 인생을 통해 보여주신 낮아지신 상태였다.

그분의 죽음 또한 마찬가지다. 온전한 인성을 취하신 그리스도께서 다른 사람들과 같이 죽음을 맞으시는 것은 오히려 당연한 것이다. 따라서 이 자체를 그분의 낮아지신 상태로 이해해서는 안 된다. 그리스도께서 죽음의 때에 보여주신 낮아지신 상태의 모습은 명예로운 죽음을 맞지 않으신 것이다. 영광스런 죽음을 맞지 않으신 것이다. 심지어 저주의 죽음을 맞으신 것이다. 죽음의 상태에서 잠시 머무신 것 또한 같은 원리다. 이 상태에서 그리스도께서 낮아지신 것은 잠시 동안 음부에 머무신 것이지, 죽은 상태에 머물었다는 것이 그분께서 낮아지신 상태가 된 것은 아니다. 이러한 차원에서 종합해보면 그리스도의 성육신이 그분께서 중보자가 되는 자격을 취득하는 것이라면, 그리스도의 낮아지심은 그분께서 중보자로서 살아내신 고난의 삶이었다고 할 수 있다.

성육신	낮아지신 상태
1. 신성이 인성을 취하심	1. 신인의 비참한 삶과 고난
2. 이 땅에 태어나심으로써 완성	2. 비참한 상태로 태어나심으로써 시작
3. 중보자의 자격을 취득함	3. 중보자로서 사역하시는 모습
4. 고난을 받고, 견디실 준비	4. 일생을 통해 고난 받으신 모습
5. 이 자체가 속량의 효력이 있는 것은 아님	5. 겪으신 모든 고난이 속량의 효력이 있음

※ 낮아지신 상태에서 그리스도의 신성과 인성

그리스도의 낮아지신 상태는 비천하게 출생하신 것, 율법 아래 놓이신 것, 하나님의 저주 아래 비참한 인생을 사시고 저주의 십자가를 지시고 돌아가신 것, 그리고 장사되어 잠시 동안 죽음의 권세에 놓이게 되신 것을 말한다.[17] 이를 좀 더 간추려 말하면 그리스도의 낮아지신 상태는 그리스도께서 이 땅에서 친히 율법을 성취하신 것과 고난의 삶을 사신 것이라고 할 수 있다. 이렇게 낮아지신 상태에서 그리스도께서는 중보자의 사역을 행하셨다. 그렇다고 그리스도께서 중보자의 사역을 수행하실 때 항상 낮아지신 상태로만 자신을 드러내신 것은 아니다. 부활하시고, 승천하시고, 하늘 보좌 우편에 앉아 계시며, 세상을 심판하러 다시 오시는 사역을 수행하실 때 그분께서는 높아지신 상태로 자신을 보이신다. 이처럼 그리스도께서는 낮아지시고 높아지신 상태에서 그분의 중보자 사역을 성취하신다. 중보자의 사역을 수행하시는 그리스도께서는 때로는 낮아지신 상태로 자신을 드러내시며, 때로는 높아지신 상태로 자신을 보이신다.

중보자로서 그리스도의 낮아지신 상태와 높아지신 상태를 이해할 때 우리가 신중하게 고려해야 할 것이 하나 있다. 그것은 그리스도의 낮아지신 상태와 높아지신 상태는 그분께서 중보자로서 사역을 수행하실 때 드러나는 모습으로서의 상태를 말하는 것이지, 실제 그분의 신분에 어떠한 변화가 있다는 말이 아니라는 점이다. 다시 말해 그분께서 중보의 사역을 할 때 실제로 그분의 신분이 낮아지거나 높아진 것이 아니라는 것이다. 그리스도께서는 하나님이시다. 왕이시다. 그분께서는 어느 것과도 비교할 수 없는 영광스러운 존재이시다. 그분의 지위와 영광은 최고로 높다. 더 이상 높아질 것이 없을 정도로 높다. 뿐만 아니라 그리스도께서는 영원

---

17. WSC 27.

히 존귀한 왕이시다. 따라서 그분의 영광 또한 영원하다. 그리스도에 대한 이러한 묘사들은 그리스도께서 어떠한 순간이나 상황에도 그 지위와 영광이 결코 낮아지지 않으신다는 것을 분명히 보여준다. 이러하신 그리스도께서 상황에 따라 그 지위와 영광이 낮아졌다가 다시 높아지신다는 것은 말이 안 되는 생각이다.

그리스도의 낮아지신 상태와 높아지신 상태는 그분의 신분이 그렇게 변하는 것이 아니라, 그분의 상태가 그렇게 보이는 것을 말한다. 이 말은 즉, 그리스도께서 비록 우리의 눈에 비천한 상태에 놓이신 것으로 보이는 순간이든, 아니면 그것을 회복하고 다시 높아지신 상태로 보이는 순간이든, 그분께서는 언제나 가장 높이신 분이시고 영광스러운 분이시란 뜻이다. 그렇다면 어떻게 이러한 상태가 가능한 것인가? 어떤 상황에서는 그리스도께서 낮아지신 상태로 보이시고, 어떤 상황에서는 그리스도께서 높아지신 상태로 보이는 것이 어떻게 가능하다는 것인가?

그것은 성육신하신 그리스도 안의 신성과 인성의 관계를 통해 설명이 가능하다. 성육신하시기 이전의 그리스도께서는 오직 신성으로만 충만한 분이셨다. 이 신성이 인성을 취하신 것이 바로 성육신이다. 성육신하신 성자께서는 성부로부터 성령을 통해 기름부음을 받음으로써 그리스도로서 사역을 시작하셨다. 신성이 인성을 취하심으로써 참 신이시며, 동시에 참 인간이 되셨으며, 성령으로 잉태되고 동정녀에게 태어나시므로 죄 없는 인간이 되셨기에 그리스도께서는 중보자 Mediator로서 합당한 자격을 취득하셨다.

성육하시기 전 그리스도께서는 참 신으로 지극히 높은 분이셨다. 뿐만 아니라 인성을 취하셔서 인간이 되신 그리스도께서도 참 인간이면서, 동시에 참 신이시다. 따라서 그분께서는 인간이 되신 상태에도 지극히 높으신 분이시다. 심지어 생물학적으로 죽은 상태로 몸의 모든 기관들이 활동을 멈춘 상태에서도 그분께서는 여전히 참 신이시며, 참 인간이셨다. 죽음이 그리스도의 신성에 어떠한 해도 미치지 못하기에 죽어서 무덤 속에 있었던 그리스도의 몸도 최초의 성육신하신 상태와 동일하게 여전히 신성과 인성이 연합된 몸이었다.

이러한 이유로 그리스도께서는 인성을 취하심으로 중보자의 자격을 취득하신 이후에도 이전과 동일하게 지극히 높으신 분이셨고, 심지어 죽어서 장사된 상태에도 성육신 이전과 전혀 다를 바 없는 지극히 높으신 분이셨다. 물론, 부활하실 때도, 그리고 승천하실 때도, 또한 지금 성부의 보좌 우편에 앉아 계시는 이 순간에도, 마지막 때에 심판하러 이 땅에 오실 때도 그리스도께서는 언제나 참 신이시며, 동시에 참 인간이신 지극히 높으신 제2위의 위격이신 하나님이시다.

그렇다면 이렇게 지극히 높으신 분께서 낮아지신 상태가 되었다거나, 다시 높아지신 상태가 되었다는 것은 무엇을 말하는 것인가? 그리스도의 낮아지신 상태와 높아지신 상태를 말하는 것은 그리스도께서 중보자로서 구속의 사역을 선지자, 제사장, 왕의 신분에서 행하시는 것과 관련이 있다. 즉, 중보자로서 일하시는 그리스도의 모습에서 낮아지신 상태와 높아지신 상태가 드러난다는 것이다. 우리는 보통 그리스도께서 이 땅에서 인간으로 살고 죽으신 것까지를 그리스도께서 낮아지신 상태로 이해하고, 그분의 부활부터 다시 이 땅을 심판하러 오실 것까지를 그분의 높아지신 상태라고 설명한다. 이러한 분류와 설명은 분명 정당하다. 지극히 높으신 그리스도께서 인간이 되셔서 온갖 고난을 당하신 것은 신으로서 자신을 극단적으로 낮추신 것이라고 밖에 설명할 길이 없다. 그리고 이러한 비참함에서 다시 지극히 높으신 신의 위치에 올라가신 것 또한 높아짐의 극치가 아닐 수 없다.

그렇다면 이처럼 우리가 그리스도의 낮아지심과 높아지심을 말하는 것이 전적으로 그리스도께서 이 땅에서 보여주신 모습들 때문인가? 아니면 성육신 하신 그리스도의 신성과 인성에 어떠한 변화나 조정이 있기 때문인가? 좀 더 구체적으로 그리스도께서 구속의 사역을 성취하시기 위해 낮아지신 상태를 보이셔야 할 때는 그리스도께서 그분의 신성보다 인성을 효과적으로 사용하시고, 반면에 높아지신 상태가 필요할 때는 그분의 신성이 더 많은 작용을 하는 방식으로 이 두 가지 상태를 명확히 구분해서 보이신 것인가? 낮아지신 상태와 높아지신 상태에서 그리스도께서 인성과 신성을 교대로 사용하신 것인가?

전혀 그렇지 않다. 성육하신 그리스도께서는 참 신이시며, 동시에 참 인간이시다. 따라서 그분께서는 낮아지신 상태에서나 높아지신 상태에서도 동일하게 참 신이시며, 동시에 참 인간이시다. 이러한 이유로 그리스도께서는 어떠한 순간에도 완전한 신성과 완전한 인성을 충만히 발휘하시는 분이시다. 그분께서 낮아지신 상태를 보이실 때도 그분의 신성은 인성과 함께 온전히 발휘되며, 그분께서 높아지신 상태를 보이실 때도 그분의 인성은 신성과 함께 온전히 발휘된다.

그럼 그리스도께서는 신성과 인성을 온전히 사용하시면서도 어떻게 이 땅에서 낮아지신 상태를 보이실 수 있었는가? 지극히 높으신 참 신이신 그리스도께서 그분의 신성을 온전히 사용하셨다면 이 땅의 그 누구도 그분을 낮아진 상태에 계시다고 여길 수 없을 것인데 말이다. 그리스도께서는 중보자로서 구속사역을 완수하기 위해 그분의 신성이 갖는 지극히 높은 영광을 그분의 인성 뒤에 감추기로 성부와 협의하셨다. 이러한 이유로 그리스도께서는 비록 참 신으로서 신성의 능력을 온전히 사용하심에도 불구하고 사람들의 눈에는 비참한 인간의 모습으로만 보이는 것이다.

이렇게 신성이 인성 뒤에 감춰져 있었기 때문에 사람들은 그리스도를 봐도 그분께서 참 신이신지 알아볼 수 없었던 것이다. 뿐만 아니라 그분을 무시하고 멸시했으며, 심지어 그분을 저주의 십자가를 통해 죽일 수 있다고까지 생각했던 것이다. 신성의 영광을 인성 뒤에 가리신 것은 중보의 약속을 성취하기 위함이기도 했다. 왜냐하면 인성 뒤에 가려진 신성을 보지 못한 이들을 통해 그리스도께서는 멸시받으시고 죽으셔야 했기 때문이다.

요약하면 다음과 같다. 그리스도의 낮아지신 상태는 그리스도께서 실제 그 지위와 영광이 낮아지셨음을 의미하는 것이 아니다. 이는 지극히 높으신 하나님께서 신성의 영광을 인성 뒤에 숨기심으로써 자신을 인류와 동일한 한 사람으로 보이신 것을 말하는 것이다. 이와 같은 방식으로 그리스도의 높아지신 상태는 때가 되어 인성 뒤에 숨겨 두었던 신성의 영광을 다시 드러내신 것이라 할 수 있다. 결국 그리스도의 낮아지신 상태와 높아지신 상태는 참 신이시고 동시에 참 인간이신데 죄는 없으신 그리스도께서 중보자로서 그분의 구속사역을 수행하심에 있어서, 그분의 신성과 인성을 사람들에게 드러내시는 방법의 차이에 의한 것이라고 할 수 있다.

※ 높아지신 상태에서 그리스도의 인성과 신성

인성을 취하시고 성육신하시기 전의 제2위 하나님께서는 오직 신성으로만 충만하신 분이셨다. 거룩함에 있어서 제1위 하나님과 동등하신 분이셨다. 본질적으로 지극히 높으신 분이셨다. 따라서 성육신하시기 전의 제2위 하나님께로부터는 낮아지신 상태는 물론 높아지신 상태도 나타나지 않았다. 그분께는 낮아지신 상태나 높아지신 상태가 필요치 않았다. 그리스도의 낮아지신 상태와 높아지신 상태는 모두 그분의 중보자의 사역과 관련이 있다. 제2위 하나님께서 중보자 사역을 성취하시는 과정에서 드러내신 자신의 모습이 바로 낮아지신 상태와 높아지신 상태다.

그리스도의 낮아지신 상태와 높아지신 상태는 성육신하신 그리스도께로부터 드러나는 상태인 것이다. 제2위 하나님께서 취하신 인간의 몸과 영혼을 통해 객관적으로 드러난 상태를 말하는 것이다. 이러한 차원에서 그리스도의 낮아지신 상태와 높아지신 상태는 그분의 인성을 따라 드러난 상태라고 할 수 있다.

그리스도께서는 언제나 지극히 높으신 분이시다. 그리스도께서는 중보사역을 행하실 때 낮아지신 적도, 또한 다시 높아지신 적도 없으시다. 성육신하셔서 중보사역을 행하실 때도 그분께서는 지극히 높으신 분이셨다. 그럼, 지극히 높으신 그리스도께서 낮아지신 상태와 높아지신 상태로 계신다는 것을 우리는 어떻게 이해해야 하는가? 이는 인간들이 보기에 그분의 상태가 낮아지신 것처럼 보이고, 어떤 경우에는 다시 높아지신 것처럼 보이는 것을 말한다. 이러한 이유로 우리가 그리스도의 중보사역을 그분의 낮아지심과 높아지심으로 말하지 않고, 낮아지신 상태와 높아지신 상태로 설명하는 것이다.

그리스도께서 어떤 경우에는 낮아지신 상태로 보이고, 어떤 경우에는 높아지신 상태로 보이는 것은 어떤 이유 때문일까? 그것은 그리스도께서 인성을 통해서 자기의 중보사역을 인간들에게 드러내셨기 때문이다. 인간이 감지할 수 있는 수단으로 자신의 중보사역을 드러내셨기 때문이다. 그리스도께서 인성을 따라 그분의 낮아지신 상태와 높아지신 상태를 나타내셨다는 것이 바로 이러한 이유 때문이다.

그렇다고 중보자로서 그리스도의 낮아지신 상태와 높아지신 상태가 그분의 인성을 따라 나타났다는 것이, 그분의 중보자 사역에서 오직 그분의 인성만이 충만히 발휘된다는 의미는 아니다. 인성을 따라 나타나는 그분의 낮아지신 상태와 높아지신 상태가 신성이 약화된 중보자의 모습을 나타내는 것은 아니라는 것이다. 그리스도께서 그분의 중보사역을 행하실 때 그분의 신성과 인성은 모두 충만하게 발휘된다. 따라서 낮아지신 상태는 그리스도께서 인성을 통해 일하신 것이고, 높아지신 상태는 신성을 통해 일하신 것이라는 식의 오해에 절대 빠져서는 안 된다. 중보자로서 그분의 능력과 사역, 그리고 사역의 효과는 모두 신성과 인성이 성육신 안에서 충만히 발휘되기에 가능한 것이다.

그렇다면 그리스도의 신성은 그분의 중보사역 중에 어떻게 드러나는가? 그리스도께서는 낮아지신 상태에서는 그분의 신성의 영광을 인성 뒤에 숨기셨지만, 높아지신 상태에서는 감추었던 신성의 영광을 인성과 함께 드러내셨다. 이러한 이유로 그리스도께서 낮아지신 상태에 계실 때는 많은 이들이 그리스도를 알아보지 못하고 모욕하고 죽이기까지 했고, 심지어 그분의 제자들도 그를 부인하고 돌아서기까지 했지만, 그리스도께서 부활하신 이후에는 그분을 만난 사람들 모두가 동일한 인물을 대하면서도 이전과는 달리 그리스도께서 인간이시면서 동시에 신이시라는 것을 부인하지 않게 된 것이다.

※ 그리스도의 높아지신 상태

그리스도께서는 인성을 취하심으로써 성육신하시고 중보자의 사역을 수행하셨다. 그분께서는 이 땅에서 율법을 완수하심으로써 구원에 합당한 의를 획득하셨고, 고난을 통해 구속의 효력을 성취하셨다. 이 두 가지를 택자들에게 적용하시는 과정에서 드러나는 그리스도의 모습을 드러내는 표현이 바로 그리스도의 높아지신 상태. 이 상태는 중보자로서 다음의 네 가지 사역에서 분명히 드러난다. 죽은 자들 가운데서 부활하신 것, 승천하신 것, 하나님 보좌 우편에 앉아 계신 것, 그리고 마지막 날에 세상을 심판하러 다시 오실 것이 바로 그것이다.

네 가지 중보사역	의미
1. 죽은 자들 가운데서 부활하심	1. 그리스도께서는 죽은 자들 가운데 부활하셨다. 2. 어떠한 변화나 변질도 없이 죽으셨던 바로 그 몸과 영혼으로 부활하셨다. 3. 죽음의 순간에도 그분의 인성은 여전히 신성과 연합한 상태였고, 부활하신 몸 또한 이전과 변함없이 신성과 연합한 몸이다. 4. 그리스도께서 죽은 자들 가운데서 다시 살아났다는 것 자체는 그분께서 하나님이심을 증명하는 근거가 될 수 없다. 다시 말해 그리스도의 부활 자체가 그분의 높아지신 상태를 말하는 것은 아니다. 왜냐하면 이 땅에 모든 인류가 다 부활할 것이기 때문이다. 5. 그러나 그리스도께서 죽은 자들 가운데서 스스로 일어났다는 것은 그분께서 하나님이신 것에 대한 분명한 증거가 된다. 그리스도께서는 자신의 능력으로 죽은 자들 가운데서 살아나셨다(요10:17,18). 이는 오직 생명의 주인이신 하나님만이 행하실 수 있는 능력이다. 6. 성경에 성부께서 그리스도를 일으켰다는 표현은 성자 스스로의 능력으로 부활한 것을 부인하는 것이 아니다. 이는 성부께서도 성자의 부활을 기뻐하시고 만족해하신다는 뜻이다(벧전1:3).[18] 7. 그리스도께서는 십자가 형벌을 받고 죽으심으로 죄와 사망에 굴복하셨지만, 부활하심으로 죄와 사망의 법을 이기셨다(롬8:2).

---

18. 빌헬무스 아 브라켈, 『그리스도인의 합당한 예배』, 1권, 1090.

	8. 그리스도의 부활하신 몸은 십자가에서 상한 몸 그대로였지만, 이전과 달리 그분의 몸은 더 이상 상하거나 죽지 않는 영원불멸의 몸이다(행13:34, 롬6:9, 계1:8). 뿐만 아니라 더 이상 시간과 공간에 제한되지 않는 몸이다(고전15:5-8). 9. 그리스도의 부활은 신자들의 부활에 대한 본보기며 약속이다(롬8:11, 고전15:20, 딤후 2:11). 10. 그리스도의 부활은 칭의의 근거가 된다(롬4:24,25). 11. 그리스도의 부활은 신자가 그와 연합할 것에 대한 보증이 된다(롬6:4,5). 12. 그리스도의 부활은 죄에 대한 하나님의 공의가 완전히 만족되었음을 보여주는 증거가 된다. 13. 그리스도의 부활은 신자가 거룩한 삶을 살아야 할 이유와 동기가 된다(롬6:11, 고후 5:14,15).
2. 승천하심	1. 그리스도의 성육신은 신성이 인성을 취하심으로써 인간이 되신 것을 말한다. 성육하신 그리스도께서는 인성에 따라 장소에 제한을 받으시지만, 신성에 따라 그분께서는 어디에나 편재하신다. 그리스도께서는 그분의 신성에 따라서는 장소를 이동할 필요가 없는 분이시기에, 그분께 있어서 장소를 이동한다는 것은 어울리지 않는 표현이다. 그러나 그리스도께서는 취하신 인성에 따라 장소에 제한되셨다. 따라서 그리스도의 승천은 인성을 따라 행하신 사역으로 이해되어야 한다. 2. 그리스도의 부활이 전적으로 자신의 능력인 것처럼, 승천 역시 전적으로 자신의 능력으로 행해졌다(요14:3; 16:7; 20:17, 히4:14; 6:20).[19] 반면에 에녹(창5:24)과 엘리야(왕하2:21)의 승천과 마지막 날에 신자들에게 임할 승천(살전4:17)은 모두 하나님의 능력에 의한 수동적인 들림이다. 3. 그리스도의 승천은 스스로 영광에 들어가시는 것을 의미한다(눅24:26). 4. 그리스도의 승천은 중보자로서 대제사장직을 수행하는 것이다. 구약의 대제사장이 성소에 들어가는 것이 모형이라면, 그 원형이 바로 그리스도의 승천이다(히9:24). 즉, 대제사장이 중보기도의 사역을 위해 제사한 피를 들고 성소로 들어가는 것처럼, 그리스도의 승천은 택자들을 위해 중보기도하시기 위해 십자가의 제사로 흘린 자신의 피를 하늘 보좌로 들고 들어가시는 것을 의미한다. 그리스도께서는 승천을 통해 자신의 대제사장적 직무를 분명히 드러내 보이셨다(히8:4). 5. 승천은 그리스도께서 인성의 한계를 벗고 편재하게 되신 것이 아니다. 승천하실 때도 그분께서는 여전히 참 신이시며, 동시에 참 인간이셨다. 6. 그리스도께서는 고난 받으시고 죽으셨던 동일한 몸으로 부활하셨고, 바로 그 몸으로 승천하셨다. 또한 그리스도의 승천은 실제로 이 세상을 떠나 하늘로 올라가신 것이다. 7. 그리스도께서는 부활하신 후 40일째에 하늘로 올라가셨다. 부활 후 바로 승천하지 않으시고 40일간 제자들과 함께 계신 것은 제자들에게 부활을 충분히 확신시킬 뿐 아니라, 자신이 가게 되고, 이후에 제자들도 따라가게 될 천국에 대해 자세히 가르치기 위함이었다(행1:3).

---

19. 성경에는 성부께서 그리스도를 천국으로 들어 올리신 것처럼 표현된 곳들도 다수 있다(눅24:51, 행1:18, 행 2:33, 빌2:9). 이 표현들은 그리스도께서 자신의 승천에 능력을 발휘하지 않으셨다는 것을 나타내는 것이 아니라, 성부께서도 성자의 승천에 적극적으로 동의하시기에, 이를 기뻐하셨고, 만족하셨다는 것을 의미하는 것으로 이해할 수 있다.

	8. 그리스도께서는 제자들이 보는 가운데 승천하셨고, 그들이 본 그 모습 그대로 세상을 심판하러 다시 오실 것이다. 따라서 그분께서 다시 오실 때 이 땅에 살아 있는 모든 사람들이 그분을 볼 것이다.
	9. 승천하실 때 구름이 그분을 가려서 사람들이 볼 수 없었다는 것은 승천하시는 동안 그분께서 순식간에 다른 곳으로 사라지신 것이 아님을 말해준다. 단지 구름이 가려서 볼 수 없었던 것이다.
	10. 그리스도의 승천은 신자들이 성령내주의 복을 누리게 될 것의 확실한 증거와 보증이 되었다(요7:39; 16:7). "그 후에 내가 내 영을 만민에게 부어 주리니"(욜2:28)는 그리스도의 승천 후 성령강림사건(행2:16-18)을 통해 성취되었다.
	11. 그리스도께서 승천을 통해 희생제물이 되신 자기의 피를 들고 성소에 들어가심으로 모든 신자들이 그분의 피를 힘입어 성소에 들어갈 담력을 얻었다. 뿐만 아니라 참 마음과 온전한 믿음으로 하나님께 나아갈 자격과 용기를 얻게 되었다(히10:19-22).
	12. 그리스도의 승천은 신자가 성화의 과정에서 더욱 거룩함을 추구할 수 있는 자극과 동력이 된다(골3:1). 하나님께서는 그리스도께서 승천하실 때 신자들도 함께 하늘로 올리셨다(엡2:6). 따라서 신자들의 시민권은 하늘에 있고(빌3:20), 그곳에는 우리의 영원한 집이 있다(고후5:1). 이 사실을 아는 신자들은 더 이상 땅의 것을 생각하지 않고, 위의 것만 생각하게 된다(골3:2).
3. 하나님 우편에 앉아 계심	1. 승천하신 그리스도께서는 하나님 우편에 앉으셨다(시110:1, 막16:9, 골3:1, 히1:3).
	2. 실제 그리스도께서 하나님의 오른편에 계신 것은 아니다. 그렇게 되면 하나님께서는 그리스도의 왼편에 계신 것이 된다. 이는 상징적인 표현으로 그리스도께서 하나님과 동등한 영광의 자리에 오르셨다는 것을 나타낸다(히1:3; 8:1). 이는 그리스도께서 영광과 존귀로 관을 쓰고 계신다는 것과 같은 의미다(히2:9).
	3. 그리스도께서 어떠한 자세로 계시는지는 중요하지 않다. 다시 말해 그리스도께서 '앉아 계신다'는 것 자체가 어떠한 특별한 의미를 가지는 것은 아니다. 중요한 것은 그리스도께서 하나님과 함께 동등한 권위로 하늘에 계시다는 것이다. 성경은 하나님 보좌 우편에 계신 그리스도께서 '앉아 계신다'고만 표현하지 않고, '서 계신다'고 표현하기도 하고(행7:55), 심지어는 어떠한 자세를 구체적으로 언급하지 않고 단지 '하나님 우편에 계신다'고만 말하기도 한다(롬8:34).
	4. 하나님 보좌 우편에 계신 그리스도의 영광은 창세전에 그분께서 가지셨던 영광과 동일하다(요17:5).
	5. 하나님 보좌 우편에서 그리스도께서는 여전히 그분의 중보자 사역을 하고 계신다. 하늘에서 그분의 중보자 사역이 땅에서의 사역과 다른 점은 더 이상 낮아지신 상태가 아니라, 지극히 영화로운 상태에서 모든 일을 수행하신 다는 것이다(행2:33, 빌2:9-11). 따라서 그분의 중보사역은 무한한 효력이 있다.
	6. 하나님 보좌 우편에서 그리스도께서는 대제사장으로서 중보기도(Intercession) 사역을 수행하신다(롬8:34, 히8:1).
	7. 그리스도께서는 하나님 보좌 우편에서 성령을 보내심으로써 그분의 백성들을 가르치신다(행2:33-35). 이를 통해 그분께서는 중보자로서 선지자의 사역을 행하신다.
	8. 하나님 보좌 우편에서 그리스도께서는 그분의 나라를 통치하심으로 중보자로서 왕의 직무를 수행하신다(엡1:20,21, 벧전3:22). 그분의 통치는 원수들이 그분의 발판이 될 때까지 지속될 것이며(시110:1), 음부의 권세가 이기지 못하도록 자기의 교회를 보존하실 것이다(마16:18).

4. 세상을 심판하러 다시 오심	1. 그리스도께서는 세상을 심판하러 다시 오신다. 2. 그리스도의 재림은 때와 시기가 있다. 3. 재림의 때와 시기는 오직 성부께서만 아신다(행1:7). 이 시기를 정확히 알려주지 않으시는 이유는 신자들이 항상 깨어서 예수님의 오심을 고대하게 하기 위함이다. 4. 그리스도께서 세상을 심판하러 다시 오실 것이라는 사실을 미리 알리신 이유는 사람들이 경각심을 갖고 죄에서 떠나게 하시려는 것과, 고난에 처한 신자들을 위로하시기 위함이다. 5. 그리스도께서는 승천하신 그 모습과 그 방식대로 다시 오신다. 6. 그리스도의 부활과 승천은 오직 신자들만 경험했다(고전15:1-11). 그러나 그리스도의 재림은 모든 사람들이 다 보게 될 것이다(마24:30). 7. 그리스도께서는 재림과 심판을 통해 중보자로서의 사역을 완수하실 것이다.	

※ 그리스도의 능동적 순종과 수동적 순종의 공통점과 차이점

	능동적 순종	수동적 순종
공통점	1. 중보자의 사역 2. 그리스도의 낮아지신 상태 3. 죄에 대한 하나님의 공의를 만족시키심 4. 그리스도께서 일생을 통해 완수하심 5. 오직 택자들을 위한 사역(제한적이며 개별적인 사역) 6. 자신을 위해서는 수행하실 필요가 없음 7. 그리스도의 자발적인 순종(자발적 능동과 자발적 수동) 8. 한 순간도 주저함 없이 행하심 9. 믿음(Faith)을 수단으로 택자들에게 적용됨 10. 보증인으로서 책임을 완수하심 11. 하나님의 작정을 따름 12. 구약에 예언되어 있음 13. 참 신이시고, 동시에 참 인간이신데, 죄는 없으신 분 14. 칭의의 조건이자 근거 15. 신성의 영광을 인성 뒤에 감추심	
차이점	1. 자신을 율법 아래 복종시키심 2. 율법의 요구를 성취하심 3. 구원에 합당한 의를 획득하심 4. 영원한 생명의 권리를 주심 5. 천국 갈 수 있는 자격을 부여하심 6. 택자들이 의인으로 인정받음 7. 택자들이 행위언약의 의무에서 자유로워짐	1. 고난 받으심 2. 구속의 사역을 완수하심 3. 택자들의 죄책과 형벌을 완수하심 4. 택자들이 죄책과 형벌을 면함 5. 택자들이 지옥을 면함 6. 택자들이 죄인 취급을 면함 7. 택자들이 은혜언약의 참여자가 됨

교회

제60~65문답

〈제60~65문답〉

Q60: Can they who have never heard the gospel, and so know not Jesus Christ, nor believe in him, be saved by their living according to the light of nature?

A60: They who, having never heard the gospel,[1] know not Jesus Christ,[2] and believe not in him, cannot be saved,[3] be they never so diligent to frame their lives according to the light of nature,[4] or the laws of that religion which they profess;[5] neither is there salvation in any other, but in Christ alone,[6] who is the Savior only of his body the church.[7]

(1) 롬10:14 (2) 살후1:8,9; 엡2:12; 요1:10-12 (3) 요8:24; 막16:16 (4) 고전1:20-24 (5) 요4:22; 롬9:31,32; 빌3:4-9 (6) 행4:12 (7) 엡5:23

번역

문: 복음을 전혀 들어 보지 않아서, 예수 그리스도를 알지도 못하고, 그분을 믿지도 않는 자들이 자신들이 본성의 빛을 따라서 사는 것으로 구원될 수 있나요?

답: 복음을 들어 본 적이 없기에 예수 그리스도를 모르고, 그분을 믿지 않는 자들은 그들이 본성의 빛을 따라서 삶의 틀을 짤 만큼은 근면하지 않든지, 아니면 자신들이 고백하는 종교의 율법을 따라서 삶의 틀을 짤 만큼 근면하지 않든지 간에 구원될 수 없는데, 이는 구원이 다른 어떤 것에 있는 것이 아니라, 오직 자신의 몸인 교회만의 구원자이신 그리스도 안에만 있기 때문입니다.

원문 이해의 키

- Can they who have never heard the gospel, and so know not Jesus Christ, nor believe in him, be saved~? 복음을 전혀 들어 보지 않아서, 예수 그리스도를 알지도 못하고, 그분을 믿지도 않는 자들의 자력 구원의 가능성에 대한 질문이다.

- they who have never heard the gospel, and so know not Jesus Christ, nor believe in him, (콤마), and so는 '그래서'로 앞과 뒤의 내용이 원인-결과의 관계로 배열되어있다는 것을 나타낸다. 그리고 not~, nor~은 '~도 아니고, ~도 아니다'는 뜻이다.

- by their living according to the light of nature '본성의 빛을 따라서 그들이 사는 것에 의해'로 their은 living의 의미상 주어이다.

- be they never so diligent to frame their lives according to the light of nature, or the laws of that religion which they profess be they A or B는 whether they are A or B(그들이 A 든지, 아니면 B 든지 간에)의 뜻이다. 따라서 대교리문답의 이 표현은 whether they are never so diligent to frame their lives according to the light of nature, or the laws of that religion which they profess로 전환이 가능하며 '그들이 본성의 빛을 따라서 삶의 틀을 짤 만큼은 근면하지 않든지, 아니면 자신들이 고백하는 종교의 율법을 따라서 삶의 틀을 짤 만큼 근면하지 않든지 간에'의 뜻이다.

<원문대로 이해하고 구문대로 정리하기>

1. 복음을 들어 본 적이 없기에 예수 그리스도를 알지도 못하고 그분을 믿지도 않는 자들은 자신들 스스로의 능력과 노력만으로는 결코 구원될 수 없다.

2. 복음을 들어 본 적이 없기에 예수 그리스도를 알지도 못하고 그분을 믿지도 않는 자들이 구원되지 못하는 것은 본성의 빛을 따라서 자신들의 삶의 틀을 짤 만큼 근면하지 못해서가 아니다.

3. 복음을 들어 본 적이 없기에 예수 그리스도를 알지도 못하고 그분을 믿지도 않는 자들이 구원되지 못하는 것은 자신들이 고백하는 종교의 율법을 따라서 삶의 틀을 잘 만큼 근면하지 못해서가 아니다.

4. 복음을 들어 본 적이 없기에 예수 그리스도를 알지도 못하고 그분을 믿지도 않는 자들은 비록 그들이 본성의 빛을 따라서 자신들의 삶의 틀을 짤 만큼 근면하다 할지라도 그것으로는 결코 구원되지 못한다.

5. 복음을 들어 본 적이 없기에 예수 그리스도를 알지도 못하고 그분을 믿지도 않는 자들은 비록 그들이 자신들이 고백하는 종교의 율법을 따라서 삶의 틀을 짤 만큼 근면하다 할지라도 그것으로는 결코 구원되지 않는다.

6. 복음을 들어 본 적이 없기에 예수 그리스도를 알지도 못하고 그분을 믿지도 않는 자들이 본성의 빛을 따라서 사는 것이나, 다른 종교에 열심을 내는 것으로는 구원되지 못하는 이유는 구원이 다른 어떤 것에 있는 것이 아니라, 오직 자신의 몸인 교회만의 구원자이신 그리스도 안에만 있기 때문이다.

Q61: Are all they saved who hear the gospel, and live in the church?

A61: All that hear the gospel, and live in the visible church, are not saved; but they only who are true members of the church invisible. [1]

(1) 마7:21; 22:14; 13:41,42; 요12:38-40; 롬9:6; 11:7.

<번역>

문: 복음을 듣고 교회 안에서 사는 모두가 구원되나요?

답: 복음을 듣고, 가시적인 교회에서 사는 모든 사람이 구원되는 것이 아니라, 오직 비가시적인 교회의 참 회원들만 그렇습니다.

<원문 이해의 키>

- Are all they saved~? '그들은 모두가 구원되나요?'로 이 질문은 구원받을 가능성이 있는지를 묻는 것이 아니라, 구원된 상태인지를 묻는 것이다.

- who hear the gospel, and live in the church? 관계대명사 who의 선행사는 이 문장의 주어인 they이다. 계속적 용법의 주격 관계대명사로 '~하는'으로 해석한다. 콤마(,) and는 hear the gospel과 live in the church를 단순히 동등하게 나열하는 것을 넘어 hear the gospel과 live in the church를 원인과 결과의 관계로 연결하고 있다. 이러한 점에서 볼 때 이 관계대명사절을 통해서 이 문답은 복음을 들은 후에 교회의 예배와 다양한 활동에 참석하는 자들만을 다루고 있다. 다시 말해 이 문답은 복음을 듣지 않은 상태에서 스스로 개체교회의 예배와 활동

에 참석하는 자들과는 관련이 없다. 즉, 이 문답은 개체교회에 속한 가라지들 중에서 스스로 믿음이 없는 것을 알면서도 자신의 유익을 위한 어떠한 특별한 목적을 위해서 개체교회의 예배와 활동에 참석하는 위선자들과는 관련이 없다.

- they only who are true members of the church invisible 복음을 듣고, 가시적인 교회에 사는 모든 사람이 구원되는 것이 아니라 오직 비가시적인 교회의 참 회원만이 구원을 받는다는 설명은 이 문답이 다루는 사람들이 비가시적인 교회의 참 회원이 아닌데도 불구하고 스스로를 그렇게 알고 있는 자들이라는 것을 알려준다. 즉, 이 문답의 목적은 개체교회에 속한 가라지들 중에 '스스로에게 속는 자' 혹은 '스스로를 속이는 자'들에 대한 정리에 있다.

<원문대로 이해하고 구문대로 정리하기>

1. 복음을 듣고 개체교회에 출석하는 자들이 모두 구원되는 것은 아니다.

2. 오직 비가시적인 교회의 참 회원들만이 구원된다.

3. 비가시적인 교회의 참 회원들이 아니라도 복음을 듣고 개체교회에 출석하는 경우들이 있다. 이러한 이들은 자신들이 참 신자라고 착각한다. 이들은 스스로에게 속는 자들이다.

4. 비가시적인 교회의 참 회원들이 아닌 자들 중에는 복음의 소식과는 상관없이, 자신의 개인적인 어떠한 목적을 위해 개체교회에 출석하는 자들이 있다. 이들은 자신들에게 믿음이 없음을 안다. 그래서 이들은 위선자들이다.

5. 하나님께서는 비가시적인 교회의 참 회원들을 가시적인 교회로 모으시고, 그들을 구원하신다.

Q62: What is the visible church?

A62: The visible church is a society made up of all such as in all ages and places of the world do profess the true religion,[1] and of their children.[2]

(1) 고전1:1,2; 12:13; 롬15:9-13; 마28:19,20; 계7:9; 시2:8; 22:27-31; 45:17; 사59:21 (2) 행2:39; 고전7:14; 롬11:16; 창17:7; 막10:13-16.

<번역>

문: 가시적인 교회는 무엇인가요?

답: 가시적인 교회는 세계의 모든 시대와 장소에서 참 종교를 고백하는 그러한 이들 모두와 그들의 자녀들로 구성된 하나의 단체입니다.

<원문 이해의 키>

- a society '하나의 단체'

- all such as in all ages and places of the world do profess the true religion '세계의 모든 시대와 장소에서 참 종교를 고백하는 그러한 이들 모두'로, as는 such를 선행사로 하는 주격관계대명사이다.

- , and of their children , and (made up) of their children으로, their는 all such as in all ages and places of the world do profess the true religion(세계의 모든 시대와 장소에서 참 종교를 고백하는 그러한 이들 모두)이다.

<원문대로 이해하고 구문대로 정리하기>

1. 가시적인 교회는 하나다.

2. 가시적인 교회는 하나의 단체이다.

3. 가시적인 교회는 이 세상에 있는 하나의 단체이다.

4. 가시적인 교회는 모든 세대와 장소에서 오직 하나뿐이다.

5. 가시적인 교회는 세계의 모든 시대와 장소에서 참 종교를 고백하는 그러한 이들 모두와 그들의 자녀들로 구성된 하나의 단체이다.

6. 참 종교를 고백하는 자들의 자녀들은 언약에 근거하여 가시적인 교회의 회원이 된다.

7. 참 종교를 고백하는 자들의 자녀들은 언약에 근거하여 이 땅에 태어날 때부터 가시적인 교회의 회원이다.

Q63: What are the special privileges of the visible church?

A63: The visible church hath the privilege of being under God's special care and government;[1] of being protected and preserved in all ages, not withstanding the opposition of all enemies;[2] and of enjoying the communion of saints, the ordinary means of salvation,[3] and offers of grace by Christ to all the members of it in the ministry of the gospel, testifying, that whosoever believes in him shall be saved,[4] and excluding none that will come unto him.[5]

(1) 사4:5,6; 딤전4:10; 고전12:28; 행13:1; 사49:14-26 (2) 마16:18; 사31:4,5; 슥12:2, 3,4,8,9; 출3:2,3; 시115편 (3) 행2:39,42 (4) 시147:19,20; 롬9:4; 막16:15,16; 행16:31; 사45:22; 계22:17 (5) 요6:37.

<번역>

문: 가시적인 교회의 특권들은 무엇인가요?

답: 가시적인 교회는 누구든지 그리스도를 믿는 자는 구원될 것이라는 사실을 증언하고, 그분께 오려는 자는 그 어떤 이도 배제하지 않으면서, 하나님의 특별한 돌봄과 통치 아래 있는 것과, 모든 원수들의 저항에도 불구하고 모든 시대에 걸쳐서 보호받고 보존되는 것과, 성도들의 교통, 통상적인 구원의 수단들, 그리고 그리스도에 의해 복음의 사역 안에서 교회의 모든 회원들에 대한 은혜의 제공들을 누리는 특권을 가지고 있습니다.

<원문 이해의 키>

- the privilege of being under~; of being protected~ ; and of enjoying~ the privilege of~의 틀을 A; B; and C의 구조로 나열하여 가시적인 교회의 특권 세 가지를 정리해서 설명하고 있다.
- government (하나님의) 통치, (교회의) 감독
- the communion of saints 성도들의 교통
- notwithstanding notwithstanding(~에도 불구하고)는 not withstanding(저항 하지 아니하고)의 의미로, '굳이 교회가 직접 나서서 저항할 필요 없이'라는 뜻이 숨겨져 있다. 주님의 교회는 주님께서 지키신다는 WCF 5.7의 내용과 긴밀히 연 결된다.
- testifying~, and excluding none~ 가시적인 교회가 통상적으로 하는 일 두 가 지를 나타낸다. 이 구문은 문장 전체와 연결되어 '~하면서'의 뜻으로 사용된 동 시동작의 분사구문이다. 이는 가시적인 교회가 갖는 세 가지의 특권 모두에 해당 된다. 따라서 이 부분을 of enjoying~하고만 연결시켜서 번역해서는 안 된다.

<원문대로 이해하고 구문대로 정리하기>

1. 가시적인 교회는 여러 특권들이 있다.
2. 가시적인 교회는 누구든지 그리스도를 믿는 자는 구원될 것이라는 사실을 증언 하면서 여러 특권들을 행사한다.
3. 가시적인 교회는 그리스도께로 오려는 자는 그 어떤 이도 배제하지 않고 수용 하면서 여러 특권들을 행사한다.
4. 가시적인 교회는 누구든지 그리스도를 믿는 자는 구원될 것이라는 사실을 증언 하고, 그분께 오려는 자는 그 어떤 이도 배제하지 않으면서, 하나님의 특별한 돌 봄과 통치아래 있는 특권이 있다.
5. 가시적인 교회는 누구든지 그리스도를 믿는 자는 구원될 것이라는 사실을 증언 하고, 그분께 오려는 자는 그 어떤 이도 배제하지 않으면서, 모든 원수들의 저항 에도 불구하고 모든 시대에 걸쳐서 보호 받고 보존되는 특권이 있다.
6. 가시적인 교회는 누구든지 그리스도를 믿는 자는 구원될 것이라는 사실을 증언 하고, 그분께 오려는 자는 그 어떤 이도 배제하지 않으면서, 성도들의 교통, 통상

적인 구원의 수단들, 그리고 그리스도에 의해 복음의 사역 안에서 교회의 모든 회원들에 대한 은혜의 제공들을 누리는 특권이 있다.

Q64: What is the invisible church?

A64: The invisible church is the whole number of the elect, that have been, are, or shall be gathered into one under Christ the head.[1]

(1) 요10:16; 11:52; 엡1:10,22,23.

<번역>

문: 보이지 않는 교회는 무엇인가요?

답: 보이지 않는 교회는 선택받은 자들의 총수인데, 이들은 머리되신 그리스도 아래에서 하나로 모여왔거나, 모이거나, 모일 것입니다.

<원문 이해의 키>

- , that have been, are, or shall be gathered into one 콤마(,) that은 계속적 용법의 관계대명사로 사용되었기에 '~인데, ~은'으로 해석한다. 참고로 현대 영어에서 that을 관계대명사로 사용할 때는 한정적 용법으로만 쓴다.

- have been, are, or shall be gathered into one or은 '~이거나'의 뜻이다. 따라서 이 부분은 '하나로 모여왔거나, 모이거나, 모일 것이다'로 해석해야지, '모여왔고, 모이고, 모일 것입니다'로 해석해서는 안 된다.

<원문대로 이해하고 구문대로 정리하기>

1. 보이지 않는 교회는 선택받은 자들의 총수이다.

2. 보이지 않는 교회인 모든 선택받은 자들은 머리이신 그리스도 아래서 하나로 모여왔다.

3. 보이지 않는 교회인 모든 선택받은 자들은 머리이신 그리스도 아래서 하나로

모인다.

4. 보이지 않는 교회인 모든 선택받은 자들은 머리이신 그리스도 아래서 하나로 모일 것이다.

5. 보이지 않는 교회인 모든 선택받은 자들은 한 명도 빠짐없이 머리이신 그리스도 아래서 하나로 모인다. 이들 중 일부는 이미 과거에 모였고, 또 일부는 현재 모여 있으며, 그리고 나머지 일부는 앞으로 모일 것이다.

6. 보이지 않는 교회인 선택받은 자들이 머리이신 그리스도 아래서 하나로 모이는 시기는 각각의 사람들이 이 땅에 태어나서 죽을 때까지이다.

Q65: What special benefits do the members of the invisible church enjoy by Christ?

A65: The members of the invisible church by Christ enjoy union and communion with him in grace and glory. [1]

(1) 요17:21; 엡2:5,6; 요일1:3.

\<번역\>

문: 보이지 않는 교회의 회원들은 그리스도에 의해 어떠한 특별한 은덕들을 누리나요?

답: 보이지 않는 교회의 회원들은 그리스도에 의해 은혜와 영광 안에서 그분과의 연합과 교통을 누립니다.

\<원문 이해의 키\>

- the members of the invisible church 보이지 않는 교회의 회원들
- communion 교통 (fellowship: 교제, 친교)

\<원문대로 이해하고 구문대로 정리하기\>

1. 보이지 않는 교회의 회원들은 특별한 은덕들을 누린다.
2. 보이지 않는 교회의 회원들은 그리스도에 의해 특별한 은덕들을 누린다.

3. 보이지 않는 교회의 회원들은 그리스도에 의해 은혜와 영광 안에서 그분과 연합하는 특별한 은덕을 누린다.

4. 보이지 않는 교회의 회원들은 그리스도에 의해 은혜와 영광 안에서 그분과 교통하는 특별한 은덕을 누린다.

[교리교사 카테키즘: 교회]

※ 신약성경이 소개하는 교회의 이미지들

신약성경은 다양한 표현으로 교회를 묘사한다.[1] 신약성경에 나타난 최초의 교회 모습은 형식적인 조직이 없는 신자들의 공동체였다. 그들은 지역의 한 곳에 모였으며고전14:23, 심지어 개인의 다락방에 모이기도 했다행1:13; 12:2;20:8. 바울도 교회 공동체는 정해진 개인 가정집에서 모임을 가졌다고 소개한다.[2] 최초의 교회 공동체는 그 형성과정에서 모두 사도들과 긴밀한 관련이 있다. 사도들이 직접 공동체를 시작하거나, 사도의 가르침을 따르는 신자들이 모여 나름의 공동체를 형성했다. 따라서 최초의 교회 공동체를 하나로 묶는 틀은 언제나 사도적 권위였다.[3] 그리고 모든 교회의 직무 또한 사도들에게 집중되어 있었다.

이후 교회 공동체 가운데 집사행6:1-7들과 장로행11:30가 임명되면서 사도는 말씀과 기도하는 일에 더욱 집중할 수 있게 되었고, '주 안에서 너희를 다스리며 권하는 자들'살전5:12로 불리는 교회의 일꾼들이 나타나게 되었다. 바울은 교회 공동체 안에 출현한 이러한 일꾼을 복음 전하는 자와 목사와 교사로 설명한다엡4:11. 또한, 교회는 '장로의 회'를 두어 디모데와 같은 사역자들에게 안수를 행하기도 했다딤전4:14.

교회는 영적인 은사들의 모임이다. 그리스도를 머리로 한 각각의 은사들이 모여 하나의 완전한 몸을 이루는 것이 바로 교회이다. 신약시대의 교회 안에 각 개인에게 나타난 다양한 은사들은 모두 교회를 세우고 섬기라는 성령의 부르심이라 할

---

1. 하나님의 양떼(벧전5:2), 하나님의 밭과 집(고전3:9), 하나님의 성전(고전3:16; 딤전3:15), 선한 목자의 양떼 (요10:21; 15장), 그리스도의 신부(요3:29; 계21:9), 성령 안에서 하나님의 거하실 처소(엡2:22; 요14:23), 진리의 기둥과 터(딤전3:15), 하나님의 이스라엘(갈6:16), 하나님의 교회(살전2:14) 등. 참고, 유해무, 『개혁교의학』, (서울: 크리스찬다이제스트, 1997), 547-48.
2. 롬15:5; 고전16:9; 골4:15; 본2절.
3. 초대교회를 하나로 묶는 이 사도적 권위 또한 영적이며 도덕적인 것이지 형식적이고 법적인 것은 아니었다. 참고, G. E. Ladd, 『신약신학』 신성종, 이한수 역, (서울:대한기독교서회, 2015), 657.

수 있다. 은사의 목적은 개인의 영적 황홀함 체험이 아니다. 은사의 목적은 언제나 교회의 덕을 세우는 것이다고전14:26.[4] 따라서 이 영적인 은사들은 교회를 위해 신중하게 사용되고 적용되어야 한다. 바울은 고린도 교회에게 편지하면서 가장 신중해야 할 은사로 '방언'을 꼽았다고전14장. 그리고 그는 은사를 신중하게 사용할 수 있는 방안으로 사랑을 제시했다고전13장. 이러한 점에서 볼 때 은사는 분명 교회의 가시적 모습 중 하나임이 분명하다.

교회는 에클레시아ἐκκλεσία다. 에클레시아는 '부름을 받아서 모인 자들의 모임'이라는 뜻이다. 교회는 하나님께서 구원하시기로 선택하신 자들의 전체 모임이다. 이를 보편적인 교회라고 한다. 하나님께서는 선택하신 자들을 부르신다. 하나님께서 선택하신 사람들을 부르시는 장소는 이 땅이다. 그리고 하나님께서는 선택하신 사람을 한 사람도 빠짐없이 모두 부르신다. 뿐만 아니라 하나님께서는 그들을 개별적으로 부르신다. 이렇게 부름을 받은 자들이 모여 교회가 된다. 그래서 교회가 에클레시아인 것이다. 그리고 이러한 원리로 각 지역의 교회는 보편적인 교회와 연대성을 가진다. 뿐만 아니라 각 지역의 교회들은 다른 지역의 교회들과도 긴밀히 연대한다. 따라서 이 땅에 존재하는 모든 지 교회들이 보편교회를 드러낸다. 물론 각 교회의 특성에 따라 보편교회를 더 잘 드러내는 교회일 수도 있고, 덜 드러내는 교회일 수는 있지만, 모든 참 교회들은 보편교회의 가지로서 보편교회를 이 땅에 드러낸다. 아무리 작은 지역교회 공동체라도 보편적인 교회를 대표하는 충분한 자격이 되는 것이 바로 이 때문이다.

바울의 고린도전서는 고린도에 있는 에클레시아에 보낸 서신이다고전1:2. 이 서신을 통해 바울을 고린도교회 성도들을 에클레시아라고 부르고 있다. 그런데 바울이 이 서신을 통해 에클레시아라고 고상하게 지칭한 이들의 삶은 결코 그들이 그렇게 불릴 만한 모습이 아니었다. 그들의 도덕적 수준은 원래 평균 이하였다고 할 정도였다고전1:26.[5] 비록 이들의 삶의 모습이 믿기 이전에 비해 많이 건전해지기는 했지만고전6:11, 이들은 '음행, 우상숭배, 간음, 탐색, 남색, 도적, 탐욕, 술 취함, 모욕, 속여 빼앗음'으로 묘사되었던 자들이었다고전6:9-11. 그뿐 아니라 교회의 회원이 되

---

4. G. E. Ladd, 『신약신학』 신성종, 이한수 역, (서울:대한기독교서회, 2015), 661-662.

5. 형제들아 너희를 부르심을 보라 육체를 다라 지혜로운 자가 많지 아니하며 능한 자가 많지 아니하며 문벌 좋은 자가 많지 아니하도다.

어서도 여전히 교만 가운데 사는 자들이었다. 특히 이들은 자신들이 가진 지식을 자랑했다고전 6:12; 8:1. 그럼에도 불구하고 바울이 이들을 에클레시아로 부를 수 있는 근거는 그들이 '그리스도 예수 안에서 거룩하여지고 성도라 부르심을 받은 자'들이기 때문이다. 또한 '주되신 예수 그리스도의 이름을 부르는 자'이기 때문이다고전1:2.[6] 결국 교회는 교회 구성원의 자질이 아니라, 전적으로 교회로 부르신 이의 은혜로 에클레시아가 되는 것이다.

교회는 하나님의 새 백성이다. 구약의 이스라엘은 하나님에 의해 선택된 민족이었다. 그러나 호세아 선지자는 이스라엘이 그들의 패역함 때문에 더 이상 하나님의 백성이 아니라고 선포한다호1:9. 그리고 그는 하나님의 백성이 아니었던 자들이 하나님의 긍휼을 받아 하나님의 백성이 될 것이라고 말한다호2:23. 즉, 이스라엘을 대신하는 하나님의 새 백성의 출현을 예언한다. 바울도 하나님의 새 백성을 언급한다. 그에 의하면 이 백성들은 유대인뿐 아니라 이방인들 중에서 하나님께서 부르신 자들로 구성된다롬9:24. 이렇게 하나님께서 불러 모으신 새 백성들이 바로 교회다. 하나님으로부터 부름을 받아 교회로 모인 새 백성들은 그리스도로부터 마음에 할례를 받고롬2:21, 골2:11, 아브라함의 자손이 된 자들이다갈3:29. 그래서 하나님의 새 백성들을 내면적 유대인이라고 하며롬11:5, 교회를 영적 이스라엘, 즉 하나님의 이스라엘이라고 하는 것이다갈6:16.

교회는 하나님의 성전이다고전3:16. 성전은 하나님께서 거하시고 예배를 받으시는 처소다. 교회가 하나님의 성전인 것은 하나님께서 교회 안에 거하시고, 또한 교회를 통해 예배를 받으시기 때문이다. 뿐만 아니라 교회가 하나님의 성전인 이유는 교회가 성령의 전의 모임이기 때문이다. 신자 한 사람 한 사람은 성령이 거하시는 성령의 전이다고전6:19. 따라서 성령의 전의 모임인 교회가 하나님의 성전인 것은 너무나 당연한 이치다. 신자가 거룩한 것은 거룩한 행실을 행해서가 아니라, 신자와 함께 계시는 성령님 때문이다. 하나님의 성전인 교회가 거룩한 것도 교회를 구성하는 회중들이 거룩한 일을 행하기 때문이 아니라, 거룩하신 성령님께서 회중들과 함께 하시기 때문이다.

교회는 성령께서 역사하시는 특별한 장소다. 교회는 성령으로 세례 받은 한 몸이

---

6. Leonhard Goppelt, 『신약신학 Ⅱ』, 박문재 역, (서울: 크리스챤다이제스트, 1997), 193-94.

다고전12:13. 이는 교회의 모든 지체들이 다 성령과 함께 있기 때문이다. 이러한 지체들로 교회가 구성된다는 것은 이 땅의 교회가 성령에 의해 형성된다는 것을 말한다. 또한 성령께서 교회를 이끄신다는 것을 의미한다. 성령께서는 영적인 존재이시기에 그 자체로는 보이지 않으신다. 그러나 성령의 역사는 참 교회 안에서 언제나 감지된다. 성령께서 자신의 사역을 드러내시는 방법이 은사들이다. 성령께서 각 지체들과 함께, 그리고 지체들을 통해 활동하실 때 나타나는 증거가 바로 은사들이다.

교회는 하나님의 자녀들의 모임이다. 교회에는 성령에 의한 진정한 교제가 있다. 다시 말해 교회에서는 그리스도인들 사이에서만 나타나는 교제가 있다. 세상과 다른 독특한 연대성이 있다고전1:9. 교회 안의 성도들에게서 이러한 독특한 연대성이 나타나는 이유는 성도들의 교제가 성령에 의한 그리스도와의 연합을 기초로 하기 때문이다. 그리스도와 연합한 자들이 믿음을 통해 신앙을 고백하고 의롭다 함을 받는다. 그리고 하나님의 양자가 된다. 이렇게 하나님의 양자가 된 자들을 성령께서 교회로 모으신다. 교회의 회원 한 사람 한 사람이 모두 하나님의 자녀들로서 서로 형제가 되는 것이 바로 이러한 이유 때문이다. 바울이 타 지역에 있는 교회에 편지를 보내면서 그들을 형제로 부를 수 있었던 것 또한 이 때문이다.[7]

교회는 신앙고백을 같이하는 사람들의 모임이다. 이 땅에서 교회로 모인 자들은 하나님의 말씀에 응답하며 예수 그리스도를 믿으며 그분을 주로 고백한 자들이다. 이러한 이유로 교회는 주 예수를 고백하는 자들로 구성되는 것이다고전1:2. 그리고 이렇게 주 예수를 고백하는 자들을 '믿는 자들'이라고 부른다고전1:21; 14:22; 갈3:22; 살전1:7; 살후2:13. 성도는 하나님께서 사용하시기 위해 특별히 구별하신 이들이라는 구약적 의미뿐 아니라, 구속사적 의미도 함께 포함되어 있다. 고린도교회의 성도들처럼 비록 교회의 구성원들이 윤리적으로 거룩한 삶을 살아내지 못한다 할지라도 성도라 불리는 것고전1:2이 바로 이러한 이유이다. 즉, 바울이 교회를 성도라 부른 것은 거룩함에 대한 평가도, 거룩해야 함을 의무 지우는 것도 아니라, 하나님께서 구별하신 구속사적 의미 때문이다. 다시 말해 성도는 거룩한 삶을 사는 이들을

---

7. "저희와 함께 있는 형제들에게 문안하라."(롬16:14), "잘못된 본을 보이는 것은 믿는 형제에게 죄를 짓는 것이다."(고전8:12), "모든 형제들도 너희에게 문안한다."(고전16:20), "마게도냐에서 온 형제들"(고후11:9), "평안이 형제들에게 있을지어다"(엡6:23), "라오디게아에 있는 형제들에게 문안하라"(골4:15), "거룩하게 입맞춤으로 모든 형제에게 문안하라"(살전5:26)

말하는 것이 아니라, 예수 그리스도께 마음과 삶을 드릴 것을 서약한 자들의 모임을 말한다고 할 수 있다.

교회는 그리스도의 신부이다. 그리스도와 교회의 친밀함은 부부 사이의 친밀함과 같다엡5:22-23. 바울은 그리스도를 신랑으로 묘사하고 교회를 신부로 묘사하면서 스스로를 신랑과 신부를 중매하는 이로 소개한다고후11:2.[8] 신랑에 대한 신부의 가장 중요한 덕목은 바로 순결이다. 따라서 바울은 교회를 그리스도의 신부로 묘사하면서 교회의 영적 순결을 많이 강조했다. 이는 구약에서 선지자들이 이스라엘을 하나님의 신부로 본 것과사54:5; 렘3:20 영적인 불신앙을 간음으로 이해한 것출34:15,16; 신31:16; 73:27; 호9:1과 깊은 관련이 있다. 또한 하나님께서 질투하시는 분신32:21; 출20:5; 34:14; 슥8:2으로 묘사되는 것도 교회와 순결한 사랑을 나누길 원하시는 하나님의 마음을 잘 표현한 것이라 할 수 있다.[9] 물론 예수님의 '악하고 음란한 세대'라는 표현 또한 영적 음란을 지적한 것이다마12:39; 16:4; 막8:38.

교회는 그리스도의 몸이다.[10] 이는 교회도 몸처럼 하나의 통일체임을 나타낸다. 따라서 교회의 구성원 각자는 아무도 자신이 가진 은사를 자랑하거나 오만하게 사용해서는 안 된다. 지체들의 이러한 행동은 몸의 균형을 방해할 뿐이다. 유기체인 한 몸 전체가 잘 움직일 수 있도록 각각의 지체는 서로 조화를 이루어 자기의 역할을 잘 수행해야 한다. 또한 교회는 그리스도의 몸으로서 그리스도와 동일시된다고전12:12. 이는 믿는 자들과 그리스도가 하나라는 것을 나타낸다마10:40; 마25:40; 행9:4. 그리스도의 몸이 신자의 몸이며, 신자의 몸이 그리스도의 몸이라는 뜻이다. 이러한 원리로 우리가 우리의 몸을 거룩한 산 제물로 드리는 영적 예배가 가능해진다롬12:1. 우리가 우리의 몸을 드리는 것 자체가 그리스도를 통해서 드리는 예배가 되며, 그리스도와 함께하는 예배가 되기 때문이다.

그리스도께서는 교회의 머리가 되신다. 교회는 그리스도의 몸으로서 그리스도와 교회는 하나다. 동시에 그리스도께서는 교회의 머리가 되신다. 그리스도와 교

---

8. 유대인 혼인예식에는 '신랑의 친구들'이라고 불리는 이들이 등장하는데, 이들은 신랑과 신부를 대표하여 그들을 중매하는 역할을 하는 이들이다. 이들은 하객들에게 초대장을 전달하며, 결혼 예식의 전반을 돕는 역할을 했다. 그런데 이들이 하는 더욱 중요한 일은 신랑에게 신부의 순결성을 증명해 주는 것이었다.

9. 구약의 이스라엘은 성숙하지 않는 교회였다. 참고, WCF 19.3.

10. 바울은 '몸'을 형체를 갖춘 물질이 아니라 활동하는 지체들의 유기체로 보고 있다. 따라서 그는 '몸'(롬6:12)과 '지체'(롬6:13)를 동의어로 사용한다. 참고, Leonhard Goppelt, 『신약신학 Ⅱ』, 196.

회의 관계에 대한 성경의 이러한 묘사는 교회가 생명과 성장에 있어서 그리스도께 절대적으로 의지해야 함을 강조하는 표현이다. 또한 교회의 활동 방향이 오직 그리스도에 의해 결정되어야 한다는 것을 나타낸다. 교회의 모든 지체들이 머리 되신 그리스도의 뜻만을 따라 움직여야 한다는 것을 말한다엡1:23. 이러한 원리로 교회의 성숙과 성장은 전적으로 머리이신 그리스도께 순종하는 것에 달려 있는 것이다. 머리의 명령을 따라 움직이지 않는 지체가 있다면 그것은 분명 그 몸에 문제가 있는 것이다. 이와 같이 머리 되신 그리스도의 뜻에 순종하지 않는 교회는 결코 참 교회일 수가 없다. 타락한 교회일 수밖에 없다. 성경은 이와 비슷한 뜻으로 그리스도를 교회의 터요, 머릿돌이요, 모퉁이돌로도 묘사한다고전3:11; 벧전2:7; 엡2:20.

참고로, 그리스도께서 교회의 머리가 되심은 교회의 통일성을 말하는 것인데, 이 통일성은 성찬을 통해 더욱 확고해진다고전10:17. 잔을 마시는 것은 그리스도의 피에 참여함이요, 떡을 먹는 것은 그리스도의 몸에 참여함이다고전10:16. 즉, 떡과 포도주에 참여하는 것은 하늘의 그리스도와 연합하는 것을 의미한다. 이러한 차원에서 성도 개인의 그리스도와의 연합은 결국 성찬을 통한 교회의 통일성으로 나타나게 된다. 그리스도께서는 말씀 속에 임재하시는 것과 같이 주의 성찬에도 동일하게 임하신다. 세례도 성찬과 함께 그리스도와의 연합을 보여준다. 세례는 교회의 구성원이 되는 허입 절차임이 분명하다. 그렇지만 이는 믿는 자가 그리스도와 연합함을 상징하며, 옛 생명은 죽고 새 생명 가운데서 행함을 나타내기도 한다. 믿음이 없이는 세례가 아무런 의미도 부여받을 수 없게 되는 것이다골2:12.

※ 교회의 4대 속성과 2대 표지

개혁교회가 말하는 교회의 4대 속성은 유일성, 거룩성, 보편성, 사도성이고, 2대 표지는 말씀의 참된 설교와 성례의 올바른 시행을 말한다. 교회의 4대 속성은 니케아신조381의 "우리는 한 거룩한 보편적인 사도적 교회를 믿는다."라는 고백을 따라 정립되었다. 그런데 16세기 교회개혁 시기 이전까지는 로마교회가 이 네 속성을 자신들만을 진정한 교회로 주장하는 근거로 사용해 왔다. 이에 대해 교회개혁자들은 로마교회가 내세우는 네 가지 속성만으로는 참 교회를 보장해 주지 못한다고 주장하면서, 교회의 속성이 증명되고 실천되는 필수 방편으로 두 개의 표지를 주장했다. 즉, 은혜의 방편인 참된 말씀의 선포와 올바른 성례의 시행이라는 참 교회의 가시적 표지를 주장한 것이다. 이 두 가지의 표지 중에서도 참된 말씀의 설교를 더욱 강조했는데, 바로 성례의 집행이 참된 말씀의 설교에서 멀어져버린 것을 로마 가톨릭의 성례가 올바로 시행되지 못하고 주술적이고 미신적으로 전락한 이유로 여겼기 때문이다.[11]

속성	개혁주의	로마 가톨릭
유일성 (통일성)	1. 교회는 하나님의 부르심을 받아 성령을 통해 그리스도에게로 모인 모든 택자들의 하나의 모임이다. 2. 교회는 머리 되신 그리스도와 하나다(엡 1:10, 5:23). 3. 성령을 통해 모든 신자들이 하나가 된다 (고전6:17, 엡4:4). 4. 교회는 때와 장소와 상관없이 언제나 동일하게 존재한다. 5. 교리, 믿음, 성례가 오직 하나다(엡4:4-6). 6. 이 땅의 교회의 하나 됨은 같은 신앙고백을 통해 나타난다.	1. 교황을 참 교회의 유일한 표지로 여기는 로마교회는 교회의 유일성을 교황을 중심으로 하나 됨에서 찾는다. 2. 로마교회는 '교회 밖에는 구원이 없다.'는 것을 '교황 제도 밖에는 구원이 없다.'로 이해한다.
거룩성	1. 교회가 거룩한 것은 교회의 회원들이 거룩하기 때문이 아니라, 회원들과 신비한 연합 가운데 계신 그리스도께서 거룩하시기 때문이다. 2. 성령님께서 교회의 회원인 성도들을 거룩하게 하시기에 교회는 거룩하다. 3. 교회는 세상과 구별된 모임이기에 거룩하다. 4. 교회는 진정한 거룩함을 가르치는 유일한 곳이기에 거룩하다. 5. 실제 이 땅의 유형교회는 완전히 거룩하지 않다. 심지어 성경 안에도 오류를 범하는 교회들에 대한 기록이 많이 있다.[12] 그러나 유형교회의 이러한 모습들은 성도들로 하여금 죄에 빠지지 않도록 경고하는 역할을 할뿐더러 교회가 더욱 거룩함을 추구하게 하는 동력이 된다.	1. 로마교회는 예전과 예식에 있어서 거룩하다. 이러한 차원에서 제도적인 예식은 강력한 은혜의 수단이 된다. 2. 로마교회의 인격적인 거룩함은 성례를 통한 의화(justification)에 기초한다. 3. 로마 교회가 가르치는 성도의 교제는 죽은 성자들과의 교제와 일곱 가지 성례들을 통한 교제다.[13] 4. 지극히 복된 동정녀 안에서 교회는 이미 온전함을 이루었다. 이를 통해 교회는 어떠한 흠이나 티도 없이 존재한다. 그럼에도 신자들은 여전히 죄와 싸우고 거룩함을 함양하려 고군분투한다. 그래서 그들은 마리아에게로 눈을 돌린다. 우리가 분명히 알아야 할 것은 마리아 안에서 교회는 이미 온전히 거룩하다는 것이다.[14]

---

11. 벨기에 신앙고백서는 복음의 순수한 교리가 전파되고, 그리스도에 의해 세워진 성례가 순수하게 이해되며, 교회의 가르침으로 인해 권징이 합법적으로 시행되는 참 교회의 표지로 설명한다. 참고, BC 29.

12. 요 6:66, 고전 3:3; 5:1; 10:5; 12:21; 15:34, 갈 5:12, 빌 2:21, 유 1:4,11-13, 계 2:4; 2:14,15; 2:20; 3:1-4; 3:17.

13. 정두성, 『키워드 카테키즘』, 355-58.

14. Catechism of the Catholic Church, 829.

보편성	1. 교회는 모든 택자들을 포함하기에 보편적이다. 2. 교회는 모든 지역, 민족, 시대에 있어서 적합하기에 보편적이다. 3. 교회는 교리에 있어서 보편적이다.	1. 로마교회는 모든 은혜와 진리를 소유하고 있으며, 모든 사람의 구원을 위한 유일한 기관이기에 보편적이다. 2. 로마교회는 성령강림 날부터 보편적인 교회였다.[15] 반면에, 개신교는 종교개혁이전엔 존재하지 않았기에 보편적이라고 할 수 없고, 잠시 존재했다가 사라지는 하나의 분파에 불과하다. 3. 로마교회는 그 회원의 숫자에 있어서도 다른 분파들에 속한 사람들을 합한 것보다 월등할 것이기에 보편적이다. 4. 이 땅의 지교회들은 자선(charity)에서 가장 탁월한 로마교회와 일치함으로 보편교회가 된다.[16]
사도성	1. 교회는 사도의 가르침을 계승하는 곳이다. 2. 교회의 사도성은 교리의 계승에 있다.	1. 로마교회가 사도의 기초 위에 세워진 유일한 교회다. 2. 로마교회는 신적인 제도에 의해 주교들이 교회의 목사들로서 사도적인 자리를 계승했다고 가르친다. 따라서 주교의 말을 듣는 자들은 그리스도의 말을 듣는 자들이며, 주교들의 말을 경멸하는 자들은 그리스도와 그분을 보내신 이를 경멸하는 자들이다.[17] 3. 교황을 통해 사도성은 계승된다. 4. 그리스도께서 지금도 베드로와 다른 사도들을 통해 교회를 통치하시는 것은 그들의 후계자들인 교황과 주교단 안에서 그들이 여전히 현존하기 때문이다.[18] 5. 무엇이 사도적인지는 성경이 아니라, 사도의 계승에 기초한 교회가 결정한다.

※ 공교회

웨스트민스터 신앙고백서1647는 웨스트민스터 대교리교육서1647와 함께 공교회catholic church를 보편적 교회universal church라고도 표현한다. 그리고 이 교회를 보

---

15. Catechism of the Catholic Church, 830.
16. Catechism of the Catholic Church, 834.
17. Catechism of the Catholic Church, 862.
18. Catechism of the Catholic Church, 869.

이지 않는 교회와 보이는 교회로 구분하여 설명한다. 보이지 않는 교회는 택자들의 모임으로, 이들은 현재 살아서 교회에 출석하는 사람 뿐 아니라, 과거, 현재, 미래의 모든 택자들 전체를 말한다.[19] 반면에 보이는 교회는 현재 이 땅에 살아있으면서 믿음을 고백하는 자들을 말하며, 비록 나이가 어려 아직 스스로 믿음을 고백하지 못한다 할지라도 그 부모가 믿음을 고백할 경우는 보이는 교회에 속하게 된다.[20] 보이는 교회는 지극히 순수하다 할지라도 혼합과 오류에 빠질 수 있으며, 심지어는 사탄의 회가 될 정도로 타락하기까지 한다.[21] 따라서 복음을 듣고 보이는 교회 안에 있다고 해서 다 구원을 받을 수 있는 것은 아니고, 그들 중 보이지 않는 교회의 참된 회원들만 구원을 받을 수 있다.[22]

벨기에 신앙고백서1561 또한 공교회를 보편적 교회라고도 부른다. 이 신앙고백서는 공교회를 진정한 신자들의 거룩한 회중으로 설명하는데, 이들은 예수 안에서 그들의 구원을 기대하며 보혈로 씻음 받으며, 성경에 의해 성화되고 인침 받은 이들이다. 이 거룩한 교회는 하나님에 의해 보존되며 지원을 받는다.[23] 오직 거룩한 회중만이 구원받은 자들의 모임이기에, 공교회를 떠나서는 구원의 방편이 없다. 따라서 모든 신자들은 교회에 속하지 않은 자들과 어울리지 말아야 하며, 세상의 공권력이 막아선다 할지라도 공교회 모임은 어디라도 참여해야 한다.[24] 진정한 교회는 순수한 교리가 설교되고, 예수께서 제정하신 대로 순수하게 성례가 시행되며, 죄에 대한 정죄로 교회 권징이 실행되는 교회를 말한다. 반면에 거짓 교회는 하나님의 말씀보다 교회와 그것의 전통에 더 큰 힘과 권위를 두며, 그리스도의 멍에를 메지 않으려는 교회를 말한다. 이러한 교회는 예수님께서 명하신 대로 성례를 시행하지 않을뿐더러, 자신들의 생각으로 성례에 무엇을 첨가하거나 빼버린다.[25]

하이델베르크 교리교육서1563는 하나님의 아들이 성령과 말씀으로 모든 인류 가운데서 영생을 위하여 선택한 자들의 모임을 공교회라고 가르친다. 그리고 이

---

19. WLC64
20. WLC62
21. WCF 25.
22. WLC 61.
23. BC 27.
24. BC 28.
25. BC 29.

교회가 참된 믿음으로 하나가 되도록 태초부터 세상 끝 날까지 모으고 보호하고 보존한다고 가르친다. 이 교회는 살아 있으며, 믿는 자들은 모두 이 교회의 지체가 된다.[26]

스위스 제2신앙고백서Second Helvetic Confession, 1566는 거룩한 교회를 "살아계신 하나님의 성전"고후6:16으로 불리고, "산 돌 같이 신령한 집"벧전2:5으로 지어지며, "반석"마16:18위에 세워지고, "옮겨질 수 없고"히12:28, "다른 터를 닦아 둘 자가 없는"고전3:11 그리스도의 기초 위에 있는 것으로 묘사한다. 또한 거룩한 교회는 "진리의 기둥과 터"딤전3:15라 불리고, 그리스도의 반석은 물론 선지자와 사도의 기초에 의존하는 한 전혀 오류가 없음을 말한다. 계속해서 이 신앙고백서는 다음과 같이 거룩한 교회를 묘사한다. "이 교회는 역시 '동정a virgin'고후11:2과 그리스도의 '신부spouse'시4:8 그리고 '그의 사랑을 받는beloved'시5:16 이로 불린다. 사도는 '내가 너희를 정결한 처녀로 한 남편인 그리스도께 드리려고 중매함이로다'고후11:2라고 교회에 관해 말하기도 하며, 교회는 '예수님께서 목자 되시는 양 떼'겔34:22-23; 요10:16, '예수님의 몸'골1:24으로도 묘사될 수 있는데, 이는 신실한 자들이 그리스도를 머리로 둔 그리스도의 살아있는 회원들이기 때문이다."[27]

※ 칼뱅의 교회론

칼뱅의 『기독교강요』 제4권은 교회론을 다룬다. 그는 교회에 대한 정의를 이 책의 제목으로 제시한다. 그에 의하면 '교회란 하나님께서 우리를 그리스도의 사회로 인도하시고 우리를 그 곳에 붙들어 놓기 위한 외적 수단이나 목적이다.' 따라서 교회는 우리가 믿음을 갖도록 하고 또 그것을 증진할 수 있는 외적 도움으로서의 장치가 되는 것이며, 동시에 복음을 전파하는 기지가 되는 것이다. 이를 위해 하나님께서는 목사와 교사를 교회에 주어 신앙의 일치와 올바른 질서를 유지하게 하셨고, 신앙을 자라게 하고 그것을 돈독하게 하는 매우 유익한 수단으로 성례전을 제정하셨다. 결국 칼뱅에 의하면 교회는 우리가 믿음을 가질 뿐 아니라, 그것을 유지할 수 있도록 하는 장치로 하나님께서 만들어 주신 은혜의 선물이다. 이는 또한 우

---

26. HC 54.
27. 2HC 17.

리가 우리의 신분과 능력으로는 하나님께로 나아갈 수 없는 존재임을 아신 하나님께서 우리를 만나기 위해 자발적으로 우리의 수준으로 자신을 낮추시는 놀라운 섭리이기도 하다. 교회를 통해 이렇게 하나님께서 자신을 낮춰주셨기 때문에 우리가 성소에 들어갈 담력히10:19을 갖게 되는 것이다.[28]

칼뱅은 교회를 '어머니'로 묘사한다. 여기서 어머니로 묘사된 교회는 보이는 교회visible church를 말한다. 그는 교회를 떠나서는 어떠한 인간도 항상 비참한 결과를 낳을 수밖에 없음을 분명히 밝힘으로써 어머니로서의 교회는 우리의 구원을 위한 필수적 요소임을 강조한다. 우리의 어머니인 교회는 우리를 잉태하고 낳으며 기르고 끝까지 지도한다. 따라서 우리는 교회를 떠나서는 살 수가 없다. 이러한 차원으로 어머니로서의 교회는 우리의 생명과 직결된다. 또한 우리가 자녀pupils로 있는 일평생 동안 이 교회의 품을 떠날 수 없는 또 한 가지 이유는 우리가 연약하기 때문이라고 칼뱅은 말한다.[29]

칼뱅은 또한 성도를 가르치는 기관으로서의 교회를 말한다. 하나님께서는 분명 그분의 자녀들 모두를 그분의 능력으로 일순간에 거룩하고 온전하게 하실 수 있으시다. 그러나 그것은 그분의 뜻도 방법도 아니다. 그분께서는 교회의 교육을 통해 그분의 자녀들이 장성한 사람이 되길 바라신다. 이를 위해 교회에 직원들을 주셨다엡4:10-13. 하나님께서는 오직 이 교회에서 선포되는 복음을 통해 우리의 믿음을 고취하실 뿐 아니라롬10:17, 그분의 구원하시는 능력을 오직 교회의 복음 전파를 통해서 나타내길 원하신다롬1:6.[30]

28. 기독교강요 4.1.1.
29. 기독교강요 4.1.4.
30. 기독교강요 4.3.1-16.

※ 교회와 말씀의 역학관계

교회와 말씀	역할	설명
말씀	교회를 모음	1. 교회는 사도들과 선지자들의 터에 기초한다(엡2:19-21). 2. 진리의 말씀이 교회를 낳는다(약1:18). 3. 목자의 음성을 들은 양만이 목자를 따른다(요10:26,27). 4. 참 교회의 참 신자는 그리스도의 말씀에 거하는 자들이다(요 8:31,32).
	교회를 보존함	1. 말씀은 썩지 아니할 씨(벧전1:23)
	교회를 세움	1. 말씀이 교회를 능히 든든히 세운다(행20:32). 2. 말씀은 성령의 검으로 교회를 지키는 전신갑주 중 하나다(엡 6:17).
교회	말씀을 수납함	1. 교회는 하나님의 말씀을 맡음(롬3:2)
	말씀을 보존함	1. 교회는 진리의 기둥과 터(딤전3:15)
	말씀을 사수함	1. 교회는 믿음의 도를 위해 힘써 싸워야한다(유1:3)

※ 더 잘 보이는 교회와 덜 보이는 교회

교회는 그리스도를 머리로 하여 함께 부름 받아 모인 사람들의 모임을 말한다. 하나님께서 부르시는 모든 택자들의 모임이 바로 교회다. 하나님께서는 택하신 자들은 한 사람도 빠짐없이 다 부르신다. 그리고 그들을 모두 하나로 모으신다. 따라서 이들의 모임인 교회는 오직 하나뿐이다. 하나님께서 택자들을 이 땅에 창조하신 때와 그들을 교회로 부르신 때 사이에는 어떠한 시간적인 간격도 없다. 따라서 교회의 시작 시기는 곧 인류의 시작 시기다. 그리고 택자들은 이생에서 구원의 과정을 거치며, 마지막 심판 이후에는 영원히 새 하늘과 새 땅에 함께 거할 것이다. 따라서 이들의 모임인 교회는 영원하다.[31]

이렇듯 교회는 분명 하나로 시작되었고, 하나의 상태로서 영원할 것이다. 그럼에도 불구하고 교회는 특성이 다른 두 종류의 교회들로 불린다. 무형의 교회와 유형의 교회, 승리하는 교회와 전투하는 교회, 그리고 가시적인 교회와 비가시적인 교회가 바로 그것이다. 무형의 교회와 유형의 교회는 두 개의 다른 교회를 말하는 것이 아니라, 한 교회가 가진 두 개의 다른 특성을 부각시키는 표현이다. 그리고 이

---

31. BC 27.

렇게 두 교회는 사람이 감지할 수 있는지 아닌지를 기준으로 구분된다.

무형의 교회는 모든 택자들의 모임 전체를 말하는 것으로 죽은 신자들과 이 땅에 살아 있는 신자들은 물론, 앞으로 이 땅에 올 모든 택자들 전체를 일컫는 표현이다. 이 교회가 무형인 이유는 누가 교회의 회원인지 사람이 분명하게 감지할 수 없기 때문이다. 반면에 유형의 교회는 무형의 교회의 회원들 중에 현재 이 땅에 살고 있는 신자들과 그들의 자녀들로 구성된 교회를 말한다. 누가 교회의 회원인지 눈으로 감지할 수 있기 때문에 이 교회를 유형의 교회로 부른다. 이렇듯 무형교회와 유형교회는 서로 다른 두 교회를 말하는 것이 아니라, 하나의 무형교회 안에서 사람이 감지할 수 있는 부분인 이 땅의 교회를 유형교회라는 이름으로 부르는 것이다.

승리한 교회와 전투하는 교회 역시 두 교회를 말하는 것이 아니라, 하나의 교회 안에 있는 두 가지의 다른 특성을 구분해서 부르는 표현이다. 이는 택자들이 있는 장소에 따른 구분으로, 승리한 교회는 이 땅의 생을 마감하고 천국에서 마지막 심판을 기다리는 택자들의 모임을 일컫는 표현이고, 전투하는 교회는 현재 이 땅에 살고 있는 신자들과 그들의 자녀들의 모임의 총체를 말한다. 뿐만 아니라 각 지역의 교회들 하나하나도 전투하는 각각의 교회로 부른다. 이렇듯 무형의 교회와 유형의 교회, 그리고 승리한 교회와 전투하는 교회는 모두 두 교회를 말하는 것이 아니라, 한 교회의 두 가지 특성을 구분하는 표현이라고 할 수 있다.

반면에 가시적인 교회와 비가시적인 교회라는 표현은 교회를 지칭하는 앞의 두 가지 표현과는 다소 그 성격이 다르다. 교회에 대한 표현으로서 가시적인 교회와 비가시적인 교회는 그 기준을 어디에 두고 사용하느냐에 따라 어떤 경우에서는 가능한 표현이지만, 다른 경우에서는 잘못된 표현이 된다. 만일 이 표현을 무형의 교회와 유형의 교회의 성격을 나타내는 다른 표현으로 본다면 크게 문제 될 것은 없다. 인간이 감지할 수 있는 교회인 유형의 교회는 분명 가시적인 교회일 것이고, 인간이 그 총체를 감지할 수 없는 무형의 교회는 당연히 비가시적인 교회일 것이기 때문이다.

그러나 만일 이 표현을 이 땅의 교회인 전투적인 교회에서 두드러지게 나타나는 두 가지의 특성에 따른 표현으로 사용한다면 그것은 상당한 문제가 된다. 심지어 교회를 오해하는 잘못된 표현이 된다. 이유를 설명하면 다음과 같다. 이 땅의 전투적인 교회, 즉 유형교회에는 크게 두 가지의 두드러진 체계가 있다. 하나는 내적이고 영적인 체계고, 나머지 하나는 외적이고 공적인 체계다. 유형의 교회가 가진 내적이고 영적인 체계란 믿음Faith, 그리스도와의 신비한 연합, 하나님과의 교제와 같이 성도들의 영적인 삶에 관계된 것으로서 우리의 눈으로는 결코 감지할 수 없는 신앙의 양상을 말한다. 반면에 외적이고 공적인 체계는 공적인 신앙고백, 말씀 선포, 성례, 공적인 기도, 전도, 성도의 교제처럼 성도들 사이에서뿐 아니라, 교회 밖에서도 누구나 감지할 수 있는 신앙생활의 양상을 말한다.

그런데 유형의 교회 속에서 나타나는 이 두 가지의 체계는 인간의 몸과 영혼과도 같은 것으로서 결코 서로 분리될 수 없는 양상들이다. 인간이 몸의 인격과 영혼의 인격이 따로 있는 것이 아닌 것처럼, 교회 안의 이 두 체계도 결코 서로 나뉠 수 없는 것이다. 따라서 만일 누군가가 교회의 내적이고 영적인 체계를 비가시적인 교회로, 그리고 외적이고 공적인 체계를 가시적인 교회로 나눠서 표현한다면 그것은 결코 분리될 수 없는 하나의 교회를 두 개로 나누는 오류를 범하는 일이 되는 것이다.

이처럼 유형의 교회는 결코 가시적인 교회와 비가시적인 교회로 나뉠 수 없다. 그러나 앞서 언급했듯이, 유형의 교회에는 분명 가시적인 체계와 비가시적인 체계가 함께 공존한다. 이러한 이유로 유형의 교회가 때로는 잘 보이기도 하고, 때로는 덜 보이기도 하는 것이다. 교회 안에서 내적이고 영적인 체계와 외적이고 공적인 체계가 각각 순수하게 잘 작용하고, 동시에 이 두 체계가 서로 조화롭게 운영되면 교회는 더욱 잘 드러나게 된다. 반면에 그 반대의 경우에 있어서는 교회가 그 순수함을 잃게 되어 덜 보이는 상태가 된다.[32] 즉, 순수한 교회가 드러나지 않고, 뒤틀리고 오염된 모습들이 교회를 통해 드러나게 된다.

이처럼 순수한 교회가 드러나지 않는 경우는 크게 두 가지 정도가 있다. 하나는 교회 내적인 문제에 의한 것이고, 다른 하나는 교회의 외적인 요인에 의한 것이다. 먼저 교회 내적인 문제로는 신학의 오류와 경건성의 상실 등을 그 대표적인 예로 들 수 있다. 반면에 교회 외적인 요인으로는 교회가 박해를 받는 경우를 들 수 있다. 이러한 경우에 교회는 교회 자체의 순수성을 잃게 되므로, 덜 보이는 교회의 상

---

32. WCF 25.4.

태가 되는 것이다. 그리고 이런 상태가 지속되면 교회는 순간적으로 작아 보일 뿐 아니라, 사람들에게 아무것도 아닌 것처럼 취급을 받게 되는 것이다.[33]

순수한 유형의 교회는 언제나 더 잘 보이는 교회다. 더 순수하면 더 순수할수록 교회는 더욱 잘 보인다. 교회가 이러한 순수함을 유지하는 길은 유형교회의 두 체계인 가시적이 체계와 비가시적인 체계를 효과적이고 풍성하게 잘 적용하는 것이다. 교회는 하나다. 부르심을 받은 택자들이 그리스도를 머리로 하여 모이는 하나의 모임이 바로 교회다. 그런데 인간은 이 교회를 완벽하게 이해할 수 없다. 왜냐하면 이 교회가 인간에게 완전하게 드러나 있지 않기 때문이다. 좀 더 정확히 말하면 이 교회를 완벽하게 이해할 수 있는 지성이 인간에게 없기 때문이다. 따라서 우리는 이 교회에 대해 우리가 이해할 수 있는 부분과 우리의 이해를 넘어선 부분을 구분해서 정리할 수밖에 없다. 그렇게 정리된 것이 바로 무형의 교회와 유형의 교회다. 그리고 승리한 교회와 전투하는 교회다.

이 중 무형의 교회와 승리한 교회는 현재 이 땅에서 살고 있는 우리가 이해할 수 없는 영역이다. 그러나 참 신자는 무형의 교회와 승리한 교회의 특성을 이해하지 못한다고 결코 좌절하지 않는다. 왜냐하면 이것들이 우리의 이해의 영역이 아니라, 소망의 영역임을 알기 때문이다. 따라서 참 신자들은 장차 보게 될 무형의 교회의 원형과 승리한 교회의 실제적인 모습을 기대하고 소망하면서 유형의 교회, 즉 전투하는 교회의 회원으로서 기쁘고 즐거운 삶을 살아가게 된다. 뿐만 아니라 이런 소망을 가진 참 신자는 자신이 속한 유형의 교회에 내적이고 영적인 체계와 외적이고 공적인 체계가 교회 공동체와 자신의 삶에 조화롭게 잘 적용될 수 있도록 더욱 적극적으로 노력한다. 이러한 참 신자들의 모임이 참 교회를 이루므로 그 교회는 더욱 순수해지고, 그 결과 더욱 잘 보이는 교회가 되는 것이다. 따라서 신자는 이 땅에서 교회가 사라질 것을 염려하거나 걱정할 것이 아니라, 우리의 교회가 덜 보이게 되는 것을 두려워해야 한다. 동시에 우리가 속한 교회가 교회의 본질에 따라 더 잘 보이기를 소망하며 노력해야한다.

---

33. BC 27.

※ 많은 교회가 문을 닫으면 결국 교회가 사라질 수도 있나?

교회란 근본적으로 하나님께서 택하신 자들의 총체다. 그러나 하나님께 택함을 받았다고 그들이 바로 교회가 되는 것은 아니다. 다시 말해 하나님께서 택하신 그 순간에 이들이 자연적으로 교회를 형성하는 것은 아니다. 교회는 하나님께서 택하신 자들을 이 땅에서 불러 모으실 때 비로소 구성되었다. 따라서 하나님께서 이 땅에 인류를 창조하시면서 교회는 시작되었다. 하나님께서 택하신 자들이 모두 하나님의 소유이기에, 이들이 모인 교회 역시 하나님의 소유가 된다. 하나님께서 택자들을 교회로 모으시는 시기는 각 사람마다 다르다. 이는 택자들의 자질이나 외부적인 어떤 기준이 아니라, 전적으로 그들을 부르시는 하나님의 뜻에 달려있다. 하나님께서는 이들을 자신이 정하신 때에 부르신다. 그리고 택한 자들은 한 사람도 빠짐없이 다 부르신다. 비록 우리는 누가 하나님께서 택하신 자들인지, 그리고 각각의 택자들을 언제 부르실지 알 수 없으나, 우리가 분명히 아는 것은 하나님께서는 택하신 자들이라면 죽기 전에는 분명히 부르신다는 것이다.

이렇게 부름 받은 이들이 이 땅에서 유형교회의 회원이 된다. 하나님께서 더 많이 부르실수록 이 땅의 유형교회는 커진다. 반면에 하나님께서 이 땅에 적은 수의 택자들을 보내시고, 그들을 부르시면 유형교회의 규모는 당연히 적어진다. 이러한 현상들은 다분히 자연스러운 것이기에 대부분의 신자들은 큰 문제의식을 느끼지 않게 된다. 그런데 외부적인 어려움을 당하거나, 반대로 내부적인 분열에 의해 교회들이 문을 닫는 현상들이 생기게 되면 신자들은 몹시 안타까워한다. 게다가 이러한 현상들이 지속적으로 반복되어 지역의 더 많은 교회들이 문을 닫게 되면 이 땅에서 교회가 사라질 수도 있다는 우려에 빠지기도 한다. 과거에 융성했던 유럽의 교회들이 하나둘씩 문을 닫고 있는 현상을 보면서 한국의 많은 신자들이 우려를 나타내고 있다. 이들 중 상당수가 한국 교회 또한 유럽 교회가 갔던 길을 따라갈까봐 상당히 염려하고 있다. 그러면서 유럽의 교회들이 문을 닫게 된 이유들을 분석해서 알리면서 한국 교회에 경각심을 불러일으키려 하고 있다.

물론 이들의 의도와 그에 따른 노력은 분명 바람직한 경향이 있다. 교회의 잘못을 지적하고 수정하여 교회를 더욱 순순하게 유지하려는 노력은 절대적으로 필요하다. 그런데 문제는 이들 중 많은 이들이 이러한 식으로 교회들이 하나둘씩 계속해서 문을 닫게 되면 결국 이 땅에서 교회가 사라지고, 그로 인해 하나님의 구원의 은혜 또한 멈춰버릴 것이라는 걱정에 빠져 있다는 것이다. 지금 우리 세대가 잘못해서 다음 세대에 신앙과 교회를 전수해 주지 못하는 사태가 올 수도 있다고 생각하는 것이다.

뿐만 아니라 스스로 교회를 떠나는 사람들이 많이 생기면서 교회들이 문을 닫아야 되는 상황도 있다. 이는 성도의 수평이동을 말하는 것이 아니다. 기독교 신앙을 버리고 교회를 떠나는 사람들을 말한다. 즉, 배교자들이 늘어나면서 교회가 문을 닫아야하는 경우를 말한다. 배교자들이 나타나는 경우는 여러 가지가 있겠으나 대표적으로 핍박의 상황에서, 이단에 빠짐으로, 그리고 세상 즐거움을 찾아가는 것 등이 있다. 이러한 배교행위는 역사적으로도 많이 드러났다. 그리고 성경도 이에 대해 분명히 말하고 있다. 역사와 성경이 배교를 말한다는 것은 비록 배교의 행위가 결코 옳은 것은 아니나, 일어나지 않는 비현실적인 일도 아니라는 것이다. 심지어 성경은 배교의 행위가 더 심하게 일어날 것이라고까지 예언하고 있다. 세상의 끝이 도래한 것이 아닌지 생각하게 될 정도로 심한 배교행위들이 있을 것이라고까지 말하고 있다살후2:3.

그러나 여기서 우리가 분명히 알아야 할 것이 있다. 이러한 대배교의 상황이 온다 할지라도 결코 이 땅에서 교회가 사라지지는 않을 것이라는 점이다. 물론 지역교회들의 숫자나 회중의 수가 줄 수는 있다. 아니 많이 줄 것이다. 예수님의 "그러나 인자가 올 때에 세상에서 믿음을 보겠느냐?"눅18:8라는 말씀이 이를 잘 나타내준다. 예수님의 이 말씀은 마지막 때가 되면 세상에서 참 믿음을 가진 신자들이 그렇게 많지는 않을 것이라는 뜻이다. 왜냐하면 생명으로 인도하는 문이 좁고 길이 협착해서 찾는 이들이 적을 것이기 때문이다마7:14.

이 땅의 교회와 관련하여 예수님의 이 말씀은 크게 두 가지 방향으로 풀이가 가능하다. 하나는 마지막이 가까울수록 이 땅에서 교회의 수는 줄어들 수도 있다는 것이다. 그리고 또 한 가지는 교회의 수가 줄어드는 상황 중에서도 참 신자는 여전히 남아 있으리라는 것이다. 결국 예수님의 이 말씀은 마지막 날이 가까울수록 이 땅에서 거짓 교회들이 점점 사라짐으로써 바른 믿음을 가진 참 신자들의 모임인 참 교회만 남을 것이라는 뜻이다. 따라서 예수님의 이 말씀은 이 땅에서 교회의 숫자가 줄어드는 것은 기독교 안에 거품으로 존재했던 거짓 신자와 거짓 교회가 사라지는 것이지, 참 교회가 없어지는 것은 아니라는 것을 말해준다. 즉, 교회의 숫자가 줄어드는 것이 교회가 이 땅에서 사라질 것이라는 의미는 아니라는 것이다.

따라서 배교행위 때문에 하나님의 나라가 축소할 것이라고 생각할 필요는 없다. 좀 더 엄밀히 말하면 그렇게 생각해서는 안 된다. 이 땅에 많은 지역교회들이 문을 닫는 현상을 보면서 천국 백성이 줄어드는 것을 의미한다는 식으로 말해서는 안 된다. 교회 내에서는 배교가 일어나고, 외부적으로는 전도가 안 되는 현상으로 교회들이 하나하나 문을 닫게 되면 결국 이 땅에 교회는 사라지고, 더 이상 사람들을 구원시킬 수 없는 사회가 될 것이라는 식으로 주장해서도 안 된다. 뿐만 아니라 배교 자체에 대해서도 너무 단순하게 생각해서는 안 된다. 왜냐하면 배교한 자들이 모두가 교회를 영원히 떠나는 것은 아니기 때문이다. 잠시 교회를 떠났다가 다시 돌아오는 이들도 있기 때문이다. 믿음이 약해진 상태에서 시험에 빠져 잠시 교회를 떠나는 참 신자들이 있기 때문이다. 택자들의 경우는 비록 배교를 했다 하더라도 결국 교회로 돌아오게 되어있다. 그것도 이생을 마감하기 전에 분명히 돌아오게 되어있다. 이는 하나님께서 택하신 자들을 결코 놓지 않으시기 때문이다.

하나님의 작정은 결코 변하는 법이 없다. 하나님의 선택은 영원한 생명으로의 선택이다. 이러한 이유로 이들이 이생에서 배교의 행동을 하는 것은 잠시 하나님을 없는 것처럼 여기고 떠나는 것이지, 영원히 하나님과의 관계를 단절하는 것은 아니다. 이들이 참 신자고 성도라면 끝까지 인내하게 되어 있다. 즉, 성도의 견인이 이들에게도 분명히 나타난다. 성도의 견인 교리는 성도가 된 사람이 죽을 때까지 한 번도 실수하지 않고 신실하게 살아간다는 말이 아니다. 이는 이 땅에서 생을 마감하는 그 순간에도 그는 여전히 성도라는 것을 의미하는 것이다. 이 성도의 견인 교리는 역사적으로도 많이 증명되었다. 한 예로 초대교회 당시 핍박을 이기지 못해 배교했던 자들 중 상당수가, 기독교가 합법적인 종교로 인정된 후 다시 교회로 돌아왔다. 당시 교회는 배교 후 다시 교회로 돌아온 자들의 문제로 상당한 고충을 겪기도 했다.

교회들이 문을 닫는 것은 분명 안타까운 일이다. 그리고 그러한 결과를 초래한 신자들의 잘못들은 분명 지적받아야하고, 수정되어야 한다. 그런데 이것과는 별개로 많은 지역 교회들이 문을 닫게 되면 결국 이 땅에서 교회가 사라 질 수도 있는 것인가? 신자들은 이 문제를 심각하게 고민하면서 기도해야하는 것인가? 결코 그렇지 않다. 이 문제에 있어서 신자는 어떠한 걱정도 할 필요가 없다. 비록 교회가 그 순수함을 잃어서 다소 덜 보이는 현상이 있을 수는 있으나, 그리스도께서 다시 오실 때 까지 이 땅에서 교회가 없어지는 일은 결코 있을 수 없다. 교회는 인간이 만든 모임이 아니다. 교회는 하나님께서 자신의 피값을 지불하시고 사신 모임이다행20:28. 따라서 교회의 주인은 인간이 아니라 하나님이시다딤전3:15. 교회에 관한 모든 주도권은 하나님께 있다. 따라서 교회에 관해 인간이 주도적으로 할 수 있는 것은 아무것도 없다. 심지어 인간의 의지나 행동은 교회의 존재에 어떠한 영향도 미칠 수 없다. 따라서 신자들이 잘못하면 교회가 이 땅에서 사라질 수도 있다는 생각은 그 자체가 어리석은 생각이다.

그뿐 아니라 하나님께서 직접 교회를 지키시고 보호하시기에 교회는 결코 사라지지 않을 것이다. 하나님께서는 음부의 권세도 이기지 못하도록 교회를 지키신다마16:18. 그리스도를 통해 교회를 굳건히 지키신다. 그리스도께서는 이 땅을 심판하러 다시 오실 때까지 만물의 통치자의 권위로 교회를 지키신다. 그분께서는 교회를 외적으로 도우실 뿐 아니라, 교회의 회중인 신자들 안에 함께 계심으로써 세상 끝 날까지 교회의 힘이 되신다마28:20. 교회는 그리스도를 머리로 하는 하나의 몸이다. 따라서 그리스도께서 살아계시는 한 이 몸은 언제나 살아있다. 그리스도께서 살아계시기에 교회가 살아 있다는 말이다. 따라서 교회가 없어질 것을 걱정하는 것은 그 자체로 그리스도의 살아계심에 대한 불신과도 같은 것이다.

하나님의 작정이 불변하기에 성도가 견인할 수 있는 것처럼, 그리스도께서 영원하시고, 교회를 보존하시는 하나님의 능력이 영원하기에 교회 또한 지속되는 것이다. 이 땅이 어떠한 상황에 놓인다 할지라도 하나님께서는 여전히 바알에게 무릎 꿇지 않는 자들왕상19:18과 이 땅의 그루터기인 거룩한 씨사6:13, 그리고 하나님의 계명을 지키고 예수의 증거를 가진 여자의 남은 자손계12:17들을 이 땅에 남기실 것이기 때문이다.[34]

---

34. WCF 5.7

※ 교회 안에서 분열을 야기하는 두 부류의 사람들

성도	이단
고전3:10-23	딛2:1; 벧후2:1
하나님으로부터 믿음을 선물로 받은 자	믿음을 선물로 받지 못한 자
자기 자신을 속이는 자	자기 자신에게 속은 자(행5:1-11)
스스로 지혜 있다고 여기는 자	스스로 믿음이 있다고 여기는 자
성령이 내주하고 계신 사람들	사탄이 마음에 가득한 자(행5:3)
성령의 인도를 순수하게 따르지 않음	성령을 속이려 함(행5:3)
자기 꾀에 빠지도록 버려두심	자기 죄에 빠지도록 버려두심(롬1:18-32)
교회를 위한 공적을 강조함	구원을 위한 특별한 믿음과 행동을 강조함
교회를 위해 최선을 다함	자기의 구원을 위해 최선을 다함
바른 신앙생활이 아니라고 성도를 책망함	바른 신앙이 아니라고 성도를 책망함
오직 그리스도의 터 위에서 행함	그리스도 외의 다른 터가 있음
자기는 구원을 받음	구원을 받지 못함
천국의 상급이 없음	구원이 없음
성경과 교리 교육을 통해 교정 가능	교정 불가
권면과 지도가 필요함	멀리해야 함
교회 안으로 품어야 함	교회 밖으로 쫓아내야 함
그리스도 안에서 교제해야할 성도들	사랑해야 할 이웃은 될 수 있음
택자들	유기된 자들
곡식(마13:24-30)	가라지(마13:24-30)
기름을 준비한 처녀들(마25:1-13)	기름을 준비하지 않은 처녀들(마25:1-13)
양(마25:31-46)	염소(마25:31-46)
교회 분열은 지혜롭지 못한 행동의 부작용	교회 분열이 목적
각 지체의 원활한 작용을 방해함	그리스도의 몸을 파괴하려 함
심판 때 헛된 공적이 다 불태워짐	사망과 지옥의 심판을 받음

※ 은혜언약에 속한 교인과 은혜언약 밖에 있는 교인

보편교회의 회원은 모두 은혜언약에 속한다. 즉, 택자들은 모두 은혜언약의 대상들이다. 그러나 보편교회의 가지들인 이 땅의 교회가 오직 택자들로만 구성된 것은 아니다. 이 교회들안에는 택자들뿐 아니라, 유기된 자들도 함께 있다. 하나님께서는 택자들에게 성령을 통해 믿음을 주시며, 그들을 이 땅의 교회로 모으신다. 그런데 유기자들 중에도 교회를 찾는 자들이 있다. 이들은 크게 두 부류다. 스스로가 믿음이 있다고 오해하는 사람들과 믿음이 없는 것을 알면서도 자기의 만족을 위해 교회를 찾는 사람들이 여기에 해당한다.

이렇게 교회에 모인 사람들 중에 믿음을 선물로 받은 자들은 그 믿음을 증표로 은혜언약에 참여한다. 반면에 믿음을 선물로 받지 못한 자들은 결코 은혜언약에 참여할 수 없다. 물론 이들 또한 말씀을 듣는 것과, 성례에 참여하는 것을 통해 은혜언약에 참여하는 일에 동참할 수는 있다. 그러나 이들에게는 믿음을 언약의 증표로 사용할 권한이 주어지지 않았기에, 그 모든 것은 가식적인 행사에 그칠 뿐이다. 이들은 은혜언약에 참여하는 행동을 하기는 하나, 오직 외적으로만 드러날 뿐 그들의 행동은 전혀 영적이지도 않고, 실효도 없다. 왜냐하면 이들은 은혜의 언약 밖에 있는 교인들이기 때문이다. 따라서 교회 안에서 행하는 이들의 이러한 행위들은 은혜언약과 어떠한 관련도 없는 행동이 된다. 심지어 이들이 믿음을 통해 진리를 분별하지 못한 채 하는 이러한 종교적 행위들은 은혜언약에 참여하는 바른 자세에 대한 오해를 불러일으키기까지 한다.

이들에게 있어서 은혜언약의 본질은 퇴색될 수밖에 없다. 또한 이들은 입으로는 이를 은혜언약이라고 부르면서도, 정작 이들이 이 언약을 적용하는 방식은 행위언약과 같은 것이 되고 만다. 결국 이들은 자신들의 무지와 욕심으로 거룩한 은혜언약을 자신들만의 유익과 만족을 위한 하나의 도구로 전락시켜 버린다. 결국 교회 안에서 행하는 이들의 이러한 모습들은 은혜언약 안에 있는 교인들의 언약 참여를 방해하는 요인이 된다. 이러한 이유로 하나님께서는 은혜언약 밖에 있는 교인들의 이러한 행동을 단순히 무시하고 넘어가지 않으신다. 심하게 노여워하신다. 하나님께서는 자기의 백성이 아닌 자들이 교회 안에서 율례와 언약을 말한다는 것 자체를 싫어하신다시50:16. 하나님께서는 이러한 자들을 결코 용서하지 않으신다. 그들의 죄를 그들의 눈앞에서 낱낱이 다 드러내신다시50:21.

※ 죄를 범한 자들을 대하는 성도의 자세[35]

교회 밖의 범죄자들	교회 안의 범죄자들
1. 함께 대화하며 식사할 수 있다. 2. 이웃사랑의 차원에서 관계한다. 3. 사회적 관계는 충분히 유지할 수 있다. 4. 예수님께서도 세리와 죄인들과 함께 식사하셨다. 5. 이들과의 교제가 그들의 죄에 동조하는 것을 의미하지 않는다. 6. 진솔한 권면을 통해 교화를 유도한다. 7. 이들은 하나님께서 심판하실 것이다. 8. 죄의 문제가 해결된다 하더라도 이들과의 관계는 여전히 사회적인 관계다.	1. 교제가 금지된다. 2. 성도의 교제에서 제외된다. 3. 죄를 범한 성도들과는 문제가 해결될 때까지 사회적인 관계도 금한다. 4. 죄를 범한 신자들과는 함께 식사하지도 않는다. 5. 죄를 범한 성도와 교제하는 것은 그들의 죄를 묵인해주는 면이 있다. 6. 모든 성도가 책망과 훈계를 통해 죄를 일깨울 의무가 있다. 7. 교회는 천국의 열쇠(권징)를 사용해야 한다. 8. 죄의 문제가 해결되고 나면 다시 성도의 교제를 나눈다.

교회 안에서 죄를 범한 자들에 대해 성도들이 책망하며 이들과 관계를 끊어야 하는 이유는 그들이 이를 통해 스스로를 부끄럽게 여기고 회개하게 하기 위함이다. 하루 속히 죄의 문제를 해결하고 돌아와 성도의 교제를 회복하게 하기 위함이다. 뿐만 아니라 다른 성도들에게는 죄에 대한 경각심을 불러일으킬 뿐 아니라, 성도의 교제의 가치를 더욱 고양시키기 위함이다.

예배

※ 예배와 집회[36]

모든 인류는 예배하는 존재다. 이는 모든 인류가 하나님께서 주신 간접일반계시인 '본성의 빛The light of nature'을 소유했기 때문이다. '본성의 빛'은 창조자 하나님을 추구한다. 그러나 '본성의 빛'만으로는 한 분이신 참 하나님을 찾을 수가 없다. 따라서 '본성의 빛'만을 따라서 신을 찾고, 그 찾은 신을 예배하는 것은 결코 바른 예배가 될 수 없다. 오직 성령님께서 '본성의 빛'에 직접적으로 간섭하시는 그 사람들만이 참 하나님을 찾을 수 있고, 또한 그분께 바른 예배를 할 수 있다.

인간은 결코 스스로 정한 방식으로 예배해서는 안 된다. 예배의 방식은 철저히

---

35. 고전5:9-13, 살후3:6-14.
36. WCF 21.

하나님께서 정하신 방식을 따라야한다. 왜냐하면 하나님께서는 자신이 받을 만한 예배의 방식을 직접 제정하셨고, 또한 그것을 제한하셨기 때문이다. 하나님께서 받으실 만한 예배는 삼위일체적이다. 이는 예배의 대상이 오직 삼위일체 하나님이심을 말한다. 이러한 이유로 신자는 성부, 성자, 성령님만을 예배해야한다. 그리고 예배는 오직 그리스도의 중보로 드려야 한다. 또한 예배는 성령님의 인도를 따라서 해야 한다.

예배는 크게 두 종류가 있다. 공적예배와 사적예배가 바로 그것이다. 공적예배에는 교회에 의해 정해진 의식과 순서가 있다. 성경봉독, 설교와 경청, 찬송, 성례, 종교적 맹세와 서원, 금식과 감사 등이 여기에 해당된다. 반면에 신자가 사적인 예배를 드리는 방법들로는 매일 가정예배를 드리는 것이나 은밀하게 홀로 예배하는 것 등이 있을 수 있는데, 이때 신자는 장소에 구애받을 필요 없이 어디서나 예배할 수 있지만, 그 예배는 영과 진리로 오직 하나님께만 드리는 예배가 되어야 한다.

신자는 예배가 아닌 집회로 모일 수도 있다. 예배가 하나님을 대상으로 한다면 집회의 대상은 사람이다. 집회는 특정한 부류의 사람들에게 하나님을 말씀을 나눔으로써 그들이 하나님과 더욱 깊은 교제를 할 수 있도록 돕기 위한 모임이다. '수련회'나 '사경회' 등이 여기에 해당된다. 또한 집회는 예배와 달리 아직 예수 그리스도를 자신의 구주로 영접하지 않는 자들 또한 그 대상이 될 수도 있다. '전도집회'가 그 대표적인 경우다. 공적인 예배는 정해진 시간과 장소가 있는 반면에 사적인 예배와 집회는 그 시간과 장소를 그 모임의 성격과 목적에 따라 교회나 개인이 임의로 정할 수 있다. 특히 집회의 경우는 더욱 그렇다고 할 수 있다.

집회에 있어서 신자가 꼭 명심해야 할 것이 세 가지 있다. 첫째, 집회는 결코 예배가 될 수 없다는 것이다. 집회는 예배가 아니다. 앞서 언급한 것처럼 집회의 대상은 하나님이 아니라, 모이는 사람들이다. 따라서 집회는 결코 예배를 대체할 수 없다. 이러한 이유로 주일 공예배를 집회로 대체해서는 안 된다. '사경회'나 '전도집회' 등이 절대 주일 공예배를 대체해서는 안 된다. 둘째, 집회의 목적은 예배를 돕는 것이라는 것이다. 분명 집회는 예배와 다르다. 그러나 집회는 예배와 밀접한 관련이 있다. 왜냐하면 집회가 그 모임의 성격상 예배를 돕는 차원이 강하기 때문이다. 따라서 교회는 집회를 계획하거나 진행할 때 그 행사가 교회의 모든 공적 예배뿐 아니라 신자들의 사적인 예배를 더욱 풍성하게 할 수 있도록 해야 한다.

집회에 관해 또 한 가지 명심해야 할 것은 집회는 언제나 공적인 모임이여야 한다는 것이다. 다시 말해 모든 집회는 교회를 통해 공적으로 준비되고 행사되어야 한다는 것이다. 신자에게 있어서 사적인 예배는 있어도 사적인 집회는 없다는 것을 명심해야 한다. 그렇다고 이것이 신자들에게 필요한 모든 집회를 교회가 항상 마련해 주어야 한다는 말은 아니다. 여러 가지 실질적인 이유들로 교회가 모든 성도들의 필요를 집회를 통해 항상 채워줄 수는 없다. 따라서 필요하다면 신자가 개인적으로 외부 기관에서 진행하는 집회에 참여할 수는 있다.

그렇다면 신자가 '공적집회'의 원리를 따라 집회에 참여하는 바람직한 자세는 무엇인가? 소속된 지역교회에서 공적으로 시행하는 집회에 가장 우선권을 두고 참석하되, 교회 외부 집회를 참석하고자 할 때는 항상 교회의 지도를 받는 것이다. 물론 이때 교회는 신자들이 참석하고자 하는 외부 집회가 우리의 바른 신앙과 일치하는지, 그리고 그 집회가 현재 성도의 신앙을 더욱 강화시키는 데 적절한지를 잘 살펴서 지도해야한다.

※ 그리스도인의 서약과 서원[37]

합법적인 서약과 서원은 종교적인 예배의 한 부분이다. 신자의 서약에 있어서 하나님께서는 합법적인 증인이 되실 뿐 아니라, 이후 서약한 것을 성실히 이행했는지를 평가하는 심판자가 되신다. 서약이 교의에 의해 정해진 규칙이나 의무에 대한 공적 약속이라면, 서원은 스스로 정한 규칙이나 의무에 대한 공적 약속이다. 서약은 하나님의 이름으로만 하며, 서원은 하나님께만 해야 한다.

	서약	서원
공통점	1. 종교적 예배의 한 부분 2. 하나님을 대상으로 함 3. 구체적인 실천 과제가 있음 4. 공적인 증인이 있을 때 효력이 있음 5. 종교적 신중함과 신실성으로	

---

37. WCF 22.

다른점	1. 교의에 의해 정해진 규칙이나 의무에 대한 공적 약속 2. 하나님의 이름으로만 서약 3. 교회와 회중들 앞에서 서약 4. 하나님께서 증인과 심판자가 되심 5. 의무적으로 6. 직무에 따른 일이라면 모두	1. 스스로 정한 규칙이나 의무에 대한 공적 약속 2. 하나님께만 서원 3. 하나님께 서원함 4. 교회와 회중이 증인이 됨 5. 자발적으로 6. 스스로 할 수 있는 것만

권징

※ 천국의 열쇠들

말씀	권징

1. 그리스도께서 약속하신 것은 '천국의 열쇠'가 아니라 '천국의 열쇠들(the keys of kingdom of heaven)'이다(마16:19).
2. 천국의 열쇠들은 두 가지로, 말씀과 권징이다.
3. 그리스도께서는 천국의 열쇠들을 교회의 직원들에게 주셨다.[38] 이 천국의 열쇠들을 사용하여 교회의 직원들은 교회와 교회의 권위를 보호해야 한다.
4. '천국'은 '승리한 교회'가 있는 하늘의 '영광의 왕국'을 말하는 것이 아니라, 그 하늘의 왕국의 모든 속성을 가지고 있는 지상의 '은혜의 왕국'을 말한다. 즉, 이 땅의 '전투하는 교회'를 말한다. 좀 더 구체적으로 표현하면 이 땅의 모든 지역 교회들을 말한다.
5. '열쇠'는 그리스도의 권세를 상징한다. 즉, 이는 이 권세의 권위가 전적으로 그리스도께 있음을 나타낸다.
6. 교회의 직원들이 천국의 열쇠들을 사용해 천국의 문을 열거나 닫는 권세가 있다는 것이 이들에게 사람들의 천국행과 지옥행을 결정할 수 있는 권한이 있음을 의미하는 것이 아니다.
7. 천국의 열쇠들은 이 땅의 전투하는 교회의 회원들에게 그들이 승리한 교회의 회원이 될 자격이 되는지 아닌지를 판단하고, 선포할 수 있는 권세를 말하는 것이다. 교회의 직원들은 성경과 신앙고백에 기초하여 자격이 되는 자들에게는 천국의 문이 열렸음을 선포하고, 자격이 안 되는 자들에게는 천국의 문이 닫혔음을 선포한다.
8. 천국의 열쇠들의 사용 범위는 오직 교회다. 즉, 세례를 받고 정식으로 교회의 회원권을 받은 자들이다.
9. 천국의 열쇠들의 사용 방법은 매는 것과 푸는 것, 그리고 죄를 사하는 것과 죄를 그대로 두는 것이다(마16:19;18:18, 요20:23). 그래서 이는 육체적인 형벌이 아니라, 영적인 권징이다.
10. 교회의 직원들은 천국의 열쇠들을 사용하여 죄를 범한 신자들에게 천국의 문이 닫혔음을 선포함으로써 그들이 회개하고 죄에서 돌아서야 할 것을 가르쳐야 한다.
11. 천국의 열쇠들을 사용하여 죄인에 대해 천국의 문을 닫았다고 해서 그 문이 그에게 영원히 닫히는 것은 아니다. 죄인이 회개하고 돌아서면, 교회의 직원들은 다시 이 천국의 열쇠들을 사용하여 그에게 닫혔던 천국의 문이 다시 열렸음을 선포해주어야 한다.
12. 천국의 열쇠들을 사용하는 최종 목적은 죄 지은 자에 대한 처벌이 아니라, 그들이 더 심한 죄에 빠지지 않고, 회개하고 돌아와 언약의 복을 다시 누리는 것이다. 궁극적으로 주의 날에 그들의 영이 구원을 받게 하기 위함이다(고전5:5).

---

38. "To these officers the keys of the kingdom of heaven are committed" 참고, WCF 30.2.

1. 이 열쇠는 목사가 단독으로 사용한다. 목사 외에는 어떠한 회원도 사용할 수 없다. 2. 바른 교리의 말씀 선포를 통해 말씀의 열쇠가 사용된다. 3. 말씀의 열쇠를 잘 사용하려면 신자들에게 참 신자의 모습이 무엇인지를 잘 가르쳐야 한다. 4. 말씀의 열쇠는 신자의 사적 권면이 아니라 목사의 공적 선포다. 5. 합법적으로 위임받은 목사의 정당한 선포는 그리스도께서 선포하시는 것과 같은 권위가 있다. 6. 말씀의 열쇠를 사용하여 목사는 사죄와 영생을 선포하기도 하며, 저주와 심판을 선포하기도 한다.	1. 목사 단독으로 사용할 수 없으며, 직원들이 회의를 통해 결정해야 한다. 2. 죄를 회개한 신자들에게는 다시 천국의 문을 열어주고, 죄를 회개하지 않는 자들에게는 천국의 문을 닫는 일을 가시적으로 집행하는 것이다. 3. 권징의 목적은 죄인들이 부끄러움을 느끼게 하여 자기의 잘못을 일깨우고 회개하고 돌아서게 하는 것이다. 4. 참 신자들은 죄인이 권징 받는 것을 보면서 스스로의 죄를 경계하게 된다. 5. 정당한 권징이 집행되어 교회의 질서가 바로잡히게 되면, 그 유익은 교회에 속한 신자들뿐 아니라, 교회 밖에 있는 이들이 교회를 비방하지 못하게 하는 데까지 이른다.

사죄와 영생 선포	저주와 심판 선포
1. 진정한 회개를 한 성도들에게 선포한다. 2. 천국의 문이 다시 열렸음을 선포한다. 3. 참 신자에게 위로와 소망을 준다. 4. 회개하지 않는 신자를 책망하도록 자극하는 효과가 있다.	1. 진정으로 회개하지 않는 죄인들에게 선포한다. 2. 천국의 문이 닫혔음을 선포한다. 3. 죄인들에게 두려움을 준다. 4. 교회 안에 회심하지 않은 자를 가려내는 효과가 있다.

6. 교회 안에서 권징이 합당하게 집행되면 교회 전체에 하나님의 진노가 임하는 것을 막는 효과가 있다.

7. 공식적인 권면이 죄인들에게 부끄러움을 경험하게 하는 것이라면, 수찬 정지는 그리스도로부터 주어지는 모든 복을 차단하는 것이다. 그리고 권징의 최종 단계인 출교는 그리스도의 보호를 그에게서 완전히 거두고, 사탄에게 그를 내어주는 것을 의미한다(고전5:5).

8. 권징의 기한은 유한하다. 권징의 기한은 권징이 실행된 때부터, 죄인이 회개하고 돌아설 때 까지다.

※ 출교를 말하는 성경의 표현들

성경의 표현	백성 중에서 끊어짐 (창17:14)	이방인과 세리와 같이 여김 (마18:17)	사탄에게 내어줌 (고전 5:5)
이유	할례를 행하지 않음으로써 언약을 깬 자들(창 17:15)	죄를 범하고도 교회의 권면을 무시함으로써 회개의 기회를 끝까지 거절함(마18:15-17) 즉, 교회 안에서 회개하지 않는 죄인들	교회 공동체의 구성원이 이방인들도 범하지 않는 심각한 죄를 범함(고전5:1)
의미	1. 단순한 물리적인 추방을 말하는 것이 아님 2. 이스라엘의 자손의 족보에 그 이름을 넣지 않는다는 것을 의미함 2. 아브라함의 자손으로 더 이상 인정하지 않는다는 뜻 3. 아브라함의 언약에 참여하지 않는 자로 여기는 것 4. 언약의 복을 누리지 못하는 자들로 여기는 것	1. 그리스도인이 아닌 것으로 취급 2. 천국을 상속할 수 없는 자로 취급 3. 기독교 공동체에 속하지 않는 자들로 취급 4. 교회의 지체로 여기지 않음 5. 거짓 종교에 속한 자들로 취급 6. 가장 악한 자들로 취급하나 이들과 사회적인 관계를 완전히 끊으라는 것은 아님 7. 교회를 떠나서 세상 속에서만 살고 있는 자들로 여기라는 뜻	1. 교회 공동체에서 추방하라는 뜻 2. 그리스도의 통치와 보호를 더 이상 받지 못하는 자로 여기라는 뜻 3. 교회의 이러한 조치의 목적은 크게 두 가지로, 하나는 죄 범한 자의 영이 주 예수의 날에 구원을 받게 하는 것이고, 나머지 하나는 교회 내에 이러한 범죄의 행위가 누룩처럼 퍼져나가는 것을 막기 위함임(고전 5:5-8)

Westminster
Larger
Catechism

믿음

제66~90문답

<제66~90문답>

〈원문〉

Q66: What is that union which the elect have with Christ?

A66: The union which the elect have with Christ is the work of
God's grace,[1] whereby they are spiritually and mystically,
yet really and inseparably, joined to Christ as their head and
husband;[2] which is done in their effectual calling.[3]

(1) 엡1: 22; 2:6-8 (2) 고전6:17; 요10:28; 엡5:23,30 (3) 고전1:9; 벧전5:10.

번역

문: 선택받은 자들이 그리스도와 함께 갖는 그 연합은 무엇인가요?

답: 선택받은 자들이 그리스도와 함께 갖는 연합은 하나님의 은혜의 사역으로, 이로써 그들은 영적이며 신비스럽게, 그러면서도 실제적이고 나뉠 수 없게 그들의 머리와 남편이신 그리스도에 결합되는데, 이는 그들의 효력 있는 부르심에서 됩니다.

원문 이해의 키

- **that union which the elect have with Christ** that union은 '그 연합'으로 앞 문답에서 다룬 보이지 않는 교회의 회원들이 그리스도에 의해 누리는 특별한 은덕으로서의 그리스도와의 연합을 말한다. 따라서 여기서 사용된 that은 '그'로 번역해 주어야 한다.

- **The union which the elect have with Christ** '선택받은 자들이 그리스도와 함께 갖는 연합'으로 the는 union이 관계대명사절로 한정됨을 나타내는 것이기에 번역하지 않는다. 만일 이 부분이 The very union이었다면, '바로 그 연합'으로 번역해야 한다. 문맥에 따라 내용의 의미를 설명하는 경우에 있어서는 이 표현이 좀 더 저절해 보인다.

<원문대로 이해하고 구문대로 정리하기>

1. 선택받은 자들이 그리스도와 함께 갖는 연합은 하나님의 은혜의 사역이다.

2. 선택받은 자들이 그리스도와 함께 갖는 연합에 의해 그들은 그들의 머리와 남편이신 그리스도께 결합된다.

3. 선택받은 자들이 그리스도와 함께 갖는 연합에 의해 그들은 그들의 머리와 남편이신 그리스도께 영적으로 결합된다.

4. 선택받은 자들이 그리스도와 함께 갖는 연합에 의해 그들은 그들의 머리와 남편이신 그리스도께 신비스럽게 결합된다.

5. 선택받은 자들이 그리스도와 함께 갖는 연합에 의해 그들은 그들의 머리와 남편이신 그리스도께 실제적으로 결합된다.

6. 선택받은 자들이 그리스도와 함께 갖는 연합에 의해 그들은 그들의 머리와 남편이신 그리스도께 나뉠 수 없게 결합된다.

7. 하나님께서 선택받은 자들을 효력 있게 부르실 때 그들은 그리스도께 결합됨으로써, 그때부터 그들은 그리스도와 영속적인 연합을 누리게 된다.

8. 하나님의 은혜의 사역으로 한번 맺어진 그리스도와의 연합은 결코 깨지지 않는다.

Q67: What is effectual calling?

A67: Effectual calling is the work of God's almighty power and grace,[1] whereby (out of his free and special love to his elect, and from nothing in them moving him thereunto [2]) he doth, in his accepted time, invite and draw them to Jesus Christ, by his word and Spirit;[3] savingly enlightening their minds,[4] renewing and powerfully determining their wills,[5] so as they (although in themselves dead in sin) are hereby made willing and able freely to answer his call, and to accept and embrace the grace offered and conveyed therein.[6]

(1) 요5:25; 엡1:18-20; 딤후1:8,9 (2) 딛3:4,5; 엡2:4-10; 롬9:11 (3) 고후5:20; 6:1,2; 요6:44; 살후2:13,14 (4) 행26:18; 고전2:10,12 (5) 겔11:19; 36:26,27; 요6:45 (6) 신30:6; 엡2:5; 빌2:13

<번역>

문: 효력 있는 부르심은 무엇인가요?

답: 효력 있는 부르심은 하나님의 전능하신 권능과 은혜의 사역인데, 이로써(선택받은 자들 안에서 그곳으로 그를 움직이는 그 어떤 것에서가 아니라, 그들에 대한 그분의 값없고 특별한 사랑으로부터) 그분께서는 그들의 마음을 구원에 이르도록 밝히시고, 그들의 의지를 새롭게 하시고 또한 강권적으로 결정하게 하심으로써 그들이(비록 그들 자체는 죄 가운데서 죽은 상태이나) 그 결과로 기꺼이 그리고 자유롭게 그분의 부르심에 응답할 수 있게 되고, 그 안에서 제공되어 전달되는 은혜를 받아들이고 품도록 그분의 용납된 시간 안에서 그들을 그분의 말씀과 영에 의해 예수 그리스도께로 초청하시고 이끄신다.

<원문 이해의 키>

- from nothing in them (which is) moving him thereunto '그들 안에서 그를 그곳으로 움직이는 그 어떤 것으로부터가 아니라'로, in them(그들 안에서)는 '선

택 받은 자들 안에서'이며, thereunto는 '효력 있는 부르심으로'이다. 즉, 이 표현은 선택받은 자들이 자신들의 자질이나 능력 혹은 재능 등 무엇이든 간에 하나님께서 그들을 효력 있게 부르시게 할 수 있는 것은 아무것도 있을 수 없다는 뜻이다.

- **savingly enlightening their minds, renewing and powerfully determining their wills,** enlightening~ , renewing and determining~은 whereby의 부사절 속에 표함 된 3개의 분사구문으로 '~을 밝히고, ~을 새롭게 하고 결정하게 하심으로'의 뜻이다.
- **so as they are hereby made~** whereby 절 속의 주절인 he does invite and draw~의 결과를 나타내는 부사절이다.
- **to accept and embrace the grace~** whereby 절 속의 주절인 he does invite and draw~의 목적을 나타내는 to부정사 구문이다.

<원문대로 이해하고 구문대로 정리하기>

1. 효력 있는 부르심은 하나님의 전능하신 권능과 은혜의 사역이다.
2. 효력 있는 부르심은 하나님께서 자신이 택하신 자들을 그분의 용납된 시간 안에서 그분의 말씀과 영에 의해 예수 그리스도께로 초청하시고 이끄시는 사역이다.
3. 선택받은 자들 속에 있는 그 어떤 것도 하나님의 효력 있는 부르심의 근거나 조건이 될 수 없다.
4. 효력 있는 부르심은 하나님께서 자신이 택하신 자들에 대해 갖고 계신 값없는 특별한 사랑에 근거한다.
5. 하나님께서는 효력 있는 부르심을 통해 자신이 택하신 자들의 마음을 구원에 이르도록 밝히신다.
6. 하나님께서는 효력 있는 부르심을 통해 자신이 택하신 자들의 의지를 새롭게 하신다.
7. 하나님께서는 효력 있는 부르심을 통해 자신이 택하신 자들이 그들의 의지를 결정하도록 강력하게 간섭하신다.
8. 하나님께서는 효력 있는 부르심을 통해 자신이 택하신 자들의 마음을 구원에 이르도록 밝히시고, 그들의 의지를 새롭게 하시고 또한 강권적으로 결정하게 하심

으로써 그들이 기꺼이 그리고 자유롭게 그분의 부르심에 응답할 수 있게 하신다.

9. 하나님께서는 효력 있는 부르심을 통해 자신이 택하신 자들의 마음을 구원에 이르도록 밝히시고, 그들의 의지를 새롭게 하시고 또한 강권적으로 결정하게 하심으로써 그들이 그 안에서 제공되어 전달되는 은혜를 받아들이고 품도록 하신다.

Q68: Are the elect only effectually called?

A68: All the elect, and they only, are effectually called;[1] although others may be, and often are, outwardly called by the ministry of the word,[2] and have some common operations of the Spirit;[3] who, for their wilful neglect and contempt of the grace offered to them, being justly left in their unbelief, do never truly come to Jesus Christ.[4]

(1) 행13:48; 요6:39,44; 17:9 (2) 마22:14 (3) 마7:22; 13:20,21; 히6:4-6 (4) 시81:11, 12; 요12:38-40; 행28:25-27; 요6:64,65; 잠1:24-32; 시95:9-11.

<번역>

문: 선택받은 자들만이 효력 있게 부르심을 받나요?

답: 모든 선택받은 자들, 즉 오직 그들만이 효력 있게 부르심을 받는데, 비록 다른 이들이 외적인 말씀의 사역에 의해 부르심을 받기도 하며, 그것도 자주 그렇게 되고, 또한 성령의 일반적인 작용들을 어느 정도는 경험하기도 하지만, 그들은 그들에게 제공된 은혜에 대한 의도적인 무시와 경멸 때문에 그들 스스로의 불신에 당연히 남겨지기에 결코 예수 그리스도께로 참되게 나오지 않습니다.

<원문 이해의 키>

- others may be, and often are, outwardly called by the ministry of the Word

others(다른 이들)는 the elect(선택받은 자들)를 제외한 모든 사람들을 말한다.

and often are는 and others often are outwardly called by the ministry of the Word로, '다른 이들은 외적인 말씀의 사역에 의해 자주 부름을 받는다'이다.

- **being justly left in their unbelief** who~ do never truly come to Jesus Christ 안에 삽입된 분사구문으로 주어는 문법적으로는 관계대명사 who이며, 의미상으로는 who의 선행사인 others이다. '스스로의 불신에 당연히 남겨지기 때문에'라고 번역할 수 있는데, 이는 그들이 하나님의 은혜를 의도적으로 무시하고 경멸했기 때문에 그에 대한 합당한 처벌로 하나님께서 그들이 그들 스스로의 불신에 빠져있게 내버려 두신다는 뜻이다. 참고로 하나님께서는 택하신 자들은 성령님을 통해 그들의 마음을 변화시켜서 그들이 불신에서 빠져나올 수 있도록 적극적으로 도우신다.

<원문대로 이해하고 구문대로 정리하기>

1. 선택받은 자들은 모두 효력 있게 부름을 받는다.
2. 선택받은 자들만이 효력 있게 부름을 받는다.
3. 비록 선택받지 않는 자들도 외적인 말씀의 사역에 의해 부름을 받기도 하는데, 이러한 경우가 자주 발생한다.
4. 비록 선택받지 않은 자들도 성령의 일반적인 작용들을 어느 정도 경험하기도 한다.
5. 선택받지 않은 자들은 외적인 말씀의 사역에 의해 부름을 받고, 성령의 일반적인 작용들을 경험하는 경우에 있어서도 그들에게 제공된 은혜에 대해 의도적으로 무시하거나 경멸하는 경향이 있다.
6. 선택받지 않은 자들은 그들에게 제공된 은혜에 대해 의도적으로 무시하거나 경멸하는 경향 때문에 하나님께서 그들을 불신의 상태에 그대로 남겨두신다. 이것이 그들의 불경에 대한 하나님의 정당한 보응이다.
7. 선택받지 않은 자들은 하나님께서 그들을 효력 있게 부르시지 않기 때문에 결코 예수 그리스도께 참되게 나오지 않는다.

Q69: What is the communion in grace which the members of the invisible church have with Christ?

A69: The communion in grace which the members of the invisible church have with Christ, is their partaking of the virtue of his mediation, in their justification,[1] adoption,[2] sanctification, and whatever else, in this life, manifests their union with him.[3]

(1) 롬8:30 (2) 엡1:5 (3) 고전1:30.

<번역>

문: 보이지 않는 교회의 회원들이 그리스도와 함께 갖는 은혜 안에서의 교통은 무엇인가요?

답: 보이지 않는 교회의 회원들이 그리스도와 함께 갖는 은혜 안에서의 교통은 그들의 칭의, 양자 삼음, 성화, 그리고 이생에서 그분과의 연합을 밝히 보여주는 그 밖의 다른 것들에서 그들이 그분의 중보사역의 공덕에 참여하는 것입니다.

<원문 이해의 키>

- virtue 공덕 (merit: 공로, benefit: 은덕)
- mediation 중보사역 (intercession: 중보기도)
- communion 교통 (fellowship: 교제)
- their partaking of the virtue of his mediation '그들이 그분의 중보사역의 공덕에 참여하는 것'으로 their는 동명사 partaking의 의미상 주어이다.
- in their justification, adoption, sanctification, and: Whatever else, in this life, manifests their union with him. 보이지 않는 교회의 회원들이 그리스도의 중보사역의 공덕에 참여하는 장을 in A, B, C, and: D의 구조로 나열하고 있다.

<원문대로 이해하고 구문대로 정리하기>

1. 보이지 않는 교회의 회원들은 그리스도와 함께 갖는 은혜 안에서의 교통이 있다.

2. 보이지 않는 교회의 회원들이 그리스도와 함께 갖는 은혜 안에서의 교통은 그들이 그분의 중보사역의 공덕에 참여하는 것이다.

3. 보이지 않는 교회의 회원들이 그리스도와 함께 갖는 은혜 안에서의 교통은 그들이 자신들의 칭의에서 그분의 중보사역의 공덕에 참여하는 것이다.

4. 보이지 않는 교회의 회원들이 그리스도와 함께 갖는 은혜 안에서의 교통은 그들이 자신들의 양자 삼음에서 그분의 중보사역의 공덕에 참여하는 것이다.

5. 보이지 않는 교회의 회원들이 그리스도와 함께 갖는 은혜 안에서의 교통은 그들이 자신들의 성화에서 그분의 중보사역의 공덕에 참여하는 것이다.

6. 보이지 않는 교회의 회원들이 그리스도와 함께 갖는 은혜 안에서의 교통은 그들이 칭의, 양자 삼음, 성화 외에 이생에서 그분과의 연합을 밝히 보여주는 그 밖의 다른 것들에서 그분의 중보사역의 공덕에 참여하는 것이다.

Q70: What is justification?

A70: Justification is an act of God's free grace unto sinners,[1] in which he pardoneth all their sins, accepteth and accounteth their persons righteous in his sight;[2] not for any thing wrought in them, or done by them,[3] but only for the perfect obedience and full satisfaction of Christ, by God imputed to them,[4] and received by faith alone.[5]

(1) 롬3:22,24,25; 4:5 (2) 고후5:19,21; 롬3:22-25,27,28 (3) 딛3:5,7; 엡1:6,7 (4) 롬3:24,25; 4:6-8; 5:17-19 (5) 행10:43; 갈2:16; 빌3:9; 롬3:25,26; 5:1

<번역>

문: 칭의는 무엇인가요?

답: 칭의는 죄인들에 대한 하나님의 값없는 은혜의 행위인데, 이 안에서 그분께서는

그들의 모든 죄를 사하시고 그들의 인격을 용납하시며, 자기가 보기에 의롭다고 여겨주시는데, 이는 그들 안에서 행해졌거나 그들에 의해 완성된 어떤 일 때문이 아니라, 하나님에 의해 그들에게 전가되고 믿음으로만 받아들여지는 오직 그리스도의 온전한 순종과 충분한 속죄 때문입니다.

<원문 이해의 키>

- the perfect obedience and full satisfaction of Christ '그리스도의 온전한 순종과 충분한 속죄'
- not for~, but only for~ ~때문이 아니라, 오직 ~ 때문이다.
- by God (which is) imputed to them, and received by faith alone. '하나님에 의해 그들에게 전가되고, 믿음으로만 받아들여지는'의 관계대명사절이다. 생략된 관계대명사 which의 선행사는 the perfect obedience and full satisfaction of Christ(그리스도의 온전한 순종과 충분한 속죄)이다.

<원문대로 이해하고 구문대로 정리하기>

1. 칭의는 죄인들에 대한 하나님의 값없는 은혜의 행위이다.
2. 칭의 안에서 하나님께서는 죄인들의 모든 죄를 사하신다.
3. 칭의 안에서 하나님께서는 죄인들의 인격들을 용납하신다.
4. 칭의 안에서 하나님께서는 죄인들의 인격들을 자기가 보기에 의롭다고 여겨주신다.
5. 칭의는 죄인들 안에서 행해진 그 어떤 것 때문에 하나님께서 베푸시는 것이 아니다.
6. 칭의는 죄인들에 의해서 완성된 그 어떤 것 때문에 하나님께서 베푸시는 것이 아니다.
7. 칭의는 근거는 전적으로 그리스도의 온전한 순종과 충분한 속죄이다.
8. 죄인들이 하나님 보시기에 의롭게 되는 것은 하나님께서 그리스도의 온전한 순종과 충분한 속죄를 그들에게 전가하시기 때문이다.
9. 칭의의 유일한 근거인 그리스도의 온전한 순종과 충분한 속죄는 오직 믿음으로만 받아들여진다.

Q71: How is justification an act of God's free grace?

A71: Although Christ, by his obedience and death, did make a proper, real, and full satisfaction to God's justice in the behalf of them that are justified;[1] yet inasmuch as God accepteth the satisfaction from a surety, which he might have demanded of them, and did provide this surety, his own only Son,[2] imputing his righteousness to them,[3] and requiring nothing of them for their justification but faith,[4] which also is his gift,[5] their justification is to them of free grace.[6]

(1) 마20:28; 벧전 1:18,19; 롬5:8-10 (2) 딤전2:6; 단9:24, 롬8:32; 사53:4-6,10-12; 히7:22 벧전 1:18,19 (3) 고후 5:21; 롬4:11; 고전1:30 (4) 엡2:8; 롬3:24,25; 행16:31 (5) 엡2:8 (6) 엡1:7.

<번역>

문: 칭의가 어떻게 하나님의 값없는 은혜의 행위인가요?

답: 비록 그리스도께서 자신의 순종과 죽음에 의해 의롭다고 인정받은 자들을 대신하여 하나님의 공의에 대해 적절하고, 실질적이며, 충분한 속죄를 행하셨다 할지라도, 그럼에도 불구하고 그들의 칭의가 그들에게 값없이 은혜로운 것은 하나님께서 그들에게 요구하셨을 수도 있었던 그 속죄를 보증인으로부터 수용하시고, 보증인으로 자기의 유일한 아들을 주시고는, 그분의 의를 그들에게 전가시키고 그들의 칭의를 위해, 그 또한 그분의 선물인, 믿음 말고는 그들에게 아무것도 요구하지 않으셨기 때문입니다.

<원문 이해의 키>

- **inasmuch as A B, C D** 'A가 B인 까닭에 C는 D이다.' 혹은 'C가 D인 것은 A가 B인 까닭이다.'

- **which he might have demanded of them** '하나님께서 그들에게 요구하셨을 수도 있었던'인데, 여기서 might have demanded는 실질적으로는 과거에 요구

하지는 않았지만 상황이 달랐다면 요구했을 수도 있었다는 뜻을 내포하고 있다. 즉, 이는 그리스도께서 보증을 약속하셨고, 실제로 보증인의 책임을 다하셨기 때문에 하나님께서 그들에게 속죄를 요구할 필요가 없었다는 뜻이다.

- imputing~, and requiring nothing~ 연속동작을 나타내는 분사구문으로 '~하고는, ~을 전가시키시고, 아무것도 요구하지 않으셨다'로 해석한다.

<원문대로 이해하고 구문대로 정리하기>

1. 그리스도께서는 자신의 순종과 죽음에 의해 의롭다고 인정받은 자들을 대신하여 하나님의 공의에 대해 적절하고, 실질적이며, 충분한 속죄를 행하셨다.

2. 그리스도께서는 적절하고, 실질적이며, 충분한 속죄를 행하심으로써 보증인의 의무를 성실하고 완전하게 수행하셨다.

3. 칭의가 하나님의 값없는 은혜의 행위인 것은 하나님께서 죄인들의 칭의를 위해 구체적으로 행하신 어떠한 일들 때문이다.

4. 하나님께서 죄인들에게 요구하셔야 마땅한 그 속죄를 그들이 아니라 그들의 보증인으로부터 받기로 하셨기 때문에 칭의가 그들에게 하나님의 값없는 은혜의 행위인 것이다.

5. 하나님께서 죄인들을 위해서 그들의 보증인으로 자기의 유일한 아들을 주셨기 때문에 칭의가 그들에게 하나님의 값없는 은혜의 행위인 것이다.

6. 하나님께서 자기 아들의 의를 죄인들에게 전가시키셨기 때문에 칭의가 그들에게 하나님의 값없는 은혜의 행위인 것이다.

7. 하나님께서 죄인들에게 그들의 칭의를 위해 자기가 선물로 준 믿음 외에는 그 어떤 것도 요구하지 않으셨기 때문에 칭의가 그들에게 하나님의 은혜의 행위인 것이다.

Q72: What is justifying faith?

A72: Justifying faith is a saving grace,[1] wrought in the heart of a sinner by the Spirit [2] and word of God,[3] whereby he, being convinced of his sin and misery, and of the disability in himself and all other creatures to recover him out of his lost condition,[4] not only assenteth to the truth of the promise of the gospel,[5] but receiveth and resteth upon Christ and his righteousness, therein held forth, for pardon of sin,[6] and for the accepting and accounting of his person righteous in the sight of God for salvation. [7]

(1) 히10:39 (2) 고전12:3; 고후4:13; 엡1:17-19 (3) 롬10:14,17; **살후2:13** (4) 요16:8,9; 행2:37; 4:12; 16:30; 엡2:1 (5) **롬10:8-10**; 엡1:13 (6) 요1:12; 행10:43; 16:31; **엡1:7** (7) 행15:11; 갈2:15,16; 빌3:9.

<번역>

문: 의롭다 하는 믿음은 무엇인가요?

답: 의롭다 하는 믿음은 성령과 하나님의 말씀에 의해서 죄인의 심정에서 작동되는 구원하는 은혜인데, 이로써 그는 자신의 죄와 비참함, 그리고 자신의 상실된 처지로부터 자신을 회복하기에는 자신과 다른 모든 피조물들이 무능하다는 것을 깨달음으로써, 죄의 용서를 목적으로, 그리고 구원을 위해 하나님 보시기에 그의 인격을 의롭다고 수용하고 또 그렇게 여겨주는 것을 목적으로 복음의 약속의 진리에 동의할 뿐 아니라, 그 안에서 제시되는 그리스도와 그분의 의를 받아들이고 의지합니다.

<원문 이해의 키>

- **justifying faith** 대교리문답은 믿음을 '의롭다 하는 믿음'으로 설명하고 가르친다. 반면에 소교리문답은 Faith in Jesus Christ(예수 안에 있는 믿음)로 가르치며, 신앙고백서는 Saving Faith(구원하는 믿음)로 정리하고 설명한다.

- **wrought in the heart of a sinner** 죄인의 심정에서 작동되는

- whereby he~ not only assents to~, but receives and rests upon~ '그것에 의해서 그는 ~에 동의할 뿐 아니라, ~을 받아들이고, 의지합니다.'
- for the accepting and accounting of his person righteous accept of는 고어표현으로 '~을 수용하다'라는 뜻이며, account of는 '~로 그 가치를 인정해주다'라는 뜻이다. accepting of와 accounting of가 하나의 정관사 the로 묶여 있다. 따라서 이 표현은 '그분의 인격을 의롭다고 수용하고 또 그렇게 여겨주는 것을 목적으로' 정도로 이해할 수 있다.

<원문대로 이해하고 구문대로 정리하기>

1. 의롭다 하는 믿음은 성령과 하나님의 말씀에 의해서 죄인의 심정에서 작동하는 구원하는 은혜이다.
2. 의롭다 하는 믿음으로 죄인은 자신의 죄와 비참함을 깨닫는다.
3. 의롭다 하는 믿음으로 죄인은 자신의 상실된 처지로부터 자신을 회복하기에는 자신과 다른 모든 피조물들이 무능하다는 것을 깨닫는다.
4. 의롭다 하는 믿음으로 죄인은 복음의 약속의 진리에 동의한다.
5. 의롭다 하는 믿음으로 죄인은 복음의 약속 안에서 제시되는 그리스도와 그분의 의를 받아들이고 의지한다.
6. 의롭다 하는 믿음으로 죄인이 복음의 약속의 진리에 동의하고, 그 안에서 제시되는 그리스도와 그분의 의를 받아들이고 의지하는 것에는 죄의 사면과, 그리고 구원을 위해 하나님 보시기에 그의 인격을 의롭다고 수용하고 또 그렇게 여겨주는 것이라는 목적이 있다.

Q73: How doth faith justify a sinner in the sight of God?

A73: Faith justifies a sinner in the sight of God, not because of those other graces which do always accompany it, or of good works that are the fruits of it,[3] nor as if the grace of faith, or any act thereof, were imputed to him for his justification;[2] but only as it is an instrument by which he receiveth and applies Christ and his righteousness.[3]

(1) 갈3:11; 롬3:5,28 (2) 롬3:5-8; 4:5; 10:10; 딛3:5-7 (3) 요1:12; 빌3:9; 갈2:16

<번역>

문: 믿음은 어떻게 하나님 보시기에 죄인을 의롭다고 선언해 주나요?

답: 믿음은 그것과 항상 동반하는 다른 은혜들이나 그것의 열매들인 선행들은 물론 구원을 위해 믿음의 은혜나 그것에 관한 어떠한 행위가 그에게 전가된 것 같은 이유 때문이 아니라, 오직 그것이 죄인이 그리스도와 그분의 의를 받고 적용하는 도구이기 때문에 하나님 보시기에 죄인을 의롭다고 선언해줍니다.

<원문 이해의 키>

- justify 의롭다고 선언해주다.
- not because of A, or of B, nor C; but only as D. A나 B는 물론 C때문이 아니라, 오직 D이기 때문에.
- the grace of faith, or any act thereof, 믿음의 은혜나 그것에 관한 어떠한 행위

<원문대로 이해하고 구문대로 정리하기>

1. 믿음은 죄인을 하나님 보시기에 의롭다고 선언한다.
2. 믿음이 죄인을 하나님 보시기에 의롭다고 선언하는 것은 믿음과 항상 동반하는 다른 은혜들 때문이 아니다.
3. 믿음이 죄인을 하나님 보시기에 의롭다고 선언하는 것은 믿음의 열매들인 선한

행동들 때문이 아니다.

4. 믿음이 죄인을 하나님 보시기에 의롭다고 선언하는 것은 믿음의 은혜나 그것에 관한 어떠한 행위가 그의 칭의를 위해 그에게 전가된 것 같은 이유 때문이 아니다.

5. 믿음이 죄인을 하나님 보시기에 의롭다고 선언하는 것은 오직 그것이 죄인이 그리스도와 그분의 의를 받고 적용하는 도구이기 때문이다.

6. 죄인은 믿음으로 그리스도와 그분의 의를 받고 적용한다.

7. 믿음은 칭의의 조건이 아니라 도구이다.

8. 믿음은 칭의의 유일한 도구이다.

Q74: What is adoption?

A74: Adoption is an act of the free grace of God,[1] in and for his only Son Jesus Christ,[2] whereby all those that are justified are received into the number of his children,[3] have his name put upon them,[4] the Spirit of his Son given to them,[5] are under his fatherly care and dispensations,[6] admitted to all the liberties and privileges of the sons of God, made heirs of all the promises, and fellow heirs with Christ in glory.[7]

(1) 요일 3:1 (2) 엡1:5; 갈4:4,5 (3) 요1:12 (4) 고후6:18; 계3:12 (5) 갈4:4,6 (6) 시103:13; 잠14:26; 마6:32 (7) 히 6:12; 롬8:17.

<번역>

문: 양자 삼음은 무엇인가요?

답: 양자 삼음은 하나님의 값없는 은혜의 행위로 그분의 독생자 예수 그리스도 안에서 그리고 그로 말미암은 일인데, 이로써 의롭다 함 받는 모든 자들이 그분의 자녀들의 수로 받아들여지고, 그분의 이름이 그들 위에 놓이고, 그분의 아들의 영

이 그들에게 주어지고, 그분의 부성적 돌봄과 경륜들 아래 있게 되고, 하나님의 아들의 모든 자유와 특권을 인정받고, 모든 약속의 상속자가 되며, 영광 중에서 그리스도와 함께 그분께 필적하는 상속자가 됩니다.

<원문 이해의 키>

- adoption adopt는 '양자로 삼다'라는 뜻이다. 따라서 adoption은 '양자 삼음'이란 뜻이다. 참고로 '양자됨'은 'being adopted', 그리고 '양자'는 'an adopted son'에 대한 번역이다.

- for his only Son Jesus Christ for는 '~를 위하여'와 '~ 때문에'라는 의미를 동시에 갖는 전치사이다. 여기서도 이 두 가지의 의미를 동시에 갖고 있다. 그러나 한국어 단어에는 이 두 의미를 함께 포함하는 단어가 없기에 이 표현의 관련 성구인 엡1:5의 표현인 '예수 그리스도로 말미암아'를 따라 '~ 때문에'의 의미인 '그로 말미암은 일인데'로 번역한다. 이 부분을 '~을 위하여'로 이해할 수 있는 근거는 요17:2,6,9,10을 참고하라.

- those that are justified '의롭다 함 받는 자들' 혹은 '의롭다고 선언되는 자들'이다. 이 부분이 종종 '의롭다 함 받은 자들'로 번역되어 소개되는 경우들이 있는데, 그것은 'those that were justified'에 대한 번역이다.

- whereby all those that are justified are received into~, have~put~, (have)~given~, are under~, (are) admitted~, (are) made~, and fellow~. 양자 삼음에 의해서 칭의 받는 자들에게 주어지는 은혜 일곱 가지를 A, B, C, D, E, F, and G의 구조로 동등하게 나열하고 있다. 이 중에서 두 개의 5형식 have+목적어+과거분사 구문 중에 뒤에 있는 구문에서 have가 생략되었고, 이어지는 세 개의 수동태 중에 뒤의 두 개에서 are가 생략되어 있다.

- dispensations 경륜들

<원문대로 이해하고 구문대로 정리하기>

1. 양자 삼음은 하나님의 값없는 은혜의 행위다.
2. 양자 삼음은 오직 하나님의 독생자이신 예수 그리스도 안에서의 하나님의 값없는 은혜의 행위다.

3. 양자 삼음은 오직 하나님의 독생자이신 예수 그리스도를 위한 하나님의 값없는 은혜의 행위다.

4. 양자 삼음은 오직 하나님의 독생자이신 예수 그리스도로 말미암아 주어지는 하나님의 값없는 은혜의 행위다.

5. 하나님께서는 의롭다 함 받는 모든 자들을 자신의 양자로 삼으신다.

6. 하나님께서는 의롭다 함 받은 자들만을 자신의 양자로 삼으신다.

7. 양자 삼음의 은혜로 인해 의롭다 함 받는 모든 자들은 하나님의 자녀의 수에 받아들여진다.

8. 양자 삼음의 은혜로 인해 의롭다 함 받는 모든 자에게는 하나님의 이름이 그들에게 새겨진다.

9. 양자 삼음의 은혜로 인해 의롭다 함 받는 모든 자들에게는 하나님의 아들의 영이 그들에게 주어진다.

10. 양자 삼음의 은혜로 인해 의롭다 함 받는 모든 자들은 하나님의 부성적인 돌봄과 경륜들 아래 있게 된다.

11. 양자 삼음의 은혜로 인해 의롭다 함 받는 모든 자들은 하나님의 아들의 모든 자유와 특권을 인정받게 된다.

12. 양자 삼음의 은혜로 인해 의롭다 함 받는 모든 자들은 모든 약속의 상속자가 된다.

13. 양자 삼음의 은혜로 인해 의롭다 함 받는 모든 자들은 영광 중에서 그리스도와 함께 그분께 필적하는 상속자가 된다.

Q75: What is sanctification?

A75: Sanctification is a work of God's grace, whereby they whom God hath, before the foundation of the world, chosen to be holy, are in time, through the powerful operation of his Spirit [1] applying the death and resurrection of Christ unto them,[2] renewed in their whole man after the image of God;[3] having the seeds of repentance unto life, and all other saving graces, put into their hearts,[4] and those graces so stirred up, increased, and strengthened,[5] as that they more and more die unto sin, and rise unto newness of life.[6]

(1) 엡1:4; 고전6:11; 살후2:13 (2) 롬6:4-6 (3) 엡4:23,24 (4) 행11:18; 요일3:9 (5) 유20; 히6:11-12; 엡3:16-19; 골1:10-11 (6) 롬6:4,6,14; 갈5:24.

<번역>

문: 성화는 무엇인가요?

답: 성화는 하나님의 은혜의 사역인데, 이로써 하나님께서 세상의 기초 이전에 거룩하도록 선택하신 그들은 때가 되면 그리스도의 죽음과 부활을 그들에게 적용하시는 그분의 영의 강력한 작용을 통해 그들 전인이 하나님의 형상을 따라 새로워지는데, 생명으로의 회개의 씨와 다른 모든 구원의 은혜들이 그들 마음에 놓였고, 그 은혜들이 그렇게 고무되고, 증가되고, 강화되기에 그들은 점점 더 죄에 대하여는 죽고 생명의 새로움에 이르도록 일어납니다.

<원문 이해의 키>

- sanctification 보통 '성화'로 번역된다. 그런데 sanctify는 '성화시키다'는 뜻의 타동사이기에 이 단어의 의미를 정확히 살리려면 sanctification은 '성화시킴'으로 이해해야 한다. 이 단어 또한 adoption(양자 삼음)이 '양자됨'이나 '양자'로 오해되는 것처럼 '우리가 성화하는 것' 혹은 '우리가 성화되는 것'으로 오해되는 경우가 많다. '성화'를 다룸에 있어서 우리가 분명히 해야 할 것은 양자 삼음이 우

리의 일이 하나라 하나님의 일인 것처럼, 성화 또한 우리의 일이 아니라 우리를 성화시키시는 하나님의 일이라는 점을 명심하는 것이다. 참고로 웨스트민스터 문서들은 이 단어를 거룩하지 않은 것이 거룩해지는 것이나, 덜 거룩한 것이 더 거룩해지는 것이 아니라, 이미 있는 거룩함을 외적으로 드러나게 하는 것을 나타내는 용도로 사용한다.

- whereby they~ are~ renewed '이로써 그들은 새롭게 된다'의 틀이다.
- having A, put into~, and B so stirred up, increased, and strengthened, as that they~. A가 ~안에 놓였고, B가 그렇게 고무되고, 증가되고, 강화되기에 그들은 ~한다.

<원문대로 이해하고 구문대로 정리하기>

1. 성화는 하나님의 은혜의 사역이다.

2. 하나님께서는 세상의 기초를 놓기 이전에 몇몇의 사람들을 거룩하도록 선택하셨다.

3. 하나님께서는 의롭다고 하시고, 양자로 삼으신 자들을 성화시키신다.

4. 하나님께서는 의롭다고 하시고, 양자로 삼으신 자들을 모두 성화시키신다.

5. 하나님께서는 의롭다고 하시고, 양자로 삼으신 자들만을 성화시키신다.

6. 하나님의 성화시키시는 은혜는 선택받은 자마다 하나님께서 정하신 때에 시작된다.

7. 하나님의 성화시키시는 은혜는 하나님의 양자가 된 순간부터 이생의 삶을 마치는 순간까지 주어진다.

8. 하나님의 성화시키시는 은혜는 그리스도의 죽음과 부활을 선택받은 자들에게 적용하는 그리스도의 영의 강력한 작용을 통해서 베풀어진다.

9. 하나님의 성화시키시는 은혜로 선택받은 자들은 하나님의 형상을 따라 전인이 새로워진다.

10. 하나님의 성화시키시는 은혜를 누리는 자들은 생명으로의 회개의 씨와 다른 모든 구원의 은혜들이 그들 마음에 놓여 있다.

11. 하나님의 성화시키시는 은혜를 누리는 자들에게는 그들 마음속에 이미 놓여 있는 생명으로의 회개의 씨와 다른 모든 구원의 은혜들이 고무되고, 증가되고,

강화된다.

12. 하나님의 성화시키시는 은혜를 누리는 자들은 그들 마음에 생명으로의 회개의 씨와 다른 모든 구원의 은혜들이 놓여 있고, 그 은혜들이 고무되고, 증가되고, 강화되기에, 그들은 점점 더 죄에 대하여는 죽고, 생명의 새로움으로는 일어난다.

Q76: What is repentance unto life?

A76: Repentance unto life is a saving grace,[1] wrought in the heart of a sinner by the Spirit [2] and word of God,[3] whereby, out of the sight and sense, not only of the danger,[4] but also of the filthiness and odiousness of his sins,[5] and upon the apprehension of God's mercy in Christ to such as are penitent,[6] he so grieves for [7] and hates his sins,[8] as that he turns from them all to God,[9] purposing and endeavoring constantly to walk with him in all the ways of new obedience.[10]

(1) 딤후2:25; 눅24:47 (2) 슥12:10 (3) 행11:18,20,21; 2:37 (4) 겔18:28,30,32; 눅15:17, 18; 호2:6,7 (5) 겔36:31; 사 30:22 (6) 욜2:12,13 눅22:61; 슥12:10; 마26:75 (7) 렘31:18,19 (8) 고후7:11; 행2:37; 시130:3-7; (9) 행26:18; 겔 14:6; 왕상8:47-48 (10) 시119:6,59,128; 눅1:6; 롬6:17,18; 눅19:8; 왕하23:25.

<번역>

문: 생명으로의 회개는 무엇인가요?

답: 생명으로의 회개는 성령과 하나님의 말씀에 의해 죄인의 심정에서 작동되는 구원의 은혜인데, 이로써 자신의 죄의 위험은 물론 그것의 더러움과 추악함에 대한 직시와 감지로부터, 그리고 참회하는 자들에 대한 하나님의 그리스도 안에서의 자비에 대한 이해 위에서 그는 자신의 죄를 몹시 비탄해하고 미워하게 되어 그것들 모두로부터 하나님께로 돌아서서 새로운 순종의 모든 방법들로 계속해서 그분과 함께 동행할 것을 결심하고 노력합니다.

<원문 이해의 키>

- **repentance unto life** 생명으로의 회개

- **a saving grace** '구원하는 은혜'인데, 부정관사(a)가 사용된 것을 통해 알 수 있는 것은 이것이 구원하는 유일한 은혜가 아니라, 구원하는 은혜들 중에 하나라는 것이다.

- **whereby out of A, and upon B, he so C, as that he turns from D, purposing and endeavoring~**. 'A로부터와 B위에서 그는 그렇게 C해서 결국 D로부터 돌아서서, ~을 결심하고 노력한다.'

<원문대로 이해하고 구문대로 정리하기>

1. 생명으로의 회개는 구원하시는 은혜들 중의 하나이다.

2. 생명으로의 회개는 죄인의 심정에서 작동한다.

3. 생명으로의 회개는 성령과 하나님의 말씀에 의해 작동된다.

4. 생명으로의 회개에 의해 죄인은 자신의 죄들의 위험을 직시하고 감지한다.

5. 생명으로의 회개에 의해 죄인은 자신의 죄들의 더러움과 추악함을 직시하고 감지한다.

6. 생명으로의 회개에 의해 죄인은 참회하는 자들에 대해 하나님께서 그리스도 안에서 자비를 베푸신다는 것을 이해하게 된다.

7. 생명으로의 회개에 의해 죄인은 자신의 죄들을 몹시 비탄해 하고 미워하게 된다.

8. 생명으로의 회개에 의해 죄인은 자신의 모든 죄들로부터 하나님께로 돌아선다.

9. 생명으로의 회개에 의해 죄인은 자신의 죄들로부터 하나님께로 돌아서서 이전과는 다른 새로운 순종의 모습으로 하나님과 계속해서 동행할 것을 결심하고 또 그렇게 하려고 노력한다.

A77: Although sanctification be inseparably joined with justification,[1] yet they differ, in that God in justification imputeth the righteousness of Christ;[2] in sanctification his Spirit infuseth grace, and enableth to the exercise thereof;[3] in the former, sin is pardoned;[4] in the other, it is subdued:[5] the one doth equally free all believers from the revenging wrath of God, and that perfectly in this life, that they never fall into condemnation;[6] the other is neither equal in all,[7] nor in this life perfect in any,[8] but growing up to perfection.[9]

(1) 고전1:30; 6:11; 롬8:30 (2) 롬4:6,8; **빌3:8-9**; 고후5:21 (3) 겔36:27 (4) 롬3:24,25 (5) 롬6:6,14 (6) 롬8:1,33,34 (7) **고전3:1,2**; 막4:8,28; 요일2:12-14; 히5:12-14 (8) 요일 1:8,10 (9) 고후7:1; 빌3:12-14; **엡4:11-15**.

\<번역\>

문: 칭의와 성화는 어디에 다른 점이 있나요?

답: 비록 성화가 칭의와 분리되지 않게 결합되어 있기는 하지만, 그럼에도 그 둘은 칭의에서는 하나님께서 그리스도의 의를 전가시키시고, 성화에서는 그분의 영이 은혜를 주입하여 그것이 그러한 까닭에 활성화되도록 하시고, 전자에서는 죄가 용서되지만 후자에서는 그것이 억제되며, 하나는 모든 신자들을 하나님의 진노의 복수에서 평등하게, 그리고 이생에서 완벽하게 자유롭게 하여 결코 정죄에 빠지지 않게 하지만, 다른 것은 모두에게 평등하지도 않고, 이생에서 그 어떤 이에게서도 완벽하지 않고, 단지 완전을 향해 자라 갈 뿐이라는 점에서 다릅니다.

\<원문 이해의 키\>

- **differ in** differ가 어떠한 기준에 대해 '~와 다르다'라는 뜻으로 사용될 때는 전치사 from과 함께 쓰인다. 그런데 이 문답에서는 '~에서 다르다'는 뜻인 differ in을 사용하고 있다. 이 문답은 이렇게 differ from을 사용하지 않고, wherein~

differ?를 사용함으로써 칭의와 성화 둘 중에 그 어떤 것에도 기준이나 무게를 두지 않고 동등한 입장에서 비교하고 있다.

- **in that~** wherein~ differ?의 질문을 '~라는 점에 있어서'로 답하고 있다.

<원문대로 이해하고 구문대로 정리하기>

1. 칭의와 성화는 분리되지 않게 결합되어 있다. 즉, 칭의에는 반드시 성화가 따라오며, 성화는 반드시 칭의를 근거로 한다.

2. 칭의와 성화는 칭의에서는 하나님께서 그리스도의 의를 전가시키시고, 성화에서는 그리스도의 영의 은혜를 주입하시고, 그 주입된 은혜가 활발히 작용하도록 하신다는 점에서 서로 다르다.

3. 칭의와 성화는 칭의에서는 죄가 용서되지만, 성화에서는 죄가 억제된다는 점에서 서로 다르다.

4. 칭의와 성화는 칭의에서는 모든 신자들을 하나님의 진노의 복수에서 평등하게 하지만, 성화에서는 그 적용이 모두에게 평등하지 않다는 점에서 서로 다르다.

5. 칭의와 성화는 칭의에서는 모든 택자들을 이생에서 완벽하게 자유롭게 하여 결코 정죄에 빠지지 않게 하지만, 성화는 이생에서 결코 완전할 수 없고, 단지 완전을 향해 자랄 뿐이라는 점에서 서로 다르다.

Q78: Whence ariseth the imperfection of sanctification in believers?

A78: The imperfection of sanctification in believers ariseth from the remnants of sin abiding in every part of them, and the perpetual lustings of the flesh against the spirit; whereby they are often foiled with temptations, and fall into many sins,[1] are hindered in all their spiritual services,[2] and their best works are imperfect and defiled in the sight of God.[3]

(1) 막14:66-72; 롬7:18,23; 갈2:11-12 (2) 갈5:17; 히12:1 (3) 출28:38; 사64:6.

<번역>

문: 신자들에게 있어서 성화의 불완전성은 어디에서 일어나나요?

답: 신자들에게 있어서 성화의 불완전성은 그들의 모든 부분에 남아 있는 죄의 자취들과 성령을 거스르는 그칠 새 없는 육체의 정욕들로부터 일어나는데, 이로써 그들은 자주 유혹에 무너짐으로써, 그로 인해 많은 죄에 빠지고, 그들의 모든 영적인 봉사를 방해받으며, 그들의 최선의 사역들이 하나님 보시기에 불완전하고 더럽혀집니다.

<원문 이해의 키>

- Whence arises~? '어디에서 일어나나요?'로, 무엇의 근원에 대한 질문이다.

- Whence arises the imperfection of sanctification in believers? 성화는 사람의 일이 아니라, 하나님의 사역이다. 따라서 그 사역은 언제나 하나님의 선하신 작정에 근거하며, 하나님의 능력의 섭리적인 사역을 통해 온전히 성취된다. 그런데 77문답과 78문답은 성화가 이생에서 불완전하다고 정리해서 가르친다. 이 부분에 대해 우리는 다음의 두 가지 중요한 사항을 분명히 알아야 한다. 먼저 이생에서 성화가 불완전한 것이 바로 성화에 대한 하나님의 선하신 작정이며, 동시에 이생에 대한 하나님의 섭리적인 사역의 온전한 성취라는 것이다. 그리고 또 하나는 이생에서 성화가 불완전한 것에 대한 책임은 하나님이 아니라, 죄로 오염된 사람에게 있다는 것이다.

- the imperfection of sanctification in believers 성화는 오직 신자들에게만 하나님께서 베푸시는 구원의 은혜이다. 따라서 성화의 불완전성을 다루는 이 문답도 당연히 오직 신자들의 경우만으로 한정해서 다루고 있다. 참고로 불신자들의 경우 그들이 죄 아래서 살아가는 것은 그들의 성화가 불완전해서가 아니라, 하나님께서 그들에게 성화의 은혜를 조금도 베풀어 주지 않으시기 때문이다.

- whereby they are~, and fall into~, are hindered~, and their best works are~. 'whereby they A(are~), and B(fall~), C(are hindered~), and D(their best works are~).'의 구문이다. 이 중 B부분에서 콤마(,) and는 원인-결과를 나타내는 장치로 사용되었기에 '~함으로, 그로 인해'로 해석하고, 이어지는 B, C, and D는 A에 따른 세 가지 결과를 동등하게 나열한 것으로 이해하면 된다.

<원문대로 이해하고 구문대로 정리하기>

1. 신자들에게 있어서도 성화는 이생에서 불완전하다.

2. 신자들의 성화의 불완전성은 하나님의 선하신 작정을 따라서 나타난다.

3. 신자들의 성화의 불완전성의 원인과 책임은 하나님께 있는 것이 아니라, 신자 자신에게 있다.

4. 신자들의 성화의 불완전성은 여전히 그들의 모든 부분에 남아 있는 죄의 자취들로부터 일어난다.

5. 신자들의 성화의 불완전성은 신자들 안에 있는 성령을 거스르는 그칠 새 없는 육체의 정욕들로부터 일어난다.

6. 신자들은 성화의 불완전성에 의해 자주 유혹에 무너져서 많은 죄에 빠지게 된다.

7. 신자들은 성화의 불완전성에 의해 자주 유혹에 무너져서 자신들의 모든 영적인 봉사에 있어서 방해를 받게 된다.

8. 신자들은 성화의 불완전성에 의해 자주 유혹에 무너져서 자신들의 최선의 사역들이 하나님 보시기에 불완전하고 더럽혀진다.

Q79: May not true believers, by reason of their imperfections, and the many temptations and sins they are overtaken with, fall away from the state of grace ?

A79: True believers, by reason of the unchangeable love of God,[1] and his decree and covenant to give them perseverance,[2] their inseparable union with Christ,[3] his continual intercession for them,[4] and the Spirit and seed of God abiding in them,[5] can neither totally nor finally fall away from the state of grace,[6] but are kept by the power of God through faith unto salvation.[7]

(1) 렘31:3; 요13:1 (2) 딤후2:19; 히6:17, 13:20-21; 삼하23:5; 고전1:8; 사54:10 (3) 고전1:8,9; 12:27; 롬8:35-39 (4) 눅22:32; 히7:25 (5) 요일3:9; 2:27 (6) 렘32:40; 요10:28 (7) 벧전1:5; 빌1:6

<번역>

문: 참 신자들은 그들의 불완전성들과 그들이 빠져있는 유혹들과 죄들이라는 이유에도 은혜의 상태로부터 떨어져 나가지 않기도 하나요?

답: 참 신자들은 하나님의 변하지 않는 사랑, 그들에게 견인을 주시는 그분의 작정과 언약, 분리되지 않는 그들의 그리스도와의 연합, 그들을 위한 그분의 끊임없는 중보기도, 그들과 함께 거하시는 성령과 하나님의 씨를 이유로 전적으로, 그리고 종국적으로 은혜의 상태로부터 떨어져 나갈 수 없고, 구원에 이르는 믿음을 통해서 하나님의 능력에 의해 지켜집니다.

<원문 이해의 키>

- May not~? '~않기도 하나요?' 혹은 '~않을 수도 있나요?'의 뜻으로 이러한 경우는 어떠한 일이 발생할 수도 있다는 가능성을 어느 정도 열어 놓고 있다는 뜻이다. 대교리문답의 이러한 질문은 이 문답이 만들어지던 당시에 교회와 신자들 사이에, 신자들도 불안전한 성화와 유혹과 죄로 물든 상태 때문에 하나님의 은혜의 상태에서 떨어져 나갈 수도 있다는 생각들이 퍼져 있었다는 것을 짐작할 수 있게 하게 한다.

- by reason of~ '~의 이유로'의 뜻이다. 질문에서는 양보의 의미로 보아 '~의 이유에도'로 해석하고, 답변에서는 '~의 이유로'로 해석하는 것이 적절한 듯하다.

<원문대로 이해하고 구문대로 정리하기>

1. 참 신자들은 그들의 불완전성들이나 그들이 빠져있는 유혹들과 죄들이라는 이유에도 은혜의 상태로부터 결코 떨어져 나가지는 않는다.

2. 참 신자들이 그들의 불완전성들이나 그들이 빠져있는 유혹들과 죄들이라는 이유에도 은혜의 상태로부터 결코 떨어져 나가지는 않는 것은 그들에 대한 하나님의 변함없는 사랑 때문이다.

3. 참 신자들이 그들의 불완전성들이나 그들이 빠져있는 유혹들과 죄들이라는 이유에도 은혜의 상태로부터 결코 떨어져 나가지는 않는 것은 그들을 끝까지 인내하고 견디게 하시는 하나님의 작정과 언약 때문이다.

4. 참 신자들이 그들의 불완전성들이나 그들이 빠져있는 유혹들과 죄들이라는 이

유에도 은혜의 상태로부터 결코 떨어져 나가지는 않는 것은 그들이 그리스도와 분리되지 않게 연합되어 있기 때문이다.

5. 참 신자들이 그들의 불완전성들이나 그들이 빠져있는 유혹들과 죄들이라는 이유에도 은혜의 상태로부터 결코 떨어져 나가지는 않는 것은 그리스도께서 그들을 위해서 끊임없이 중보기도하고 계시기 때문이다.

6. 참 신자들이 그들의 불완전성들이나 그들이 빠져있는 유혹들과 죄들이라는 이유에도 은혜의 상태로부터 결코 떨어져 나가지는 않는 것은 그들과 함께 거하시는 성령과 하나님의 씨 때문이다.

7. 참 신자들은 그들의 불완전성들이나 그들이 빠져있는 유혹들과 죄들이라는 이유에도 은혜의 상태로부터 전적으로 떨어져 나가지는 않는다.

8. 참 신자들은 그들의 불완전성들이나 그들이 빠져있는 유혹들과 죄들이라는 이유에도 은혜의 상태로부터 종국적으로 떨어져 나가지는 않는다.

9. 참 신자들은 그들의 불완전성들이나 그들이 빠져있는 유혹들과 죄들이라는 이유에도 구원에 이르는 믿음을 통해서 하나님의 능력에 의해 지켜진다.

Q80: Can true believers be infallibly assured that they are in the estate of grace, and that they shall persevere therein unto salvation?

A80: Such as truly believe in Christ, and endeavor to walk in all good conscience before him,[1] may, without extraordinary revelation, by faith grounded upon the truth of God's promises, and by the Spirit enabling them to discern in themselves those graces to which the promises of life are made,[2] and bearing witness with their spirits that they are the children of God,[3] be infallibly assured that they are in the estate of grace, and shall persevere therein unto salvation.[4]

(1) 요일2:3 (2) 고전2:12; 요일3:14,18,19,21,24; 4:13,16; 히6:11,12 (3) 롬8:16 (4) 요일5:13; 딤후1:12

<번역>

문: 참 신자들은 그들이 은혜의 상태에 있기에 그 안에서 구원에 이르도록 견인하게 될 것을 틀림없이 확신할 수 있나요?

답: 그리스도를 참으로 믿고 그분 앞에서 모든 선한 양심으로 행하려고 노력하는 자들은 비상한 계시 없이도, 하나님의 약속의 진리에 근거한 믿음과 그들 스스로가 그 속으로 생명의 약속이 맺어져 있는 그 은혜들을 분별할 수 있게 하시고, 그들이 하나님의 자녀들이라는 것을 그들의 영들과 함께 증언하시는 성령에 의해 그들이 은혜의 상태에 있다는 것을 틀림없이 확신하게 될 수도 있고, 그로 인해 그 안에서 구원에 이르도록 견인하게 될 것입니다.

<원문 이해의 키>

- **infallibly** 틀림없이 (infallible: 오류가 있을 수 없는, fallible: 오류가 있을 수밖에 없는)

- **they shall persevere** '3인칭 주어+shall+동사원형'은 미래에 발생할 사건에 대한 단순한 언급을 넘어서 외부의 어떠한 힘에 의해서 주어가 어떠한 일을 하거나 혹은 어떻게 될 것이라는 뜻이다. 즉, 조동사 shall을 통해 약속이나, 의무나, 허락이나, 결정 등의 의미를 추가하는 것이다. 따라서 they shall persevere은 '그들은 견인할 것이다'라고 번역하지만, 그 속에 그들이 자신들의 힘이 아닌 어떤 외부의 힘에 의해 참고 견딜 수 있게 될 것이 약속되어 있다는 뜻이 내포되어 있다고 할 수 있다.

- **Such as~ may~ be assured~, and shall preserve~**. '~하는 그런 자들은 ~을 확신하게 될 수 있고, 그로 인해 견인하게 될 것이다'라는 뜻으로, such as~를 주어로 두 개의 '조동사+동사원형'의 틀인 may~ be assured~와 shall preserve~를 콤마(,) and로 연결한 구조이다. 여기서 콤마(,) and는 두 동사를 단순하게 나열하는 것이 아니라, 앞과 뒤에 언급한 동사가 원인-결과의 관계에 있다는 것을 나타내는 장치다. 따라서 이 부분은 '~이고, 그로 인해'로 번역해주는 것이 좋다.

<원문대로 이해하고 구문대로 정리하기>

1. 그리스도를 참으로 믿고 그분 앞에서 모든 선한 양심으로 행하려고 노력하는 자

들은 비상한 계시 없이도 그들이 은혜의 상태에 있다는 것을 틀림없이 확신하게 될 수도 있고, 그로 인해 그 안에서 구원에 이르도록 견인하게 될 것이다.

2. 그리스도를 참으로 믿고 그분 앞에서 모든 선한 양심으로 행하려고 노력하는 자들은 하나님의 약속의 진리에 근거한 믿음에 의해 그들이 은혜의 상태에 있다는 것을 틀림없이 확신하게 될 수도 있고, 그로 인해 그 안에서 구원에 이르도록 견인하게 될 것이다.

3. 그리스도를 참으로 믿고 그분 앞에서 모든 선한 양심으로 행하려고 노력하는 자들은 성령님께서 그들 스스로가 생명으로 약속되어 있는 그 은혜들을 분별할 수 있게 능력을 주시기에 그들이 은혜의 상태에 있다는 것을 틀림없이 확신하게 될 수도 있고, 그로 인해 그 안에서 구원에 이르도록 견인하게 될 것이다.

4. 그리스도를 참으로 믿고 그분 앞에서 모든 선한 양심으로 행하려고 노력하는 자들은 성령님께서 그들의 영들과 함께 자신들이 하나님의 자녀들이라는 것을 증언하시기에 그들이 은혜의 상태에 있다는 것을 틀림없이 확신하게 될 수도 있고, 그로 인해 그 안에서 구원에 이르도록 견인하게 될 것이다.

Q81: Are all true believers at all times assured of their present being in the estate of grace, and that they shall be saved?

A81: Assurance of grace and salvation not being of the essence of faith, [1] true believers may wait long before they obtain it;[2] and, after the enjoyment thereof, may have it weakened and intermitted, through manifold distempers, sins, temptations, and desertions;[3] yet are they never left without such a presence and support of the Spirit of God as keeps them from sinking into utter despair. [4]

(1) 엡1:13 (2) 사50:10; 시88편 (3) 시77:1-12; 시51:8,12; 31:22; 22:1; 아5:2,3,6 (4) 요일3:9; 욥13:15; 시73:15,23; 사54:7-10.

<번역>

문: 모든 신자들은 그들이 현재 은혜의 상태에 있다는 것을 항상 확신하기에, 그로 인해 그들이 구원될 것도 항상 확신하나요?

답: 은혜와 구원의 확신이 믿음의 본질적인 것은 아니기에, 참 신자들은 그것을 획득하기 전에 오래 기다릴 수도 있고, 그렇게 해서 그것을 누린 후에도 다방면의 심신의 이상, 죄, 유혹, 탈선을 통해 그것을 약화시키고, 잠시 중단되게 만들기도 하지만, 그들은 결코 그들이 전적인 절망에 빠지는 것을 막으시는 하나님의 영의 임재와 지지와 같은 것 없이 방치되지는 않습니다.

<원문 이해의 키>

- their present being in the estate of grace '그들이 현재 은혜의 상태에 있다는 것'으로 their는 being의 의미상 주어이며, being은 '존재하다'라는 뜻의 1형식 동사이다.

- assured of their present being in the estate of grace, and that they shall be saved? assured의 두 가지의 목적어를 'of~ing'와 'that 주어+동사'의 다른 두 개의 틀로 나타내고 있고, 이 둘을 콤마(,) and로 연결하고 있다. 이는 이 두 가지 목적어가 단순히 나열된 것이 아니라는 점을 나타낸다. 즉, 앞의 목적어가 원인이 되고, 뒤에 따라오는 목적어가 그에 따른 결과가 된다는 뜻이다. 따라서 이 부분은 '현재 은혜의 상태에 있다는 것과 그들이 구원될 것이라는 것을 항상 확신하나요?'가 아니라, '현재 은혜의 상태에 있다는 것을 항상 확신하기에, 그로 인해 그들이 구원될 것도 항상 확신하나요?'로 번역해야 한다. 이 문답의 이러한 표현은 은혜의 확신과 구원의 확신이 서로 다르게 작용한다는 것과 은혜의 확신이 구원의 확신의 근거가 된다는 것을 잘 나타내고 있다. 또한 이는 은혜의 확신 없는 구원의 확신은 있을 수 없다는 것에 대한 간접적인 언급이기도 하다.

<원문대로 이해하고 구문대로 정리하기>

1. 은혜와 구원의 확신이 믿음의 본질적인 것에 해당되는 것은 아니다.
2. 은혜와 구원의 확신이 믿음의 본질적인 것에 해당되는 것은 아니기에 참 신자들이 이 확신에 이르기까지 오랜 시간이 걸리기도 한다.

3. 은혜와 구원의 확신이 믿음의 본질적인 것에 해당되는 것은 아니기에 참 신자들이 이 확신을 누린 후에도 스스로 그것을 약화시키기도 한다.

4. 은혜와 구원의 확신이 믿음의 본질적인 것에 해당되는 것은 아니기에 참 신자들이 이 확신을 누린 후에도 그것이 중단되게 만들어 버리기도 한다.

5. 은혜와 구원의 확신이 믿음의 본질적인 것에 해당되는 것은 아니기에 참 신자들이 이 확신을 누린 후에도 다방면의 심신의 이상, 죄, 유혹, 탈선 등에 의해 그것을 약화시키고, 잠시 중단되게 만들기도 한다.

6. 참 신자들이 비록 스스로 자신의 은혜와 구원의 확신을 약화시키거나 잠시 중단시킬 수는 있지만, 그 순간에도 하나님께서는 그들을 결코 내버려 두지 않으시고 그들이 절망에 빠지지 않도록 하나님의 영으로 그들에게 임재하시고 그들을 지지하신다.

Q82: What is the communion in glory which the members of the invisible church have with Christ?

A82: The communion in glory which the members of the invisible church have with Christ, is in this life, [1] immediately after death, [2] and at last perfected at the resurrection and day of judgment. [3]

(1) 고후 3:18 (2) 눅 23:43 (3) 요일 3:2; 살전 4:17; 계 22:3-5.

<번역>

문: 보이지 않는 교회의 회원들이 그리스도와 함께 영광 중에 갖는 교통은 무엇인가요?

답: 보이지 않는 교회의 회원들이 그리스도와 함께 영광 중에 갖는 교통은 이생에서 죽음 직후에 있고, 부활과 심판의 때에 마침내 완벽해집니다.

<원문 이해의 키>

- communion 교통 (fellowship: 교제)
- immediately 즉시, 직접

- **is in this life~, and at last (is) perfected~** is in this life~에서 is는 1형식 동사로 '있다'라는 뜻이다. 반면에 (is) perfected~에서 생략된 is는 수동태를 만드는 조동사이다.

<원문대로 이해하고 구문대로 정리하기>

1. 보이지 않는 교회의 회원들은 그리스도와 함께 영광 중에 교통하게 된다.

2. 보이지 않는 교회의 회원들이 그리스도와 함께 영광 중에 갖는 교통은 이생에서 죽음 직후에 있다.

3. 보이지 않는 교회의 회원들이 그리스도와 함께 영광 중에 갖는 교통은 부활과 심판의 때에 마침내 완벽해진다.

Q83: What is the communion in glory with Christ which the members of the invisible church enjoy in this life?

A83: The members of the invisible church have communicated to them in this life the firstfruits of glory with Christ, as they are members of him their head, and so in him are interested in that glory which he is fully possessed of;[1] and, as an earnest thereof, enjoy the sense of God's love,[2] peace of conscience, joy in the Holy Ghost, and hope of glory;[3] as[1], on the contrary, sense of God's revenging wrath, horror of conscience, and a fearful expectation of judgment, are to the wicked the beginning of their torments which they shall endure after death.[4]

(1) 엡2:5,6 (2) 롬5:5; 고후1:22 (3) 롬5:1,2; 14:17 (4) 창4:13; 마27:3-5; 막9:44; 히10:27; 롬2:9.

---

1. 사악한 자들이 그러한 고통을 당하는 것처럼 혹은 그 만큼의 양 만큼 보이지 않는 교회 회원들이 영광을 누린다는 의미다. 즉, 신자들이 영광을 누리는 만큼 불신자들은 고통을 당할 것이다. 신자들의 영광고 불신자들이 고통은 정확히 비례한다는 의미다.

<번역>

문: 보이지 않는 교회의 회원들이 이생에서 누리는 그리스도와의 영광 중의 교통은 무엇인가요?

답: 보이지 않는 교회의 회원들은 그들이 그들의 머리이신 그리스도의 회원들이기에 이생에 있는 자들에게 그리스도와 함께하는 영광의 첫 열매들을 전달해왔기에, 그렇게 그 안에서 그분께서 충만히 소유하고 계시는 그 영광에 동참하게 되어, 그 보증으로서 하나님의 사랑, 양심의 평화, 성령 안에서 기쁨, 영광의 소망을 누리지만, 반면에 사악한 자들에게 하나님의 보복하시는 진노, 양심의 공포, 심판에 대한 두려운 예상은 그들이 사후에 감당해야 할 고통의 시작입니다.

- communion 교통 (fellowship: 교제, conversation: 친교)
- communicate to ~에게 전달하다.
- be interested in have a legitimate claim to와 같은 의미로 '~에 대해 합법적인 권한을 가지다'는 뜻이다.
- earnest (약속, 보증의) 증표, 증거, a down payment (보증금)
- thereof 그것에 관한

<원문대로 이해하고 구문대로 정리하기>

1. 보이지 않는 교회의 회원들이 이생에서 그리스도와 영광 중에 교통한다.
2. 보이지 않는 교회의 회원들은 이생에서 그리스도와 함께하는 영광의 첫 열매들을 전달해왔다.
3. 그리스도께서는 보이지 않는 교회의 회원들의 머리이시다.
4. 보이지 않는 교회의 회원들은 그리스도의 회원들이다.
5. 보이지 않는 교회의 회원들은 그리스도 안에서 그분의 충만한 영광에 동참한다.
6. 보이지 않는 교회의 회원들이 그리스도의 충만한 영광에 동참하는 것은 하나님의 사랑, 양심의 평화, 성령 안에서의 기쁨, 영광의 소망을 누리는 것을 통해 보증된다.
7. 사악한 자들에게 하나님의 보복하시는 진노, 양심의 공포, 심판에 대한 두려움은 그들이 사후에 감당해야 할 고통의 시작일 뿐이다.

Q84: Shall all men die?

A84: Death being threatened as the wages of sin,[1] it is appointed unto all men once to die;[2] for that all have sinned.[3]

(1) 롬6:23 (2) 히9:27 (3) 롬5:12.

<번역>

문: 모든 사람은 다 죽게 되나요?

답: 죽음이 죄의 대가로 위협되기 때문에, 한 번 죽는 것은 모든 사람에게 정해진 것이고, 이는 모든 사람이 죄를 지었기 때문입니다.

<원문 이해의 키>

- **Shall all men die?** 주어가 3인칭인 경우에 사용되는 조동사 shall은 단순한 미래가 아니라, 외부의 어떠한 권위나 힘에 따른 미래의 약속이나, 의무나, 허락이나, 결정 등의 의미를 포함한다.
- **all men** 보이는 교회에 속한 자든 그렇지 않은 자든 상관없이 이 땅에 태어난 모든 사람을 말한다.
- **Death being threatened~** Death가 주어인 독립분사구문이다.

<원문대로 이해하고 구문대로 정리하기>

1. 죽음은 죄의 대가이다.
2. 죽음은 죄의 대가로 모든 사람을 위협한다.
3. 모든 사람에게 한 번 죽는 것은 정해져 있다.
4. 모든 사람에게 죽음이 정해져 있는 것은 그들 모두가 다 죄를 지었기 때문이다.

Q85: Death, being the wages of sin, why are not the righteous delivered from death, seeing all their sins are forgiven in Christ?

A85: The righteous shall be delivered from death itself at the last day, and even in death are delivered from the sting and curse of it;[1] so that, although they die, yet it is out of God's love,[2] to free them perfectly from sin and misery,[3] and to make them capable of further communion with Christ in glory, which they then enter upon. [4]

(1) 고전15:26,55,56,57; 히2:15 (2) 사57:1,2; 왕하22:20 (3) 눅16:25; 계14:13; 고후5:1-8; 엡5:27 (4) 눅23:43; 빌1:23.

<번역>

문: 죽음이 죄의 대가라면, 그리스도 안에서 자신들의 모든 죄를 사함받았다는 것을 고려할 때, 왜 의로운 자들은 죽음으로부터 구출되지 않나요?

답: 의로운 자들은 마지막 날에 죽음 그 자체로부터 구출될 것이고, 심지어 죽음에서는 그것의 쏘는 것과 저주에서 구출될 것이기에, 비록 그들이 죽더라도 죄와 비참으로부터 완벽하게 그들을 자유하게 해서, 그로 인해 그들이 그때에 들어가게 되는 영광 중에서 그리스도와 더 깊은 교통을 할 수 있도록 하시는 것은 하나님의 은혜에 기인합니다.

<원문 이해의 키>

- Death, being the wages of sin '죽음이 죄의 대가라면'의 뜻으로, 독립분사구문이다.
- are delivered 구출되다 (deliverance: 구출, redemption: 구속, salvation: 구원)
- the righteous '의로운 자들'로 복수보통명사이다.
- seeing '~라는 점을 고려한다면' 혹은 '~라는 점에서 보면'의 뜻인 접속사이다.
- so that~ 결과를 나타내는 종속절이다.

- it is out of God's love, to free~, and to make~ it이 가주어이고, to free와 to make가 진주어인 가주어-진주어 구문이다. 그리고 콤마(,) and는 to make~가 to free~에 따른 결과임을 나타내는 문법적 장치로 사용되었기에 '~해서, 그로 인해'로 번역하는 것이 좋다.

<원문대로 이해하고 구문대로 정리하기>

1. 그리스도 안에서 모든 죄를 용서받은 의로운 자들도 모두 다 죽는다.
2. 모든 죄를 용서받은 의로운 자들의 죽음은 그렇지 않은 사악한 자들의 죽음과 다르다.
3. 의로운 자들은 마지막 날에 죽음 그 자체로부터 구출될 것이다.
4. 의로운 자들은 죽음에서는 죽음의 쏘는 것과 저주에서 구출될 것이다.
5. 의로운 자들은 비록 죽더라도 하나님의 사랑에 의해서 죄와 비참으로부터 완벽하게 자유롭게 된다.
6. 의로운 자들은 비록 죽더라도 하나님의 사랑으로 죽는 그 순간 영광 중에서 그리스도와의 더 깊은 교통을 할 수 있게 된다.

Q86: What is the communion in glory with Christ, which the members of the invisible church enjoy immediately after death?

A86: The communion in glory with Christ, which the members of the invisible church enjoy immediately after death, is, in that their souls are then made perfect in holiness,[1] and received into the highest heavens,[2] where they behold the face of God in light and glory,[3] waiting for the full redemption of their bodies,[4] which even in death continue united to Christ,[5] and rest in their graves as in their beds,[6] till at the last day they be again united to their souls.[7] Whereas the souls of the wicked are at their death cast into hell, where they remain in torments and utter darkness, and their bodies kept in their graves, as in their prisons, till the resurrection and judgment of the great day.[8]

(1) 히12:23 (2) 고후5:1,6,8; 행3:21; 엡4:10; 빌1:23 (3) 요일3:2; 고전13:12 (4) 롬8:23; 시16:9 (5) 살전4:14 (6) 사 57:2 (7) 욥19:26,27; 눅16:23,24 (8) 눅16:23,24; 행1:25; 유6,7.

<번역>

문: 보이지 않는 교회의 회원들이 죽음 이후에 즉시 누리는 그리스도와의 영광 중의 교통은 무엇인가요?

답: 보이지 않는 교회의 회원들이 죽음 이후에 즉시 누리는 그리스도와의 영광 중의 교통은, 자신들의 영혼들은 그때 거룩함으로 완전해지고, 가장 높은 하늘로 영접 받아, 그곳에서 빛과 영광 중에 하나님의 얼굴을 보면서, 심지어 죽음에서도 그리스도께 계속해서 연합된 상태로 있으면서, 마지막 날에 다시 자신들의 영혼과 연합할 때까지 침상으로서의 무덤에서 쉬는 자신들의 몸들의 완전한 구속을 기다린다는 점에 있습니다. 반면 사악한 자들의 영혼은 그들의 죽음의 때에 지옥으로 던져지는데, 그곳에서 그것들은 고통과 깊은 흑암에 머물고, 그들의 몸은 그

들의 감옥으로서의 무덤에서 부활과 큰 날의 심판 때까지 보관됩니다.

<원문 이해의 키>

- The communion in glory with Christ, which the members of the invisible church enjoy immediately after death, 콤마(,) which가 계속적용법의 관계대명사로 사용되었기에 문법적으로는 '그리스도와의 영광 중에 교통은, 그것을 보이지 않는 교회의 회원들이 죽음 이후에 즉시 누리는데'로 분석해야 하나, 의미에 큰 변화를 주지 않는 한 좀 더 부드러운 한국어 표현인 '보이지 않는 교회의 회원들이 죽음 이후에 즉시 누리는 그리스도와의 영광 중의 교통은'으로 번역할 수 있다.
- immediately after death 죽음 이후에 즉시
- is, in that ~라는 점에 있다.
- waiting for the full redemption of their bodies '~하고, 그들의 몸들의 완전한 구속을 기다린다'로, waiting for는 연속동작을 나타내는 분사구문이다.
- which even in death continue united to Christ, '그것들은 심지어 죽음에서도 그리스도께 연합된 상태가 계속된다'로, united는 which(몸들)의 상태를 나타내는 유사보어이다.
- rest in their graves as in their beds '자신들이 침상들로서의 자신들의 무덤들에서 쉰다'로, 이는 죽음 이후에 신자들의 몸의 상태에 대한 설명이다.
- kept in their graves, as in their prisons '자신들의 감옥들로서의 자신들의 무덤들에 보관된다'로 이는 죽음 이후에 불신자들의 몸의 상태에 대한 설명이다.

<원문대로 이해하고 구문대로 정리하기>

1. 보이지 않는 교회의 회원들은 죽음 이후에 즉시 그리스도와의 영광 중의 교통을 누린다.
2. 보이지 않는 교회의 회원들은 죽음 이후에 즉시 그들의 영혼들이 거룩함으로 완벽해진다는 점에서 그리스도와의 영광 중의 교통을 누린다.
3. 보이지 않는 교회의 회원들은 죽음 이후에 즉시 그들의 영혼들이 가장 높은 하늘로 영접받는다는 점에서 그리스도와의 영광 중의 교통을 누린다.

4. 보이지 않는 교회의 회원들은 죽음 이후에 그들의 영혼들이 가장 높은 하늘에서 자신들의 몸들의 완전한 구속을 기다린다는 점에서 그리스도와의 영광 중의 교통을 누린다.

5. 보이지 않는 교회의 회원들은 죽음 이후에도 그들의 몸들이 여전히 그리스도께 연합된 상태로 있다는 점에서 그리스도와의 영광 중의 교통을 누린다.

6. 보이지 않는 교회의 회원들은 죽음 이후에도 그들의 몸들이 마지막 때에 다시 그들의 영혼들에 연합될 때까지 침상으로서의 그들의 무덤에서 쉰다는 점에서 그리스도와의 영광 중의 교통을 누린다.

7. 사악한 자들의 영혼들은 그들이 죽음을 맞는 그 순간 지옥으로 던져진다.

8. 사악한 자들의 영혼들은 죽음 이후에 던져진 지옥에서 고통과 흑암에 머문다.

9. 사악한 자들의 몸들은 죽음 이후에 그들의 감옥으로서의 무덤들에서 부활과 큰 날의 심판 때까지 보관된다.

Q87: What are we to believe concerning the resurrection?

A87: We are to believe, that at the last day there shall be a general resurrection of the dead, both of the just and unjust:[1] when they that are then found alive shall in a moment be changed; and the selfsame bodies of the dead which were laid in the grave, being then again united to their souls for ever, shall be raised up by the power of Christ.[2] The bodies of the just, by the Spirit of Christ, and by virtue of his resurrection as their head, shall be raised in power, spiritual, incorruptible, and made like to his glorious body;[3] and the bodies of the wicked shall be raised up in dishonor by him, as an offended judge.[4]

(1) 행24:15 (2) 고전15:51-53; 살전4:15-17; 요5:28,29 (3) 고전15:21-23, 42-44; 빌3:21 (4) 요5:28,29; 단12:2; 마25:33.

<번역>

문: 부활에 관하여 우리는 무엇을 믿을 수 있나요?

답: 우리는 마지막 날에 정당한 자들이든 부당한 자들이든 죽은 모든 자들의 일반적인 부활이 한 번 있을 것인데, 그때 살아있는 상태로 발견되는 자들은 순간적으로 변화하게 될 것이며, 무덤에 누워 있던 죽은 자들의 바로 그 동일한 몸은 다시 그들의 영혼과 영구히 연합하여, 그리스도의 능력으로 일으킴을 받게 될 것임을 믿을 수 있습니다. 정당한 자들의 몸은 그리스도의 영과 그들의 머리로서 그분의 부활의 공덕에 의해 권능으로, 영적으로, 썩지 않게 일으킴을 받아서, 그리스도의 영광스러운 몸처럼 될 것이고, 사악한 자들의 몸은 진노하시는 심판주이신 그분에 의해 치욕으로 일으킴을 받게 될 것입니다.

<원문 이해의 키>

- **What are we to believe concerning the resurrection?** are to believe는 문법적으로 볼 때 be to 용법의 다섯 가지 용법인 예정, 의무, 가능, 의도, 운명 중에서 의무와 가능으로 해석이 가능하다. 먼저 의무로 적용을 하면 '부활에 관하여 우리는 무엇을 믿어야 하나요?'가 되고, 가능으로 적용하면 '부활에 관하여 우리는 무엇을 믿을 수 있나요?'가 된다. 이 문답이 이 내용을 의무를 분명히 나타낼 수 있는 조동사인 should, must, have to를 사용하지 않고, 또한 가능을 나타내는 can이나 be able to를 사용하지 않고, be to를 사용한 것은 의무와 가능의 두 의미를 동시에 포함하고 있다는 것을 나타내기 위함으로 판단된다. 그렇지만 한국어에서는 이 두 가지 의미를 동시에 포함할 수 있는 표현이 없기에, 둘 중에 하나밖에 번역할 수 없다. 여기서 말하는 부활은 과거에 실제 일어났던 그리스도의 부활이 아니라, 마지막 날에 모든 사람에게 일어나게 될 사건이다. 즉, 앞으로 발생할 미래의 사건이다. 이에 대해 우리는 분명 이 부활을 믿어야 하고, 또 믿을 수 있다. 이러한 사실에 대해 이 문답은 부활에 대해 우리가 무엇을 믿어야 하는지를 말함과 동시에, 우리가 부활을 믿고 소망할 수 있는 근거를 제공하고 있다. 그리고 그 근거가 모두 사람의 노력이 아니라, 하나님의 은혜의 선물이라는 것을 나타낸다. 즉, 부활에 대한 믿음의 근거가 우리의 신념이나 의도가 아니라, 전적으로 하나님께서 작정하신 은혜에 있다는 것을 말해준다. 그러한 차원에서 이 부

활을 믿을 수 있는 것 또한 하나님께서 주신 은혜임을 추론하게 한다. 이러한 이유로 하나의 번역을 선택함에 있어서 의무보다는 가능으로 번역하는 것이 의무와 가능의 두 가지 의미를 동시에 포함하면서도 이 문답의 의도를 좀 더 명확하게 드러낼 수 있다고 여겨진다.

- **there shall be a general resurrection of the dead** '죽은 자들의 일반적인 부활이 있을 것이다'인데, shall은 미래의 상황에 대한 예언이나 확신의 개념을 넘어 어떠한 외적인 힘에 의해서 죽은 자들에게 분명하게 그러한 일이 발생하게 되어 있다는 것을 잘 드러내는 조동사이다. 그리고 부정관사 a는 이 부활의 사건이 한 번 발생한다는 것을 나타낸다. 즉, 마지막 부활은 단회적인 사건이라는 것이다. 따라서 이 부정관사는 '한 번'으로 꼭 번역해야 한다.

- **the just and unjust** '정당한 자들과 부당한 자들'이다. 참고로 신앙고백서에서는 32장 1항에서 동일한 주제를 다루면서 the just를 the righteous(의로운 자들)로, the unjust는 the wicked(사악한 자들)로 표현한다.

<원문대로 이해하고 구문대로 정리하기>

1. 우리는 부활에 관하여 믿어야 한다.

2. 우리는 부활에 관하여 믿을 수 있다.

3. 우리는 마지막 날에 정당한 자들이든 부당한 자들이든 죽은 자들 모두가 부활하는 단 한 번의 일반적인 부활이 있을 것임을 믿어야 하고, 또 믿을 수 있다.

4. 우리는 마지막 날 부활의 때에 이 땅에 살아 있는 자들은 모두가 순간적으로 변화될 것임을 믿어야 하고, 또 믿을 수 있다.

5. 우리는 마지막 날 부활의 때에 무덤에 머물던 모든 죽은 자들의 몸들이 자신의 영혼과 다시 연합하게 될 것을 믿어야 하고, 또 믿을 수 있다.

6. 우리는 마지막 날 부활의 때에 다시 연합한 몸과 영혼은 영구히 그 연합을 유지하게 될 것임을 믿어야 하고, 또 믿을 수 있다.

7. 우리는 마지막 날 부활의 때에 모든 죽은 자들이 자신의 몸과 영혼으로 연합된 상태로 일으킴을 받게 될 것임을 믿어야 하고, 또 믿을 수 있다.

8. 우리는 마지막 날 부활의 때에 모든 죽은 자들이 그리스도의 능력에 의해 일으킴을 받게 될 것임을 믿어야 하고, 또 믿을 수 있다.

9. 정당한 자들의 몸은 그리스도의 영과 그들의 머리로서의 그분의 부활의 공덕에 의해 권능으로 일으킴을 받을 것이다.

10. 정당한 자들의 몸은 그리스도의 영과 그들의 머리로서의 그분의 부활의 공덕에 의해 영적으로 일으킴을 받을 것이다.

11. 정당한 자들의 몸은 그리스도의 영과 그들의 머리로서의 그분의 부활의 공덕에 의해 썩지 않게 일으킴을 받을 것이다.

12. 정당한 자들의 몸은 그리스도의 영과 그들의 머리로서의 그분의 부활의 공덕에 의해 일으킴을 받아서 그리스도의 영광스러운 몸처럼 될 것이다.

13. 사악한 자들의 몸은 진노하시는 심판주이신 그리스도에 의해 치욕으로 일으킴을 받을 것이다.

Q88: What shall immediately follow after the resurrection?

A88: Immediately after the resurrection shall follow the general and final judgment of angels and men;[1] the day and hour whereof no man knows, that all may watch and pray, and be ever ready for the coming of the Lord.[2]

(1) 벧후2:4; 유6,7,14,15; 마25:46 (2) 마24:36,42,44; 눅21:35,36.

<번역>

문: 부활 후에는 무엇이 즉시 뒤따르나요?

답: 부활 후에는 즉시 천사와 사람의 일반적이고 최종적인 심판이 뒤따를 것인데, 그 날과 시에 관하여 아무도 알지 못하는 것은, 모두가 경성하여 기도함으로써 주님의 오심을 항상 준비하도록 하기 위함입니다.

<원문 이해의 키>

- What shall immediately follow after the resurrection? follow는 '~을 따르다' 라는 뜻이다. 그리고 shall이 앞으로 어떠한 일이 일어나기로 되어 있다는 의미

로 쓰였다. 이를 통해 이 질문은 부활 이후에 부활의 당사자들을 통해서나, 혹은 독립적으로 어떠한 일이 발생하는 것이 아니라, 부활에 대한 결과로 당연히 파생될 일을 다루고 있음을 잘 나타낸다. 따라서 이 질문은 '부활 직후에 무슨 일이 일어나나요?'가 아니라, 그 의도를 살려서 '부활 후에는 무엇이 즉시 뒤따르나요?'로 번역하는 것이 좋다.

- **the day and hour whereof** '그것에 관한 날과 시'로, whereof는 '그것에 관한'으로 the general and final judgment of angels and men을 나타낸다.

- **that all may watch and pray** that all may~는 '그들 모두가 ~하기 위해서'의 뜻인 목적을 나타내는 부사절이다.

- **, and be ever ready for the coming of the Lord.** 콤마(,) and는 단순한 연결이나 나열을 넘어 원인과 결과의 관계를 나타내기에 '~하므로'로 번역하는 것이 좋다.

<원문대로 이해하고 구문대로 정리하기>

1. 부활에 이어 즉시 천사와 사람의 일반적이고 최종적인 심판이 따른다.

2. 심판의 대상은 이성적인 존재인 천사와 사람이다.

3. 부활 이후 즉시 따라오는 심판에 대해 그 날과 그 시는 아무도 모른다.

4. 부활 이후 즉시 따라오는 심판에 대해 그 날과 그 시를 아무도 모르게 한 것은 모두가 경성하고 기도하게 하기 위함이다.

5. 부활 이후 즉시 따라오는 심판에 대해 그 날과 시를 아무도 모르게 한 것은 모두가 경성하고 기도함으로써 주님의 오심을 항상 준비하도록 하기 위함이다.

Q89: What shall be done to the wicked at the day of judgment?

A89: At the day of judgment, the wicked shall be set on Christ's left hand, [1] and, upon clear evidence, and full conviction of their own consciences, [2] shall have the fearful but just sentence of condemnation pronounced against them;[3] and thereupon shall be cast out from the favorable presence of God, and the glorious fellowship with Christ, his saints, and all his holy angels, into hell, to be punished with unspeakable torments, both of body and soul, with the devil and his angels for ever. [4]

(1) 마25:33 (2) 롬2:15,16; 마22:12; 눅19:22 (3) 마25:41-43 (4) 마25:46; 눅16:26; 막9:43; 14:21; 살후1:8,9.

<번역>

문: 심판의 날에 사악한 자들에게는 무엇이 일어나나요?

답: 심판의 날에 사악한 자들은 그리스도의 좌편에 놓여서, 명백한 증거에 의한 자신들의 양심의 완벽한 가책 위에서 두려우면서도 공정한 정죄의 판결을 선고받을 것이며, 그 뒤를 이어 바로 하나님의 은총의 임재, 그리고 그리스도와 그분의 성도와 그분의 거룩한 천사들과의 영광스러운 교제에서 지옥으로 쫓겨나게 되어, 마귀와 그의 천사들과 함께 영구히 몸과 영혼의 말로 다할 수 없는 고통의 형벌을 받게 될 것입니다.

<원문 이해의 키>

- the wicked shall be set~, and shall have~ pronounced; and thereupon shall be cast out~into hell. A, and B; and thereupon C의 구조로 A, and B는 'A해서 B할 것이다'로 연결하며, B; and thereupon C는 'B하고, 그 뒤를 바로 이어서 C'로 연결한다. 따라서 전체적으로 '사악한 자들은 ~에 놓여서, ~이 선고될 것이며, 그 뒤를 바로 이어서 ~으로부터 지옥으로 쫓겨나게 될 것이다.'의 틀로 해석한다.

- **thereupon** 그 위에, 그것에 관하여, 그 뒤에 바로(즉시), 그러자 곧

- **upon clear evidence, and full conviction of their own consciences** clear evidence, and full conviction는 하나의 upon으로 묶여 있다. 그리고 이 둘을 연결하는 콤마(,) and는 '~이고, 그로 인해'라는 뜻으로 사용되었다. 따라서 이 부분은 '명백한 증거에 의한 자신들의 양심의 완벽한 가책 위에서'로 번역하는 것이 의미상 자연스럽다.

- **have the fearful but just sentence of condemnation pronounced against them** 5형식의 'have+목적어+과거분사'의 틀로 주어에 의해 목적어가 과거분사의 결과를 도출한다는 의미다. 따라서 '그들에 대한 두려우면서도 공정한 정죄의 판결이 선고된다'로 번역하지만, 이 속에는 이러한 판결을 도출하게 하는 주체가 이 문장의 주어인 the wicked(사악한 자들)이라는 의미가 들어있다.

- **fellowship** 교제 (communion: 교통)

<원문대로 이해하고 구문대로 정리하기>

1. 심판의 날에 사악한 자들에게 일어나는 여러 가지 일들이 있을 것이다.

2. 심판의 날에 사악한 자들은 그리스도의 좌편에 놓이게 될 것이다.

3. 심판의 날에 사악한 자들에게는 그들이 행한 죄들에 대한 명백한 증거들이 제공될 것이다.

4. 심판의 날에 사악한 자들은 제공된 명백한 증거들에 의해 부인할 수 없는 양심의 가책을 받을 것이다.

5. 심판의 날에 사악한 자들에게는 두려우면서도 공정한 정죄의 판결이 선고될 것이다.

6. 심판의 날에 사악한 자들은 정죄의 판결을 선고받은 이후 바로 하나님의 은총의 임재, 그리고 그리스도와 그분의 성도와 그분의 거룩한 천사들과의 영광스러운 교제에서 지옥으로 쫓겨나게 될 것이다.

7. 심판의 날에 사악한 자들은 심판의 정죄 이후 지옥으로 쫓겨나서 그곳에서 마귀와 그의 천사들과 함께 영구히 몸과 영혼의 말로 다할 수 없는 고통의 형벌을 받게 될 것이다.

Q90: What shall be done to the righteous at the day of judgment?

A90: At the day of judgment, the righteous, being caught up to Christ in the clouds,[1] shall be set on his right hand, and there openly acknowledged and acquitted,[2] shall join with him in the judging of reprobate angels and men,[3] and shall be received into heaven,[4] where they shall be fully and for ever freed from all sin and misery;[5] filled with inconceivable joys,[6] made perfectly holy and happy both in body and soul, in the company of innumerable saints and holy angels,[7] but especially in the immediate vision and fruition of God the Father, of our Lord Jesus Christ, and of the Holy Spirit, to all eternity.[8] And this is the perfect and full communion, which the members of the invisible church shall enjoy with Christ in glory, at the resurrection and day of judgment.

(1) 살전4:17 (2) 마25:33; 10:32 (3) 고전6:2,3 (4) 마25:34,46 (5) 엡5:27; 계7:17; 14:13 (6) 시16:11; 고전2:9 (7) 히 12:22,23 (8) 요일3:2; 고전13:12; 살전4:17; 계22:3-5

<번역>

문: 심판 날에 의로운 자들에게는 무엇이 일어나나요?

답: 심판 날에 의로운 자들은 구름 속에서 그리스도께 붙들려서 그분의 오른편에 놓여 거기서 공개적으로 인정받고, 무죄 선언을 받을 것이며, 유기된 천사들과 사람들을 심판하는 일에 그분과 함께 참여할 것이며, 하늘로 영접받아서 거기에서 모든 죄와 비참함으로부터 완벽하고 영구히 자유롭게 되어, 무수한 성도들과 거룩한 천사들의 무리 가운데서 상상할 수 없는 기쁨으로 가득차고, 몸과 영혼에서 둘 다 완벽하게 거룩하고 행복하게 되는데, 특히 하나님 아버지, 우리 주 예수 그리스도, 그리고 성령님을 직접적으로 목도하고 향유하는 것에 있어서 영원까지 그렇게 될 것입니다. 그리고 이것이 보이지 않는 교회의 회원들이 부활 때와 심판

의 날에 영광 중에서 그리스도와 누리게 될 완벽하고 충만한 교통입니다.

<원문 이해의 키>

- the righteous~ shall be set on ~,and acknowledged and acquitted, shall join with~, and shall be received into~. 의로운 자들은 ~에 놓여서 인정받고, 무죄 선고를 받을 것이며, ~와 함께 참여할 것이며, ~로 영접받을 것이다.
- filled with~, made perfectly holy and happy~ in A, but especially in B. filled with~, made perfectly holy and happy~ in A, but especially(filled with~, made perfectly holy and happy~) in B의 구조로 'A에서 ~로 가득차고, 완벽하게 거룩하고 행복하게 될 것이지만, 특히 B에서(~로 가득하고, 완벽하게 거룩하고 행복하게 될 것입니다)'의 뜻이다.

<원문대로 이해하고 구문대로 정리하기>

1. 심판 날에 의로운 자들은 구름 속에서 그리스도께로 붙들려 올라갈 것이다.
2. 심판 날에 의로운 자들은 그리스도의 오른편에 놓일 것이다.
3. 심판 날에 의로운 자들은 공개적으로 인정받고, 무죄 선언을 받을 것이다.
4. 심판 날에 의로운 자들은 그리스도께서 유기된 천사들과 사람들을 심판하시는 일에 참여할 것이다.
5. 심판 날에 의로운 자들은 하늘로 영접받아서 모든 죄와 비참함으로부터 완벽하고 영구히 자유롭게 될 것이다.
6. 심판 날에 의로운 자들은 무수한 성도들과 거룩한 천사들의 무리 가운데서 상상할 수 없는 기쁨을 누릴 것이다.
7. 심판 날에 의로운 자들은 무수한 성도들과 거룩한 천사들의 무리 가운데서 몸과 영혼 모두가 완벽하게 거룩해지고, 행복해질 것이다.
8. 심판 날에 의로운 자들은 특히 하나님 아버지, 우리 주 예수 그리스도, 그리고 성령님을 직접적으로 목도하고 향유하는 것에 있어서 영원까지 상상할 수 없는 기쁨을 누리며, 몸과 영혼 모두가 완벽하게 거룩해지고, 행복해질 것이다.
9. 심판 날에 의로운 자들에게 일어나는 모든 일들이 바로 보이지 않는 교회의 회원들이 부활 때와 심판의 날에 영광 중에서 그리스도와 누리게 될 완벽하고 충

만한 교통이다.

[교리교사 카테키즘: 믿음]

부르심
※ 복음 전파와 효력있는 부르심의 차이

복음 전파 (The Preaching of the Gospel)	효력 있는 부르심 (The Effectual Calling)
하나님의 외적 부르심 말씀 전파나 성경의 전달을 통해 공개적인 활동을 통해 주로 지속적인 사역 자연적인 방법 택자와 유기된 자 모두가 대상 인간의 설득 거부할 수 있음 항상 효력이 있는 것은 아님 주로 전도자(사람)를 통해 개인의 의지에 따라 결과 도출	성령의 내적 부르심 성령님께서 믿음을 선물로 주심으로서 비밀스러운 성령의 사역 순간적인 사건 초자연적인 방법 오직 택자만 성령님의 설득 거부할 수 없음 항상 효력 있음 성령님의 직접적인 사역 하나님께서 의도하신 결과 도출 (God's desired results)

※ 부르심의 효력은 어떻게 나타나는가?

택자	유기된 자
믿음을 통해 하나님의 주권적 부르심에 대한 저항을 없애고 완전히 순응하게 하는 효력	죄악된 본성으로 하나님의 주권적 부르심을 분명히 그리고 철저하게 저항하고 거부하게 하는 효력

※ 효력 있는 부르심이 불가항력적인 은혜인 이유는?

인간은 누구나 하나님의 부르심에 저항할 수 있다. 이는 그러한 일이 일어날 가능성만을 말하는 것이 아니고, 실제로 인간이 그러한 능력을 갖고 있기 때문이다. 이는 심지어 하나님의 부르심이 주권적인 하나님의 권위에 근거함에도 그렇다. 이러한 현상이 실제 인간에게서 일어나는 이유는 인간이 태초의 창조 상태를 그대로 유지하지 못하고 타락했기 때문이다. 타락한 인간의 본성이 하나님의 부르심에 저항하기 때문이다. 이는 모든 인간에게 다 해당된다. 따라서 심지어 택자라도 본성적으로 하나님의 부르심에 저항하며 거부한다.

그러나 성령님께서 인간에게 믿음을 넣어 주시면 상황은 달라진다. 그 사람은 더 이상 하나님의 부르심에 저항할 수 없게 된다. 그렇지만 이러한 현상은 그 사람이 하나님의 부르심을 거부할 능력을 상실했기 때문에 나타나는 것은 아니다. 믿음을 통해 하나님을 거부하려는 인간의 본성에 근본적인 변화가 생겨서 그런 것은 아니다. 믿음이 들어온다 할지라도 인간의 본성은 여전히 하나님의 부르심에 대항한다. 믿음이 주어졌을 때 인간이 하나님의 부르심에 순응하게 되는 것은 성령님께서 이 믿음을 통해 인간이 하나님의 부르심에 순응하도록 작용하시기 때문이다. 성령님께서 믿음이라는 특별한 영적 장치를 통해 인간이 하나님의 부르심에 저항하지 못하도록 막으시기 때문이다. 하나님의 부르심에 저항하려는 인간 본성이 발휘되지 못하도록 하시는 것이다. 이러한 이유로 이 부르심이 불가항력적인 것이다.

뿐만 아니라 이 불가항력적인 부르심이 은혜인 이유는 성령님께서 아무에게나 이 믿음을 선물로 제공하시는 것이 아니기 때문이다. 성령님께서는 오직 성부로부터 영원한 생명으로 선택된 자들에게만 이 믿음을 선물로 주셔서 하나님의 부르심에 저항하는 타락한 본성을 막으신다. 결국 성부로부터 택함의 은혜를 받은 자들이 성자의 구속의 은혜를 받고, 그리고 그들이 성령의 부르심의 은혜를 받게 되는 것이다. 효력 있는 부르심이 불가항력적인 은혜인 것이 바로 이러한 이유 때문이다.

※ 효력 있는 부르심은 하나님의 새 창조의 능력을 보여준다(엡2:1-10)

하나님께서는 성령의 효력 있는 부르심을 통해 죄와 허물로 죽었던 우리를 살리신다. 우리에게 믿음을 선물로 주셔서 그것을 통해 구원에 이르게 하신다. 본질상 진노의 자녀였던 우리를 그리스도와 함께 살리신다. 이와 같이 효력 있는 부르심은 죄로 죽었던 우리를 새 영을 통해 새롭게 창조하시는 하나님의 사역이다. 그런데 효력 있는 부르심을 통한 하나님의 새 창조의 사역이 신자에게 있어서 더욱 중요한 것은 이 사역이 생명을 주는 것 이상의 의미를 포함하고 있기 때문이다.

효력 있는 부르심을 통한 새 창조는 새롭게 창조된 우리의 행동 하나하나에까지 영향을 미친다. 다시 말해 이 부르심의 효력은 우리의 존재를 새롭게 할 뿐 아니라, 우리의 삶도 함께 새롭게 한다. 이 부르심이 있기 전까지는 비록 택자라 할지라도 세상의 풍조를 따라 살고 공중 권세 잡은 자들의 법을 따라 산다. 즉, 생각하는 것과 행동하는 것을 모두 우리의 뒤틀린 본성에 맡긴 채 산다. 그러나 하나님께서는 효력있는 부르심을 통해 우리의 삶의 가치관을 완전히 바꾸신다. 우리가 창조된 그 목적 그대로 살아가도록 우리를 새롭게 창조하신다. 즉, 죄악된 일에서 떠나 다시 선한 일을 하도록 우리의 마음과 생각을 바꾸신다. 그리고 그뿐 아니라 우리의 행동 또한 완전히 새롭게 하신다. 효력 있는 부르심을 통해 우리에게 적용되는 하나님의 새 창조의 능력은 우리를 천국의 시민이 되게 하시는 것을 통해서도 나타난다. 우리의 몸은 비록 이 땅에 있지만, 영적으로는 그리스도와 함께 하늘에 앉히시는 것이 바로 그것이다.

※ 의지의 자유와 본성의 자유

모든 인간은 의지에 있어서 자유롭다. 누구나 자기가 원하는 것에 대한 의지를 가질 수 있다. 그리고 상황만 맞으면 인간은 언제든지 자기가 의지한 것을 행동으로 옮길 수 있다. 물론 그 의지가 추구하는 방향은 다르다 할지라도 중생한 사람이나 그렇지 않은 사람 모두 다 의지에 있어서는 자유롭다. 그러나 이것이 인간이 자신의 본성을 결정하는 데까지 자유롭다는 말은 아니다. 인간은 결코 자신의 본성을 결정할 권한이 없다. 물론, 그러할 능력도 없다. 이는 인간이 "나는 앞으로 선한 것만을 추구하기로 결정했어" 내지는 "나는 하나님을 대적하기로 결정했어"라고 한들, 결정대로 행할 권한도 능력도 없다는 말이다. 물론 많은 사람들이 실제 이러한 말을 한다. 그런데 우리가 분명히 알아야 할 것은 이들의 이러한 표현은 자신의 본성이 추구하는 의지를 자유롭게 표출한 것이지, 자신이 어떠한 본성을 추구할 것인지에 대한 결단이 아니라는 것이다.

인간이 의지에 있어서 자유로운 것은 하나님께서 인간을 인격적인 존재로 만드셨기 때문이다. 하나님께서 우리를 자신의 모양과 형상으로 만드셨기 때문이다. 그러나 이것이 하나님께서 우리에게 본성까지 자유롭게 선택할 수 있는 권한을 주셨다는 의미는 아니다. 본성은 하나님께서 인간을 만드실 때 처음부터 인간 속에 장착해 놓으신 영적 기관 같은 것이다. 따라서 이 본성은 결코 없어지지도 않을뿐더러, 인간 스스로 이것을 바꿀 수도 없다. 그러나 인간이 가진 이 본성은 외부적인 힘에 영향을 받기도 한다. 우리의 본성에 영향을 미치는 두 가지 외부적인 요소가 바로 죄와 의다. 죄는 우리의 본성을 타락시킨다. 본성이 본모습을 유지하지 못하고 뒤틀리게 만든다. 또한 본성이 순수함을 잃고 악으로 오염되게 한다. 반면에 의는 이렇게 뒤틀린 우리의 옛 본성에 새 본성을 주입하여 우리를 새 사람이 되게 한다. 물론 여기서 말하는 의는 우리의 의가 아니라 그리스도께서 율법을 성취하시고 획득하신 의를 말한다.

그러면 의지의 자유와 본성의 관계는 어떻게 되는가? 인간이 표출하는 의지의 자유는 모두 자신의 본성을 따른다. 본성을 떠나서 혹은 본성과 반대로 의지가 표출되는 경우는 결코 없다. 그럼에도 불구하고 사람의 의지의 자유가 일관되지 못하는 경우를 우리는 많이 본다. 그 가장 대표적인 경우가 하나님의 뜻에 무관심하던 사람이 어느 순간부터 하나님의 뜻을 추구하기 시작하는 것이다. 앞서 언급했듯이 이것은 결코 자신의 본성을 바꾸기로 스스로 선택했기 때문이 아니다. 다시 말해 본성에 변화를 주기로 의도했기 때문이 아니다. 이것은 본인의 의지와 상관없이 본성에 변화가 생겼기 때문이다. 그렇다고 이러한 본성의 변화가 타락한 옛 본성이 성령에 의해 새 본성으로 대체된 것을 말하는 것도 아니다. 이 본성의 변화는 옛 본성으로 살아가던 사람에게 새 본성이 주입되는 것을 말한다. 이를 통해 옛 본성옛 자아과 새 본성새 자아을 모두 가진 새 사람이 되는 것이다. 이러한 현상들은 모두 택자들에게서 일어나는 일이며, 이를 일컬어 중생이라고 한다.

이러한 이유로 신자와 불신자가 모두 의지의 자유를 가지고 있지만, 그 의지를 행하는 방식과 결과가 다른 것이다. 불신자는 모든 인간이 공통으로 가진 타락한 옛 본성의 지배를 받는다. 따라서 그의 의지의 결정은 언제나 하나님의 뜻에 반대될 수밖에 없다. 이러한 이유로 이들에게 있어서는 심지어 인간이 추구할 수 있는 가장 선한 의지도 하나님 앞에서는 지옥의 형벌을 받아 마땅한 죄일 뿐인 것이다. 반면에 신자의 자유의지는 새 사람이 추구하고 행하는 자유의지를 말한다.

앞에서도 지적했지만 새 사람은 옛 본성이 제거된 후 새 본성으로만 생각하고 행동하는 사람이 아니다. 새 사람은 옛 본성만 따라 살던 사람에게 새 본성이 추가된 사람이다. 따라서 신자의 자유의지는 언제나 자신의 옛 본성과 새 본성의 싸움의 결과로 표출된다. 이 과정에서 신자는 여전히 자신이 옛 본성의 지배 속에서 자유하지 못함을 느끼며 스스로 좌절하기도 한다. 반대로 은혜로 주어진 새 본성의 지도를 받으며 소망 가운데 기뻐하기도 한다. 이것이 바로 신자가 항상 직면하고 있는 영적 전쟁이다. 바울이 자신의 삶을 돌아보면서 "오호라 나는 곤고한 사람이

로다"롬7:25-26라고 고백할 수밖에 없었던 것도 바로 이러한 이유 때문이다.[2]

※ 택자들을 설득하시는 성령님[3]

성령님의 부르심은 불가항력적이다. 어느 누구도 성령님께서 부르실 때 이를 무시할 수 없다. 당연히 거부할 수도 없다. 성령님의 부르심에 대한 반응은 즉각적으로 응답하는 것뿐이다. 그래서 이 부르심을 효력 있는 부르심이라고 부른다. 상식적으로 생각해 볼 때 어떤 이가 부름을 거부할 수 없다면 그것은 그를 부른 이의 권위 때문일 것이다. 권위자의 강요에 못 이겨 부름에 응할 수밖에 없게 되는 것이다. 물론, 반대의 경우일 수도 있다. 비록 권위적인 강요는 아니라 할지라도 간절한 부탁의 경우에는 인정상 거절하지 못할 수도 있기 때문이다.

그렇다면 성령께서는 어떠한 방식으로 택자들을 부르시기에 이 부름을 그 누구도 거부할 수 없는 것인가? 거부할 수 없는 권위를 사용한 강요인가? 아니면, 차마 거절하지 못하게 하는 간절한 부탁인가? 둘 다 아니다. 성령님께서 택자들을 효력 있게 부르실 때 취하시는 방식은 강요도, 부탁도 아니다. 성령님께서 부르실 때 사용하시는 방식은 설득이다. 성령님께서는 택자들을 설득하시는 것이다. 복음 안에서 값없이 주어진 그리스도를 영접하도록 설득하시는 것이다. 그와 동시에 성령님께서는 택자들에게 그리스도를 영접할 수 있는 능력을 주시는 방식으로 택자들을 부르신다.

성령께서 택자들이 그리스도를 영접하도록 설득하신다는 것은 택자들이 그리스도를 영접하기 위해서는 성령의 설득이 있어야만 가능하다는 말이 된다. 성령께서 설득하시고, 그 설득이 성공해야만 택자들이 그리스도를 영접하게 된다는 말이다. 이것이 의미하는 것이 무엇인가? 이는 성령께서 찾아오셔서 설득하시기 전에는 그 누구도 스스로 그리스도를 영접할 자가 없다는 말이다. 성령의 설득 없이는 그리스도를 거부하거나, 모욕할 수도 있다는 것이다. 이러한 자들에게 성령께서 찾아가신다. 그리고 설득을 시도하신다. 택자들이 마을을 열고, 생각을 바꿔서

---

2. 정두성, 『키워드 카테키즘』 (서울: 세움북스, 2019), 209-11.

3. "Effectual calling is the work of God's Spirit, whereby, convincing us of our sin and misery, enlightening our minds in the knowledge of Christ, and renewing our wills, he doth persuade and enable us to embrace Jesus Christ, freely offered to us in the gospel." 참조, WSC 31, WLC 67.

그리스도를 영접할 수 있도록 설득하신다. 이러한 점에서 볼 때 성령의 부르심이 효력 있고 불가항력적이라는 것은 성령의 설득이 결코 실패하는 법이 없다는 것을 의미한다고 할 수 있다.

그렇다면 성령께서는 어떤 방식으로 택자들을 설득하시기에 그 누구도 이 설득을 뿌리치지 못하는 것인가? 성령께서 택자들을 설득하시는 방법은 크게 세 가지다. 첫째는 택자들이 스스로 죄와 비참함을 깨닫도록 하시는 것이며, 둘째는 택자들이 그리스도에 대해 알도록 마음을 넓혀enlightening our minds주시는 것이고, 셋째는 택자들의 의지를 새롭게 하시는 것이다. 성령님께서는 택자들을 설득하실 때 이 세 가지의 방법을 동시에 행하심으로써 택자들의 딱딱했던 마음을 부드럽게 하셔서 그리스도를 영접할 마음을 갖게 하는 것이다. 그런데 성령님의 설득 작업으로 마음이 새로워진 이들은 모두 그리스도를 영접하게 되는 것인가? 물론, 이 설득이 성공했다는 것은 택자들의 마음이 그리스도를 영접하고자 하는 마음으로 바뀌었다는 것을 의미한다. 그러나 마음이 그렇게 바뀌었다는 것이 그것을 행할 수 있는 능력까지 갖게 되었다는 의미는 아니다.

모든 인류는 다 전적으로 타락한 상태다. 우리의 전인이 부패된 상태이기에 이 상태에서는 그 누구도 그리스도를 영접할 수 없다. 이러한 이유로 성령께서는 택자에게 그리스도를 영접하도록 설득하시면서 동시에 그들이 그리스도를 영접할 수 있는 능력enable 또한 주시는 것이다. 택자들이 그리스도를 영접할 수 있도록 도와주시는 것이다. 이렇듯 성령께서는 택자들을 설득하시고 능력을 주심으로써 그들이 그리스도를 영접할 수 있도록 하신다. 그리스도와 연합할 수 있도록 하신다.

중생

※ 중생을 잃어버린 그리스도인?

성령에 의해 한번 중생의 은혜를 입은 자는 어떠한 상황에서도 그 은혜를 잃지 않고 유지하는가? 신앙생활을 충실하게 하지 않았거나 어떠한 큰 죄를 짓게 되면 그 은혜를 다시 빼앗기기도 하는가? 다시 말해 중생을 잃어버린 그리스도인이 존재할 수 있는가? 만일 이러한 자들이 존재한다면 이들은 다시 중생을 회복할 수 있는가? 아니면 이렇게 한번 중생의 은혜를 잃어버리면 다시는 그 은혜를 받을 수 있는 기회가 없는 것인가?

이러한 질문을 대할 때 우리는 크게 두 가지 반응을 하게 된다. 하나는 '나도 이런 고민을 해 봤는데'이고, 또 다른 하나는 '이미 구원받은 사람들이 무슨 이런 고민을 하는가?'이다. 그런데 막상 우리의 주위를 살펴보면 교회를 다니는 사람들 중에 중생의 은혜를 잃을지도 모른다는 두려움 때문에 고민하는 사람들이 생각보다 많다는 것을 발견하게 된다. 이들이 이러한 고민을 하는 이유는 신앙생활을 하다가 실족한 사람들을 어렵지 않게 만날 수 있기 때문일 것이다. 여러 가지 이유로 믿음을 잃었다고 생각하는 그리스도인들이 많기 때문일 것이다. 우리는 이렇게 실족한 성도들을 보면 안타까운 마음을 갖게 된다. 그리고 그들을 위로하며 기도해 줄 것을 약속한다. 그들이 하루 속히 중생을 잃을지도 모른다는 두려움에서 회복하길 권면한다.

그런데 우리가 여기서 생각해 보아야 할 것이 한 가지 있다. 이러한 성도들은 도대체 어떤 근거와 이유에서 자신이 이미 받은 중생의 은혜를 잃을 수도 있다는 두려움에 빠지게 된 것일까? 하나님으로부터 직접적인 계시나 표적을 받은 것인가? 아니면 말씀을 묵상하는 중에 깨달음을 얻은 것인가? 아니면 인간 속에 있는 기본적인 양심이 그렇게 반응하도록 하는 것인가? 물론 이러한 것들은 실족한 자들이 하는 고민의 원인이나 이유가 될 수 없다. 그렇다면 이들이 중생에서 탈락할 수 있다고 생각하게 되는 가장 근본적인 이유는 무엇인가? 그것은 바로 그렇게 배웠기 때문이다. 교회에서 목회자들을 통해 그렇게 들었기 때문이다. 많은 성도들이 중생의 탈락에 대한 가능성을 전하는 설교나 성경공부를 통해 그것을 바른 교리로 알고 있기 때문이다. 이렇게 볼 때 이러한 고민 속에서 살아가는 그리스도인들이 많다는 것은 비록 중생의 은혜를 받아서 그리스도인이 된 자라 할지라도 그 은혜에 감사하며 살지 못하거나 신실하게 살지 못하면 중생을 잃어버릴 수도 있다고 가르치는 목회자들이 상당히 많다는 것을 드러내주는 증거라고 할 수 있다.

이렇게 성도를 가르치는 목회자들의 말을 들어보면 그들 또한 나름의 이유가 있다. 중생의 은혜를 받은 성도들이 그 은혜에 맞는 삶을 살아가지 않기 때문이라는 것이 그들이 제시하는 이유다. 교인들이 그리스도인으로서 바로 살지 못한다는 것이다. 그래서 성도들에게 신앙의 경각심을 불러일으키기 위해 자신의 중생을 돌아보는 삶을 살아야 한다고 강조해야 한다는 것이다. 그래서 이들은 중생의 탈락을 말하는 것은 성도들에게 겁을 주는 것이 아니라, 바로 살도록 지도하고 권면하는 것이라고 주장한다. 한번 구원 받았으면 마음껏 살아도 된다는 생각에서 벗어나야 한다는 것을 가르친다는 것이다. 즉, 구원파적인 신앙에서 벗어나라고 강조하는 하나의 방법이라는 것이다. 이러한 이유로 이들은 참 그리스도인이 되기 위해서는 바울이 말하는 구원 얻는 믿음만으로는 안 되고, 야고보가 말하는 행함이 있는 믿음까지 겸비해야 한다고 주장한다.

이들의 이러한 설명을 따라가다 보면 구원을 받고 또한 그것을 끝까지 유지하기 위해서는 믿음과 행함이 모두 필수적으로 있어야한다는 결론에 이르게 된다. 이를 다른 말로 하면 우리의 믿음과 행함이 모두 구원을 위한 필수조건이 되는 것이다. 즉, 완전한 구원을 위해서는 바울이 강조한 구원에 이르는 믿음뿐 아니라, 야고보가 강조한 행함으로 드러나는 믿음도 모두 구원의 조건이 되는 것이다. 조건이라는 말은 그것이 정해진 기준에 맞을 때 비로소 효력이 발생한다는 말이다. 기준에 맞지 않으면 효력이 없거나, 상실한다는 말이다. 믿음이 구원의 조건이라는 말은 구원에 이르는 믿음뿐 아니라, 행함으로 드러나는 믿음 또한 하나님께서 우리에게 구원을 주시는 조건이라는 말이다. 이러한 원리로 보게 되면 우리의 믿음과 행위가 하나님께서 규정하신 조건을 맞추지 못하면 구원은 우리에게 해당사항이 없는 것이 되고 만다.

구원에 관해서 믿음과 행함의 문제를 이런 식으로 접근하다 보면 대부분 문제가 되는 것은 야고보가 강조한 믿음이다. 즉, 행함으로 믿음이 드러나야 한다는 것을 어떻게 이해하고 적용해야 할 것인가 하는 점이다. 믿음이 구원의 조건이라는 전제에서 볼 때 신자에게 있어서 더 부담이 되는 것이 바로 야고보가 말한 믿음이다. 바울이 강조한 믿음은 간단히 '예수 그리스도를 나의 구주로 영접하는 것'으로 표현할 수 있다. 그리고 이것은 객관적으로 증명이 어렵기 때문에 누군가가 그리스도를 영접했다고 고백하면 그것이 진실인지 거짓인지 구별할 방법이 없다. 따라서 대부분의 경우 이 고백은 모두 진실로 받아들여진다.

그러나 야고보가 요구하는 믿음은 한 번의 고백으로 증명될 수 있는 것이 아니다. 이는 우리의 인생 전반에 걸쳐서 증명되어야하는 문제다. 그리고 우리의 행동으로 드러나는 모든 일들을 통해 객관적으로 인정되어야 하는 문제다. 이러한 이유 때문에 대부분의 신자들이 부담스러워하는 믿음이 바로 야고보가 말한 믿음이다. 믿음이 요구하는 조건을 맞추기가 힘들기 때문이다. 그리스도인들 중에 행함의 믿음이 요구하는 조건을 잘 맞추고 있다고 장담할 수 있는 이들은 그리 많지 않을 것이다. 따라서 목회자의 입장에서 그리스도인들에게 행함으로 증명되는 믿음에 대해 설교하는 것은 항상 부담스러울 수밖에 없다. 그런데 아이러니한 것은 어떤 목회자들에게는 야고보가 강조한 믿음을 설교하는 것이 오히려 더 쉬우면서도 효과적인 방법이 된다는 것이다. 왜냐하면 우리의 잘못된 행실이 그리스도의 십자가 사랑을 무가치한 것으로 만든다는 식으로 설교하면 많은 청중들이 찔림을 받기 때문이다.

보통의 경우 이렇게 찔림을 받은 그리스도인들은 말씀과 기도를 통해 자신의 신앙생활을 다시 한 번 다잡게 된다. 공예배는 물론 기도회에 더 열심히 참석하려고 노력한다. 경우에 따라 기도원을 찾거나 수련회에 참여하기도 한다. 그리고 이러한 노력을 통해 많은 이들이 회복되어 돌아온다. 소위 은혜 받고 원래 자기가 있던 자리로 돌아오는 것이다. 이렇게 회복되어 돌아온 사람들 중에는 '다시 중생의 은혜를 체험했다.'고 간증하는 이들이 상당히 많다. 이들은 주로 진심으로 회개했더니 하나님께서 다시 거듭나게 해주셨다고 간증한다. 이러한 간증을 들으면 정말 은혜롭다. 많은 성도들이 감동에 젖어 눈물을 흘리기도 한다.

그런데 여기서 우리가 생각해보아야 할 것이 하나 있다. 하나님께서 다시 중생의 은혜를 주셨다는 것이 사실이라면 이 사람이 그 이전에 받은 중생의 은혜는 도대체 어떻게 되는 것인가? 이전에 받았던 중생의 은혜를 어떠한 이유에서든 잃어버렸거나 뺏겼다는 말인가? 즉, 다시 중생의 은혜를 체험했다는 것이 잃어버렸던 중생을 다시 찾았다는 말인가? '나 같은 죄인 살리신'의 한국어 가사처럼 잃었던 생명을 다시 찾았다는 말인가? 결코 그렇지 않다. 하나님께서는 한번 주신 중생의 은혜를 다시 빼앗아 가시는 분이 아니시다. 그런데 문제는 많은 그리스도인들이 중생의 은혜를 잃을 수도 있고, 또 다시 얻을 수도 있다고 생각한다는 것이다.

성경은 어떠한 경우에 있어서도 한번 받은 중생의 은혜를 잃어버리거나 빼앗기는 경우는 없다고 말한다. 하나님께서는 신자의 행동이 마음에 들지 않으면 이미 주셨던 중생의 은혜를 다시 거두어 가시는 분이 아니시라는 것이다. 그 이유는 하나님께서 중생의 은혜를 주시는 근거가 우리의 믿음이나 행위가 아니기 때문이다. 하나님께서 우리에게 중생의 은혜를 주시는 것은 전적으로 그분의 거룩한 작정에 근거한 것이다. 하나님 자신이 누군가에게는 중생을 주시기로 영원 전에 이미 계획하셨기에 그렇게 하시는 것이다. 즉, 하나님께서 중생의 은혜를 주시는 것은 자신의 뜻을 이루시는 것이지, 우리의 소망과 행위를 따르는 것이 결코 아니다.

그렇다면 앞서 언급했던 것처럼 회개를 통해 중생의 은혜를 다시 체험했다는 것은 어떻게 이해해야 하는가? 이들에게서는 분명 두려운 마음이 사라졌다. 의지도 회복되었다. 이들은 몸도 마음도 완전 새 사람이 되었다. 이것이 새롭게 거듭나는 것이 아니고 그럼 무엇인가? 이러한 문제들에 대한 성경의 답은 오히려 간단하다. 이들은 믿음이 강화된 것이지, 중생의 은혜를 새로 받은 것이 아니다. 하나님을 다시 간절히 찾은 이들에게 하나님께서 주신 은혜는 하나님께서 그들을 여전히 사랑하고 계신다는 확신을 주시는 은혜를 말하는 것이지 새로운 중생의 은혜가 아니다. 만일 굳이 이렇게 믿음이 강화된 사람들의 감정을 중생의 은혜라는 단어를 사용해서 표현한다면 '실족한 그리스도인들에게 임하는 성령의 역사를 통한 믿음의 강화는 다시 한 번 중생의 은혜를 체험하는 것같이 강렬하게 느껴진다.' 정도가 적절할 것이다.

거듭난 자들은 믿음을 통해through faith 의롭다 함을 받고, 하나님의 양자가 된다. 이 말은 우리에게 중생과 믿음의 관계에 있어서 아주 중요한 사실을 알려준다. 이는 믿음으로 중생의 은혜를 받는 것이 아니라, 중생의 은혜를 받은 자가 믿을 수 있다는 말이다. 즉, 믿는 자가 거듭나는 것이 아니라, 거듭난 자가 믿게 된다는 것이다. 믿음을 고백한다는 것은 분명 우리가 행하는 영적인 작업이다. 그렇다면 여기서 우리는 누가 이 영적인 작업을 할 수 있는지를 따져보아야 한다. 영적인 작업을 할 수 있는 사람은 영적인 삶이 무엇인지를 아는 사람이어야 한다. 영적인 삶을 사는 법을 아는 사람이 영적인 일을 할 수 있다는 것이다. 이는 아직 영적인 삶을 살아보지 못한 사람은 결코 구원에 이르는 믿음을 고백하는 영적인 일을 할 수 없다는 것을 말해준다.

그럼 인간은 어떻게 영적인 삶을 살게 되는 것인가? 타락한 본성으로 육신의 정욕만 쫓던 사람이 영적인 삶을 살 수 있게 되는 계기는 무엇인가? 인간에게 있어서 가장 고상한 영적인 일인 구원에 이르는 믿음을 고백하는 것이 전적으로 타락한 인간에게서 어떻게 가능해지는가? 그 해답이 바로 중생이다. 중생이 바로 영적인 삶의 시작점이다. 타락한 인간이 육체만 따랐던 삶에서 성령을 쫓아 영적인 일을 할 수 있게 되는 것이 바로 중생이다. 중생이 힘이 있고, 가치 있는 이유는 이것이 전적으로 하나님의 일이기 때문이다. 택자들은 하나님께서 주시는 중생의 은혜를 통해 믿음으로 신앙을 고백하고 의롭다 함 받고 하나님의 자녀가 된다. 이렇게 하나님의 양자가 된 자들이 살아가는 삶이 바로 영적인 삶이다. 그리고 양자들의 삶이 영적인 삶인 구체적인 증거가 바로 이들 속에 있는 믿음이 행동으로 드러나는 것이다. 이것이 바로 믿음으로by faith 사는 것이다. 그래서 이 믿음의 삶을 중생한 자의 삶이라고 하는 것이다.

하나님께서 택자들에게 선물로 주신 이 믿음은 비록 약해질 수는 있으나, 결코 없어지지는 않는다. 중생의 원리도 이와 같다. 하나님께서 한번 주신 중생의 은혜는 결코 사라지거나 빼앗기는 법은 없다. 따라서 중생을 잃어버린 그리스도인은 있을 수 없다. 물론 중생하지 않은 그리스도인도 존재할 수 없다. 중생한 자만이 참 그리스도인이 될 수 있기 때문이다. 당연히 중생한 비그리스도인도 있을 수 없다. 오직 중생한 그리스도인만이 있을 뿐이다. 그러나 이 원리가 비그리스도인과 중생이 결코 관련이 없다는 말은 아니다. 비그리스도인들 중에서도 중생과 관련된 자들이 있다. 아직 중생하지 않은 택자들이 여기에 해당된다. 이들은 하나님께서 생명으로 예정한 자들 중에 아직 성령님을 통해 유효하게 부름 받지 않은 자들이며, 중생의 은혜를 받지 못한 자들이다. 이들은 이 땅에 사는 동안에 언젠가는 중생의 은혜를 받게 된다. 왜냐하면 하나님께서는 그분께서 택한 자들은 한 사람도 빠짐없이 부르시고, 거듭나게 하시기 때문이다. 이러한 차원에서 우리는 이들을 중생할 택자들라고 부를 수 있다. 물론 누가 중생할 택자들인지는 오직 그들을 선택하신 하나님만이 아신다.

회심(믿음과 회개)
※ 신앙고백서와 교리교육서의 '믿음과 회개'의 위치 문제와 적용
우리의 신앙고백서와 교리교육서들은 각각 다른 위치에서 '믿음과 회개'를 설명한다. 우리가 이해하는 구원의 서정은 '부르심, 중생, 회심(믿음과 회개), 칭의, 양자 삼음, 성화, 견인, 영화'다. 그런데 웨스트민스터 신앙고백서는 부르심, 칭의, 양자 삼음, 성화를 다룬 후 믿음과 회개를 설명한다. 웨스트민스터 소교리교육서는 믿음과 회개를 부르심, 칭의, 양자 삼음, 성화와 함께 설명하지 않고, 십계명 설명 뒤에 배치하고 있다. 웨스트민스터 대교리교육서는 칭의, 믿음, 양자 삼음, 성화, 회개, 견인, 영화, 교회, 부활과 심판, 십계명, 은혜의 방편의 순서로 구원의 서정을 설명한다. 즉, 믿음을 칭의 뒤에, 성화를 양자 삼음 뒤에 배치하여 설명한다. 하이델베르크 교리교육서의 기본구조는 인간의 비참함, 중보자의 조건, 믿음, 사도신경, 성례, 천국의 열쇠, 회개, 십계명, 주기도문이다. 이 교리교육서는 이 구조 안에서 믿음을 제시한 후 그 믿음의 내용인 사도신경을 설명하고, 회개를 제시한 후 하나님 사랑과 이웃 사랑을 가르치는 십계명을 설명한다. 벨직 신앙고백서는 칭의 앞에 믿음을 두어 믿음이 칭의의 수단이 됨을 강조하지만, 회개는 구분하여 설명하지 않는다.

성경이 말하는 믿음의 본질은 분명 하나다. 회개의 본질 또한 하나다. 그런데 종교개혁시기 신앙고백서들과 교리교육서들은 앞서 살펴본 것과 같이 각기 다양한 방식으로 믿음과 회개를 설명한다. 믿음과 회개에 대한 이와 같은 설명방법들은 이 문서들을 사용하여 교리를 공부하고 신앙생활의 기준을 정리하려는 후대의 신자들에게 상당한 부담이 되는 것이 사실이다. 그런데 우리가 이 문서들이 만들어진 종교개혁 당시의 상황을 조금만 깊이 고려해보면 이것이 생각보다 큰 문제가 아니라는 것을 알 수 있다. 교리를 다루는 종교개혁 문서들이 믿음과 회개를 다양하게 정리한 것은 이들이 이 문제를 자기들의 주관에 따라 각각 다르게 이해했기 때문이 결코 아니다. 각 문서들의 구조를 비교해보면 비록 문서들마다 믿음과 회개의 배치가 다르고 강조하는 내용들 또한 차이가 있어 보이기는 하지만, 그 내용을 자세히 살펴보면 모두가 동일한 것을 말하고 있다는 것을 알 수 있다.

각 문서들이 공통적으로 말하는 믿음은 '구원에 이르는 믿음'이다. 그러면서 모든 문서들이 가장 강조하는 것은 이 믿음이 구원을 위한 필수적인 요소라는 것이다. 또한 이 믿음이 인간의 의지의 산물이 아니라 하나님의 선물이라는 것과 구원의 조건이 아니라 수단이 됨을 설명하고 있다. 그렇다면 동일한 내용을 설명하는데 왜 이렇게 다양한 방식들이 적용된 것일까? 이 질문에 대한 해답은 '믿음과 회개'의 교리 자체에 있는 것이 아니라, 이 교리를 배우는 학습자들에게 있다. 종교개혁시기에 만들어진 이 문서들 속에서 '믿음과 회개'의 배치가 다른 것은 다른 믿음과 회개를 설명한 것이 아니라, 각각 다른 대상들에게 다른 방식으로 '믿음과 회개'를 설명하려 했기 때문이다.

종교개혁시기의 교리교육용 문서들은 당시 로마 가톨릭의 잘못된 구원관에 물들어있던 교회와 성도들을 교정하고 바로 이끌고자 하는 공통의 목적이 있었다. 이러한 이유로 '믿음과 회개'에 대한 이 문서들의 초점은 구원에 있어서 개인의 '믿음과 회개'가 필수적이라는 것을 강조하는 것이었다. 이를 통해 교회에 소속되고 지속적인 교회의 지도를 받는 것을 구원의 길로 가르쳐왔던 당시 로마 가톨릭의 구원관에서 벗어나게 하고자 하는 것이었다. 따라서 당시 종교개혁자들에게 시급했던 것은 '믿음과 회개'를 어떻게 설명하는지에 대한 방법이 아니었다. 구원에 있어서 믿음 자체의 중요성을 성도들에게 인식시키는 것이었다. 즉, 구원은 오직 믿음을 통해서 받는다는 사실이었다. 그리고 이 믿음에 근거한 회개가 바로 생명에 이르는 회개라는 사실이었다. 이러한 이유 때문에 '믿음과 회개'의 배치가 신앙고백서들과 교리교육서들에 따라 다소 차이는 있지만, 모든 문서들이 공통적으로 믿음을 먼저 설명한 후 회개를 설명하는 것이다.

종교개혁시기 만들어진 신앙고백서들과 교리교육서들은 '예정론'에 근거한 '믿음과 회개'를 설명한다는 공통점이 있다. 종교개혁 당시 건전한 교회들은 모두가 로마 가톨릭의 잘못된 구원관에 대항해 정립한 예정론에 기초한 믿음과 회개를 가르쳤다. 그리고 시간이 갈수록 '예정론'은 개혁교회 안에서 더욱 굳건히 정착되어 갔다. 그런데 개혁교회 내에서 예정론에 기초한 '구원에 이르는 믿음'과 '생명에 이르는 회개'가 강조되면 강조될수록 나타나는 한 가지의 부정적인 현상이 있었다. 성도들의 삶이 점점 형식화되어가는 것이 바로 그것이었다. 소위 '행함 없는 믿음'으로 교회만 출석하는 사람들이 많아진 것이다. 이러한 상황에서 이제는 로마 가톨릭뿐 아니라, 개혁교회를 비판하는 목소리까지 나오기 시작했다.

이때 개혁교회의 '행함 없는 믿음'을 비판한 이들이 가장 문제 삼은 교리가 바로 '예정론'이었다. 개혁교회에서 강조하는 '예정론'이 '숙명론'처럼 여겨지면서 종교개혁의 정신을 퇴색키고 성도들을 방종으로 몰고 간다는 것이었다. 그래서 이들은 교회와 성도들이 다시 '믿음과 회개'를 통해 하나님께로 돌아서야 한다고 주장했다. 그러면서 이들은 올바른 '신앙의 고백과 회개'가 있기 위해서는 '예정론'이라는 잘못된 교리는 과감하게 버려야 한다고까지 주장했다. 그 대표적인 인물들이 바로 웨슬리안이다. 이러한 역사적인 과정을 거치면서 현재 우리의 교회는 크게 두 가지의 '믿음과 회개'를 가르치게 되었다. 하나는 '예정론'에 기초한 '믿음과 회개'며, 나머지 하나는 '예정론'을 인정하지 않는 '믿음과 회개'다.

종교개혁시기의 문서들에서 '믿음과 회개'가 다양하게 다뤄진 것은 '믿음과 회개'의 내용이 아니라, 그것을 설명하는 방식 때문이었다. 그러나 현대 여러 교회에서는 '믿음과 회개'의 내용 자체를 다르게 가르친다. 다시 말해 '믿음과 회개'에 대한 성경해석과 적용이 교회에 따라 다른 것이다. 그런데 이것이 더 큰 문제인 것은 '믿음과 회개'에 대한 두 가지의 상이한 이해가 기독교 안에서 모두 보편화되어 있다는 것이다.

현재 예정론을 인정하지 않으면서 '믿음과 회개'를 가르치는 교회들이 알미니우스주의자들처럼 인간의 전적타락을 부인하고 구원이 오직 은혜라는 것을 부인한다면, 그것은 분명 이단적인 사상으로 분류될 것이다. 그런데 현재 '예정론'을 인정하지 않으면서 '믿음과 회개'의 중요성을 강조하는 교회들도 인간이 전적으로 타락했고, 이러한 이유로 구원은 은혜로 주어진다는 것을 가르치기에 이들을 이단으로 단정할 수는 없는 실정이다. 심지어 보편구원의 가능성을 말하며 누구에게나 하나님께서 구원의 가능성을 열어 주셨기에 진정한 '믿음과 회개'가 인간에게는 더욱 절실하다는 그들의 주장은 오히려 상당히 매력적이기까지 하다. 이들에게 있어서 하나님께서는 누구에게나 구원의 기회를 주시는 사랑과 공평의 하나님이실 뿐 아니라, 믿음과 회개로 반응하는 인간의 노력 하나하나에 가치를 부여해 주시는 멋진 분이시기 때문이다. 이러한 이유로 이들이 가르치는 '믿음과 회개'가 '예정론'에 기초한 '믿음과 회개'보다 더욱 좋은 교리 같아 보이는 것이다.

그러나 이들의 이러한 설명이 아무리 좋게 들린다 할지라도, 정작 중요한 것은 성경이 이 주제에 대해 무엇을 말하고 있는가 하는 것이다. 성경은 종교개혁자들이 정리해 놓은 구원관을 지지한다. 즉, 성경은 예정론에 근거한 믿음과 회개의 개념을 말하고 있다. 따라서 우리는 종교개혁자들이 남긴 귀한 유산인 신앙고백서들과 교리교육서들 속에 담긴 '믿음과 회개'의 의미를 잘 정리해서 성도들에게 가르쳐야 한다. 그뿐 아니라 각 문서들의 다른 배치를 통한 다양한 설명 방식을 잘 이해해서 우리의 교육 현장에서 잘 활용해야 한다. 또한 '예정론'과 '믿음과 회개'의 관계를 조화롭고 적절하게 삶으로 풀어내지 못함으로써 '행함이 없는 믿음'이라는 비평을 받았던 종교개혁 이후의 상황을 교훈 삼아 성도들의 바른 믿음이 성숙한 신자의 삶으로 나타날 수 있도록 더욱 잘 가르칠 필요가 있다.

종교개혁시기의 신앙고백서들과 교리교육서들의 '믿음과 회개'에 대한 설명의 특성을 간단히 요약해 보면 다음과 같다. 첫째, 모든 문서들은 철저히 '예정론'에 기초하여 '믿음과 회개'를 가르치고 있다. 둘째, '믿음과 회개'를 설명하는 방식은 각각의 문서에 따라 다양하게 나타난다. 셋째, 각 문서들마다 '믿음과 회개'의 배치가 다른 것은 강조하는 내용이 다른 것이 아니라, 가르치는 대상이 다르기 때문이다. 넷째, 모든 문서에서 믿음이 회개보다 먼저 배치되어 있다. 다섯째, '믿음과 회개'가 각 문서들을 통해 다양한 방식으로 설명되면서 '믿음과 회개'에 대한 설명의 폭이 넓어지고 풍성해졌다.

※ 죄(sin)와 믿음(faith), 공통점과 차이점

	죄(sin)	믿음(faith)
공통점	1. 인간에 영적으로 내재함 2. 모든 피조물들 중 오직 인격적인 존재인 천사와 사람에게만 있음 3. 그 자체로 어떠한 본질을 가지지는 않음 4. 독립적으로 존재하지 않음 5. 인간의 본성과 전인에 영향을 미침 6. 인간의 생각과 행동을 통해 그 실체가 드러남	
차이점	1. 아담과 하와가 수용함 2. 생육법을 통해 후손에게 전달됨 3. 인간의 육체와 함께함 4. 살아 있는 모든 인간에게 있음 5. 사탄의 유혹을 수납함 6. 하나님의 형상을 오염시킴 7. 하나님의 뜻에 저항하는 동력 8. 더 이상 강해지도, 약해지지 않음(항상 최고로 악함) 9. 불신자에게는 확신을 주고, 신자에게 불신을 조장함 10. 성령의 내적 사역을 통해 외적 표출이 자제됨 11. 죽음과 동시에 인간과 분리됨	1. 하나님께서 선물로 주심 2. 택자 한 사람 한 사람에게 주심 3. 택자의 전인(whole)에 함께 있음 4. 부르신 택자들에게만 있음 5. 성령의 권고를 수납함 6. 오염된 하나님의 형상을 회복시킴 7. 하나님의 뜻에 순응하는 동력 8. 말씀, 성례, 기도로 강해지나, 때론 약해지기도 함 9. 신자 속에 있는 육체의 정욕을 억제함 10. 성령의 내적 사역을 통해 외적 표출이 활발해짐 11. 죽음 이후에도 영원히 함께 있음

※ 믿음이 있다? 믿음이 없다? 믿음이 강하다? 믿음이 약하다?

우리는 누군가에 대해 '믿음이 있다.' 혹은 '믿음이 없다.'라고 단정할 수 있는가? 성도들의 신앙생활을 보면서 이러한 밀로 우리가 그들의 믿음을 평가할 수 있는가? 목사가 자기 교회 성도들을 보면서 "우리 성도들은 믿음 있는 성도들입니다."

아니면 "우리 성도들은 믿음이 없는 것 같아요."라고 표현하는 것이 바람직한가?

　　믿음은 선물이다엡2:8. 성령을 통해 주시는 하나님의 선물이다. 하나님께서 택자들을 효력 있게 부르실 때 주신다. 택자들이 하나님의 부르심을 거부할 수 없는 것처럼, 이때 주시는 선물인 믿음 또한 거부할 수 없다. 택자들이 선물로 주어지는 믿음을 거부할 수 없는 것은 이것이 친구들 사이에서 주고받는 차원의 선물이 아니기 때문이다. 바로 왕의 선물이기 때문이다. 따라서 이 선물은 거부할 수 없을 뿐만 아니라, 받은 사람 마음대로 처리할 수도 없다. 이후에 싫증났다고 그것을 다른 사람에게 양도하거나 버릴 수 있는 차원의 선물이 아니다. 따라서 선물로 받은 이 믿음은 결코 신자들 곁을 떠나지 않고, 항상 그들과 함께 있게 된다. 이렇게 믿음을 선물로 받아서 간직하는 자들을 신자라고 부른다.

　　그렇다면 우리는 누구를 신자로 여겨야하는가? 다시 말해 누가 하나님으로부터 믿음을 선물로 받아 간직하고 있는지 어떻게 알 수 있는가? 아니, 우리가 그것을 알아차릴 수는 있는가? 불가능하다. 우리는 누가 이 선물을 받은 사람이고, 누가 아닌지 정확히 분별할 수 없다. 왜냐하면 이 믿음은 영적인 선물이며, 이 선물이 주어지는 방식 또한 영적이기 때문이다. 따라서 다른 사람이 믿음이 있는지 없는지 우리는 결코 알 수 없다. 우리가 이 선물에 대해서 분명히 알 수 있는 것은 하나님께서 택자들에게 주시는 믿음은 상징적인 것이 아니라 실제적인 것이라는 점이다. 따라서 신자들에게 믿음이 있다는 것 또한 하나님에 대해 갖고 있는 신념을 상징적으로 표현한 것이 아니라, 그들이 선물로 받은 믿음Faith을 실제로 간직하고 있다는 것이다. 믿음은 실제로 주어지는 왕의 선물이다. 따라서 누구도 이렇게 받은 믿음을 버릴 수 없다. 물론 잃어버려서도 안 된다. 이러한 이유로 왕으로부터 받은 이 믿음의 선물은 신자들과 항상 함께 있게 되는 것이다. 신자들 속에 영적으로 그러면서도 실질적으로 항상 자리하게 되는 것이다.

　　이와 같이 믿음은 본질적으로 신자에게 있기도 했다가, 없어지기도 했다가 하는 것이 아니다. 항상 신자들 속에 실질적으로 존재하는 것이다. 그러나 이 믿음은 비록 신자 안에 실제로 존재하고 있음에도 불구하고, 때에 따라 있어 보이기도 했다가, 없어 보이기도 하는 특성이 있다. 그 이유는 이 믿음이 각각 신자의 삶 속에서 때에 따라 강해지기도 하고, 약해지기도 하기 때문이다. 선물로 받은 믿음이 강해지는 경우는 신자가 은혜의 외적인 방편들인 말씀과 성례와 기도를 잘 사용할 때다. 반면에 믿음이 약해지는 경우는 은혜의 외적인 방편들을 등한시함으로써 육체의 정욕을 이기지 못할 때다. 따라서 신자는 매사에 은혜의 외적인 방편들을 성실하게 활용함으로써 믿음을 더욱 강화시킬 필요가 있다.

믿음은 하나님의 선물이다. 따라서 믿음이 있고, 없고의 문제는 전적으로 삼위 하나님께 달려있다. 하나님께서 믿음을 주신 자는 그 믿음을 분명히 소유하게 되는 것이고, 그렇지 않는 자는 결코 그 믿음을 소유할 수 없게 된다. 그러나 선물로 받은 믿음이 강해지거나 약해지는 것은 그 믿음을 받은 자에게 그 일차적인 책임이 있다. 즉, 믿음이 강하고 약하고의 책임은 신자 자신의 몫이라는 것이다. 신자가 은혜의 외적 방편들을 잘 활용해야 하는 이유가 바로 여기에 있다.

그렇다고 믿음이 강해지거나 약해지는 것의 책임이 전적으로 신자 자신에게만 있는 것은 아니다. 이 책임은 신자를 지도하고 이끄는 목사에게도 있다. 책임의 분량으로만 따지면 오히려 신자 개인보다 목사에게 더 큰 책임이 있을 수도 있다. 목사가 신자들을 바른 교리로 이끌고, 올바른 성례를 통해 은혜를 누리게 하고, 기도 가운데 참 소망을 누릴 수 있도록 지도하는 것에 최선을 다해야 하는 것이 바로 이러한 이유에서다. 뿐만 아니라 이 책임은 함께 신앙생활을 하는 성도들에게도 있다. 그래서 교회 공동체 안에서의 진솔하고 풍성한 성도의 교제가 중요한 것이다.

목사는 물론 아무리 믿음이 강한 신자라도 다른 교인들에게 믿음이 있는지 없는지를 판단할 자격은 없다. 물론, 믿음의 유무를 판단할 능력 또한 없다. 앞에서 언급했듯이 이는 전적으로 하나님의 몫이다. 교회가 교인들의 믿음을 인정하는 수단은 오직 그들의 신앙고백뿐이다. 이 고백에 근거해서 교회는 그들을 신자로 받아들이는 것이다. 같은 신앙고백을 하는 자들 안에 하나님께로부터 선물로 받은 믿음이 있다는 것을 인정해 주는 것이다. 같은 원리로 신자들은 다른 이들에게 믿음이 있는지 없는지를 판단할 권한이 없다. 다른 이들의 믿음에 관한 신자들의 입장은 그들의 신앙고백에 근거하여 그들 또한 믿음을 선물로 받은 자들이라고 인정해 주어야 할 의무만 있을 뿐이다.

그러나 참 신자라면 누구나 다른 성도의 믿음이 강한지 혹은 약한지는 알 수 있다. 따라서 '성도 중에 누구의 믿음이 강한 것 같다.' 혹은 '누구의 믿음이 약해진 것 같다.'라고는 판단할 수 있고, 또 그렇게 말할 수 있다. 그러나 이때 신중해야 할 것이 두 가지가 있다. 먼저 믿음과 신념을 서로 혼동해서는 안 된다는 것이다. 믿음이 강한 것과 신념이 강한 것은 다르다. 믿음이 강하면 당연히 신념이 강하다. 그러나 신념이 강하다고 믿음이 강한 것은 아니다. 따라서 교회 생활 속에서 드러나는 열정만으로 그의 믿음의 강약을 판단해서는 결코 안 된다. 그의 신념이 바른 신앙고백에 근거한 것인지를 분명히 확인해야한다.

뿐만 아니라 성도들의 믿음의 강약에 대한 판단은 철저히 '성도의 교제'의 원리 안에서 이루어 져야 한다. 만일 누군가의 믿음이 강하다고 판단된다면 그 성도를 본으로 삼아 자신의 믿음을 강화시키는 수단으로 사용해야 한다. 반면에 누군가의 믿음이 약해졌다고 판단된다면 그 사실을 안타까워하면서 그 성도가 다시 믿음을 강화시킬 수 있도록 돕는 계기가 되어야 한다. 따라서 '어느 성도의 믿음이 약해진 것 같아.'라는 말은 결코 그 성도를 비난하는 뜻이 아니라, 그 성도가 다시 믿음을 강화할 수 있도록 돕겠다는 약속이 포함된 말이어야 한다. 성도가 믿음이 약해 보이는 것은 그 성도를 도우라는 하나님의 뜻일 수 있음을 알아야 한다. 왜냐하면 성도는 서로 믿음의 강화를 도울 의무가 있기 때문이다. 교회의 각 지체의 믿음이 강화되어야 한 몸인 교회가 든든히 세워져 갈 수 있기 때문이다.

※ 신자의 믿음과 그리스도와의 교제

믿음Faith은 택자가 신자가 되는 유일한 수단이다. 뿐만 아니라 이 믿음은 신자가 그리스도와 교제하는 유일한 통로다. 택자가 자기의 죄를 고백하고, 그리스도를 구주로 영접할 때 작용하는 믿음을 '구원에 이르는 믿음'이라고 한다. 이 구원에 이르는 믿음은 그리스도의 의가 전가되고, 그리스도의 구속의 효력이 적용되기에 충분한 믿음이다. 구원받기에 조금도 부족함이 없는 믿음이다. 따라서 구원에 이르는 믿음은 그 고백의 내용과 깊이가 누구에게나 동일하다. 그러나 신자의 삶에서 드러나는 믿음의 모양은 신자마다 조금씩 다르다. 다시 말해 구원에 이르는 믿음을 통해 의롭다 함을 받고, 하나님의 양자가 되어 신자로 살아갈 때, 각각의 신자들이 생각과 행동을 통해 드러내는 믿음은 모두 동일하지 않고 다양하다는 것이다. 어떤 신자는 그 믿음이 강하게 드러나지만, 어떤 신자는 약한 믿음을 보인다. 뿐만 아니라 이 믿음은 한 신자의 삶에 있어서도 어떨 때는 강하게 드러나지만, 때로는 약해질 때도 있다.

이러한 차원에서 신자의 믿음과 그리스도와의 교제의 관계를 따져 보면 다음과 같이 정리할 수 있다. 신자는 구원에 이르는 믿음을 통해 그리스도와의 교제를 시작하지만, 이후 하나님의 자녀로 이 땅에 살아가면서 때로는 강해지기도 하고 때로는 약해지기도 하는 내재된 믿음을 통해 그리스도와의 교제를 지속한다. 여기에 중요한 두 가지 사실이 있다. 하나는 신자의 믿음은 강해지기도 하고 약해지기도 한다는 것이고, 나머지 하나는 신자와 그리스도와의 교제는 믿음의 강약에 상관없이 지속된다는 것이다.

그렇다면 이것이 이미 구원받은 신자에게 있어서 믿음의 강약과 그리스도와의 교제는 아무런 상관이 없다는 말인가? 아니면, 완전히 상실되는 것은 아니지만 믿음의 강약에 따라 그리스도와의 교제가 어떠한 영향을 받는 것인가? 다시 말해 신자가 믿음이 강할 때는 그리스도와의 친밀함도 강해지고, 반대로 신자가 믿음이 약해지면 그리스도와 신자와의 친밀함이 약해지는가? 신자의 믿음의 상태에 따라 신자와 그리스도와의 관계에도 변화가 생기는가? 믿음이 강한 사람은 그리스도와 친밀한 교제를 나눌 수 있지만, 믿음이 약한 사람은 그에 비해 그리스도와 교제할 기회가 줄어드는가?

그리스도와 신자의 교제는 신자의 믿음의 강약에 상관없이 언제나 동등하다. 그리스도와 신자의 교제는 그리스도와 신자의 관계를 말한다. 좀 더 포괄적으로 말하면 삼위일체 하나님과 신자의 관계를 말한다. 성부와 신자와의 관계는 아버지와 아들의 관계다. 모든 신자는 그의 믿음이 강하든, 약하든 동등하게 하나님의 자녀들이다. 어떠한 상황에서도 하나님께서는 자기가 자녀 삼으신 이들을 내치시는 법이 없다. 따라서 믿음이 약해졌다고 해서 하나님과 신자의 부자관계에 문제가 생기는 법은 없다. 그리스도와 신자의 관계는 구속자와 구속받은 자들의 관계다. 구속받은 자들의 신분에는 어떠한 변화도 있을 수 없다. 따라서 믿음의 크기에 따라 신자와 구속자의 관계가 변하는 법은 없다. 신자는 성령이 내주하시는 사람들이다. 택자에게 한번 임하신 성령께서는 영원히 내주하신다. 따라서 신자의 믿음의 크기가 성령의 내주를 방해하는 경우는 결코 없다. 이와 같은 원리로 모든 신자는 하나님의 자녀로, 구속받은 자들로, 성령이 내주하는 자의 자격으로 삼위일체 하나님과 교제의 권리를 가진다. 그리고 이 교제의 친밀함 역시 신자의 자격에 근거한 것이기에 그리스도와 신자들 간의 교제의 친밀함 또한 믿음의 크기와 상관없이 동등하다.

그렇다면 신자의 믿음의 크기는 그리스도와의 교제에 있어서 어떠한 영향도 미치지 않는 것인가? 그렇지는 않다. 비록 그 관계와 친밀함은 모든 신자에게 동등하다 할지라도 각 신자의 믿음의 크기에 따라 달리 적용되는 것이 있다. 교제의 풍성함과 은혜로 수반되는 유익한 효과들이 바로 그것이다. 앞서 언급했듯이 그리스도와 교제에 있어서 그 친밀함은 모든 신자들에게 동일하다. 믿음이 약해졌다고 성부께서, 성자께서, 혹은 성령께서 신자를 이전보다 덜 친밀하게 대하시는 법은 없다. 그러나 신자의 믿음의 상태에 따라 신자가 느끼는 친밀감에는 분명 차이가 있을 수 있다. 이는 그리스도께서 신자를 대하시는 방식이 변한 것이 아니라, 그리스도를 대하는 신자의 마음이 변했기 때문이다.

　　이러한 이유로 신자는 그리스도와의 교제 가운데 그분의 말씀을 더 이상 기뻐하지 않기도 하고, 심지어 오해하기도 한다. 그리고 이러한 상황이 지속되다 보면 그리스도보다 세상과 교제하고자 하는 마음이 더 커지기도 한다. 결국 점점 그리스도와의 교제에 흥미를 잃게 되고, 그 결과 이 교제를 통해 신자에게 주어지는 은혜를 놓치게 된다. 반면에 믿음이 강화되면 강화될수록 신자는 그리스도를 더욱 사모하게 된다. 그리고 그리스도와의 교제를 통해 주어지는 많은 유익한 효과들을 더욱 풍성히 누리게 된다. 이것이 바로 신자의 믿음의 상태가 그리스도와의 교제에 미치는 영향이다.

　　이러한 이유로 그리스도와의 교제를 더욱 풍성히 그리고 더 구체적으로 삶에 적용하기 위해서 신자는 부단히 노력할 필요가 있다. 믿음을 강화시키기 위해 최선을 다해야 한다. 은혜의 외적 방편인 말씀, 성례, 기도를 더욱 열심히 수행함으로써 믿음을 강화시켜 그리스도와의 교제를 더욱 풍성히, 그리고 효과적으로 삶에 적용해야 한다. 뿐만 아니라 신자는 비록 믿음이 약해진다 할지라도 그리스도와의 교제의 본질은 변하지 않는다는 것을 결코 잊어서는 안 된다. 그리고 이러한 사실이 모든 신자들에게 소망과 감사의 제목이 되어야 한다.

※ 율법시대와 복음시대 성도들의 언약 참여

	율법시대(구약)	복음시대(신약)
내용	그리스도의 성육신을 기다림	그리스도의 성육신을 경험하고, 다시 오실 그리스도를 기다림
보증	그리스도	그리스도
약속(성육신)	약속을 받음, 그러나 약속된 것을 받지는 못함(히11:13,39)	약속이 성취됨. 재림을 통해 완전히 성취될 것임.
수단	믿음(by faith)	믿음(by faith)
결과	그리스도를 통해 온전해지고 구원에 이름	그리스도를 통해 온전해지고 구원에 이름
실행	의식법을 통해	말씀, 성례, 기도를 통해
성향	복음시대에 비해 다소 희미함	율법시대에 비해 더 분명하고 선명함

칭의

※ 구원의 일반적 의미와 성경에서 말하는 구원

구원salvation이라는 단어의 일반적인 의미는 어떠한 위험이나 위협적인 상황에서 구조되어 안전한 상태가 되는 것을 말한다. 여기서 말하는 위험하거나 위협적인 상황은 인재일 수도 있고 자연적인 재앙일 수도 있다. 즉, 원인과 상관없이 현재 처한 불안전한 상황에서 구출되는 것이 바로 구원이다. 이러한 구원의 개념을 다룰 때 우리가 분명히 구분해야 할 것은 구원과 탈출이 엄연히 다른 개념이라는 것이다.

구원과 탈출 모두 안 좋은 상황에서 좋은 상황으로 위치나 상태가 바뀌는 것을 말한다. 그리고 다시는 그 이전의 안 좋았던 상황으로 돌아가지 않는 것을 의미한다. 그런데 이러한 공통점과 함께 두 개념은 분명히 다른 점이 있다. 행동의 주체가 누군가 하는 점이 바로 그것이다. 탈출은 스스로 어려움을 극복하고 상황을 헤쳐 나가는 경우에 쓰는 말이다. 즉, 행동의 주체가 바로 자신이다. 반면에 구원은 외부적인 도움에 의해 상황이 호전되는 경우에 사용하는 말이다. 성경은 구원을 말하지, 탈출을 말하지 않는다. 이는 우리의 구원이 외부의 도움에 의해서 이루어진 것이지, 결코 스스로의 힘으로 된 것이 아니라는 것이다. 뿐만 아니라 이는 이 구원 문제에 있어서 우리는 어떠한 도움도 행사하지 않았다는 것을 말한다. 이러한 이유로 인간의 구원이 언제나 수동형으로 표현되는 것이다.

그럼 성경에서 말하는 구원을 좀 더 구체적으로 살펴보자. 성경은 우리의 구원에 대해 자세하고 명료하게 설명하고 있다. 우리가 언제, 어디로부터, 누구에 의해, 어떠한 방법으로 구원을 받으며, 또 그 결과가 어떠한지를 어느 누가 읽어도 잘 이해할 수 있도록 분명하게 설명하고 있다. 그 내용을 요약하면 다음과 같다. 성경은 우리의 구원을 죄로부터의 완벽한 구속이라고 설명한다. 또한 우리가 받은 구원은 하나님과의 단절된 관계가 다시 화해되는 것이라고 말한다. 죄에 대한 하나님의 진노에서 구출되어, 최후 심판으로부터 완전한 자유를 얻는 것을 우리가 받은 구원이라고 설명한다. 성경에서 말하는 구원의 주체는 삼위일체 하나님이시며, 구원을 받는 대상은 성부께서 영원 전에 선택해서 아들에게 백성으로 준 자들이다. 즉, 오직 하나님께서 택하신 자들만 구원을 받는다. 그리고 구원의 근거는 그리스도의 구속사역과 그분께서 율법을 성취하시고 획득하신 의義며, 구원의 방법은 성령님께서 택자의 마음에 심어주신 그 믿음을 통하는 것뿐이다. 마지막으로 이 구원이 택자 한 사람 한 사람에게 적용되는 시기는 이 땅에 태어나서 죽을 때까지다. 하나님께서는 자신이 택하신 자들은 모두 이 땅에서 사는 날 동안 구원으로 부르신다. 이러한 이유로 사후 구원은 있을 수 없다.

※ 구원의 시제(시상)

성경은 우리가 하나님으로부터 받는 구원을 다양한 면으로 묘사한다. 뿐만 아니라 성경은 구원을 다양한 시제로도 묘사한다. 과거, 현재, 미래 시제를 다 사용하여 구원을 묘사한다. 다시 말해 성경은 '우리가 구원을 받았다', '우리가 구원을 받는다', 그리고 '우리가 구원을 받을 것이다'라는 표현을 모두 사용해서 구원을 설명한다. 우리의 구원은 그리스도의 구속사역을 근거로 한다. 따라서 우리가 구원을 받는다는 것은 그리스도의 구속의 은혜가 우리에게 실질적으로 적용되는 것을 말한다. 이러한 이유로 우리의 구원에 관한 구체적인 정보는 구약보다는 신약에 더 자세히 그리고 더 분명히 드러나 있다. 따라서 성경이 다양한 시제를 사용하여 우리가 받는 구원을 묘사하고 있다는 것은 구원에 대한 신약성경의 설명이 그러하다는 말이다. 그리고 이를 좀 더 정확하게 말하면 신약성경의 헬라어 사본들이 구원이 우리에게 적용되는 것을 다양한 시제로 설명하고 있다는 것을 의미한다. 따라서 성경이 구원을 묘사하는 데 사용한 다양한 시제들을 살펴보면 구원의 의미가 더욱 명확해질 것이 분명하다.

이를 위해 우리가 가장 먼저 해야 할 것은 신약성경을 기록하는 데 사용된 고대 그리스어헬라어의 시제의 특성을 이해하는 것이다. 동사의 시제는 일반적으로 그 사건이 언제 발생했는지를 나타낸다. 즉, 사건의 발생 시점을 말해준다. 그런데 그리스어의 동사의 시제는 일반적인 다른 언어들의 동사의 시제와는 조금 다른 의미를 가진다. 그리스어의 동사도 시제의 형태를 통해 사건이 발생한 시점에 대한 정보를 제공하지만, 미래를 제외한 대부분의 시제 형태는 동작의 상태나 본질에 대한 정보를 제공하는 의미가 비중이 더 크다. 예를 들어 어떤 시제는 과거에서 시작된 동작이 계속해서 진행되는 경우를 나타낸다. 또한 어떤 시제는 사건이 일어나는 시점보다는 그 사건이 습관적이거나 반복적으로 일어나는지 아니면 한 차례 발생하는 단회적인 사건인지를 구분해서 알려준다. 그리고 어떤 시제는 이전에는 있던 일들이 더 이상 발생하지 않는다는 것을 보여주기도 한다.

물론 다른 언어들도 방금 제시한 내용들을 표현할 수 있는 방법들이 나름대로 있다. 그러나 헬라어가 독특한 것은 다른 언어들처럼 조동사나 부사 등을 사용하여 기본 동사에 의미를 추가 하는 것이 아니라, 동사의 시제 자체로 다양한 의미를 나타낸다는 것이다. 이러한 차원에서 헬라어의 시제tense를 시상時相이라고도 부르는 것이다. 따라서 헬라어로 쓰인 신약성경을 잘 이해하려면 동사가 어떠한 시상으로 쓰였는지를 살펴봐야 한다. 동사의 시상을 잘 분석하면 같은 동사라도 사용된 시상에 따라 의미가 더욱 풍성해지는 것을 발견하게 된다.

이러한 차원에서 '구원하다'라는 의미의 헬라어 동사가 신약성경에서 어떠한 시상으로 사용되었는지를 살펴보면 우리는 구원에 대한 많은 정보를 얻을 수 있는 것이다. '구원하다'의 의미를 가진 동사의 시상을 다루기에 앞서서 꼭 명심해야할 것이 하나 있다. 그것은 성경에서 '우리'를 주어로 할 때 '구원하다'라는 동사는 언제나 수동태로 표현된다는 것이다. 이는 구원이 전적으로 하나님의 일이며, 구원의 문제에 있어서 우리는 단지 주시는 구원을 받는 자일 뿐임을 나타낸다. 구원에 있어서 우리의 역할은 아무것도 없다는 것을 의미한다. 우리의 구원에 문제에 있어서 우리가 하나님과 함께 무엇인가를 할 수 있다거나, 하나님과 상관없이 무엇인가를 할 수 있다고 생각해서는 안 된다는 것을 분명히 알려준다. 혹은 우리가 우리의 구원을 위해서 무엇인가를 할 필요가 있다고 말하는 것은 성경에서 말하는 구원과 전혀 일치하지 않는다는 것을 말해준다.

성경에서 '구원하다'라는 의미의 헬라어 단어의 시제시상는 다양하게 사용되었다. 이를 통해 성경은 구원이 발생하는 시점으로 과거, 현재, 그리고 미래까지를 모두 언급하고 있다. 심지어 구원을 단회적인 사건뿐 아니라 지속적인 사건으로도 표현하고 있다. 단어가 사용된 시상에 따라 간략하게 그 해석을 보면 '우리는 구원받았다'과거, '우리는 구원을 받고 있었다'과거진행, '우리는 구원을 받는다'현재, '우리는 구원을 받고 있다'현재 진행, "우리는 구원을 받을 것이다"미래 등이 있다.

먼저 '우리는 구원받았다'라는 과거시제 표현은 우리가 이미 세상에서 구별된 자라는 것을 나타낸다. 이는 세상에 속해있던 우리를 그리스도께서 구출해 내신 것을 말하는 것이다. 이것이 과거형으로 묘사된 것은 그리스도의 구속 사역은 한 번의 완성된 사역임을 나타낸다. 또한 그 구속 사역의 결과로 우리가 완전히 세상으로부터 구별된 상태에 있다는 것을 나타낸다. '우리가 구원을 받고 있었다'는 과거진행의 의미로서 하나님께서 역사를 통해 우리의 구원을 지속적으로 이루어 오신 것을 의미한다. 즉, 우리를 구속하시는 삼위 하나님의 사역이 그분의 영원한 작정에 따라 계속해서 성취되어 왔다고 말하는 것이다. '우리가 구원을 받는다'라는 현재시제는 현재 우리가 의롭다 함을 받은 상태라는 것을 나타낸다. 이 경우 구원은 칭의와 거의 같은 의미로 쓰였다고 할 수 있다.

'우리가 구원을 받고 있다'는 현재진행으로, 이 표현을 통해 설명하는 구원은 의롭다함 받고 양자가 된 자들이 성화의 삶을 살고 있는 것을 의미한다. 즉, 이는 신자의 삶을 말하며, 하나님의 형상이 회복되어 가는 과정에 있음을 나타낸다. 이러한 차원에서 '우리가 구원을 받고 있다'라는 성경의 표현은 구원이 점진적으로 완성되어 간다는 것을 의미한다고 할 수 있다. 그러나 우리에게 구원이 점진적으로 이루어진다는 것이 이미 주어진 구원에 어떠한 부족한 점이 있다고 말하는 것은 아니다. 우리의 구원에 무엇인가를 더 채워야 한다는 것이 아니다. 즉, 구원의 분량을 채우기 위해 우리에게 하나님의 이차적인 은혜가 필요하다든지, 아니면 우리가 어떠한 공덕을 쌓아 그것을 채워내야 한다는 것이 아니다. 이는 오히려 신자가 이미 받은 구원을 누리는 삶을 나타내는 것이다. 천국에서 완벽하게 성취될 구원을 이 땅에서 미리 맛보게 됨을 말하는 것이다. 비록 완전하지는 않지만 하루하루 살아갈수록 더욱 풍성한 구원의 은혜를 실제 삶을 통해 경험하게 된다는 것을 신자에게 알려주는 표현인 것이다.

마지막으로 '우리가 구원을 받을 것이다'라는 미래시제는 우리가 천국에서 경험할 구원의 완성을 의미한다. 따라서 이 시상은 우리로 하여금 우리에게 펼쳐질 완전한 구원의 상태를 기대하고 소망하게 한다. 이렇듯 성경은 구원을 과거의 일이며, 현재의 일이며, 동시에 미래의 일로 묘사한다. 이러한 표현들을 통해 성경은 구원의 신비를 더욱 풍성히 드러낸다. 결국 신자는 성경이 설명하는 구원의 의미를 하나하나 더 알아 가면 알아 갈수록 그리스도께서 구속사역을 성취하심으로써 완성된 구원에 감사하며, 그리스도께서 머리 되신 교회의 한 지체로서 이 땅을 살아가면서 성령님을 통해서 이루어 가시는 구원의 여정에 더욱 적극적으로 참여하며, 마지막 심판을 통해 완성될 구원을 확신하고 소망하며 '마라나타, 주 예수여 오시옵소서'라고 외치는 삶을 살게 되는 것이다.

양자 삼음

※ 누구나 다 하나님의 자녀가 될 수 있나?

죄로 인해 타락한 인류는 누구 하나 빠질 것 없이 모두가 다 본질상 진노의 자녀들이다엡2:3. 그러나 하나님께서는 이 진노의 자녀들에게 믿음Faith을 수단으로 하나님의 자녀가 되는 권세를 주셨다요1:12-13. 또한 양자의 영을 주셔서 하나님을 아빠 아버지로 부를 수 있게 하셨다롬8:15. 그러나 진노의 자녀들 모두가 다 하나님의 자녀가 되는 권세를 누리고 그분을 아빠 아버지로 부를 수 있는 것은 아니다. 즉, 모든 사람이 다 하나님의 자녀가 될 수 있는 것은 아니다. "예수께서 그 민족을 위하시고 또 그 민족만을 위할 뿐 아니라 흩어진 하나님의 자녀를 모아 하나가 되게 하기 위하여 죽으실 것을 미리 말함이러라"요11:51,52를 통해 알 수 있듯이 진노의 자녀들 가운데서 오직 그리스도께서 모아 하나가 되게 하신 자들만이 하나님의 자녀들이 된다. 왜냐하면 하나님께서 믿음과 양자의 영을 모든 인류에게 주시는 것은 아니기 때문이다.

그리스도께서는 자기 백성을 그들의 죄에서 구원하실 분이시다마1:21. 따라서 그리스도의 백성들은 모두 그분께 구원을 받는다. 세상의 모든 사람이 다 구원을 받을 수 있는 것은 아니다. 왜냐하면 모든 사람들이 다 그리스도의 백성은 아니기 때문이다. 이 땅의 사람들 중에 어떤 이들은 그리스도의 백성이지만, 어떤 이들은 그리스도의 백성이 아니다. 그리스도께서는 이 땅의 사람들 중에 오직 자기 백성만 찾아서 구원하신다. 그리스도께서는 모든 족속과 방언과 백성과 나라의 사람들이 아니라 각 족속과 방언과 백성과 나라 가운데서 자기 백성들만을 찾으셔서, 찾으신 그들만을 자기의 피로 사서 하나님께 드리셨다계5:9. 그리스도께서 인류 가운데 자기 백성만을 찾아내어 구원하실 수 있는 것은 그분께서 자기 백성들을 잘 아시기 때문이다딤후2:19. 뿐만 아니라 백성들도 그리스도께서 자기를 찾으실 때 그분께서 왕이신 것을 알아볼 수 있기 때문이다요10:14.

목자이신 그리스도께서는 양들을 위하여 목숨을 버리신다요10:15. 그러나 목자가 모든 양을 위해 목숨을 버리는 것은 아니다. 목자는 오직 자기 양을 위해 목숨을 버린다. 목자이신 그리스도께서 목숨을 버리시면서 지키시는 양은 오직 그분께서 소유하신 양이다. 목자이신 그리스도의 이러한 희생이 모든 사람들에게 미치지 않는 것은 모든 사람들이 다 예수님의 양은 아니기 때문이다. 예수님께서는 어떤 부류의 사람들에게는 "너희가 내 양이 아니므로"요10:26라고 분명히 말씀하셨다. 즉, 예수님께서는 누가 자기의 양인지, 그리고 누가 자기의 양이 아닌지 하나하나를 구분해서 다 아신다.

그리스도께서는 교회를 사랑하시고 교회를 위하여 자신을 주셨다엡5:25. 교회에 속한 사람들을 위해 그리스도께서는 자신의 생명을 내놓으셨다. 그러나 교회에 소속되어 있는 모든 사람들에게 그리스도께서 자신을 주신 것은 아니다. 왜냐하면 교회의 한 공동체 안에 소속된 사람이라 할지라도 참 그리스도인이 아닌 사람도 있기 때문이다. 그리스도의 희생은 오직 곡식들에게만 효력을 발휘하지, 가라지와는 아무런 상관이 없기 때문이다마13:24-30.

지금까지 언급한 하나님의 자녀, 하나님의 백성, 목자의 양, 그리고 곡식들은 모두 세상과 구별된 사람들이다. 하나님께서 영원 전에 영원한 생명으로 예정하신 자들이다. 그리스도께서 구속의 사역을 통해 사망에서 생명으로 옮기신 자들이다. 성령님께서 그리스도의 구속의 효력을 적용시키시는 자들이다. 오직 이들만이 구원을 받는다. 예수님께서 이들을 일컬으시는 포괄적인 하나의 표현이 있다. '아버지께서 내게 주신 자들'이 바로 그것이다요6:36; 17:2,6,9. 성부께서 성자께 주셔서 성자의 소유가 된 자들이다. 성부께서 성자에게 주신 모든 자들은 하나님의 자녀들이다. 하나님께서 입양하신 자들이다. 성부께서 자기가 낳은 독생자에게 자신이 입양한 모든 자녀들을 주셨다. 이러한 이유로 결국 인류 중 성부께서 성자에게 주신 사람들만이 하나님의 자녀인 것이다.

※ 그리스도와 신자들의 상호 소유

그리스도와 참 신자들은 모두 상대방에 대해 소유권을 가진다. 참 신자들의 소유권은 그리스도께 있다. 동시에 그리스도의 소유권은 참 신자들에게 있다. 참 신자들은 그리스도께 속한 자들이다. 그와 동시에 그리스도께서는 참 신자에게 속했다. 이것이 성경이 말하는 그리스도와 참 신자들의 관계다. 이처럼 그리스도와 참 신자들 사이에서는 상호 소유의 관계가 형성된다. 그리스도와 참 신자들 사이에서 이러한 상호 소유의 관계가 형성되는 것은 전적으로 성부 하나님의 뜻이다. 또한 하나님께서 이 뜻을 이루시기 위해 실제 사역을 행하셨기 때문이다.

먼저 참 신자들이 그리스도의 소유가 된 것은 성부께서 이들을 그리스도에게 주셨기 때문이다요6:37; 17:2,6,9. 또한 그리스도께서 이들을 자신의 피 값으로 사셨기 때문이다계5:9. 이러한 이유로 모든 참 신자들의 소유권이 그리스도께 있는 것이다. 참 신자들이 그리스도께만 속하게 되는 것이다. 반면에 참 신자들이 그리스도를 소유할 수 있게 된 것은 어떠한 이유인가? 이 또한 성부 하나님께서 하신 일이다. 성부 하나님께서 그리스도를 참 신자들에게 주셨기 때문이다. 이 사실에 대해서는 이사야 선지자가 분명히 밝히고 있다. "이는 한 아기가 우리에게 났고 한 아들을 우리에게 주신 바 되었는데"사9:6 성부 하나님께서는 자신의 독생자를 이 땅에 보내시면서 참 신자들에게 주셨다. 이로 인해 참 신자들이 성자를 소유하게 된 것이다. 이러한 이유로 그리스도께서는 참 신자들을 자신의 소유로 주장하시며, 동시에 참 신자들은 그리스도를 자신들의 소유로 주장할 수 있게 된 것이다. 이렇게 서로가 서로를 자기의 소유로 주장할 수 있게 된 것이다.

그리스도와 참 신자들의 상호 소유 관계를 다룰 때 우리가 중요하게 생각해야 할 것이 두 가지 있다. 하나는 그리스도와 참 신자들의 소유의 범위에 관한 것이고, 다른 하나는 참 신자가 그리스도를 소유하는 것의 의미에 관한 것이다. 먼저 그리스도와 참 신자들의 상호소유는 범위를 말하는 것이 아니라, 관계를 말하는 것이라는 것을 분명히 알아야 한다. 왜냐하면 상호소유를 범위의 개념으로 이해하면,

참 신자들이 그리스도의 소유라는 것을 그리스도께서 소유하신 것이 오직 참 신자들뿐이라는 식으로 오해할 가능성이 있기 때문이다. 즉, 그리스도의 소유 범위를 축소해 버릴 수 있는 오류가 생기기 때문이다. 그리스도께서는 만물의 주인으로서 모든 피조물들에 대한 소유권을 가지고 계신다. 모든 만물이 다 그분께로부터 나오고, 그분으로 말미암고, 또 그분께로 돌아간다롬11:36. 그뿐 아니라 그리스도께서는 성부 하나님께로부터 모든 만물에 대해 하늘과 땅의 모든 권세를 받으셨다마28:18. 그리스도와 참 신자와의 상호 소유는 서로 간의 소유 범위를 말하는 것이 아니다. 그리스도와 참 신자와의 관계 안에서 상호 소유를 말하는 것이다. 즉, 그리스도와 참 신자와의 관계가 상호 소유의 관계라는 것이다.

두 번째로 참 신자가 그리스도를 소유한다는 것의 의미를 살펴보자. 이는 그리스도의 소유권을 주장할 수 있는 자들이 오직 참 신자들뿐이라는 것을 의미한다. 다른 말로 참 신자가 아닌 자들은 그리스도를 소유할 수도 없고, 당연히 그것을 주장할 수도 없다는 것이다. 따라서 만일 참 신자가 아닌 자가 그리스도의 소유를 주장한다면 그것은 거짓된 행동임과 동시에 성부 하나님의 뜻을 거스르는 일이 되는 것이다. 이러한 오류들은 크게 두 부류의 사람들에게서 나타나는데, 이단과 거짓 신자들이 바로 그들이다. 이단들은 일반적으로 오직 자기들 모임만이 그리스도를 소유할 수 있다고 주장하면서 정통 교회를 부정하고 자기들만의 단체를 조직한다. 한편 참 신자가 아닌 자들이 그리스도의 소유를 주장하는 경우는 심지어 우리의 교회 안에서도 발견된다. 주로 위선자들이나, 자신을 참 신자로 착각하며 스스로에게 속는 자들이 이러한 오류를 범한다. 즉, 교회 안의 거짓 신자들을 말한다. 이 두 가지 경우 중 이단들은 우리가 성경과 정리된 교리에 기초하여 쉽게 구별할 수 있다. 그러나 교회 내에 있는 거짓 신자들의 경우는 분별하기가 쉽지 않다.

참 신자들은 그리스도를 소유함으로써 많은 유익들을 누리게 된다. 다시 말해 참 신자들은 그리스도를 소유함으로써 그리스도로부터 생성되고 공급되는 모든 유익들을 자기의 것으로 누릴 수 있게 된다. 그리스도께서 참 신자들에게 속해 있기에 그리스도께서 소유하신 모든 것이 참 신자들의 것이 되기 때문이다. 참 신자들이 그리스도를 소유함으로써 그리스도께 속한 모든 것들이 자동적으로 자기들의 것이 되었기 때문이다. 그리스도께서 율법을 성취하시고 획득하신 의가 참 신자들에게 전가될 수 있는 것도 그리스도께 속한 모든 것이 신자들의 것이 되었기 때문이다. 그리스도께서 참 신자들의 것이기에, 그분께서 성취하시고 획득하신 의 또한 참 신자들의 것이 된다. 뿐만 아니라 그리스도께서 피로 값 주고 사신 생명 또한 참 신자들의 소유가 되는 것이다. 그리스도께서 죄와 사망의 법을 이기신 그 승리가 참 신자들의 소유가 되는 것도 성부 하나님께서 그리스도를 참 신자들에게 주심으로써, 그리스도께서 참 신자들이 것이 되었기 때문이다.

※ 그리스도와 신자들의 상호 내주

신자를 그리스도인이라 부르는 것은 외적으로는 그들이 그리스도의 도를 따르는 사람들이기 때문이며, 내적으로는 그들이 그리스도를 품은 자들이기 때문이다. 그리스도를 안에 품고, 그리스도의 도를 따르는 것을 일반적으로 '그리스도와 함께 한다'라고도 한다. '우리가 그리스도와 함께', 그리고 '그리스도께서 우리와 함께'라고 표현한다. 그런데 신자가 '그리스도와 함께 한다'라는 표현에서의 '함께'와 우리가 일반적으로 '다른 사람과 함께 한다'라고 말할 때의 '함께'는 그 의미에 있어서 큰 차이가 있다. 우리가 사람들 사이에서 '함께 한다.'라고 하면 이는 보통 두 가지의 의미를 가진다. 하나는 서로 다른 사람이 같은 공간에 있다는 것이고, 나머지 하나는 같은 생각을 공유하는 것이다. 그런데 '신자가 그리스도와 함께 한다'라는 말에서의 '함께'는 공간이나 사상을 공유하는 것을 말하는 것이 아니다. 이는 둘 사이의 연합을 의미한다. 그리스도와 신자가 서로 어떠한 연합을 이룬다는 것이다. 신자와 그리스도가 하나로 연합되는 것을 신자가 그리스도와 함께 한다고 표현하는 것이다.

'그리스도와 신자와의 연합' 혹은 '신자와 그리스도와의 연합'은 성경이 말하는 분명한 사실이다. 그런데 성경은 우리가 이해하기에는 상당히 어려운 표현을 사용해서 이를 나타낸다. '그리스도께서 신자 안에 거하시고, 신자가 그리스도 안에 거하는 것'이 그리스도와 신자가 연합하는 방식이라는 것이다요15:5. 물론 이것이 서로의 친밀함을 나타내는 문학적인 표현이라면 크게 문제가 될 것은 없다. 한 번은 그리스도께서 신자를 마음에 품으심으로써 신자가 그리스도 안에 거하고, 또 한 번은 신자가 그리스도를 마음에 품음으로 그리스도께서 신자 안에 거하신다는 식이면 이해하는 데 크게 문제 될 것은 없다. 그러나 문제는 성경이 의미하는 것은 그리스도께서 신자 안에 실제 존재하시며, 신자가 그리스도 안에 실제 존재한다는 것이다. 그것도 한 번씩 번갈아 존재하는 것이 아니라, 두 상황이 동시에 발생한다는 것이다. 신자가 그리스도 안에 거하면서엡2:6, 골2:6, 동시에 그리스도가 신자 안에 거한다는 것이다요17:23, 고후13:5, 갈2:20. 즉, 그리스도와 신자가 상호 내주한다는 것이다.

그리스도와 신자와의 이러한 상호 내주는 그리스도께서 자신을 신자와 동일시하시는 표현으로까지 나타난다. 바울이 신자들을 박해하기 위해 다메섹으로 향하는 길에 부활하시고 승천하신 그리스도께서 나타나셨다. 그리고는 사울에게 "사울아 사울아 네가 어찌하여 나를 박해하느냐?"행9:4라고 말씀하셨다. 당시 사울은 그리스도를 직접적으로 박해하지 않았다. 박해는커녕 사울은 그리스도를 그분께서 십자가를 지시기 전에도, 심지어 부활하셔서 승천하시기 전에도 직접 만난 적이 없다. 사울이 박해한 사람들은 그리스도께서 승천하신 이후에 그리스도를 따르는 무리들이었다. 즉, 신자들이었다. 그런데 이러한 사울에게 그리스도께서는 자신을 박해했다고 말씀하셨다. 분명 이는 그리스도께서 사울이 하지도 않은 일을 그에게 뒤집어 씌워서 그의 혐의를 더욱 무겁게 하고자 하셨던 것은 아니다. 그럼에도 불구하고 그리스도께서 사울에게 하신 이 말씀은 사실이었다. 사울은 비록 그리스도를 직접 만나 본 적도 없고, 누군가를 시켜서 그리스도를 박해하게 한 적도 없지만, 예수님의 말씀처럼 그가 그리스도를 박해한 것은 분명한 사실이라는 것이다.

이러한 상황이 성립하는 이유가 바로 그리스도와 신자와의 상호 내주 관계 때문이다. 상호 내주를 통해 그리스도와 신자가 하나가 되었기 때문이다. 이러한 이유로 신자를 박해하는 행위는 동시에 그리스도를 박해하는 것과 같은 것이다. 그리스도께서 "누구든지 나를 믿는 이 작은 자 중 하나를 실족하게 하면 차라리 연자 맷돌이 그 목에 달려서 깊은 바다에 빠뜨려지는 것이 나으니라"마18:6라고 말씀하신 것도 바로 이런 이유 때문이다.

그리스도와 신자의 상호 내주를 통한 동일시는 이 세상의 마지막 날인 심판의 때에 더욱 분명히 드러날 것이다. 이때 누군가는 그리스도로부터 "너희는 내가 주릴 때 먹을 것을 주었으며, 내가 목마를 때에 물을 주었고, 헐벗었을 때에 옷을 입혔고, 병들었을 때에 돌보았느니라"마25:35-35라는 말로 칭찬을 들을 것이다. 그러나 누군가는 "내가 주릴 때에 너희가 먹을 것을 주지 아니하였고 목마를 때에 마시게 하지 아니하였고, 헐벗었을 때에 옷 입히지 아니하였고, 병들었을 때와 옥에 갇혔을 때에 돌보지 아니하였느니라"마25:42-43라는 평가를 들으며 비난을 받을 것이다. 이 자리에서 그리스도에게 칭찬을 받는 자나, 비난을 받는 자 중 그 누구도 실제로 그리스도께 도움을 줬거나, 도움의 행위에 인색한 사람은 없다. 그래서 그리스도로부터 이러한 판결을 들으면 분명 당황하게 될 것이다.

이때 그리스도께서는 이렇게 말씀하실 것이다. "너희가 여기 내 형제 중에서 지극히 작은 자 하나에게 한 것이 곧 내게 한 것이니라 …… 이 지극히 작은 자 하나에게 하지 아니한 것이 곧 내게 하지 아니한 것이니라."마25:40,45 마지막 심판의 날에 그리스도께서 하실 이러한 판결은 그리스도와 신자의 하나 됨을 가장 선명히 드러내 줄 것이다. 뿐만 아니라 이는 그리스도와 신자의 상호 내주가 그리스도께서 세상을 심판하러 다시 오실 때까지 지속된다는 것을 확실히 보증한다고 할 수 있다.

그리스도와 신자가 상호 내주한다는 것은 이 연합이 인간의 상상을 넘어설 만큼 친밀하다는 것을 뜻하는 것이기도 하다. 그리스도와 신자와의 이러한 친밀한 연합을 성경은 여러 가지 비유를 들어 설명한다. 그중에 가장 대표적인 것이 바로 포도나무 비유다. 이 비유는 그리스도께서 직접 말씀해주신 것으로 그리스도께서 자신을 포도나무로, 그리고 신자들을 가지로 비유하시면서 둘의 연합이 생명과 직접적인 관련이 있음을 알려주셨다요15:5. 신자들은 항상 그리스도에게 뿌리를 내리고 세움을 받아서 살아야 하는 존재라는 표현도 이와 유사하다고 할 수 있다골2:7. 또한 이 연합의 친밀함은 신자의 몸을 그리스도의 지체로 묘사하는 것으로도 잘 드러난다고전6:15.

신자는 성전을 이루는 하나의 작은 건물들과도 같다. 그런데 이 하나하나의 건물들이 서로 연결하여 주 안에서 성전을 이룰 수 있는 것은 각 건물의 우수성과 독특성 때문이 아니라, 그것들이 사도들과 선지자들의 터 위에 세워졌기 때문이다. 그리고 그보다 더 중요한 것은 그리스도 예수께서 각 건물들의 모퉁잇돌이 되시기 때문이다. 신자에게 있어서 그리스도께서는 건물의 모퉁잇돌과도 같다엡2:20,21. 뿐만 아니라 그리스도와 신자와의 친밀한 연합은 혼인을 통해 신랑과 신부가 새로운 하나가 되는 것과도 같다엡5:31,32. 이렇듯 성경은 상호 내주를 통한 그리스도와 신자의 연합을 다양한 비유를 통해 우리에게 설명해주고 있다.

이러한 비유와 설명은 우리가 그리스도와 신자의 연합을 이해하는 데 분명 많은 도움이 된다. 그러나 어디까지나 비유는 비유일 뿐이다. 비유는 어떠한 사실을 이해하는 데 도움이 될 수는 있어도 그 자체가 그 사실에 대한 정확한 정의는 될 수 없다. 이러한 이유로 신자들은 그리스도와의 연합에 대해 어느 정도까지는 이해하고 납득할 수 있기는 하지만, 정확하게 그것이 무엇인지 정의하거나 다른 사람이 이해할 수 있도록 설명하는 데는 상당한 어려움을 토로할 수밖에 없다.

그리스도와 신자는 성령으로 서로 연합한다. 그리고 그 연합은 상호 내주의 방식을 취한다. 여기까지가 그리스도와 신자의 연합에 대해 성경이 우리에게 분명히 알려주는 부분이다. 그리고 앞서 살펴본 대로 이 연합에 대한 추가 정보는 모두가 비유로 주어져있다. 이러한 이유로 우리는 이 연합에 대해서 분명히 제시된 정보 외에는 더 이상 알 수가 없다. 성령을 통해서 연합한다는 것이 구체적으로 어떤 것인지 알 수 없을 뿐 아니라, 그리스도와 신자가 상호 내주한다는 것이 어떤 형태로 일어나는 현상인지도 정확하게 알 수 없다. 그러니 당연히 이를 논리적으로 설명할 수도 없는 것이다.

그러나 그럼에도 불구하고 신자들은 이 부분에 대해 분명히 할 수 있는 것이 하나 있다. 바로 '확신'이다. 비록 설명은 할 수 없지만, 참 신자라면 자신이 그리스도와 연합했다는 것을 확신할 수는 있다. 또한 말이나 글로 분명하게 표현할 수는 없지만 그리스도께서 자기 안에 있으며, 동시에 자기가 그리스도 안에 있다는 것을 확신할 수는 있다. 다시 말해 신자 자신이 그리스도와 상호 내주하고 있다는 것은 분명하게 확신할 수 있다. 어떻게 이것이 가능한가? 바로 성령께서 신자 안에서 역사하시기 때문이다. 즉, 성령의 내적 사역 때문이다. 그리스도와 연합한 참 신자들에게는 성령을 통해 이러한 확신이 주어진다. 이는 성도가 성령을 통해 구원과 견인을 확신하는 것과 같은 원리다.

그리스도와 신자의 연합은 영적인 연합니다. 그리스도와 신자의 상호 내주 또한 영적으로 일어나는 현상이다. 따라서 이 현상을 우리는 우리의 지식이나 이해로 정확히 설명할 수는 없다. 그러나 이 연합은 그리스도와 신자 사이에서 실제로 발생하는 현상이기에 성령의 인도를 받는 참 신자라면 이것을 확신할 수 있다. 이러한 이유로 참 신자는 그리스도께서 내주하시는 것과 자신이 그리스도 안에 거하는 방식으로 그리스도와 신비한 연합 가운데 있음을 항상 확신하며 살아가게 된다. 또한 이러한 사실을 기뻐하고 감사하기에 세상과 구별된 삶을 살게 된다. 그리고 마지막 심판의 때에 그리스도로부터 직접 확증받을 것을 기대하며 소망 중에 살아가게 된다.

성화

※ 택자가 거룩해지도록 도우시는 성령님

성화는 거룩한 상태를 말하는 것이 아니다. 성화는 거룩해지라는 하나님의 명령이다. 우리가 거룩해져야 하는 이유는 크게 두 가지다. 먼저 우리가 거룩하지 않기 때문이다. 우리가 죄로 인해 오염되었기 때문이다. '우리가 거룩하지 않다'는 말은 '우리가 완전하게 거룩하지는 않다'는 뜻이 아니다. 다시 말해 거룩함이 부족하기 때문에 그 부족한 거룩함을 채우라는 말이 아니다. '우리가 거룩하지 않다'는 말은 우리에게는 구원에 합당한 거룩함이 전혀 없다는 말이다. 창조될 때 가지고 있었던 거룩함이 완전히 뒤틀려 버렸다는 것이다. 이것이 바로 타락한 우리의 본모습이다. 전적으로 타락한 우리의 모습이다.[4] 우리가 거룩해져야 하는 두 번째 이유는 하나님께서 우리에게 거룩할 것을 명령하셨기 때문이다. 따라서 우리에게 있어서 거룩함이란 우리가 회복해야 할 필수적인 요소일 뿐 아니라, 동시에 우리의 의무인 것이다.

그렇다면 여기서 말하는 우리는 누구를 말하는가? 누가 거룩해져야 하는가? 하나님께서 구원하기로 작정하신 사람들이 거룩해져야 하는가? 아니면 모든 인류가 다 거룩해져야 하는가? 다시 말해 하나님께서 거룩하라고 하신 명령이 택자들만을 대상으로 한 명령인가? 아니면 택자는 물론 유기자들도 포함하는 모든 인류를 대상으로 한 명령인가? 성화의 과정을 통해 하나님의 이 명령을 수행하는 자들은 오직 택자들 뿐이다. 그러나 이것은 오직 택자들만이 하나님께 이 명령을 받았기 때문에 그런 것은 아니다. '거룩함'에 대한 명령은 택자들만 받은 것이 아니다.

다시 말해 성화에 대한 명령은 신자들에게만 해당되는 것이 아니다. "내가 거룩하니 너희도 거룩하라"레19:2; 벧전1:15-16라는 말씀은 모든 인류를 향한 하나님의 명령이다. 십계명으로 정리되는 도덕법이 택자들만이 아니라 모든 인류를 향한 하나

---

4. WLC 25, WSC 18.

님의 명령이듯, '거룩하라'라는 명령 또한 하나님께서 자신의 모양과 형상으로 만드신 모든 인류를 향한 명령이다. 그러하기에 모든 인류에게 있어서 성화는 필수적이다. 동시에 모든 인류에게 있어서 성화는 의무적이다. 이러한 이유로 모든 인류는 성화에 대한 책임이 있고, 하나님께서는 이 성화에 대한 책임을 모든 인류에게 물으신다. 즉, 인류 중에 거룩함을 이루는 자들은 하나님의 상을 받게 되지만, 거룩함을 이루라는 이 명령을 거부하는 자들은 그에 따른 하나님이 진노를 받게 된다.

그렇다면 누가 그리고 어떻게 하나님께서 인류에게 요구하신 '거룩함'을 이룰 수 있는가? 이 질문에 대한 답을 찾기 위해서는 우리가 분명하게 알아야 할 사실이 두 가지 있다. 이 중 하나는 부정적이고 회의적인 우리의 현실에 관한 것이고, 나머지 하나는 긍정적이고 희망적인 우리의 소망과 관련이 있다. 먼저 부정적이고 회의적인 우리의 현실이라 함은 인류 중 어떤 이도 스스로의 힘으로는 '거룩함'을 이룰 수 없다는 것이다. 다시 말해 하나님께서 거룩하라고 하신 명령을 스스로 수행할 수 있는 사람이 아무도 없다는 것이다. 반면에 이러한 현실 속에서도 우리에게 소망이 되는 사실은 성령께서 도와주시면 우리가 이 명령을 지킬 수 있다는 것이다. 이러한 상황을 볼 때 성화에 있어서 가장 중요한 요소는 우리의 상태도, 우리의 마음가짐도 아니라, 바로 성령의 도움이라는 것을 알 수 있다. 성화에 있어서 성령의 도움은 결코 없어서는 안 될 가장 핵심적인 요소라는 것이다. 성령께서 도와주시는 자는 성화를 이룰 수 있지만, 성령께서 도와주지 않으시는 자는 성화를 이룰 수 없다는 것이다.

그런데 여기서 또 한 가지 분명하게 해야 할 것이 있다. 성령께서 도와주지 않으시는 자가 성화를 실패한다는 것이, 어느 정도 성화를 이룰 수는 있지만 완성할 수는 없다는 말이 아니다. 이는 '거룩하라'는 하나님의 명령을 부인하고 거부하는 것을 말한다. 성령의 도움은 성화의 필요성을 인식하는 것부터 시작해서 하나님의 형상을 더 많이 회복하는 것으로 발전해 간다. 따라서 성령께서 도와주지 않으시는 자들은 성화의 필요성 자체를 알 수도 없다. 이들은 하나님의 거룩함은 물론 하나님께서 인류에게 요구하시는 거룩함도 모른 채 타락한 본성의 의지를 따라 자기의 죄에 빠져 하루하루를 살아갈 수밖에 없는 것이다. 결국 성화를 모르고 살아가는 것이다.

그렇다면 이제 중요한 것은 성령께서는 어떤 이들의 성화를 도우시는가 하는 것이다. 이는 어떻게 하면 우리가 거룩함을 이루기 위해서 성령의 도움을 받을 수 있는지와도 관련이 있다. 그런데 이 문제에 대한 답을 얻기 위해서는 먼저 고려해야 할 사항이 있다. 우리의 성화를 위한 성령의 도움이 우리의 자격이나 요청에 의한 것인지, 아니면 성령의 단독적인 사역이지를 분명히 알아야 한다. 만일 이것이 우리의 자격이나 요청에 의한 것이라면 우리는 그 자격을 갖추기 위해 노력해야 할 것이며, 동시에 합당한 요청 방법을 잘 숙지해야 할 것이다. 그런데 반대로 이 것이 성령의 단독 사역이라면 우리 입장에서는 아무것도 할 것이 없다. 아니 할 수 있는 것이 없다. 단지 성령의 도움을 받아 누리기만 하면 되는 것이다.

이 두 가지의 경우 중에 성령께서 어떤 원인과 방식으로 우리의 성화를 도우시는지를 알려면 성령께서 어디에서 우리를 도우시는지를 살펴보면 된다. 우리의 외부에서 우리가 요청할 때마나 도움을 주시기 위해 찾아오시는 것인지, 아니면 우리 안에서 작용하시는 것인지를 알면 답은 오히려 간단해진다. 신자는 성령께서 내주하시는 사람이다. 효력 있는 부르심을 통해 성령께서 택자들 속에 임하신다. 이때 성령께서는 한 치의 부족함도 없이 완벽하게 임하신다. 이는 그 능력에 있어서도 완벽함을 의미한다. 이렇게 내주하신 성령께서 택자를 거듭나게 하시고, 믿음을 통해 그리스도를 영접하도록 도우신다. 택자에게서 이런 과정이 일어나면 하나님께서는 그들을 의롭다고 인정해주시며 자녀로 삼아주신다. 이렇게 하나님의 자녀가 된 자들이 이 땅에서 살아가는 삶이 바로 성화의 삶이다.

이를 성령의 내주의 입장에서 다시 살펴보면 다음과 같다. 효력 있는 부르심을 통해 택자에게 내주하신 성령께서는 어떠한 순간에도 그를 떠나지 않으시고 하나님의 자녀가 된 이들의 거룩해짐을 도우신다. 즉, 성령께서는 내주하시며 신자의 성화를 도우신다. 신자의 성화를 도우시는 성령의 사역은 사람의 요청에 따라 외부에서 공급해 주는 은혜가 아니라, 신자 속에 내주하시면서 자발적으로 행하시는 은혜의 사역인 것이다. 성화를 하나님의 값없이 베푸시는 은혜의 사역으로 정의하는 것이 바로 이런 이유 때문이다.[5]

앞서 언급한 것처럼 성화는 모든 인류에게 주어진 하나님의 명령이다. 그런데

---

5. WLC 75, WSC 35.

인류 중 누구도 이 명령을 지킬 수 없다. 이때 이 명령을 지킬 수 있도록 도우시는 분이 바로 성령이시다. 성령의 도움은 인류의 자격이나 요청이 아니라, 하나님의 자비와 은혜에 근거한다. 따라서 하나님께서 자비와 은혜를 베풀기로 작정하신 자들에게만 성령께서 내주하시고, 그들을 도우신다. 성화를 도우시는 성령을 경험할 수 있는 이들이 오직 택자들뿐일 수밖에 없는 것이 바로 이러한 이유 때문이다. 유기된 자들이 하나님의 '거룩하라'는 명령을 거부하고 거절할 수밖에 없는 것 또한 같은 이유다. 결국 성화를 통해 택자들은 이 땅에서 하나님의 형상을 회복해 가지만, 유기된 자들은 이 기회조차 얻을 수 없다.

거룩하지 않은 자는 결코 스스로 거룩해질 수 없다. 그가 거룩해지기 위해서는 돕는 자가 있어야 한다. 성령께서 바로 그분이시다. 이러한 차원에서 우리는 성령께서 우리를 거룩하게 하시는 분이라고 고백한다. 삼위 하나님을 부를 때 아버지God the Father와 아들God the Son에는 없지만 성령God the Holy Spirit의 이름에는 '거룩한'holy이 붙어 있는 이유가 바로 이것이다. 이는 성령님께서 아버지와 아들보다 더 거룩한 존재라는 것을 말하는 것이 아니다. 이는 우리를 거룩하게 하시는 분으로서 성령의 역할을 나타내는 것이다.

분명 우리를 거룩하게 하시는 것이 성령의 사역이다. 성령을 통해 우리가 거룩해지는 것도 맞다. 그렇지만 우리가 이러한 표현을 할 때 주의해야 할 것이 하나 있다. 그것은 우리를 거룩하게 하시는 성령의 사역이 효력을 발휘하기 위해서는 우리의 참여가 필수적이라는 것이다. 성령께서는 강압적인 방법이나 독단적인 수단으로 우리를 거룩하게 만들어 버리시는 분이 아니다. 따라서 이러한 오해를 피하기 위해 우리는 '성령님께서는 우리를 거룩하게 하는 분이시다'라는 표현보다는 '성령님께서는 우리가 거룩해질 수 있도록 돕는 분이시다'라고 표현하는 것이 좀 더 지혜롭다고 여겨진다.

중생에 있어서 성령의 사역은 분명 단독적이고 단회적이다. 우리가 거듭나는 것은 전적으로 성령의 사역에 의존한다. 우리가 거듭나기 위해 우리가 해야 할 것은 아무것도 없다. 그리고 우리가 할 수 있는 것도 없다. 뿐만 아니라 성령에 의해 우리가 중생하는 것은 결코 점진적인 과정도 아니다. 우리가 성령으로 거듭나는 것은 우리의 인생 중에 하나님께서 정하신 때에 성령의 사역으로 딱 한 번이자 완벽하게 일어나는 은혜의 사건이다. 우리의 성화에도 단회적이며 단독적인 면이 분명 있다. 이것을 우리는 '결정적인 성화' 혹은 '근본적인 성화'라고 한다. 그러나 성화는 점진적일 뿐 아니라 협력적인 성격이 훨씬 강하다. 이는 성화가 신자의 삶에서 지속적으로 발생하는 사건이기 때문이다. 성화에 있어서 성령의 도움은 필수적이다. 성령의 도움이 없다면 우리의 성화는 불가능하다. 그런데 도움을 주는 자가 있어도 그것을 거부하거나, 혹은 그것을 적극적으로 활용하지 않는다면 그 도움은 어떠한 효과도 발휘할 수 없게 된다.

우리의 성화도 마찬가지다. 성령께서는 우리 속에 내주하셔서 우리가 거룩함을 이룰 수 있도록 도우신다. 신자는 이 도움을 거부해서도 안 될뿐더러, 주저해서도 안 된다. 적극적으로 수용해야 하며, 이를 통해 계속해서 성숙하고 성장해야 한다. 이것이 바로 '거룩함을 이루라'는 하나님의 뜻을 따르는 것이다. 또한 이러한 면에서 성화가 성령과 신자의 협력사역인 것이다. 물론 여기서 말하는 협력은 성령의 도움의 부족분을 우리가 채운다는 의미가 아니다. 신인 협력을 통한 구원을 말하는 것도 아니다. 성화에 있어서 성령과 신자의 협력은 성령의 완벽한 사역에 신자가 적극적으로 참여하는 것을 말하는 것이다.

'내가 거룩한 것 같이 너희도 거룩하라'는 하나님의 명령은 모든 인류에게 주어졌지만, 오직 택자만이 이 명령을 수행할 수 있다레11:44-45. 그뿐 아니라 이 명령은 오직 중생의 은혜를 받은 자만이 수행할 수 있다. 더 나아가 이 명령은 믿음을 통해 그리스도의 의를 전가받아 하나님으로부터 의롭다고 인정받은 자만이 수행할 수 있다. 또한 이 명령은 인류 중에 하나님의 자녀가 된 자들만이 수행할 수 있다. 즉, 성화는 오직 참된 신자만이 이룰 수 있도록 하신 하나님의 특별한 명령인 것이다. 참고로, 중생과 성화를 통해 참된 신자의 상태를 살펴보면 다음과 같이 정리할 수 있다. 참된 신자는 거듭나야 되는 사람이 아니다. 또한 참된 신자는 거듭나고 있는 사람도 아니다. 참된 신자는 이미 완벽하게 거듭난 자다. 그렇지만 참된 신자라도 아직 완벽하게 성화된 사람은 아니다. 참된 신자는 여전히 성화되고 있는 사람이다. 또한 참된 신자도 더 성화되어야 하는 사람이다.

※ 성령의 사역, 도움과 간구

신자를 위한 성령님의 가장 두드러진 두 가지 사역은 우리의 연약함을 도우시는 것과 우리를 위해 간구하시는 것이다롬8:26-27. 이는 바울이 로마에 있는 성도들에게 보낸 편지에서 잘 드러난다. 그런데 이러한 사실을 전달하면서 바울이 '도우시는 사역'과 '간구하시는 사역'을 모두 현재형 동사로 표현하고 있다는 것은 우리에게 성령의 사역에 대한 중요한 정보를 제공해준다. 바울의 이러한 표현은 성령의 이 두 사역이 언제나 변함없는 사실이라는 것을 의미한다. 어떤 상황에 따라 달라지는 사역이 아니라는 것이다. 다시 말해 어떠한 상황에서도 성령께서는 우리를 도우실 뿐 아니라, 우리를 위해 간구하시는 분이시라는 말이다. 우리가 변할 수는 있어도 성령께서는 결코 변하지 않으신다는 말이다. 동시에 이 두 단어가 현재형으로 설명되고 있다는 것은 성령의 도우심과 간구하심은 지속적인 사역이라는 말이다. 쉽게 말해 성령께서는 우리를 항상 돕고 계시고, 우리를 위해 항상 기도하신다는 말이다. 계속해서 우리를 도우시고, 계속해서 우리를 위해 기도하시는 것이 바로 성령님의 사역이라는 것이다.

그렇다면 성령께서 우리를 도우신다는 것과 우리를 위해 간구하신다는 것이 무엇을 의미하는지 구체적으로 살펴보자. 먼저 성령께서 우리를 도우시는 분이시라는 것은 하나님께서 어떤 상황에도 우리를 홀로 내버려두지 않으신다는 것을 말한다. 뿐만 아니라 이 땅에서 신자로 살고 있는 우리를 위한 그분의 사역은 결코 중단되는 법이 없다는 것을 말한다. 성령님께서 우리를 도우신다는 것은 전적으로 성령님께서 우리와 함께 계신다는 것을 전제로 한다. 즉, 성령 내주가 성령께서 우리를 도우시는 가장 근본적인 이유와 원인이 된다는 것이다. 그리고 이는 성령께서 내주하지 않으시는 자들은 결코 성령의 도움을 받을 수 없다는 말이기도 하다. 이러한 차원에서 볼 때 우리 안에 계신 성령께서 우리를 도우시는 사역이 바로 성령의 내적 사역이라고 할 수 있다. 이는 성령께서 사역하시는 방식에 대한 설명으로도 이해할 수 있다. 다시 말해 성령께서는 내적으로 사역하시는 분이시지, 신자를 떠나 외적으로 사역하시는 분이 아니시라는 것이다.

두 번째로 성령께서 신자들을 위해 간구하신다는 것은 단지 우리를 대신해서 기도해 주신다는 의미가 아니다. 우리가 못하는 것을 성령께서 대신 해 주신다는 것이 아니다. 성령께서 우리를 위해 간구하신다는 것의 의미는 성령께서 하나님과 우리 사이를 중재하신다는 말이다. 중재는 단순한 합의점을 찾아내는 것이 아니다. 중재는 양쪽의 상황을 모두 잘 이해한 후 양쪽이 동일한 결론을 낼 수 있도록 돕는 것을 말한다. 이를 위해 중재자가 해야 할 가장 중요한 것은 양쪽 모두에게 합당한 정보를 주고 그들 모두를 설득하는 것이다. 이를 통해 양쪽 모두가 상대편에 대해 충분히 납득할 수 있는 대안을 제시할 수 있도록 돕는 것이다. 이를 위해 중재자는 서로에 대해 충분한 정보를 제공해야 하며, 어떤 태도를 취해야 할지에 대한 조언 또한 잘 해줘야 한다. 뿐만 아니라 하나를 양보했을 때 그에 대한 보상으로 무엇을 받을 수 있을지에 대해서도 잘 알려줘야 한다. 즉, 중재자의 가장 중요한 역할은 양 진영이 모두 합의에 이를 수 있도록 상대방을 향한 마음을 열게 하는 것이다. 바울은 하나님과 신자 사이에서 성령께서 이러한 중재 역할을 하고 계신다는 말을 하는 것이다.

그렇다면 성령께서는 하나님과 신자 사이에서 어떤 중재를 하고 계시는가? 이것을 앞서 언급한 중재자의 역할의 관점에서 살펴보면, 성령께서 중재자의 입장에서 신자들에게 하시는 사역과 하나님께 하시는 사역으로 나눠 정리할 수 있다. 성령께서 중재자로서 신자들에게 하시는 일은 바른 기도를 할 수 있도록 도우시는 것이다. 인간은 죄로 오염된 존재이기 때문에 결코 스스로는 하나님의 뜻을 바로 알아차릴 수 없다. 하나님의 뜻을 모르니 당연히 그 뜻에 맞는 기도도 할 수가 없는 것이다. 이러한 상황에서 성령께서는 말할 수 없는 탄식으로 우리를 위해 간구하신다. 여기서 말할 수 없는 탄식은 바로 우리가 하나님께 해야 할 기도의 모습이다.

그런데 여기서 우리가 주의해야 할 것이 하나 있다. 성령께서 말할 수 없는 탄식으로 우리를 위해 간구하신다는 것을 우리가 해야 할 기도를 못하니까 성령께서 우리를 위해 대신 기도해 주신다는 것으로 이해해서는 안 된다. 성령께서 신자들 속에서 말할 수 없는 탄식으로 간구하신다는 것의 참뜻은 신자가 바른 기도를 할 수 있도록 성령께서 탄식하는 마음으로 가르쳐 주시는 것을 말한다. 중재자로서 성령께서 신자에게 무엇을 기도할 것인지와 어떻게 기도할 것인지를 알려주시는 것이다. 신자가 하나님을 향해 바른 내용으로 기도할 수 있도록 지도해 주시는 것이다. 또한 신자를 하나님께 바른 방식으로 기도할 수 있도록 설득하시는 것이다. 이것이 바로 신자를 대상으로 한 성령의 내적 사역인 것이다.

그렇다면 하나님을 대상으로 성령께서 하시는 중재의 사역은 무엇인가? 그것은 신자의 기도를 하나님께 전달하는 것이다. 성경은 예수님께서 부활하셔서 승천하신 이후부터 마지막 심판을 위해 다시 오실 때까지 신자들과 함께 계시는 성령을 '그리스도의 영'이라고 소개한다롬8:9, 벧전1:11. 그리스도의 영께서 하시는 중요한 사역 중에 하나가 바로 우리의 기도를 하나님께 올려 드리는 것이다. 이 땅의 인간은 모두 피조물이다. 피조물인 인간은 지극히 거룩하신 창조주 하나님과는 결코 직접적인 교제를 할 수 없다. 거기에 인간은 죄로 오염되기까지 했다. 따라서 인간이 하나님께 직접 말과 행동으로 소원을 구하는 것은 절대 불가능하다. 신자라고 예외일 수는 없다. 이러한 이유로 신자는 하나님 앞에서 말할 수 없는 탄식으로밖에 설 수 없는 것이다.

신자들이 당면한 이러한 문제에 중재자가 되어 주시는 분이 바로 성령이시다. 그리스도의 영께서 이러한 문제에 봉착한 신자들을 하나님과 이어주는 중재자가 되어 주시는 것이다. 그리고 이를 위해 마련된 장치가 바로 우리의 중보자인 예수 그리스도를 통해서 기도하는 것이다. 신자가 '예수님의 이름으로 기도합니다.'로 기도를 마치는 이유가 바로 이것이다. 물론 이러한 사실을 알게 하시는 분도 바로 성령이시다. 이렇게 신자가 예수 그리스도를 의지하여 기도할 때 그 기도의 내용은 하나도 소멸되지 않고 하나님께로 다 전달된다. 이 일을 하시는 분이 바로 그리스도의 영이시다. 이것이 바로 성령께서 우리를 위하여 친히 하나님께 간구하시는 방식이다.

이처럼 신자를 위해 간구하시는 성령의 사역은 신자에게는 바른 기도의 내용과 방법을 알려주는 것으로, 하나님께는 우리의 기도를 전달하는 것으로 나타난다. 따라서 신자는 성령님의 중재 사역을 의지할 때, 기도 응답의 분명한 확신을 가질 수 있는 것이다. 그렇다면 신자가 기도에 있어서 성령님의 중재 사역을 의지할 수 있는 근본적인 이유는 무엇인가? 또한 우리가 이러한 사실을 믿고 하나님께 담대히 기도할 수 있는 근거는 무엇인가? 그것은 성령의 이러한 사역이 하나님의 뜻을 따른 사역이기 때문이다. 성령께서 하나님과 신자 사이에서 기도의 중재자가 되시는 것이 영원히 변치 않는 하나님의 작정의 일부이기 때문이다. 그래서 신자가 기도하는 것 자체가 하나님의 뜻인 것이다. 또한 신자의 기도가 소원 성취를 위한 인간의 단순한 간구를 넘어 삼위 하나님과의 거룩한 협업 속에서 그분의 뜻을 이루어가는 신비한 행위인 것도 바로 이런 이유 때문이다. 신자가 하나님의 뜻이 하늘에서 이루어진 것 같이 땅에서도 이루어지길 담대히 기도할 수 있는 이유가 바로 여기에 있다.

※ 믿음, 바라는 것들의 실상이요 보이지 않는 것들의 증거

히브리서 11장 1절은 믿음을 '바라는 것들의 실상이요 보이지 않는 것들의 증거'라고 설명한다. 이 말씀에 대한 일반적인 해석과 적용은 '믿음이라는 것은 우리가 바라는 것을 하나님께서 반드시 이루어 주실 것이라고 확신하는 굳은 마음'이다. 따라서 이는 '의심하지 않는 확신'이라고 표현되기도 한다. 따라서 이 말씀에 근거하면 신자는 미래의 일에 대해 어떠한 의심도 없어야 한다. 만일 조금이라도 의심하는 마음이 있다면 그 자체가 불신이고, 그 의심 때문에 기도 응답은 없을 것이다. 물론 이러한 해석을 완전히 틀린 것이라고 할 수는 없다. 이러한 적용을 통해서도 신자는 자신이 아직 보지 못한 미래의 어떤 일도 다 하나님의 섭리 속에서 일어날 것이라는 사실을 확신할 수 있기 때문이다.

그런데 문제는 미래의 일에 대해 하나님의 섭리를 확신하는 것이 하나님께서 우리에게 선물로 주신 믿음엡2:8과 관련하여 어떤 의미가 있는가 하는 것이다. 바른 믿음을 얻기 위해 신자는 의심하지 말아야 하는가? 아니면 바른 믿음이 있다면 신자는 어떠한 미래의 일에 있어도 의심에서 자유로울 수 있는가? 믿음이 미래의 불확실한 상황 속에서도 하나님의 섭리를 확신하기 위해 신자가 갖춰야 할 조건인가? 아니면 하나님께로부터 선물로 받은 믿음이 있기 때문에 신자가 미래에 대한 하나님의 섭리를 확신할 수 있는 것인가? 즉, 신자에게 있어서 하나님의 섭리에 대한 확신이 믿음의 열매인가?

이 두 가지의 적용 중 우리가 일반적으로 설교를 통해 많이 듣는 것은 첫 번째 내용이다. 미래에 하나님의 뜻이 성취되는 것을 보려면 우리에게 의심하지 않는 믿음이 필요하다는 것이다. 비록 당장에는 확실한 보증이 안 보인다 할지라도 일단 믿고 의심하지 않으면 그때 비로소 하나님께서 일하기 시작하신다는 것이다. 그러니 비록 마음에 부담이 있더라도 의심하지 말고 믿기만 하라는 것이다. 이는 결국 마음을 비우라는 것이다. 주로 손익을 계산하지 말라는 식으로 표현되지만, 실제 이 말은 아무 생각도 하지 말라는 것이다. 그냥 맹목적으로 믿으라는 것이다. 눈에 안 보이는 미래는 눈을 감아야 보인다는 것이다. 그래야 하나님께서 영안을 열어 주신다는 것이다. 우리의 눈으로 보는 것은 거짓된 것이지만, 하나님께서 열어 주시는 영안으로 보게 되면 진리를 볼 수 있다는 것이다. 이럴 때 미래에 대한 모든 불안이 사라진다는 것이다. 그것이 바로 참된 믿음이라는 것이다.

그런데 정작 본문의 말씀을 잘 살펴보면 히브리서의 저자는 믿음에 대해 우리가 일반적으로 들어왔던 것과는 사뭇 다른 이야기를 하고 있다는 것을 발견하게 된다. 미래를 향한 우리의 다짐이나 각오, 혹은 자세로 믿음을 말하는 것이 아니라, 오히려 과거에 대한 세심한 고찰로 믿음을 말하고 있다는 것이다. "믿음은 바라는 것들의 실상이요 보이지 않는 것들의 증거"라는 표현을 조금만 자세히 봐도 이는 쉽게 알 수 있다. 이 표현은 믿음이 무엇인지 정의하거나 설명하는 방식으로 되어 있다. 따라서 우리는 여기에 표현된 방식을 따라 믿음에 대한 정보를 얻어야 한다.

히브리서 기자는 믿음Faith을 실상substance, KJV과 증거evidence, KJV로 단정하고 있다. 여기서 실상은 보증assurance, ESV이나 신용confidence, NLT으로도 번역이 가능하다. 또한 증거는 확신conviction, ESV이나 증빙proof의 의미가 있다. 즉, 이를 종합해서 한 문장으로 풀어보면 히브리서 기자가 하고 싶은 말은 믿음이 미래의 일에 대한 보증이라는 것이다. 믿음이 신자에게 있어서 알지 못하는 미래의 일에 대해 보증이 된다는 것이다. 이 말을 다시 풀면 믿음이라는 것이 확실한 보증이 되기 때문에 신자가 미래의 일에 대해 걱정하지 않을 수 있다는 뜻이다.

그렇다면 이제 우리는 어떠한 원리로 믿음이 신자의 미래에 대한 보증이 되는지를 살펴보아야 한다. 동시에 신자는 어떤 방식을 통해 믿음이 미래에 대한 확실한 보증인지를 알게 되는지도 따져 보아야한다. 이것을 푸는 열쇠는 오히려 간단하다. 히브리서 기자가 믿음에 대한 설명으로 제시한 '실상'과 '증거'라는 단어가 사용되는 일반적인 용례를 보는 것이다. 어떤 것이 증거나 보증으로 제시된다고 가정해 보자. 그렇다면 이 증거나 보증은 어디서부터 온 것인가? 증거나 보증이 제시되는 시점은 현재다. 그러나 증거나 보증의 출처는 미래도 현재도 아닌 과거다. 증거가 되고 보증이 되기 위해서 가장 중요한 점은 증거나 보증으로서의 가치가 분명히 입증되어야 한다. 또한 그것이 증거나 보증으로 받아들여져야 한다.

여기에 중요한 원리가 있다. 그것은 바로 우리가 어떠한 것을 증거나 보증으로 받아들일 때 그 기준이 되는 것은 언제나 제시되는 증거나 보증에 대한 과거의 경험이라는 것이다. 그리고 그것에 대한 분명한 경험이 있을 때만이 그 가치에 대한 확신을 가질 수 있다는 것이다. 확실한 정보나 경험적이고 객관적인 자료 없이 어떤 것을 증거나 보증으로 받아들이는 것은 절대적으로 무모한 일이며 어리석은 일이다. 과거의 객관적인 평가나 주관적인 경험들을 종합해서 신중히 따져 본 후 가치가 충분하다고 판단될 때 그것을 받아들이는 것이 증거나 보증을 채택하는 현명한 수순이다. 이러한 검증의 방식과 과정을 통해 증거와 보증을 채택하게 될 때 미래에 대한 불안이 사라지게 되는 것이다. 안전한 미래를 확신하며 기대하게 되는 것이다.

히브리서 기자는 바로 이러한 방식으로 믿음을 설명하고 있다. 히브리서 기자가 설명하는 믿음은 과거의 경험을 통해 현재 자신에게 주어지는 증거와 보증을 말하는 것이다. 다시 말해 지금껏 자신을 이끄시고 돌보신 하나님에 대한 그 경험이 자신의 삶의 보증과 증거가 되는 것이 바로 믿음이라는 것이다. 지금껏 살아온 매 순간순간에 하나님께서 간섭하지 않으신 적이 단 한순간도 없었고, 경험한 모든 일 중에 하나님께서 인도하지 않으신 일이 하나도 없다고 고백하는 것이 바로 참된 믿음이라는 것이다. 신자가 이러한 의미에서 참된 믿음을 갖게 되면 이 믿음이 현재는 물론 미래에 펼쳐질 모든 삶에 증거와 보증이 된다는 말이다. 비록 앞으로 어떠한 일이 일어날지 모르지만 지금껏 함께 계신 하나님에 대한 믿음이 확실한 보증이 되고 증거가 되기 때문에 신자는 미래를 두려워하지 않고 소망하며 기대할 수 있는 것이다. 따라서 살아오면서 하나님을 더 많이 그리고 더 깊이 경험한 사람일수록 그 믿음의 깊이는 더 깊을 수밖에 없는 것이며, 미래에 펼쳐질 세상에 대해 하나님의 보이지 않는 도움의 손을 더 생생하게 기대할 수 있게 되는 것이다.

뿐만 아니라 신자는 성경 말씀에 비춰 자신의 과거를 돌아보게 되면 그때는 발견하지 못했던 하나님의 섭리적인 뜻을 알 수 있게 된다. 그리고 이것 또한 믿음의 증거와 보증이 된다. 이러한 이유로 신자는 이전보다는 좀 더 하나님의 뜻에 합당한 것을 바라게 된다. 다시 말해 좀 더 성숙한 소망을 품게 된다는 것이다. 이런 식으로 이 믿음은 신자로 하여금 하나님의 뜻에 더 합당한 소원을 품을 수 있게 한다. 그리고 자신의 이러한 믿음의 모습은 그 자체로 또 하나의 보증이 되어 스스로를 더욱 성숙시킨다. 이것이 바로 히브리서 기자가 말하는 믿음이다. 결국 히브리서 11장 전반에서 히브리서 기자가 소개하는 믿음의 선진들은 모두 이러한 방식으로 믿음이 삶의 보증과 증거가 된 자들이라고 할 수 있다. 이러한 차원에서 히브리서 11장은 하나님에 대한 과거의 실질적인 체험이 삶의 확실한 보증과 증거가 되어 기대와 소망 가운데 미래로 담대히 내딛을 수 있었던 하나님의 사람들에 대한 소개라고 할 수 있다. 그리고 이것이 바로 그리스도인들이 믿음으로 사는 방식인 것이다.

※ 믿음(Faith)과 믿는 것(to believe) 그리고 참 신자와 거짓 신자

신자라는 단어의 의미는 크게 두 가지로 설명할 수 있다. 하나는 '믿음faith이 있는 자'이며 나머지 하나는 '믿는to believe 자'이다. 그렇다면 성경이 말하는 참 신자는 이 둘 중에 어디에 해당하는가? 둘 중에 한 가지만 갖춰도 신자라고 할 수 있는가 아니면 두 가지를 모두 갖춰야 신자인가? 참 신자와 거짓 신자는 어떻게 구분되는가? 신앙생활을 하다가 낙심한 자는 어떻게 보아야 하는가? 믿음Faith을 빼앗긴 것인가? 또한 이러한 분류로 볼 때 성경에서 말하는 곡식과 가라지는 어떤 사람들인가? 아래 표를 통해 이러한 질문들에 대한 답을 찾아보자.

	믿음(Faith)	믿는 것(to believe)	곡식과 가라지[6]	알곡과 쭉정이[7]
참 신자	O	O	곡식	알곡
낙심한 신자	O	X	곡식	알곡
거짓 신자	X	O	가라지	쭉정이
불신자	X	X	해당사항 없음[8]	쭉정이

---

6. 마13:24-30. 칼뱅은 '곡식과 가라지 비유'를 주석하면서 교회 안에 곡식과 가라지가 함께 공존하는 것은 교회가 세상에 있기 때문에 나타나는 당연한 현상이라고 말한다. 그러면서 하나님께서 교회가 이 세상에서 이렇게 불완전하게 유지되도록 허락하신 이유는 교회 안에서 발견되는 무수한 결점들을 보면서 겸손한 마음으로 꾸준히 개선의 노력을 하라는 의미라고 설명했다. 곡식과 가라지의 비유를 통해 신자는 교회 속에도 가라지가 있다는 사실에 결코 절망할 필요가 없다. 오히려 하나님께서 교회 안에 있는 참 신자인 곡식들로 인해 세상 속에 있는 교회를 끝까지 지키신다는 사실에 오히려 감사할 수 있다. 여기서의 곡식은 남은 자로도 표현되는데, 이 곡식들은 하나님께서 이 세상에서 교회를 지키시는 데 귀하게 쓰시는 하나님의 일꾼들이 된다. 이러한 면에서 이 비유는 하나님께서 남은 자들을 통해 이 땅에서 끝까지 자기의 교회를 지키신다는 것을 분명히 드러내고 있다고 할 수 있다. 참조, WC 5.7.

7. 마3:12, 막3:17 (참고, 알곡과 겨, 렘23:28). '알곡과 쭉정이 비유'는 세례요한이 천국에 대해 전파하면서 언급한 내용이다. 당시 유대인들은 자신들만이 하나님으로부터 선택되었고, 천국을 소유한 자들이라고 생각했다. 여기에 요한은 겉보기에는 열매가 있는 것처럼 보이지만 정작 속은 비어있는 쭉정이의 예를 들어 유대인들 중에도 쭉정이들이 있다는 것을 경고하고 있다. 또한 반대로 요한의 비유는 이방인들 중에도 알곡이 있다는 것을 말해주고 있다. 결국 알곡과 쭉정이는 유대인이라는 혈통을 따라 결정되는 것도 아니고, 그들이 강조하는 율법을 통한 것도 아니고, 오직 하나님으로부터 택함을 받은 자들이 이에 해당하는 것이다. 그러면서 요한은 하나님께서는 자신이 택한 자들에게는 그리스도를 통한 물과 성령의 세례를 주셔서 이들을 쭉정이와 구별하신다고 증언한다. 알곡과 쭉정이가 이 세상에서는 함께 공존하나, 결국에는 하나님께서 직접 구별하실 것이다.

8. 예수님께서 하신 '곡식과 가라지 비유'에서 '밭'은 교회가 아니고 세상이다(마13:38). 따라서 이 비유는 엄밀히 말하면 이 세상 가운데 공존해서 살아가는 택자들과 유기자들의 최후 심판에 관한 내용이다. 즉, 이 땅 가운데 살아가는 신자와 불신자들의 최후에 관한 내용에 관한 비유다. 따라서 이 비유는 결코 택자들의 모임의

앞의 표를 통해 알 수 있듯이 하나님께서 택자에게 선물로 주신 믿음Faith, 엡2:8 은 참 신자의 자질을 의미한다고 할 수 있다. 그리고 믿는 것to believe는 신자의 태도 혹은 신자의 증거라고 할 수 있다. 따라서 믿음으로by faith 믿는to believe 자가 참 신자인 것이다. 반면에 믿음 없이without faith 믿는to believe자는 거짓 신자라고 할 수 있다. 거짓 신자는 성경에서 말하는 가라지라고 볼 수 있는데, 가라지에는 크게 두 가지의 부류가 있다. 실제로는 믿음을 선물로 받지 않았지만 하나의 좋은 사상으로 기독교에 심취해 있는 사람들이 한 부류가 될 수 있다. 성경은 이들을 '스스로에게 속는 자들'고전3:18; 갈6:7이라고 표현하며 경계한다. 이들은 주로 자신들의 생각이 가장 성경적이며 지혜롭고 하나님의 뜻에 합당하다고 생각하는 경향이 있다. 물론 이들이 이런 독단적인 판단을 하는 것은 이들 안에서 성령님께서 지도하시고 인도하시는 믿음이 없기 때문이다. 교회 내 가라지들의 또 한 부류는 분명 자기에게 믿음이 없다는 것을 잘 알고 있지만, 개인적인 목적으로 교회에 출석하고 성도들과 어울리는 사람들이다. 이들은 믿음도 없을뿐더러, 실제 믿지도 않는다. 그러나 믿는 척하면서 교회 공동체를 통해 자신의 실속을 챙기는 자들이다. 성경은 이들을 위선자라고 부른다.

신자들 중에서도 신앙생활에 어려움을 겪는 이들이 많이 있다. 이들에게는 분명 하나님으로부터 선물로 받은 믿음이 있다. 그리고 그 믿음을 통해 그리스도를 구주로 고백한 경험도 분명 있다. 또 어떤 이들은 자신이 구원받았다는 감격 속에 기쁘고 즐겁게 신앙생활을 해본 경험도 있다. 그런데 어느 순간부터 말씀에 대한 감동이 사라지고, 성도들과의 교제가 즐겁지 않으며, 교회를 가는 것이 부담스러워진 것이다. 이들은 신앙생활을 하다가 낙심한 자들이다. 이렇게 낙심 가운데 있는 자들을 우리는 어떻게 대해야 하는가? 심지어 교회 출석을 꺼리는 자들을 우리는 어떻게 이해해야 하는가? 이들은 믿음Faith이 없어진 자들인가? 아니면 믿음은 그대로 있는데 믿는 것to believe에 잠시 문제가 생긴 것인가?

총체인 무형교회에 적용해서는 안 된다. 그러나 유형교회는 '곡식과 가라지 비유'에서 밭으로 묘사된 세상에 존재하는 까닭에 이 비유가 적용될 수 있다. 즉, 세상 속의 교회인 유형교회 안에 함께 공존하는 참 신자와 거짓 신자에 대해서는 적용이 가능하다는 것이다. 참고로 한국 성도들에게 익숙한 표현인 '알곡과 가라지 비유'는 실제 성경에는 없다. '곡식과 가라지 비유', 그리고 '알곡과 쭉정이 비유'(눅3:17)가 있을 뿐이다. 물론, '알곡과 겨'(렘23:28)도 있다.

여기서도 두 가지 경우를 생각해 볼 수 있다. 먼저 이들이 원래부터 믿음이 없었던 사람들이라면 이들의 이러한 현상은 오히려 당연한 것이다. 즉, 거짓 신자가라지로 교회 공동체에 있다가 교회를 떠나는 자연스러운 현상인 것이다. 그리스도를 머리로 하나의 몸이 된 교회에서 자신이 결코 지체가 될 수 없음을 깨달은 것이기 때문이다. 그런데 만일 믿음이 있는 자에게 이러한 현상이 나타나면 상황은 다르다. 하나님께서 택자를 부르실 때 성령님을 통해 주신 믿음은 어떤 상황에도 다시 거두어 가시는 법이 없다. 따라서 아무리 낙심한 자라 할지라도 참 신자들에게서 믿음이 사라지는 경우는 없다. 이들에 대한 정확한 진단은 믿음이 약해진 것이라 할 수 있다. 신자가 믿음이 약해졌을 때 나타나는 현상은 믿는 것to believe에 문제가 생기는 것이다. 이러한 이유로 신앙생활을 하다가 낙심한 사람도 여전히 신자인 것이다. 그리고 이렇게 낙심한 신자도 여전히 곡식인 것이다.

그렇다면 교회는 신앙생활의 중단을 선언한 자들이 낙심한 신자인지 가라지가 떨어져 나가는 것인지 어떻게 판단할 수 있는가? 그리고 이들을 어떻게 구분해서 관리해야 하는가? 교회 안에서 이 문제는 상당히 중요하면서도 민감한 부분이다. 결론부터 말하면 교회는 이들이 낙심한 성도인지 거짓 성도인지 판단할 능력도 권한도 없다. 이는 우리가 누가 택자인지 알지 못하는 상태에서 복음을 전하는 것과 같은 원리로 이해하면 된다. 우리가 복음을 전파할 때 모든 사람을 택자로 여길지라도, 성령께서는 택자들에게는 복음의 문을 열어주시고 유기된 자들에게는 복음의 문을 닫으심으로써 우리의 사역을 성공적으로 이끄신다.

그와 같이 신앙생활에서 실족한 자들을 대할 때 교회는 그들을 모두 곡식인 낙심한 성도로 여기고 위로하고 권면해야 한다. 그리고 나머지는 성령께 맡기는 것이다. 곡식인 성도들에게는 교회의 위로와 권면이 신앙생활을 회복시키는 자극이 되도록 성령께서 역사하실 것이다. 반면에 거짓 신자들에게는 성령께서 어떠한 간섭도 하지 않으실 것이다. 그들을 그냥 내버려두실 것이다. 그들이 자신들의 판단에 의해 교회를 떠나도록 내버려두실 것이다. 이러한 사역을 통해 성령께서 교회를 보호하고 보존하실 것이다.

※ 믿음과 회개, 회심과 성화에서 어떻게 다른가?

회심에서의 믿음과 회개	성화에서의 믿음과 회개
구원에 이르는 믿음과 생명에 이르는 회개	삶으로 드러나는 믿음과 삶을 회복하는 회개
바울이 특히 강조	야고보가 특히 강조
루터가 특히 강조	칼뱅이 특히 강조
믿음을 통하여(through faith)	믿음으로(by faith)
중생이 근거와 동력이 됨	양자 삼음이 근거와 동력이 됨
칭의 받고 양자가 됨	충성된 일꾼이 됨
칭의의 수단	상급의 조건
단회성	일생을 통해 지속됨
변화 없음	약해지기도 하고 강해지기도 함
효력이 결코 없어지지 않음	잠시 그 효력이 없어지기도 함
은혜로 주어짐	은혜의 방편을 통해 강화됨
수동적인 반응	능동적인 반응
택자가 신자가 되는 방편	신자가 일꾼으로 살아가는 방편

견인

※ 그리스도인(Christian)이란?

'그리스도인'이라는 단어는 신약성경에 세 번 나온다^{행11:26; 26:28; 벧전4:16}. 그중 처음으로 그리스도인이라는 말이 나오는 곳은 사도행전 11장 26절이다. 안디옥에서 예수 그리스도와 그분의 도를 따르는 사람들을 일컫는 말이었다. 사람들이 이들을 그리스도인이라고 부른 것은 이들의 말이나, 행동, 그리고 이들의 활동들이 그리스도를 닮았기 때문이었다. 그러나 당시 '그리스도인'이라는 호칭은 결코 좋은 의미가 아니었다. 사람들이 이들을 그리스도인이라고 부른 속뜻은 '그리스도가 만든 당파에 소속된 사람들'이거나 '사형된 그리스도를 여전히 추종하는 무리들'이었다. 유대인들에게 그리스도께서는 신성을 모독하고 저주를 받아 죽은 사람이었다. 이러한 차원에서 볼 때 그리스도인이라고 부르는 것은 이들도 그리스도를 따라 신성을 모독하는 자들이며, 죽어 마땅한 자들이라는 뜻을 내포하고 있었다.

그래서 '그리스도인'이라는 표현은 유대인과는 다른 부류의 사람이라는 뜻으로도 사용되었다. 비록 혈통적으로는 유대인이나, 같은 민족으로 취급해주고 싶지 않은 자들을 의미했다. 유대인인에도 불구하고 이방인 취급을 받는 부류라는 뜻이었다. 하나님의 언약에서 떨어져 나간 부류의 사람들로 분류하는 표현이었다. 아브라함의 자손에서 배제된 자들이라는 뜻이었다. 자기들과는 더 이상 상종할 수 없는 자들이라는 뜻이었다. 아그립바가 바울에게 "네가 적은 말로 나를 권하여 그리스도인이 되게 하려 하는도다"라고 한 말에서 사용된 '그리스도인' 또한 그리스도를 따르는 무리를 비꼬는 의미로 사용되었다행26:28. 이처럼 그리스도인은 비난과 조롱의 이름이었다. 비록 같은 용어는 아니지만 이와 같은 상황은 16세기 교회 개혁의 역사에도 나타난다. 루터가 교황으로부터 파문당하는 상황에서도 루터를 따르는 그리스도인들이 비슷한 취급을 받았다. 1529년 제2차 수파이에르 제국회의 이후 루터를 따르는 무리들을 교회에 저항하는 무리라는 뜻으로 '프로테스탄트'로 불렸던 것이 바로 그것이었다.

유대교의 입장에서가 아니라, 그리스도인의 입장에서 자신들을 그렇게 부르는 경우도 있다. 베드로전서 4장 16절이다. 베드로는 여러 교회에 보내는 서신에서 자신과 그들을 그리스도인이라고 칭하고 있다. 사도행전에서 언급된 그리스도인은 유대인과 로마의 관점에서 바라본 그리스도를 따르는 무리들에 대한 이미지를 보여준다면, 베드로가 언급한 이 이름은 자신을 그리스도인이라고 여기는 이들이 생각하는 이름의 의미를 보여준다고 할 수 있다. 베드로는 그리스도인을 '그리스도의 고난에 참여하는 자들'이라고 묘사한다벧전4:13. 베드로는 그리스도인을 고난의 관점에서 설명하고 있다. 그리스도인이 받아야 할 고난과 받아서는 안 되는 고난을 구별하여 설명한다. 먼저 베드로는 그리스도인은 결코 자신의 잘못된 행실 때문에 어려운 상황에 처해서는 안 된다고 말한다. 예를 들어 살인, 도둑질, 악행, 남의 일에 간섭하는 등의 일 때문에 생기는 문제들로 어려운 상황에 처해서는 안 된다는 것이다벧전4:15.

반면에 진정한 그리스도인이라면 항상 직면하게 되는 어려운 상황, 즉 고난이 있다고 베드로는 말한다. 그것은 다름 아닌 그리스도를 따르기 때문에 당하는 고난이다. 베드로는 그리스도인이 그 이름 때문에 고난을 당하는 것이 마땅하다고 말한다. 따라서 그리스도인은 그 이름 때문에 고난을 당할 때 절대 부끄러워해서는 안 된다. 그리스도인은 오히려 그 이름으로 하나님께 영광을 돌려야한다. 이것이 그리스도인으로서 고난을 대처하는 방법이다벧전4:16.

그러면서 베드로는 그리스도인들이 왜 고난을 당하게 되는지에 대해서도 설명한다. 베드로에 의하면 그리스도인이 당하는 고난은 필수적이다. 필연적이다. 다시 말해 그리스도인이라면 누구나 이 세상에서 고난을 당하게 되어있다. 그리스도인은 어느 누구도 세상의 고난을 피할 수가 없다. 베드로에 의하면 그리스도인이 세상에서 고난을 당하는 것은 그들의 행동 때문이 아니다. 그리스도인이 고난을 당하는 이유는 오직 한 가지다. 그들이 그리스도인이기 때문이다. 즉, 존재 자체가 고난의 이유인 것이다. 이러니 피할 수가 없는 것이다. 고난을 당하는 것이 당연한 것이다. 따라서 그리스도인이라는 이름 때문에 고난을 당하지 않는다면 그는 진정한 그리스도인이라고 할 수 없다.

그렇다면 그리스도인이 세상 사람들과 그 존재에 있어서 무엇이 다르기에 고난을 당하는 것인가? 그것은 그리스도인들에게 하나님의 영이 함께 계시기 때문이다. 이러한 이유로 그리스도인은 '하나님의 영이 그 위에 함께 계시는 자들'이라고도 할 수 있다. 이것 때문에 세상이 그리스도인을 미워하는 것이다. 그리고 그 미움이 괴롭힘으로 나타나는 것이다. 그리스도인이 세상에서 고난을 피할 수 없는 이유가 바로 그것이다벧전4:14.

이처럼 그리스도인이 세상에서 고난을 당하는 것은 당연한 사실이다. 그렇다면 이 사실을 그리스도인들은 어떻게 받아들여야 하는가? 이에 대해 베드로는 어떻게 설명하고 있는가? 베드로는 그리스도인이 세상에서 고난을 당하는 것을 '복 있는 자'의 증표라고 설명한다벧전4:14. 하나님께서 사랑하시는 자에게 주시는 특별한 복 때문에 세상이 미워하고 고난을 준다는 것이다. 이러한 이유로 그리스도인이 고난을 당하는 것은 그 자체가 '하나님의 뜻' 가운데 일어나는 필연적인 사건인 것이다벧전4:19.

그리스도인이 세상에서 고난을 당하게 되는 필연적인 현상은 예수님께서 고별 설교를 하시며 제자들에게 하신 말씀에 이미 잘 드러나 있었다. 예수님께서는 자신이 이 땅을 떠나게 되면 세상이 자신을 따르는 자들을 미워하게 될 것이라고 말씀하셨다. 세상이 자신을 미워하듯이, 자신을 따르는 자들을 미워하고 핍박할 것이라고 말씀하셨다. 그 이유에 대해서도 예수님께서는 분명히 설명해주셨다. 예수님께서는 어두운 세상에 빛으로 오셨다. 그리고 이렇게 빛으로 오신 예수님께서는 세상의 어두움을 드러내셨다. 세상을 부끄럽게 하셨다. 그래서 세상이 예수님을 미워한다. 그런데 예수님께서는 이 세상에 속해있던 자들 중 몇몇을 세상에서 불러내셨다. 그리고는 그들을 자기의 제자로 삼으셨다. 세상은 자기에게 속해 있던 자들을 빼앗아 간 예수님이 너무 미웠다. 이러한 상황에서 세상은 자기를 떠나 예수님을 따르는 무리까지 미워하게 되었다. 세상의 입장에서 볼 때 그리스도를 따르는 자들은 자기를 배신한 자들이기 때문이다.

그래서 세상이 그리스도인을 미워하는 것이다. 그리스도가 미운 만큼 그리스도인들도 미운 것이다. 그리스도를 죽였듯이, 그리스도인들도 죽이고 싶은 것이다. 세상이 그리스도인들을 핍박하는 이유가 바로 이것이다. 이러한 배경에서 세상 속에서 사는 그리스도인들이 세상으로부터 미움을 받는 것이다. 세상으로부터 고난을 당하는 것이다. 그리스도인이 그리스도의 고난에 참여하는 자들일 수밖에 없는 것이 바로 이러한 이유에서다요15:18-25.

그리스도께서 고별설교를 통해 제자들에게 고난에 대해 말씀하실 때 베드로도 함께 이 자리에 있었다. 이 자리에서 세상이 그리스도인들을 미워하는 이유를 그리스도께로부터 직접 들었다. 그리스도인들이 고난을 받을 수밖에 없는 이유를 그리스도께로부터 직접 들었다. 그리고 약 30년이 지난 후 베드로는 그리스도인들이 받는 고난에 대해 그리스도께 직접들은 내용을 여러 지역에 흩어져 있는 그리스도인들에게 풀어서 설명했다. 그리스도의 고난에 필연적으로 참여하는 자들이 진정한 그리스도인이라는 것을 그리스도의 말씀의 권위로 증언했다.

계속해서 베드로는 그리스도의 고난에 참여하는 자들의 자세에 대해서도 권면한다. 먼저 그리스도인은 고난을 이상한 일을 당하는 것 같이 여겨서는 안 된다벧전4:12. 당연하게 여겨야 한다. 그뿐 아니라 그리스도인들은 그리스도의 고난에 참여하게 된 것을 오히려 즐거워해야 한다벧전4:13. 왜냐하면 그리스도인들에게 있어서 고난은 하나님의 영이 함께 계시는 복의 증거가 되기 때문이다. 따라서 부끄러워하지 말고 그리스도인이라는 그 이름으로 하나님께 영광을 돌려야 한다벧전4:16. 고난을 하나님의 뜻으로 받아 오히려 선을 행하는 적극적인 삶을 살아야 한다. 그리고 세상에서 당하는 고난을 자신의 영을 미쁘신 창조주이신 하나님께 의탁하는 계기로 삼아야 한다벧전4:19.

그리스도인은 또한 그리스도의 기름부음에 참여하는 자들을 말한다.[9] 이 부분

---

9. "너희는 주께 받은 바 기름 부음이 너희 안에 거하나니 아무도 너희를 가르칠 필요가 없고 오직 그의 기름 부음이 모든 것을 너희에게 가르치며 또 참되고 거짓이 없으니 너희를 가르치신 그대로 주 안에 거하라"(요일 2:27)

은 교부들이 지도하던 초대교회 시대의 성도들의 모습을 보면 잘 알 수 있다. 특히 313년에 기독교가 합법적인 종교가 되기 전까지 교회가 어떠한 사람들을 그리스도인들이라고 불렀는지를 살펴보면 그리스도의 기름부음에 참여하는 것의 의미를 잘 알 수 있다.

초대교회에서 신자로 불리기 위해서는 꼭 거쳐야 할 과정이 있었다. 세례가 바로 그것이었다. 세례는 신자가 되었다는 것을 공식적으로 교회가 인정하는 예식이었다. 따라서 이 예식을 통해 신자로 인정받고, 교회의 회원 자격을 부여받았다. 그런데 초대교회에서는 신자로 불리며 교회의 회원권을 받는 것과 더불어 진정한 그리스도인으로 인정받는 것도 아주 중요하게 여겼다. 앞서 설명한 것처럼 하나님의 자녀, 신자, 교회의 회원으로 인정받기 위해서는 세례가 필수적이었다. 그러나 그리스도인으로 인정받는 것은 세례만 가지고는 충분하지 않았다. 신자가 그리스도인으로 인정받기 위해서는 세례예식 때 세례와 더불어 행해진 또 한 가지의 중요한 의식이 필요했다. 그것이 바로 기름부음Chrism, 도유식 의식이었다. 따라서 초대교회에서 행해진 기름부음의 의식과 그 의미를 살펴보면 초대교회에서 어떤 신자를 진정한 그리스도인으로 여겼는지 잘 알 수 있다.[10]

이 부분을 예루살렘 교회의 교리교사였던 키릴로스313-386가 잘 설명하고 있다. 키릴로스는 갓 세례를 받은 자들에게 총 다섯 번의 특별 강연을 했다. 이 강연은 세례식이 있던 부활주일 바로 다음 날부터 하루에 한 강의씩 진행되었다. 강의의 다섯 가지 주제는 세례를 받기 전 의식, 세례식, 기름부음, 그리스도의 몸과 피, 정결의식이었다. 그리고 정결의식을 다루는 강의가 끝나면 마지막으로 주기도문에

---

10. 초대교회에서 기름부음 의식은 세례 후 수세자에게 장로와 감독이 기름을 바르며 성령께서 임하시길 간구하는 의식을 말한다. 이후 이 의식은 견진성사(Confirmation)로 발전하여 로마 가톨릭과 정교회에서는 이 의식을 성례의 하나로 지키고 있다. 성공회와 루터교회도 초대교회의 전통을 따라 기름을 바르는 의식(Unction, 도유식)을 견신예식으로 행하기는 하나 성례로 취급하지는 않는다. 특히 성공회의 경우는 39개조에서는 견진예식(Confirmation), 고해(penance), 결혼식(Marriage), 성직서품(Ordination), 도유식(Extreme Unction)을 "삶의 상태"(states of life)로 분류하여 성례와 분명히 구분하고 있다. 한국 성공회 기도서에서도 견진예식, 고해예식, 혼인예식, 조병예식, 성직서품예식을 성례와 구분하여 성사예식으로 분류하고 있다. 이후 2018년에 다섯 가지의 성사예식을 그 이름에서 예식을 빼고 성사로 정리했다. 견진은 크게 두 가지 경우에서 행하는데, 성인이 세례를 받고 난 후 1-2년 내에 받는 경우와 유아세례를 받은 자가 성인이 되어 스스로의 신앙을 고백하면서 받는 경우가 있다. 반면에 장로교회는 도유식을 행하지 않을 뿐 아니라, 견진예식도 행하지 않는다. 대신 유아세례를 받은 자들이 성인이 되었을 때 스스로 자신의 신앙을 공적으로 고백하는 '입교'(the Public Confession of the Faith)를 행한다. 참고, *39 Articles*, 25; 『성공회 기도서』, 성사.

대해 설명했다. 이 강의 중 세 번째 날 강의가 바로 기름부음에 대한 것이었다. 당시 예루살렘 교회를 포함한 초대교회의 세례의식에는 기름부음 의식이 실제 있었다. 초대교회에서 이 기름부음 의식이 갖는 의미는 교회의 정회원이 되기 위해 꼭 거쳐야 하는 과정 그 이상이었다. 그들에게 있어서 기름부음 의식은 진정한 그리스도인이 되었음을 공식적으로 증명해주는 아주 중요한 의식이었다.

키릴로스는 "너희는 거룩하신 자에게서 기름부음을 받고 모든 것을 아느니라" 요일2:20-28의 말씀을 기초로 갓 세례를 받은 자들에게 기름부음의 의미를 설명했다. 키릴로스는 이 강의를 시작하면서 갓 세례를 받은 자들에게 이렇게 말했다. "여러분은 그리스도에게로 세례를 받았고, 그리스도를 옷 입었습니다. 따라서 여러분은 하나님의 자녀들로 적합한 사람들이 되었습니다. 왜냐하면 하나님께서는 이미 여러분을 자녀들로 예정하셨고, 그리스도의 영광의 몸에 적합하도록 하셨기 때문입니다. 이러한 이유로 여러분들은 그리스도에 참여한 자들이 되었고, 기름부음 받은 자들Christs이라 불리기에 합당하게 되었습니다. 이제 하나님께서는 여러분들에게도 '나의 기름 부은 자를 손대지 말며'시105:15의 말씀을 적용해 주십니다. 여러분은 성령의 예표antitype를 받아들임으로 기름부음 받은 자가 되었습니다. 이 모든 것이 그리스도께서 행하신 것을 모방imitation함으로 여러분에게 이루어진 것은 바로 여러분이 그리스도의 형상이기 때문입니다." 이로써 기름부음이라는 하나님의 특별한 은혜가 그들에게 주어졌다는 사실이 세례를 통해 모든 회중에서 공포되었다는 것을 알려주었다.

이어서 그는 갓 세례를 받은 자들에게 그들이 그리스도께서 행하신 것을 모방함으로 기름부음을 받았다는 것이 무엇을 의미하는지 자세히 풀어서 설명했다. 그리스도께서는 요단강에서 자신을 씻으셨다. 그분께서 강물에 잠겼다가 다시 올라오실 때 성령께서 그 위를 비추시고, 거기에 머무셨다. 키릴로스는 갓 세례를 받은 자들에게 이와 같은 방식으로 그들에게도 성령의 기름부음이 있었다고 설명했다. 그들이 세례조에 잠겼다가 다시 올라올 때 성령의 기름부음이 그들에게 있었다는 것이다. 또한 키릴로스는 세례를 통해 기름부음이 주어지는 것은 이사야에게 주 여호와의 영이 임함으로 사명이 부여되는 것과도 같은 것이라고도 설명했다사61:1-3.

그리스도께 물세례를 베푼 것은 세례요한이다. 그러나 그리스도께 기름을 부은 사람은 없다. 다시 말해 그리스도께서는 누군가에 의해 기름부음을 받지 않았다.

그러나 이러한 직접적인 시연이 없이도 그리스도께서 받은 세례가 기름부음을 나타내는 것은 성부 하나님께서 이미 그리스도를 세상의 구원자로 임명하셨고, 성령으로 기름 부으셨기 때문이다. 이러한 사실에 대한 근거로 키릴로스는 "하나님이 나사렛 예수에게 성령과 능력을 기름 붓듯 하셨으매 그분께서 두루 다니시며 선한 일을 행하시고 마귀에게 눌린 모든 사람을 고치셨으니 이는 하나님이 함께 하셨음이라"행10:38의 말씀을 제시했다. 그러면서 그는 구약의 "하나님이여 주의 보좌는 영원하며 주의 나라의 규는 공평한 규이니이다 주의 보좌는 하나님의 보좌라 왕은 정의를 사랑하고 악을 미워하시나니 그러므로 하나님 곧 왕의 하나님이 즐거움의 기름을 왕에게 부어 왕의 동료보다 뛰어나게 하셨나이다"시45:6,7라는 말씀을 그리스도의 기름부음에 대한 다윗의 예언이라고 설명했다.

이러한 그리스도의 기름부음이 세례를 통해 우리에게 적용되는 방식에 대해서도 키릴로스는 설명했다. 그에 의하면 그리스도께서 실제 십자가에 달리시고, 죽으시고, 묻히시고, 다시 일어나신 것이 세례를 통해 우리에게 동일한 가치로 적용되는 것처럼, 그분의 기름부음 또한 기름을 바르는 의식을 통해 같은 방식으로 우리에게 적용된다는 것이다. 그러나 세례가 그리스도께서 실제 행하시고 획득하신 그 가치를 우리에게 동등하게 주는 것이 아니라, 그리스도께 참여할 자격을 우리에게 주는 것처럼, 우리의 기름부음 또한 그리스도의 기름부음과 동등한 가치를 주는 것이 아니라, 그분의 사역에 참여하는 자로서의 자격을 주는 것이라고 그는 설명했다. 이러한 면에서 볼 때 키릴로스가 설명하는 기름부음의 실질적인 의미는 그리스도를 따르는 자로서 자격을 부여받는 것이었다. 또한 초대교회에서는 기름부음을 영적인 방호safeguard를 입는 것으로 설명하기도 했다.

그뿐 아니라 키릴은 "이제 성령의 기름부음을 받은 여러분이 해야 할 것은 다름이 아니라 선행을 통해 그리스도인의 삶을 더욱 힘차게 살아가는 것입니다. 그렇게 할 때 여러분의 구원의 선장이 되시는 예수 그리스도를 기쁘시게 할 수 있습니다."라고 권면한다. 이 말을 통해 그리스도인에게 성령의 기름부음이 단지 상태의 변화만이 아니라 삶의 변화로도 나타나야 할 것을 권면한다. 그리고 이렇게 변화된 삶을 통해 구원을 주신 그리스도를 기쁘시게 하는 것이 성령의 기름부음을 주신 하나님의 뜻임을 가르쳤다.

이처럼 초대교회에서는 세례와 기름부음 의식Chrism을 모두 마친 자들이 비로소 그리스도인Christian이라고 불릴 수 있었다. 다시 말해 세례를 통해 다시 태어나고, 기름부음을 통해 하나님의 전신갑주를 입었기 때문에 이제 그리스도인이라고 불릴 수 있는 자격이 생겼다는 것이다. 초대교회에서의 이러한 설명은 당시 갓 세례를 받은 학습자들에게 그리스도인으로서 자신들이 과거와 달리 어떤 존재들이 되었는지를 분명히 각인시키는 효과가 있었다. 결국 이러한 과정을 거쳐 교회 회중들로부터 그리스도인으로 인정을 받고 나면, 그들은 더 이상 세상을 따르는 자들이 아니라 그리스도만을 따르는 자들이 되는 것이다. 그뿐 아니라 이제 이들은 성령의 기름부음을 통해 하나님의 전신갑주를 입은 자들이 된 것이다. 사탄의 어떠한 공격도 막아낼 수 있는 그리스도의 강한 군사가 된 것이다. 세상이 감당하지 못하는 진정한 그리스도인이 된 것이다. 이것이 그리스도의 기름부음에 참여하는 그리스도인들의 모습이다.

※ 하나님의 형상 회복하기

최초의 인간이 부여받은 하나님의 형상의 특징은 하나님과 그분께서 창조하신 모든 것들에 대한 흠 없는 지식, 그리고 하나님과 교제할 만한 의와 거룩함이라고 할 수 있다. 하나님의 형상으로서 아담과 하와의 지식은 완전했다. 하나님에 대한 지식뿐 아니라, 세상의 모든 만물에 대한 지식도 완벽했다. 모든 일을 하나님의 뜻에 따라 행할 수 있었던 것은 그들이 하나님의 뜻을 정확히 파악하고 있었기 때문이다. 흠 없이 완전한 지식을 통해 에덴동산의 모든 것들을 그 본성에 맞을 뿐만 아니라 질서 있게 다스릴 수가 있었다. 이러한 이유로 신자가 주기도문을 통해 '아버지의 뜻이 하늘에서 이루어지는 것'을 기도할 때 소망하는 그 상태가 에덴동산에서는 항상 유지될 수 있었다.

그러나 죄로 인해 하나님의 형상이 오염되면서 그들의 지식 또한 오염되고 말았다. 완벽했던 하나님과 피조물들에 대한 지식이 제한되었다. 사물의 본질을 정확히 볼 수 없을 만큼 흐려졌다. 이것이 타락 이후의 아담과 하와의 상태였다. 뿐만 아니라 아담과 하와의 모든 후손들의 모습이다. 하나님의 형상이 오염된 모습이다. 뒤틀린 하나님의 형상의 모습이다. 타락은 하나님의 형상을 잃은 것이 아니다. 타락은 죄로 인해 하나님의 형상이 오염된 것을 말한다. 하나님의 형상이 뒤틀린 것을 말한다. 따라서 비록 인류는 죄로 인해 타락했음에도 불구하고 여전히 하나님의 형상을 소유한 자들이다. 만일 인류가 하나님의 형상을 완전히 잃었다면, 그것은 분명 회생 불가한 상황을 말할 것이다. 그러나 비록 오염되고 뒤틀리긴 했지만, 인류가 여전히 하나님의 형상이라는 것은 오염되기 전의 원래의 상태로 회생이 가능할 수도 있다는 것을 말한다. 그리고 성경은 하나님께서 인간이 원래의 그 형상을 회복할 수 있는 길을 열어주셨다고 분명히 밝히고 있다.

죄로 인한 타락으로 오염되고 뒤틀린 하나님의 형상을 회복하는 과정이 성화이다. 인간은 이 성화의 과정을 통해 오염된 하나님의 형상을 다시 정화해가며, 뒤틀렸던 그 형상을 바로잡아 간다. 하나님의 형상으로 지음 받은 것은 인류 전체. 신자나 불신자 모두 다 하나님의 형상이다. 그리고 죄로 인해 이 형상이 오염된 대상 또한 인류 전체다. 이 또한 신자나 불신자 모두에게 해당된다. 다시 말해 이 땅에 사는 사람이라면 그가 신자든, 혹은 불신자든 모두가 다 타락으로 오염되고 뒤틀린 하나님의 형상을 소유한 자들이다. 그렇다면 타락한 모든 인류가 다 성화의 과정을 거쳐 하나님의 형상을 다시 회복하게 되는가? 아니면, 누구라도 성화에 적극적으로 참여하는 자들은 오염된 형상을 회복할 수 있는 기회가 있고, 그렇지 않은 자들은 회복할 수 없는 것인가? 다시 말해, 하나님의 형상을 회복하는 것이 인간 한 사람 한 사람의 의지에 달린 것인가?

그렇지 않다. 오염된 형상을 회복할 수 있는 대상은 인류 전체가 아니다. 그리고 이 기회는 인간이 의지로 잡을 수 있는 것이 아니다. 성화의 기회는 전적으로 하나님의 뜻에 달려있다. 오직 하나님께서 택하신 자들만이 오염된 하나님의 형상을 원래의 상태로 회복할 수 있다. 다시 말해 하나님께서 택하시고, 그리스도께서 구속하시고, 성령께서 그 구속을 적용시키시는 사람들만이 하나님의 형상이 회복되는 것이다. 이러한 이유로 하나님의 형상을 회복하는 것은 오직 신자들만의 특권이다. 결국 성화는 신자가 이 땅에서 하나님의 형상을 회복해 가는 과정이다. 믿음을 고백함으로 의롭다고 인정받고, 하나님의 양자가 된 이 땅의 그리스도인들이 살아가는 삶이 바로 성화의 삶이다. 이 과정에서 신자는 오염된 하나님의 형상을 조금씩 정화해 간다. 뒤틀린 형상을 바로잡아 간다. 하나님으로부터 선물로 받은 믿음을 은혜의 외적인 방편인 말씀, 성례, 기도를 통해 잘 활용하면 할수록, 그리고 그것을 더욱 강화시키면 시킬수록 신자는 더 많이 그리고 더 정교하게 하나님의 형상을 회복할 수 있게 된다.

그렇다면 이 과정에서 신자는 어느 정도까지 형상을 회복할 수 있나? 타락하기 전에 아담과 하와가 가졌던 그 하나님의 형상까지 회복할 수 있나? 다시 말해 이 땅에서 성화의 과정을 통해 오염되기 전의 상태로 완전히 회복할 수 있는가? 신자가 최선을 다해 노력하면 아담과 하와가 가졌던 하나님과 피조물들에 대한 흠 없는 지식을 소유하는 데까지 하나님의 형상을 회복할 수 있나? 그들이 하나님과 직접적으로 교제할 수 있었던 그 의와 거룩함을 신자는 회복해 낼 수 있나?

　그렇지는 않다. 불가능하다. 왜냐하면 신자가 여전히 죄인이기 때문이다. 비록 그리스도의 구속의 효력을 적용받아 죄책의 문제가 해결되고, 하나님으로부터 의로운 자로 인정받기는 했지만, 여전히 본성적으로는 죄인이기 때문이다. 불신자는 물론 신자 안에도 여전히 죄악된 본성이 남아 있기 때문이다. 우리 속에 있는 죄악된 본성이 하나님의 형상에 대한 완전한 회복을 불가능하게 하기 때문이다. 하나님의 형상의 최초의 상태는 죄의 영향을 받지 않았던 때의 형상이었다. 그러나 현재 우리가 소유한 하나님의 형상은 죄로 인해 오염된 형상이다. 따라서 우리에게 죄가 있는 한 그 누구도 아담과 하와의 상태로 하나님의 형상을 회복할 수는 없다.

　그렇다면 완벽하게 하나님의 형상을 회복할 수 없는 상황임에도 불구하고 성화의 과정을 통해 신자가 하나님의 형상을 회복해 간다는 것은 어떤 의미인가? 가장 먼저 생각할 수 있는 것은 성령의 인도를 받는다는 것이다. 인간은 결코 스스로 하나님의 형상을 회복할 수 없다. 그렇다고 인간끼리 서로 협동하거나 협력한다고 가능한 것도 아니다. 성령의 도움이 있어야만 가능하다. 성령께서 인도해주셔야만 가능하다. 인간에 대한 성령의 역할은 거룩한 삶을 살아갈 수 있도록 도우시는 것이다. 인간을 거룩한 삶으로 인도하시는 것이다. 성령의 인도를 따라 거룩한 삶을 훈련하고 연습하는 것이 바로 하나님의 형상을 회복해 가는 것이다.

　또한 신자가 하나님의 형상을 회복해 간다는 것은 하나님의 뜻을 최우선으로 추구한다는 것을 의미한다. 하나님께서 인간을 자신의 형상을 따라 창조하신 것은 자신이 창조한 만물을 자신의 뜻에 따라 다스리게 하기 위함이다. 그러한 이유로 하나님의 형상이 오염되기 전의 최초의 인간은 매사에 하나님의 뜻만을 추구했다. 오직 그 뜻만을 따라서 만물을 다스렸다. 그러나 죄로 인해 타락한 인간은 더 이상 하나님의 뜻만을 추구하지 않게 되었다. 하나님의 뜻보다는 자신의 유익과 즐거움을 더 추구하게 되었다. 이것이 하나님의 형상이 오염된 인류의 근본적인 상태다.

이러한 인류 중 성령의 인도를 받는 몇몇은 자신의 유익과 즐거움보다는 하나님의 뜻을 더욱 소중하게 생각하게 된다. 그렇다고 자기의 유익과 즐거움을 완전히 포기한 것은 아니다. 하나님의 뜻 안에서, 그리고 하나님의 뜻을 따라 자기의 유익과 즐거움을 추구한다. 이렇게 하나님의 뜻을 추구하면 추구할수록 오염되었던 형상은 점점 더 정화되어 가는 것이다.

하나님의 형상을 회복해가는 신자는 항상 죄와 싸운다. 하나님의 형상이 오염된 자는 언제나 죄와 타협한다. 죄의 길을 따른다. 그러나 하나님의 자녀가 된 자들은 더 이상 죄에 끌려다니지 않는다. 죄와 정면으로 맞선다. 이들이 이렇게 죄와 싸울 수 있는 것은 자신을 보호해 줄 뿐 아니라 죄에 맞서 싸울 수 있는 무기를 공급받았기 때문이다. 하나님의 전신갑주로 무장되었기 때문이다. 그리스도의 군사가 되었기 때문이다. 그리스도의 군사로서 신자들은 항상 죄와 싸운다. 신자들이 싸우는 죄는 여러 가지 상황과 형태로 나타난다. 그러나 그중에서 가장 빈번하고 치열한 전투는 신자들 안에서 일어난다. 자신 속에 있는 죄악된 본성과의 싸움이 바로 그것이다. 이 싸움에서 신자는 이기기도 하고 때로는 지기도 한다. 그러나 분명한 것은 신자는 자기 속에 있는 죄악된 본성과 싸우면 싸울수록 더욱 강해진다. 이것이 바로 하나님의 형상이 회복되어 가는 신자의 모습이다.

신자가 더 이상 옛 사람이 아니라 새 사람으로 살아가는 것 또한 하나님의 형상을 회복해 가는 것을 나타낸다. 신자에게도 여전히 옛 자아가 그대로 남아 있다. 이를 옛 본성이라고도 한다. 신자 속에 있는 죄악된 본성이 바로 그것이다. 그러나 신자는 성령님을 통해 새 자아를 공급받은 사람이다. 새 본성을 공급받은 사람이다. 그래서 신자는 여전히 죄악된 옛 본성을 가지고 있지만, 동시에 새 본성도 함께 가진다. 이러한 차원에서 신자는 새 사람이 된 것이다. 비록 새 사람이지만 신자 안에 있는 옛 본성은 항상 죄를 수용하려 한다. 반면에 새 사람으로서 신자 안에 있는 새 본성은 성령의 인도를 받아 죄를 막고 선을 추구하려 한다. 이렇게 새 사람 안에서 옛 자아와 새 자아는 항상 대립니다. 옛 본성과 새 본성이 항상 대립한다. 반면에 오직 옛 본성만 있는 불신자에게는 이러한 대립이 없다. 이러한 이유로 신자에게서 나타나는 이러한 대립현상이 하나님의 형상이 회복되는 증거가 되는 것이다.

신자에게 있는 하나님의 형상은 그의 믿음에 비례해서 지속적으로 회복된다. 그러나 아무리 선한 노력을 한다고 하더라도 이 땅에서 이 형상을 완벽하게 회복해 낼 수 있는 사람은 아무도 없다. 그러나 신자들 중에서 이 땅에서 하나님의 형상을 회복할 수 없다는 사실 때문에 실족하는 사람은 아무도 없다. 그 이유는 이것이 단순히 인간의 능력에 대한 문제가 아니라는 것을 알기 때문이다. 하나님의 작정에 따른 섭리라는 것을 알기 때문이다. 신자가 이 땅에서 하나님의 형상을 회복하는 것은 어떠한 목표를 완수하기 위함이 아니다. 앞으로 영원한 새 하늘과 새 땅에서 완전히 회복될 하나님의 형상을 이 땅에서 미리 경험하는 것이다. 이러한 경험을 통해 신자는 하나님의 형상이 회복될 날이 분명히 있을 것이라는 사실을 확신하게 된다. 그뿐 아니라 그날을 더욱 소망하며 기다리게 된다. 이것이 바로 신자가 이 땅에서 하나님이 형상을 회복해가는 즐거움이다.

※ 구원의 서정 속에서 하나님과 동행하기[11]

우리는 날마다 하나님과 동행하며 살아가는가? 그렇다면 우리는 하나님과 어떻게 동행하는가? 하나님과 어떻게 동행하게 되었는가? 하나님과 동행한다는 것을 어떻게 느끼는가? 하나님과 동행하면 어떤 일들이 삶 속에서 일어나는가? 아니면 반대로 예수님은 믿고 구원의 확신은 있는데 하나님과 동행하는 것 같지는 않다고 생각하는가? 매 주일 교회에서 예배할 때는 하나님과 동행하는 것 같은데, 삶의 현장에서는 그렇지 않다고 생각하는가? 그것도 아니라면 어떨 땐 하나님과 동행했다가, 또 어떨 땐 그렇지 않았다고 생각하는가? 같은 교회를 다니면서도 어떤 성도는 하나님과 동행하는 것처럼 보이고, 또 다른 성도는 그렇지 않은 것처럼 보이는가? 비슷한 예로 어떤 성도를 보면 내가 하나님과 동행하는 삶을 사는 것 같은데, 또 다른 성도를 보면 현재 나의 모습이 결코 하나님과 동행하는 삶이라고 할 수 없다는 생각에 실망에 빠지기도 하는가? 마지막으로, 성경에서 하나님과 300년을 동행한 에녹의 이야기를 들으면 신앙생활에 힘이 되는가 아니면 좌절이 되는가?

아마 많은 성도들이 자기 자신에게 이러한 질문들을 자주 하며 살아갈 것이다. 그런데 이 땅에서 성도로 살아가면서 우리가 이러한 질문을 스스로에게 던지는 이유는 무엇일까? 그것은 결국 하나님과 동행하는 삶을 살고 싶기 때문이다. 하나님과 동행하는 삶을 누리고 싶기 때문이다. 성도의 교제 가운데 하나님과 동행하는

---

11. 히11:5, 창5:21-24.

삶들을 함께 나누고 싶기 때문이다. 결국 그 근본적인 이유는 대부분의 성도들이 하나님과 동행하는 삶을 살고 있다고 스스로 확신하지 못하기 때문이다.

그러면 우리는 어떻게 우리가 하나님과 동행하는지 알 수 있을까? 어떻게 하면 에녹처럼 하나님과 동행하는 삶을 살 수 있을까? 아니면, 우리가 정말 에녹처럼 하나님과 동행할 수 있기는 하는 것일까? 이러한 질문은 계속해서 꼬리에 꼬리를 물고 더욱 심각한 질문을 야기할 뿐이다. 그러면 이 문제를 해결할 방법은 무엇인가? 그것은 바로 성경이 하나님과 동행하는 삶에 대해 무엇을 그리고 어떻게 말하는지를 살펴보는 것이다. 좀 더 근본적으로는 하나님과 동행하는 삶의 근거와 동력이 무엇인지를 살펴보는 것이다. 다시 말해 내가 노력하면 하나님과 동행하는 삶을 온전히 살 수 있는 것인지, 아니면 내가 그렇게 살기 위해서는 특별한 무엇인가가 나에게 주어져야 하는지를 살펴보는 것이다. 만일 전자가 옳다면 우리는 그 방법을 따라 최선을 다해 노력해야 할 것이다. 그것이 수련이든 참선이든 아니면 어떠한 공력을 쌓는 것이든 우리는 힘써 그 일들을 수행해야 할 것이다. 그런데 만일 성경이 후자를 말한다면 우리는 우리에게 주어지는 그 무엇인가를 굳게 붙들어야 할 것이다. 그리고 어떻게 그것을 붙들 수 있는지 다시 한 번 성경의 가르침에 귀 기울여야 할 것이다.

하나님과 동행하는 삶을 우리의 삶 속에 바로 적용하기 위해서는 동행이라는 개념 자체부터 먼저 생각해 볼 필요가 있다. 성경에서 동행은 함께 걷는 것을 말한다. 두 인격체가 함께 같은 방향으로 걸어가는 것이다. 인격체가 아닌 존재와 함께 걷는 것은 동행이 아니다. 사람과 동물이 함께 걷는 것은 산책일 수는 있어도 동행이라 할 수는 없다. 성경은 오직 인격을 가진 존재들이 함께 걷는 것을 동행이라고 한다. 이렇게 서로 다른 두 인격체가 함께 동행할 때 고려되어야 할 사항이 하나 있다. 함께 걷는 두 인격체의 관계가 바로 그것이다. 두 인격체의 관계가 어떤가에 따라 동행의 모습은 많이 달라질 수 있다. 그리고 이것은 동행의 동기나 참여도에도 영향을 미칠 수 있다.

두 사람이 동행을 한다고 가정하자. 이러한 상황에서 이 두 사람의 관계는 크게 두 가지의 경우가 있을 수 있다. 하나는 한 사람이 권위를 가지고 다른 사람을 인도하는 경우다. 이때는 권위를 가진 사람이 가는 길의 방향과 속도를 결정한다. 이들의 동행이 문제없이 잘 이루어지려면 함께 걷는 자가 권위자의 방향과 속도에 보조를 맞춰야 한다. 그러면 두 사람의 동행은 즐거운 동행이 될 수 있다. 반면에 두 사람이 동일한 권위를 가진 경우가 있을 수 있다. 이때는 두 사람이 합의를 통해 갈 방향과 속도를 결정해야 한다. 두 사람의 생각이 조화를 이뤄 합의가 잘 되면, 그들의 동행은 순조로울 것이다. 그러나 그 반대의 경우는 동행이 힘들어질 수도 있고, 심지어 동행이 깨질 수도 있다.

그렇다면 신자의 동행은 둘 중 어떤 것일까? 물론 첫 번째 경우다. 하나님과 신자의 동행에서는 하나님께서 주도권을 가지시고 가야 할 방향과 속도를 결정하신다. 그리고 신자에게 가야할 길의 방향을 일러주시며 이끌어 가신다. 그러면 신자는 그 방향과 속도에 맞춰 하나님의 이끄심을 따라가기만 하면 된다. 이것이 우리와 하나님과의 동행이다. 그런데 여기서 우리는 한 가지를 더 생각해 보아야 한다. 그것은 하나님과 우리의 동행이 어떻게 시작되는지에 대한 문제다. 우리가 우리의 동행자로 하나님을 결정한 것인가? 아니면 하나님께서 함께 동행할 자로 우리를 선택해 주신 것인가?

전자를 말하는 이들이 바로 펠라기우스주의 사상을 따르는 자들이라고 할 수 있다. 아주 오래 전에 펠라기우스라는 사람이 있었다. 그는 지금부터 약 1600년 전의 사람이다. 원래 지금의 영국 땅 출신인데, 로마로 이사를 가서 살게 된 사람이다. 이 사람은 인간이 원죄를 가지고 태어난다는 것을 인정할 수 없었다. 이 땅에 태어나는 사람들이 자연적으로 아담이 죄를 짓고 받은 벌을 떠안고 태어난다는 것을 받아들일 수 없었다. 아담이 지은 죄는 아담 자신의 죄이고, 그가 당한 벌 또한 아담 그 당대에만 영향을 미친다는 것이 그의 주장이었다. 구원의 문제에 있어서 펠라기우스도 분명 하나님의 은혜를 인정했다. 그러나 그는 하나님의 은혜는 인간이 구원을 얻는 데 단편적으로 도움은 될 수는 있어도 절대적인 것은 되지 못한다고 생각했다. 앞서 언급 했듯이 그에게 아담의 자손들이 원죄를 가지고 태어난다는 것은 말이 안 되는 소리였다.

그래서 그는 인간에게 원죄라는 것은 없다고 주장했다. 인간이 원죄가 없다는 것은 아담이 타락하기 이전의 그 선한 상태를 모든 인간들이 다 유지한다는 말이다. 따라서 인간은 무엇이 옳고 그른지를 스스로 판단할 능력이 있다는 것이다. 물론 인간은 스스로를 구원할 수는 없다. 구원자의 도움이 있어야만 구원을 받을 수 있다. 그래서 인간은 구원자를 찾아야 하고 또 그를 의지해야 한다. 이러한 상황에서 펠라기우스는 인간은 원죄가 없기에 스스로의 능력으로 충분히 구원자를 찾을 수 있다고 말한다. 하나님의 도움이나 어떠한 외부적인 힘을 의지하지 않고도 인간 스스로 진리를 찾아갈 능력이 있다고 말하는 것이다. 그리고 동시에 인간은 그 진리를 거부할 능력도 권리도 있다는 것이 펠라기우스의 주장이다. 따라서 펠라기우스에 의하면 인간이 하나님과 동행하는 것은 전적으로 인간의 선택이다. 펠라기우스와 동시대를 살았던 인물 중 아우구스티누스는 그의 이러한 주장을 아주 강력히 반대했다. 아우구스티누스는 하나님의 선택과 은혜를 하나님과 신자의 동행의 근거로 설명했다.

로마 가톨릭교회는 하나님과 인간의 동행이 하나님의 은혜와 인간의 노력이 함께 동반될 때 비로소 가능해 진다고 설명한다. 그래서 이를 반₵펠라기우스주의라고 한다. 17세기 초반에 개혁주의 진영에서 이와 유사한 주장을 해서 이단으로 정죄된 이들이 있었다. 알미니우스주의자들이 바로 그들이다. 이들은 사랑이 많으신 하나님께서는 모든 인류에게 자신과 동행할 수 있는 기회를 제공하셨다고 주장했다. 하나님께서는 이 세상 모든 만물을 사랑하시는 분이라는 것이 그 근거다. 그런데 이렇게 하나님의 사랑을 받은 사람들 중에 어떤 이들은 그 사랑을 받아들이지만, 어떤 이들은 그 사랑을 거부하기도 한다고 그들은 주장한다. 하나님의 사랑을 받아들이는 자들은 하나님과 동행하게 되지만, 그 사랑을 거부하는 자들은 하나님이 아닌 세상과 동행하게 되는 것이다. 결국 하나님의 동행 요청을 받은 사람들 중에 누군가는 하나님과 동행하게 되고, 누군가는 그렇지 않게 된다는 것이다. 그 결정이 각각의 사람의 의지에 달려있고, 그래서 그 책임 또한 그 결정을 한 사람들이 지게 된다는 것이 이들의 주장이다.

그렇다면 성경은 우리가 하나님과 동행하게 되는 근거와 방법을 어떻게 설명할까? 좀 더 구체적으로 개혁주의 표준문서들은 이것을 어떻게 설명할까? 성부 하나님께서는 영원 전에 이 세상뿐만 아니라, 영원히 펼쳐질 새 하늘과 새 땅에서 자신과 동행할 자들을 이미 선택하셨다. 그리고 그들을 모두 성자에게 백성으로 주셨다. 그런데 성자의 백성들이 죄를 범하여 벌을 받게 되었다. 그 벌은 더 이상 하나님과 동행할 수 없는 것이었다. 성자께서는 성부께서 자기에게 백성으로 준 이들이 성부 하나님과 동행하지 못하게 된 것 때문에 마음이 아프셨다. 그러면서 동시에 성자께서는 백성들이 다시 성부 하나님과 동행할 수 있는 길이 있다는 것도 아셨다. 그 길은 오직 그들이 받아야 할 벌이 해결되는 것이었다. 그러나 문제는 백성들이 스스로 그것을 해결할 수 있는 방법이 없다는 것이었다. 그래서 성자께서는 자기 백성들이 당해야 할 벌을 대신 받기로 성부와 협의하셨다. 성부께서 정하신 방법대로 자신이 백성들을 위해 죽기로 동의하셨다. 아버지의 뜻에 순종하셨다. 그리고 인간으로 이 땅에 오셔서 십자가에서 죽으심으로써 그것을 수행하셨다. 이를 통해 성자는 그분의 백성들이 성부 하나님과 동행할 수 있는 길을 다시 열어 주셨다.

이것은 그리스도의 백성들에게 엄청난 은혜다. 아무것도 할 수도 없고, 그래서 아무것도 못한 상황에서 값없이 받은 은혜다. 죽음의 형벌에서 벗어나, 생명의 은혜를 받은 것이다. 이 은혜로 말미암아 성부 하나님과의 관계가 회복되고, 그분과 동행할 수 있게 되었다. 이러한 엄청난 은혜가 그리스도의 백성들에게 주어졌다. 그런데 문제는 백성들은 이러한 사실을 완벽히 알지는 못한다는 것이다. 이것이 바로 타락한 인간의 상태다. 이러한 인간은 자신의 신분이 바뀌고, 형벌이 없어졌는데도 불구하고 스스로는 결코 자신의 변화된 상태를 온전히 깨닫지는 못한다. 온전히 깨닫지 못하니, 온전히 누리지 못한다. 하나님과 다시 동행할 수 있는 권한을 부여받았음에도 그것을 사용하지 못한다. 심지어 자신을 여전히 하나님과 동행할 자격이 없는 자로 여기고 혼자서 전전긍긍하며 살아간다.

그리스도의 구속사역으로 인해 근본적인 죄의 형벌이 해결되고 나서도 여전히 그 죄에서 자유롭지 못하는 것은 무엇 때문인가? 다시 말해 하나님과의 관계가 새로 정립되었음에도 불구하고 계속해서 하나님과 동행하는 기쁨을 누리지 못하는 것은 어떤 이유에서인가? 그것은 죄의 형벌의 문제와는 상관없이 인간이 본성적으로 타락한 존재이기 때문이다. 그리스도의 구속사역으로 우리가 당해야 할 죄의 형벌은 분명 씻어졌다. 즉, 그리스도께서 십자가에서 흘리신 피로 우리의 죄책은 완전히 없어졌다. 그러나 이것이 우리의 타락한 본성까지도 바로잡는 것은 아니다. 다시 말해 죄의 형벌은 면했지만, 그 죄로 말미암아 뒤틀린 본성은 아직 그대로 우리 속에 남아 있다. 이러한 이유로 우리가 하나님께서 선물로 주신 은혜를 온전히 누리지 못하는 것이다.

이러한 이유로 성령께서 일하시는 것이다. 타락하여 오염된 본성을 가진 인간을 돕기 위해 성령께서 일하시는 것이다. 성부께서 택하시고, 성자께서 구속하신

자들에게 성령께서 친히 찾아가셔서 연합하신다. 말씀이 선포되어 복음이 전해질 때 성령께서는 택자들을 찾아가 그들 속에 임하신다. 그리고 그들로 하여금 진리의 말씀을 알아듣게 하신다. 더 이상 복음의 말씀을 거부하지 않고, 마음으로 받아들이게 하신다. 이 과정을 거치면서 성령께서는 죄로 오염된 우리를 거듭나게 하신다. 새로운 생명으로 우리를 다시 살리신다. 이것이 바로 택자들이 받는 중생의 은혜다. 그리고 성령께서는 계속해서 중생한 자들에게 성부께서 주시는 선물인 믿음을 받아들이게 하신다. 그들의 마음속에서 그 믿음이 옳게 작동하도록 적극적으로 도우신다. 성령께서는 중생한 자들이 믿음을 통해 그리스도를 주로 고백하도록 도우신다. 이것이 바로 구원에 이르는 믿음의 고백이다.

동시에 성령께서는 이 믿음의 눈으로 우리 자신을 보게 하신다. 이때 우리는 우리의 죄와 그것에 따른 형벌이 얼마나 심각한지, 그리고 우리의 현재 상태가 얼마나 비참한지를 깨닫게 된다. 또한 우리의 형벌을 대신 당하신 그리스도의 은혜가 얼마나 큰지를 알게 된다. 이러한 사실을 깨달은 인간은 더 이상 그리스도를 부인할 수 없게 된다. 그리스도를 구주로 고백할 수밖에 없게 된다. 그리고 동시에 죄와 비참의 상태에서 영원히 주님께로 돌아설 것을 다짐하고 약속하게 된다. 이것이 바로 생명에 이르는 회개다. 택자들 안에서 일어나는 이 모든 일들은 전적으로 성령께서 하시는 사역이다. 그래서 이것을 성령의 내적 사역이라고 한다. 택자들에 대한 성령의 이러한 도움은 결코 단회적인 사역으로 끝나지 않는다. 다시 말해 우리 안에서 사역을 시작하신 성령께서 영원히 우리와 함께 계시고, 또한 그 일을 결코 멈추지 않으신다. 심지어 신자가 죽음을 당해도 이 연합은 끊어지지 않는다.

성부께 선물로 받은 믿음이 중생한 자의 마음에서 작동할 때 그는 그리스도를 구주로 받아들이는 믿음의 고백을 하고 자신의 죄와 비참함을 회개한다. 이 믿음의 고백을 통해 중생한 자는 하나님으로부터 의로운 자로 인정받는다. 그리고 하나님의 양자가 된다. 이렇게 하나님의 양자가 된 이들이 이 땅에서 걸어가는 길이 바로 성화의 길이다. 그리스도와 연합한 자로서 걸어가는 이 길은 더 이상 혼자 걷는 길이 아니다. 그리스도와 함께 가는 길이다. 이것이 바로 신자의 길이다. 성도의 길이다. 그리스도인의 길이다. 이 길을 걸으며 신자의 믿음은 더욱 자라난다. 뿐만 아니라 죄로 말미암아 뒤틀리고 오염되었던 하나님의 형상도 조금씩 회복되어 간다. 어그러졌던 하나님의 형상이 회복되어 간다. 이것이 바로 그리스도와 연합한 자들이 이 땅에서 경험하는 성화의 과정이다. 물론 이 땅에서 완벽하게 성화를 이룰 수는 없다. 하나님의 형상을 최초의 창조된 상태 본래 모습으로 완전하게 회복할 수는 없다. 그러나 신자의 성화는 이후 새 하늘과 새 땅에서 흠 없이 회복될 그 본래의 형상을 소망하며 기대하기에는 충분하다.

이렇듯 성화의 과정을 통해 하나님의 형상을 회복하는 것은 신자만이 누릴 수 있는 특권이다. 그런데 신자는 성화의 과정에서 하나님의 형상을 회복하는 것이 특권인 동시에 의무이기도 하다는 것을 잊어서는 안 된다. 물론 이 땅에서 하나님의 형상을 회복하는 것이 신자의 의무라는 사실이 감당하기 힘든 큰 짐으로 여겨질 수도 있다. 그러나 이러한 부담이 당연한 것은 전적으로 타락한 우리가 이미 오염되고 뒤틀린 형상을 회복해 간다는 것이 결코 쉬운 일이 아니기 때문입니다.

그럼에도 불구하고 신자에게는 희망이 있다. 하나님의 형상을 회복하는 성화의 길에 항상 힘든 일만 있는 것은 아니라는 희망이 있다. 그 길이 외롭지만은 않을 것이라는 희망이 있다. 그 길에서 주저앉거나, 그 길을 이탈하지 않을 것이라는 희망이 있다. 그 길을 가는 동안 어떤 방해가 있더라도 끝까지 완주할 수 있을 것이라는 희망이 있다. 그렇다면 신자는 어떠한 이유에서 이러한 희망을 가질 수 있는가? 신자가 성화의 과정에서 이러한 희망을 가질 수 있는 이유는 바로 하나님께서 그들과 동행하시기 때문이다. 하나님께서는 자신의 형상을 회복하는 길을 걸어가는 신자들을 결코 홀로 내버려두지 않으시기 때문이다. 하나님께서는 신자가 걷는 매 순간 그들과 함께 계신다. 그들과 동행하신다. 그뿐만이 아니다. 하나님께서는 성화의 길을 걷는 신자들과 동행하시며, 친히 그 길의 인도자가 되어 주신다. 또한 하나님께서는 신자의 믿음의 상태에 맞춰 그 걷는 속도를 조절해 주시기도 하신다. 이러한 이유로 신자는 하나님과 동행하면 할수록 더욱 그분을 의지하게 된다.

그럼 하나님께서 성화의 과정에서 우리와 동행하신다는 근거는 무엇인가? 또한 하나님께서는 어떠한 방법으로 신자에게 자신이 그들과 동행하고 계신다는 것을 알게 하시고, 누리게 하시는가? 먼저 성화의 과정 가운데 하나님께서 신자와 지속적으로 동행하시는 근거는 신자와 그리스도와의 연합에 있다. 그리고 이를 통한 성령의 지속적인 내적인 사역이 이를 뒷받침한다. 하나님과의 동행의 근거가 그리스도와의 연합이라면, 하나님과 동행할 수 있는 동력은 어디서 오는가? 이는 우리가 통상적으로 은혜의 외적 방편이라고 부르는 말씀, 성례, 그리고 기도에서 온다.

이 은혜의 외적 방편을 통해 신자는 자신의 믿음을 더욱 강화시킨다.

신자는 성화의 과정에서 믿음이 강해지기도 하고, 또 경우에 따라 믿음이 약해지기도 한다. 신자가 믿음이 강할 때는 하나님의 임재를 충분히 체험하며 동행을 누린다. 반면에 신자가 믿음이 약해지면 하나님과 동행하는 기쁨에서 점점 멀어진 삶을 살게 된다. 이러한 이유로 믿음을 강화시키는 은혜의 방편은 신자가 하나님과의 동행을 잘 누릴 수 있는 중요한 동력이 되는 것이다. 여기서 신자의 믿음이 강화된다는 것은 더욱 친밀한 관계 속에서 하나님과 동행하게 되는 것을 의미한다. 신자가 그리스도와의 연합을 더욱 강력하게 느끼고, 또 누린다는 것을 의미한다. 이러한 차원으로 볼 때 신자는 하나님과 더 깊은 친밀함을 누릴수록 그와 하나님과의 동행은 더욱 복되고 즐거워지게 되는 것이다.

그렇다면 신자는 하나님과 동행하는 삶을 잘 살고 있는지, 그렇지 않은지를 어떻게 알 수 있을까? 신자의 삶에서 나타나는 어떠한 모습이 하나님과 동행하는 삶의 상태를 평가하는 기준이 될 수 있나? 성령의 열매가 바로 그것이다. 성령의 열매는 사랑, 희락, 화평, 오래 참음, 자비, 양선, 충성, 온유, 절제라는 아홉 가지의 열매라고 일반적으로 알려져 있다. 그러나 성경이 말하는 성령의 열매는 아홉 가지 종류의 열매가 아니다. 하나의 열매다. 그 이유는 바울이 이 열매를 복수가 아닌 단수를 사용하여 표현하고 있기 때문이다. 즉, 바울이 말한 성령의 열매는 아홉 가지 맛 혹은 향을 내는 하나의 열매다.

이러한 점에서 볼 때 바울이 말한 성령의 열매는 신자가 감당하는 어떤 특별한 사역의 결과들이 아니다. 또는 신자의 다양한 성품들을 말하는 것도 아니다. 바울이 말한 성령의 열매는 신자 한 사람 한 사람의 삶이다. 그리스도와 연합한 성도 한 사람이 살아가는 모습이다. 하나님과 동행하는 자가 이 땅에서 걸어가는 삶의 길이다. 이렇게 신자 한 사람의 삶에서 사랑과 희락과 화평과 오래 참음과 자비와 양선과 충성과 온유와 그리고 절제의 모습이 조화롭게 나타나는 것이다. 성령의 내적 사역이 그리스도와 연합한 신자가 하나님과 동행하는 삶을 살아가는 과정에서 실제로 그리고 외적으로 드러나는 증거가 바로 성령의 열매라는 것이다. 그리고 신자에게서 이 열매가 풍성히 열릴 수 있도록 하나님께서 마련해주신 장치가 바로 은혜의 외적 방편인 말씀, 성례, 기도이다.

이러한 이유로 신자에게 있어서 하나님과의 동행은 선택 사항이 아니다. 우리의 노력으로 되는 것도 아니다. 뿐만 아니라 이것은 거부할 수 있는 것도 아니다. 신자에게 있어서 하나님과의 동행은 임마누엘의 구체적인 적용이다. 그래서 이것이 하나님의 선물인 것이다. 또한 이러한 이유로 이것은 신자만이 누리는 특권이라고 할 수 있다. 신자가 누리는 하나님과의 동행이 더욱 은혜인 것은 그 동행의 방법이 일괄적이지 않다는 것이다. 이는 신자 개개인의 형편과 처지에 맞춰 하나님께서 동행의 속도를 조절해 주시기 때문이다. 그리고 이 동행이 더욱 감사한 것은 한번 시작된 하나님과의 동행은 결코 중단되지 않고 영원히 지속된 다는 사실이다.

그런데 문제는 많은 성도들이 하나님과 동행하면서도 그것을 누리지 못한다는 것이다. 심지어 하나님과 동행하고 있다는 사실조차 모르고 살아가는 성도들이 많다. 열심히 교회를 다니면서도 자신은 하나님과 동행하고 있지 않다고 생각하는 이들이 많이 있다. 이러한 생각을 하는 신자들의 대부분이 어떠한 기준과 조건을 갖춰야 하나님과 동행하는 삶을 살 수 있다고 생각한다. 에녹처럼 하나님을 기쁘시게 할 수 있어야 하나님께서 동행해 주신다고 생각한다. 또한 에녹처럼 어떠한 증거를 받아야 하나님께서 동행해 주신다고 생각한다. 그래서 이들은 하나님이 기뻐해 주실 만한 특별한 것들을 찾는다. 하나님과 동행하기 위한 조건을 갖추기 위해 다방면으로 노력한다. 그럼에도 불구하고 대부분이 이 과정에서 결국 실패하고 실족을 경험한다.

그런데 더욱 안타까운 현상들은 하나님을 기쁘시게 하는 증거를 받았다고 하는 이들에게서 오히려 많이 발견된다. 뭔가 특별한 것을 하나님께 바쳤다든지, 다른 성도들에 비해 더 많은 노력 봉사를 했다든지, 아니면 누가 봐도 사회적으로 큰 성공을 거둔 것을 그 증거로 내세우는 것이다. 이들은 그들만의 이러한 특별한 헌신과 그에 따른 결과가 바로 하나님께서 자신들을 기뻐하시는 증거라고 말한다. 그래서 이들은 일반성도와는 다른 하나님과의 동행을 누린다고 자부한다. 그러면서 자신들의 이러한 구별되고 헌신된 삶을 모방한다면 누구나 하나님과 특별한 동행을 할 수 있을 것이라고 주장한다. 하나님과의 동행에 대한 이러한 이해와 적용은 결국 신자들 사이에서 영적인 박탈감만 조장할 뿐이다. 교회 안에서 하나님과 동행하는 성도와 그렇지 않은 성도를 나누는 황당한 상황을 초래할 뿐이다. 이러한 현상들 때문에 교회는 하나님과 동행하는 법이라는 것을 주제로 설교도 하고, 강

의도 한다. 아이러니가 아닐 수 없다. 이는 이미 하나님께서 친히 관계를 맺어 동행하기 시작하신 이들에게 그 사실을 깨닫게 하지는 못할망정, 오히려 다시 새로운 방법으로 하나님과의 이상한 동행을 추구하게 하는 것이라고밖에 할 수 없다.

신자들은 하나님과 동행하는 사람들이다. 이미 하나님과의 동행이 시작된 사람들이다. 하나님과 함께 걸어가고 있는 자들이다. 각각 그 속도는 다를 수 있다. 누군가는 열심히 달려가고 있을 수도 있다. 반면에 누군가는 잠시 앉아서 쉬어 가기도 한다. 그러나 분명한 것은 열심히 달려갈 때도, 반대로 쉬어 갈 때도 하나님께서는 항상 그들과 함께 계신다는 점이다. 심지어 신자가 실족하여 하나님과 동행한다는 것을 잠시 잊고 살아갈지라도, 그 동행의 끈은 결코 끊어지지 않는다.

에녹은 하나님과 이 땅에서 오랜 기간 동행했다. 에녹이 이 땅에서 하나님과 동행한 기간은 그가 이 땅에서 신자로 살아간 기간을 의미한다고 할 수 있다. 신자로서 에녹의 삶에 대해 성경은 이렇게 정리한다. "그는 옮겨지기 전에 하나님을 기쁘시게 하는 자라 하는 증거를 받았느니라"히11:5b 이 말은 에녹이 이 땅에서 하나님과 동행하는 기간에 하나님을 기쁘시게 하는 삶을 살았다는 말이다. 이를 결국 에녹이 이 땅에서 하나님과 기쁨의 동행을 했다는 말이다. 이는 또한 에녹이 하나님과 이 땅에서 동행하는 기간 동안에, 에녹 자신뿐 아니라, 하나님께서도 함께 기뻐하셨음을 의미한다. 에녹에 대한 이러한 평가는 신자에게 큰 힘과 위로가 된다. 또한 이는 하나님께서 신자의 삶을 기뻐하시는지 아닌지를 조심스럽게 판단해 볼 수 있는 자료가 되기도 한다. 그 이유는 우리가 하나님과 동행하는 삶을 확신하고 매 순간 기쁨으로 누린다면, 그것이 바로 하나님께서도 우리와의 동행을 기뻐하시는 증거가 된다는 것이기 때문이다.

따라서 이제 신자가 해야 하는 것은 하나님과의 동행을 누리기 위해 무엇을 해야 할지를 고민하는 것이 아니다. 신자는 오직 하나님과의 동행을 확신하며 누리기만 하면 된다. 반면에 정작 신자가 해야 할 것은 따로 있다. 그것은 하나님과 더 친밀한 관계에서 동행할 수 있도록 은혜의 방편을 통해 믿음을 강화하는 것이다. 뿐만 아니라 신자 개개인의 삶으로 나타나는 성령의 열매를 통해 하나님과의 동행이 얼마나 친밀한지를 지속적으로 점검하는 것이다. 이 과정에서 신자들은 성도의 교제의 원리를 따라 서로의 열매들을 사랑으로 점검하며 모두가 더 양질의 열매를 맺을 수 있도록 서로 도와야 한다.

마지막으로 신자가 하나님과 동행을 누림에 있어서 결코 잊어서는 안 될 것은 이 모든 것이 그리스도를 머리로 하는 하나의 교회 안에서 이루어져야 한다는 점이다. 통상적으로 교회 밖에는 하나님과 동행할 수 있는 어떠한 가능성도 없음을 결코 잊어서는 안 된다. 그리고 하나님과 동행하는 신자들은 죽음을 보지 않고 하늘로 올라간 에녹을 부러워할 것만이 아니라, 에녹의 모습을 통해 죽음도 끊지 못하는 영원한 하나님과의 동행을 사모해야 한다. 우리가 육체로 죽는 것은 하나님과 완전하고 영원한 동행을 위해 죄의 올무를 벗는 것이다. 그리고 마지막에 그리스도께서 심판하실 때에 신자는 새로운 몸으로 재창조될 것이다. 또한 그리스도께서 왕 되신 새 나라에서 삼위일체 하나님과 영원히 동행할 것이다. 이것이 이 땅에서 하나님과 동행하는 신자들의 가장 큰 소망임을 결코 잊어서는 안 된다.

※ 새로운 마음과 변화된 삶

"그러므로 형제들아 내가 하나님의 모든 자비하심으로 너희를 권하노니 너희 몸을 하나님이 기뻐하시는 거룩한 산 제물로 드리라 이는 너희가 드릴 영적 예배니라. 너희는 이 세대를 본받지 말고 오직 마음을 새롭게 함으로 변화를 받아 하나님의 선하시고 기뻐하시고 온전하신 뜻이 무엇인지 분별하도록 하라"롬12:1-2

바울은 로마교회의 성도들에게 보내는 편지에서 하나님의 의, 구원, 복 등 하나님의 나라를 세우기 위해 하나님께서 우리에게 행하신 은혜들을 충분히 다룬 후에, 연이어 이 은혜에 우리가 어떻게 반응해야 하는지를 생생하게 다룬다. 즉, 신자의 삶을 다룬다. 이 땅에서 신자가 어떻게 살아야 하는지를 전달하면서 바울이 사용한 방법은 권면이었다. 그는 부탁을 하지도, 명령을 하지도 않았다. 또한 선지자적 경고의 메시지를 전달한 것도 아니었다. 이처럼 바울이 친근하게 하나님의 뜻을 권면하는 것은 이 편지를 받는 대상이 이미 기독교에 익숙한 자들이었기 때문이다. 기꺼이 가르침을 받고자하는 자들이었기 때문이다. '로마에서 하나님의 사랑하심을 받고 성도로 부르심을 받은 자'들이었기 때문이다롬1:7.[12]

바울이 로마의 성도들에게 신자의 삶을 권면하면서 먼저 '하나님의 자비하심'을 언급한 것은 하나님의 은혜에 대한 진정한 각성과 깨달음이 자발적인 순종의

---

12. Jonathan Edwards, 『로마서주석』, 김귀탁 역, (서울: 복있는 사람, 2014), 398.

절대적인 원천이기 때문이었다. 이는 교황주의자들처럼 사람들에게 겁을 주어 억지로 하나님을 순종하게 하는 것과는 근본적으로 그 출발점을 달리한다.[13] 바울이 언급한 '하나님의 자비하심'은 하나님께서 하신 것과 우리에게 하라고 하신 것을 자연스럽게 이어주는 다리 역할을 한다고 할 수 있다.[14] 그 이유는 '하나님의 자비하심'이 하나님께서 그분의 자녀들을 위해 부어주신 풍성한 은혜에 대한 가장 적절한 묘사가 될 수 있을 뿐만 아니라, 우리가 하나님께 자발적으로 순종할 수 있게 하는 원천이자 동력이 되기 때문이다.

또한 '하나님의 자비하심'은 하나님의 은혜에 적극적으로 반응하는 것이 신자의 마땅한 의무라는 것을 각성시키는 표현이기도 하다. 왜냐하면 이러한 무한한 하나님의 사랑과 은혜를 알면서도 그것에 감사하지도 않을 뿐 아니라 오히려 고의적으로 모르는 척해 버리는 것은, 하나님의 마음을 서운하게 할 뿐 아니라 오히려 그분의 진노를 낳게 되기 때문이다롬1:18-32.

우리가 하나님의 자비하심에 어떠한 반응을 해야 할지에 대해 바울은 좀 더 구체적인 접근을 통해 그의 권면을 이어간다. 그는 그리스도인이라면 자신의 몸을 거룩한 산 제사로 드려야한다고 말한다. 여기서 바울이 구약의 제사 이미지를 사용한 것은 옛 것으로의 회귀나 그것의 복원을 말하는 것이 아니다. 바울은 예수 그리스도를 통해 이미 제사제도가 완성되었음을 오히려 재확인하고 있다. 살아있는 것을 희생하여 하나님께 제사하는 것이 아니라, 신자의 전인격이 하나님께 거룩하게 드려지는 것이 새롭게 제정된 산 제사임을 가르치고 있는 것이다. 우리의 예배에서 드려져야 할 중요한 것은 더 이상 제사의식이 아니라 '우리의 몸'이라는 것을 분명하게 드러낸 것이다. 왜냐하면 하나님께서 예배를 통해 받으시길 원하시는 것은 드려지는 제물이 아니라, 제물을 드리는 사람이기 때문이다. 즉, 하나님의 주된 관심은 예배하는 사람에게 있다는 것이다. 하나님께서 예배하는 사람을 중요하게 여기시는 것은 '하나님께서 영과 진리로 예배하는 자들을 찾으신다'는 말씀을 통해서도 잘 알 수 있다요4:23.

그런데 예배와 예배하는 자에 대해 우리가 쉽게 오해에 빠지는 것이 하나 있다.

---

13. John Calvin, 『칼뱅주석』, 박문재 역, (고양: 크리스천다이제스트, 2013), 374.
14. Douglas J. Moo, 『NICNT 로마서』, 손주철 역, (서울: 솔로몬, 2011), 1007.

하나님께서 구약시대에는 주로 형식적인 제사를 기뻐하셨지만, 신약시대에는 예배하는 사람을 기뻐하신다고 생각하는 것이다. 하나님께서 예배하는 사람을 중요하게 여기시는 것은 신약시대에 새로 나타난 현상이 아니다. 기록된 성경에서 처음 소개되는 제사부터 하나님께서는 받으실 제물과 그것을 드리는 자를 함께 보셨다. 그 증거가 바로 가인과 아벨이 하나님께 제사하는 장면이다. "세월이 지난 후에 가인은 땅의 소산으로 제물을 삼아 여호와께 드렸고 아벨도 자기 양의 첫 새끼와 그 기름으로 드렸더니 여호와께서 아벨과 그의 제물은 받으셨으나, 가인과 그의 제물은 받지 아니하신지라"창4:3-4a 이 말씀은 하나님께서 이들의 제사도 중요하게 생각하셨지만, 그와 함께 제사를 드리는 이들의 인격 또한 중요하게 여기셨다는 것을 분명히 보여준다.

하나님께 우리의 몸을 거룩한 산 제물로 드리기 위해서는 두 가지의 사실을 분명히 알아야 한다. 하나는 우리의 몸과 영혼이 모두 하나님의 소유라는 것이다. 그리고 나머지 하나는 구별되지 않은 것을 하나님께 드리는 것은 하나님의 거룩하심에 대한 모독이라는 것이다. 거룩함을 추구하다가 다시 부정한 상태로 돌아가게 된다면 그 또한 성별된 것을 더럽힌다는 차원에서 신성모독과 같이 취급될 수 있음을 명심해야 한다. 따라서 신자는 이러한 사실을 충분히 숙지한 상태에서 지속적으로 거룩함을 실천해야 한다. 우리의 몸이 거룩한 산 제물로 드려질 때 비로소 그것이 하나님께서 기뻐하시는 '영적 예배'가 된다는 사실을 잊어서는 안 된다. 이러한 관점에서 볼 때 바울이 '몸을 거룩한 산 제사로 드리라'고 표현한 것은 우리가 드리는 예배의 범위가 전인격이 반영되는 삶의 모든 영역으로 확장되어야 함을 강조한 것이라 할 수 있다.

이에 대해 초대교회 교부 중 한 사람이었던 크리소스토무스는 신자가 이 말씀을 어떻게 적용해야 할 것인지를 다음과 같이 설명했다. "그러면 몸은 어떻게 제물이 될 수 있다는 것인가? 눈으로 일체 악한 것을 보지 않게 하라. 그렇다면 눈은 이미 제물이 된 것이다. 혀로 일체 불결한 것을 말하지 않게 하라. 그러면 혀는 이미 헌물이 된 것이다. 손으로 일체 불법한 행위를 하지 않게 하라. 그러면 손은 이미 온전한 번제가 된 것이다. 그러나 이것만으로 충분하다고 여겨서는 안 된다. 우리는 최선을 다해 선한 일을 도모해야 한다. 손으로 자선을 베풀게 하라. 입은 우리를 십자가에 못박는 이들을 축복하게 하라. 그리고 귀는 말씀을 듣는 즐거움에 빠지게 하라.”[15]

그렇다면 신자는 하나님께서 받으시기에 합당한 영적예배를 어떻게 몸으로 나타낼 수 있는가? 실제로 우리가 이것을 추구할 수는 있는가? 영적예배를 삶에서 구체적으로 적용할 수 있는 것인가? 아니면 현실에서는 불가능하며, 결국 육체의 부활 때에 천국에서나 가능한 하나의 이상이며 소망인가? 만일 바울이 ‘영적 예배만’을 언급하고 그쳤다면 누구나 충분히 이렇게 생각할 수 있다. 그러나 바울은 이러한 오해나 호기심의 가능성을 철저히 차단하고 있다. 그리스도인들이 어떻게 하면 이 땅에 살면서 영적 예배의 삶을 살아낼 수 있는지를 구체적이면서도 명료하게 밝히고 있다. 바울은 이것을 권면함에 있어서 ‘이 세대를 본받지 말고 오직 마음을 새롭게 함으로 변화를 받으라’고 말한다. 그러면서 이 말을 신자가 자신의 몸으로 영적 예배를 할 수 있는 전제와 조건으로 제시한다. 즉, 그리스도인들이 세상 사람들의 정서와 행실을 본받지 않고, 변화한 생명으로 새로운 존재가 될 때 진정한 선을 행할 수 있다는 것이다.[16]

루터는 우리가 영적 예배의 삶을 살아야 함을 설명하면서 ‘거룩한 산 제물’의 개념을 특히 강조한다. 그는 ‘거룩한 제물’이라는 것은 어떠한 것이 하나님께 합당한 제물로 쓰이기 위해 특별히 구별될 뿐 아니라, 그 용도가 변경된 것이라고 설명한다. 특히, 이것은 부정한 것으로부터의 분리를 말한다. 그런데 여기서 우리가 분명히 숙지해야 하는 사실이 하나 있다. 그것은 거룩한 제물이 되기 위한 성결은 결코 우리의 힘과 의지에 의한 것이 아니라, 하나님께서 직접 이루시는 사역이라는 것이다.[17] 진정한 그리스도인이라면 이미 거룩하게 구별된 존재들이다. 이러한 그리스도인에게 바울은 마음을 새롭게 하여 변화를 받아야 할 것을 주문한다. 바울의 이 권면에서 우리가 오해하지 말아야 할 것이 하나 있다. 그것은 바울이 의도하는 ‘새롭게 함’과 ‘변화’는 우리가 일반적으로 생각하는 것처럼 잘못된 방향을 바로잡는다거나 옳지 않은 것을 교정하는 개념이 아니라는 것이다. 이는 이미 새롭게 된 마음을 가진 그리스도인의 삶에서 나타나는 성장과 진보를 말하는 것이다고

---

15. Chrysostom, “Homilies on the Epistle of Romans” in Nicene and Post-Nicene Fathers, Vol. 11, (Massachusetts: Hendrickson Pub. Marketing, 2012), 496.
16. Martin Luther, 『루터의 로마서 주석』, 박문재 역, (고양: 크리스천다이제스트,2008), 211.
17. 앞의 책, 212.

후4:16; 골3:10.[18]

후4:16; 골3:10.[18]

그러면 우리는 어떻게 우리의 마음을 새롭게 할 수 있는가? 기도로 가능한가? 말씀 묵상으로 가능한가? 아니면 선을 행함으로 가능한가? 바울은 분명 우리의 마음이 새롭게 되어야 변화를 받을 수 있고, 이를 통해야만 하나님의 뜻을 분별할 수 있다고 말한다. 따라서 우리의 입장에서 우선되어야 할 것이 바로 새로운 마음을 갖는 것이다. 이러한 이유로 우리는 마음을 새롭게 할 수 있는 방법을 찾아나서는 것이다. 그런데 이 부분에서 우리가 또 한 가지 분명히 알아야 할 것이 하나 있다. 우리가 마음을 새롭게 하기 위해 어떠한 방법을 찾으려 하는 것 자체가 바울의 권면에 대한 오해가 낳은 결과라는 것이다. 이 권면에서 바울의 표현은 '마음을 새롭게 해서 변화를 받아라'가 아니다. 바울은 '마음의 새로움으로 변화를 받아라'[19]라고 표현하고 있다.

즉, 바울은 우리의 마음이 새롭게 변해야 우리가 선한 행동을 할 수 있다는 기본적인 사실은 분명히 강조한다. 그러나 그는 우리에게 마음을 새롭게 하도록 노력하라고 말하지는 않는다. 오히려 그가 말하는 것은 '새롭게 된 마음'이 주어지면 그 마음이 우리를 변화시킨다는 것이다. 하나님께서 신자에게 주시는 새 마음이 신자를 변화시킨다는 것이다. 이러한 차원에서 신자에게 주어지는 이 새 마음은 우리가 추구하고 성취해야 할 목표치가 아니라, 이 또한 바울이 앞에서 언급한 하나님의 모든 자비하심과 은혜 중 하나라고 할 수 있다.[20]

---

18. 앞의 책, 214.

19. μεταμορφοῦσθε τῇ ἀνακαινώσει τοῦ νοός에서 나타나듯이 개역개정에서 '변화를 받아'라고 되어 있는 단어는 수동태 명령형으로(μεταμορφοῦσθε) 쓰여 이 변화가 우리의 힘과 의지로 되는 것이 아님을 분명히 하고 있다. 또한 '마음을 새롭게 함으로'도 사람이 주어가 되는 동사적 표현이 아니고 '마음의 새로움'(τῇ ἀνακαινώσει τοῦ νοός)이라는 명사로 사용되었다.

20. 이 부분의 개역개정 표현인 '마음을 새롭게 함으로 변화를 받아'를 일반적으로 이해하는 방식으로 영문번역하면 'being transformed by renewing your mind' 정도일 것이다. 즉, 문장 전체의 주어인 너희가 마음을 새롭게 하는 행동을 통해 변화를 받게 된다는 뜻이 된다. 이러한 문장에서 우리가 어떻게 하면 마음을 새롭게 할 것인지를 고민하는 것은 아마 당연할 것이다. 그런데 이 부분에 대해 많은 영어 성경은 원문의 표현을 잘 살리고 있다. NIV는 이것을 'but be transformed by the renewing of your mind'라고 번역했고, KJV, NASB, ESV, NET 모두 이와 같이 번역했다. 약간의 문법적인 설명을 하자면 개역개정의 'by renewing'은 문장 전체의 주어의 행위를 나타내지만, 제시된 영어 성경들의 'by the renewing'은 수동태 문장의 주어가 된다. 이를 좀 더 풀어서 설명하면 '(You) be transformed by the renewing of your mind'의 수동태 문장을 능동태로 고치면 'Let the renewing of your mind transform you'(네 마음의 새로움이 너를 변화시키게 하라)가 되는 것이다.

새롭게 된 마음이 우리를 변화시킨다. 그리고 이 변화는 분명히 행동으로 나타난다. 이러한 면에서 볼 때 우리에게 주어진 이 새로운 마음은 그리스도인의 삶과 직접적인 관련이 있다고 할 수 있다. 즉, 그리스도인의 새로운 마음은 윤리의식으로 정립되어 일상생활 속에서 구체적으로 나타나게 된다는 것이다. 이것은 결코 단회적으로 일어나는 사건이 아니다. 우리의 평생을 통해 일어나는 과정이다. 진보의 과정이다. 하나님의 선하시고, 기뻐하시고, 온전하신 뜻에 더욱 가까워질 뿐 아니라, 그것을 구체적이며 적절하게 살아내는 진보의 과정이다. 따라서 그리스도인은 마음의 새로움을 통해 하루하루 더 성숙한 삶을 살아가야 한다.

그러면서 그리스도인은 우리의 윤리적인 진보를 막고 실천을 방해하는 요소들이 우리 주위에 항상 도사리고 있다는 것 또한 항상 경계해야 한다. 이는 바울의 권면을 듣는 로마교회 공동체 안에서도 동일하게 나타났던 현상들이다. 바울이 지적하는 방해요소는 '하나님을 알되 하나님을 영화롭게도 아니하며 감사하지도 아니하고 오히려 그 생각이 허망하여지며 미련한 마음이 어두워지는 것'롬1:21이다. 이는 고의적으로 하나님을 거부하고 모르는 체하는 것을 말한다. 즉, 하나님께서 주시는 새로운 마음을 고의적으로 무시하거나 거부하므로 변화를 경험하지 못하게 되는 것을 말한다. 심지어 의식적으로 변화를 부정하는 것을 말한다. 이러한 이들은 결코 하나님의 뜻이 무엇인지 알 수 없다. 물론, 이들 중 다수는 하나님의 뜻을 알려고 하지도 않는다.

그리스도인으로서 하나님의 선하시고, 기뻐하시고, 온전하신 뜻이 무엇인지를 알아 그에 합당한 윤리의식을 가지고 살아갈 수 있다는 것은 큰 축복이다. 이러한 삶은 부담도 고통도 아니다. 새 마음으로 변화된 삶이 자연스럽게 우리의 행동을 통해 나타나는 현상이기 때문이다. 반면에 하나님을 의도적으로 모르는 척하는 이들은 마음의 새로움을 통한 변화가 없고 하나님의 뜻과는 무관한 삶을 살 수밖에 없기에 삶에서 여러 종류의 악한 모습들을 나타낸다. 그러면서도 그들은 자신들의 악행에 대해 죄책감을 갖기보다는, 오히려 자신들의 일들을 옳게 여기며 더욱 악을 도모한다롬1:18-32. 하나님께서는 이들처럼 하나님 자신에 대해 고의적으로 무지한 자들에게는 어떠한 자비도 허락하지 않으신다. 그들에 대해서는 철저히 진노하신다.

여기서 나타나는 하나님의 진노는 눈에 보이는 형벌이 아니다. 하나님께서 이들에게 진노하시는 방법은 이들을 그대로 내버려 두시는 것이다. 죄 아래 그들을 그대로 내버려 두시는 것이다. 마음의 정욕대로롬1:24, 부끄러움의 욕심에롬1:26, 그 상실한 마음대로롬1:28에 그대로 내버려 두시는 것이다. 그러니 이들은 자신들이 무엇을 잘못하고 있는지 알지 못하고, 오히려 자신들의 행위가 옳다고 판단하게 된다롬1:32. 스스로 자기의 죄에 빠져 계속해서 죄를 짓게 되는 것이다. 이러한 하나님의 내버려 두심이 더욱 무서운 진노의 형벌인 것은 회개의 기회가 주어지지 않기 때문이다. 자기들의 잘못을 깨달을 수 있는 자극이 없으니 더욱 악한 상황으로 빠질 수밖에 없는 것이다. 바울이 신실한 그리스도인들에게 '이 세대를 본받지 말라'롬12:2고 경고한 것이 바로 이러한 경우를 두고 한 말이었다.

로마서 12장 1-2절은 11장까지 언급한 은혜에 대하여 그리스도인들이 어떻게 반응해야 하는지를 설명하는 부분의 서론에 해당된다고 할 수 있다. 여기서 바울은 그리스도인으로서 참된 감사의 삶과 올바른 윤리적 삶을 권면하기 위해 '새로운 마음에 의해 변화되는 것'을 우선적으로 강조한다. 바울에 의하면 이 변화는 하나님의 뜻을 분별하는 것에서부터 시작된다. 그리고 이 변화는 매일 매일 구체적인 실천을 통해 지속적이며 진보적으로 나타난다. 이와 함께 바울은 '이 세대를 본받지 말 것'을 경고하며 삶으로 실천되는 그리스도인의 윤리가 세상으로부터 방해받지 말아야 할 것을 권면한다. 이러한 차원에서 이 말씀은 그리스도인의 선한 삶이 어디에 기초를 두고 있는지를 잘 말해준다고 할 수 있다. 신자가 몸으로 드리는 영적예배를 할 수 있는 이유를 잘 알려준다고 할 수 있다. 신자가 자신의 몸으로 하나님이 기뻐하시는 영적예배를 드릴 수 있는 이유는 하나님께서 그들을 새롭게 해 주셨기 때문이다.

신자가 몸으로 드리는 영적 예배는 신자가 삶을 통해 드러내는 그리스도의 향기와 같다. 즉, 신자의 착한 행실이다. 여기서 말하는 신자의 착한 행실은 단순히 사회적인 윤리 차원에서 추구하는 선을 말하는 것이 아니다. 신자의 능력과 노력으로 드러나는 착한 일이 아니다. 이는 하나님께서 주신 새로움을 통해 변화된 자신의 모습을 세상에 드러내는 것이다. 이 과정에서 신자는 삶 속에서 행하는 행동 하나하나를 통해 하나님께서 베풀어주신 자비하심에 감사를 드러내게 된다. 그뿐 아니라 하나님의 선하시고 기뻐하시는 뜻을 더 깊이 묵상하고 연구하여 더 구체적으로 선한 일을 도모하게 된다.

※ 영적 전쟁[21]

신자의 삶은 그 자체가 영적 전쟁이다. 그래서 신자는 매일 싸움을 준비해야한 다. 뿐만 아니라 큰 전쟁이건 작은 전쟁이건 전쟁을 치른 후에는 흐트러진 전열을 다시 정비해야 한다. 전쟁으로 피해를 본 것이 있다면 최대한 빨리 복구해야 한다. 그래야 또 다른 전쟁을 대비할 수 있다. 이처럼 신자는 매일 싸운다. 이 세상의 신 자들 중 어느 누구도 영적 전쟁을 치르지 않는 사람은 없다. 신자라면 누구나 다 자신이 이러한 영적 전쟁을 치르고 있다는 것을 매일매일 인지한다. 그리고 이 전 쟁에서 이길 힘을 달라고 기도한다. 신자들이 '주님만이 내 힘이십니다'라고 기도 하는 것은 자신들이 직면한 영적 전쟁을 승리로 이끄실 분이 오직 주님뿐이시라는 것을 고백하는 것이다. 전쟁에서 이기기 위해 주님을 전쟁의 선봉장으로 모시는 것이다. 뿐만 아니라 자신들의 능력으로는 이 전쟁에서 승리할 수 없다는 것을 인 정하는 것이다. 신자들이 이러한 고백은 분명 성경적이다. 또한 바람직하다. 성경 도 주님께서만 오직 전쟁에 능하신 분이시라고 말씀하신다시24:8.

그런데 영적 전쟁에 있어서 신자들이 오해하고 있는 것이 있다. 크게 두 가지를 오해하고 있는데, 하나는 자신이 어려운 일을 당하거나 스스로 해결하기 힘들 일 에 봉착했을 때 그것을 영적 전쟁으로 생각하는 것이다. 그런데 더 큰 문제는 왜 자기에게 이러한 어려운 일이 발생했는지는 중요하지 않다는 점이다. 다시 말해 자기가 직면한 문제의 책임이 누구에게 있는지는 중요하지 않다는 것이다. 단지 자기가 해결하기 어렵다고 생각하는 문제에 직면하면 그것을 영적 전쟁으로 생각 하는 것이다. 신자가 당하는 고난으로 생각하는 것이다. 그래서 전쟁을 이겨줄 강 한 용사가 필요한 것이다출15:3. 어려운 문제를 해결해 줄 분이 필요한 것이다. 당면 한 문제에서 해를 당하지 않도록 보호해 주시는 분이 필요한 것이다시121:5-8.

영적 전쟁에 대해 신자들이 가지고 있는 또 하나의 오해는 세상과의 싸움을 영 적 전쟁으로 생각하는 것이다. 신자는 세상과 싸우는 사람이 아니다. 신자가 세상 에 대해서 하는 일은 세상을 대항하는 것도, 세상을 막아서는 것도 아니다. 신자가 세상에 대해서 하는 일은 오히려 세상을 벗어나지 않는 것이다. 세상에서 사는 것 이다. 신자의 삶은 분명 세상과 다르다. 세상 사람들의 삶과 달라야한다. 그럼에도

---

21. WFC 13.2-3.

불구하고 신자는 세상과 다른 삶을 추구하는 사람은 아니다. 세상의 문화에 무조건 반대해서 사는 사람이 아니다. 세상에 대항하는 사람이 아니다. 세상이 오른쪽을 택하면 왼쪽을 택하고, 세상이 왼쪽을 택하면 오른쪽을 택하는 사람이 아니다. 그럼에도 불구하고 신자의 삶은 세상과 구별되어야 한다. 신자가 세상과 구별되는 방법은 세상을 거부하는 것이 아니다. 또한 세상의 방향과 반대 방향을 향하는 것도 아니다.

신자가 세상과 구별되는 방법은 신자라는 이름에 걸맞은 삶을 사는 것이다. 그리스도인으로서 그리스도인답게 살아가는 것이다. 세상이 뭐라고 하든지 성경 말씀을 통해 하나님께서 일러주시는 방식대로 살아가는 것이다. 말씀을 따라 세상과 타협하지 않는 삶을 사는 것이다. 신자의 이러한 삶은 그 자체로 세상과 구별된 삶이 된다. 이것이 바로 그리스도를 따르는 삶이다. 그리스도께서는 결코 세상을 등지지 않으셨다. 세상의 문화를 거부하지도 않으셨다. 오히려 그것들을 활용하셨다. 그리스도께서는 세상과 함께 계셨다. 그러나 세상에 속하지는 않으셨다. 세상과 구별되셨다. 신자의 삶의 모델은 오직 그리스도께서 걸어가신 길이다. 또한 신자의 삶의 법칙은 오직 그리스도께서 그분의 제자들에게 일러주신 것들이다.

무엇인가가 구별되기 위해서는 필수적으로 갖춰줘야 하는 조건이 하나 있다. 그것은 바로 비교 대상이 되는 어떠한 것이 있어야 한다는 점이다. 비교 대상이 되는 것과 함께 다뤄져야 한다는 것이다. 그리스도께서 세상과 구별되시는 원리도 바로 여기에 있다. 그리스도를 따르는 신자가 세상과 구별되는 원리도 마찬가지다. 그리스도와 신자가 세상과 구별되는 것은 세상에 있기 때문이다. 신자의 삶이 세상과 구별되는 것은 신자의 삶의 무대가 바로 세상이기 때문이다. 그리스도를 미워하는 세상에서 그리스도를 따르는 삶을 살기 때문에 세상과 구별되는 것이다. 세상에 살지만 세상에 속하지 않았기 세상과 구별되는 것이다.

그리스도를 따르며 세상과 구별된 삶을 사는 자들은 원래 세상에 속했던 자들이다. 그러나 이들이 더 이상 세상에 속하지 않은 것은 예수님께서 이들을 세상에서 불러내셨기 때문이다. 이러한 이유로 세상은 그리스도뿐만 아니라 그리스도를 따르는 신자들도 미워한다요15:18-20. 그리고 그 미움은 박해로 나타나기도 한다빌1:29. 신자가 세상에서 고난을 당하는 이유가 바로 여기에 있다. 신자는 세상에 살지만 세상과는 분명 구별된 자들이다. 따라서 참 신자는 항상 세상으로부터 고난을 받게 되어 있다. 특히, 신자는 세상에서 그리스도의 도를 추구하면 추구할수록 세상으로부터 고난을 당하게 된다. 성경은 이것을 신자들이 짊어지는 '그리스도의 남은 고난'이라고 표현한다골1:24. 참 신자들이 그리스도의 고난에 참여하는 자들 이라는 뜻인 '그리스도인'으로 불리는 이유도 바로 여기에 있다.

이처럼 신자들이 세상에서 고난을 당하는 것은 당연하다. 따라서 신자는 이 고 난을 기쁨으로 받아들여야 한다. 고난을 당당하게 받아들여야한다. 그런데 그리스 도인이 당하는 고난의 이러한 의미를 잘 모르는 신자들이 있다. 이들은 신자들이 당하는 고난을 극복해내야 할 하나의 과제로 생각한다. 고난을 주는 세상과 싸워 이겨서 세상이 더 이상 신자들에게 고난을 줄 수 없도록 해야 한다고 생각한다. 이 들이 이렇게 생각하는 이유는 신자가 세상에서 당하는 고난을 영적 전쟁이라고 생 각하기 때문이다. 물론 신자를 박해하는 일은 모두 사탄의 계략에서 나온다. 실질 적으로는 사탄이 부리는 악령들과 악한 사람들을 통해 신자에게 박해가 일어난다. 이러한 차원에서 신자가 당하는 고난의 근원은 분명 영적이라고 할 수 있다. 그렇 다고 해서 모든 박해를 영적 전쟁으로 봐야하는가? 신자가 당하는 고난이 정말 신 자들이 싸워야 할 영적 전쟁인가? 신자가 악한 세상의 박해에 맞서서 영적 전쟁을 해야만 하는가? 이러한 생각을 가지고 있는 이들은 세상의 악한 문화 속에서 건전 한 기독교 문화가 위협받고 있는 것도 영적 전쟁이라고 주장한다. 그렇다면 신자 는 이 또한 영적 전쟁으로 선포해야 하는가?

이렇게 주장하는 이들은 영적 전쟁에서 승리하기 위해 신자가 힘을 키워야 한 다고 말한다. 박해로 나타나는 영적 전쟁에서 이기기 위해서는 기도와 말씀과 함 께 박해를 이길 수 있는 조직적인 힘 또한 키워야 한다고 강조한다. 반면에 세상의 악한 문화 안에서 발생하는 영적 전쟁은 바른 기독교 문화를 개발하고 보급함으로 써 사회를 정화시키는 방식으로 승리를 이뤄내야 한다고 주장한다. 그리고 이러한 영적 전쟁에서 승리하기 위해 필수적인 것이 바로 하나님의 전신갑주를 입는 것이 라고 말한다.

그런데 성경이 영적 전쟁을 이렇게 박해와 악한 문화처럼 외부적으로 나타나는 현상으로 말하고 있을까? 그리고 이 전쟁을 대비해 신자가 갖춰야 할 하나님의 전 신갑주의 용도가 박해를 물리치고 악한 문화를 순화시키는 것에 있는가? 결론부 터 말하면 성경은 박해나 악한 문화처럼 신자를 힘들게 하거나 유혹하는 세상의 외적인 현상들을 영적 전쟁이라고 말하지 않는다. 성경은 신자의 영적 전쟁이 '혈과 육'을 상대하는 것이 아니라고 분명히 말하고 있다. 성경이 말하는 영적 전쟁은 '통치자들과 권세들과 이 어둠의 세상 주관자들과 하늘에 있는 악한 영들'을 대상으로 하는 것이다엡6:12-13. 그리고 이 영적 전쟁의 근원이 '마귀의 간계'라고 분명히 말하고 있다엡6:11. 즉, 신자가 직면하는 영적 전쟁은 마귀의 지시를 받은 통치자들과 권세들과 이 어둠의 세상 주관자들과 하늘에 있는 악한 영들을 통해 촉발된다.

여기서 언급된 '통치자들과 권세들과 이 어둠의 세상 주관자들과 하늘에 있는 악한 영들'은 신자를 영적 전쟁 속으로 빠져들게 하는 마귀의 수하들이다. 이들은 마귀의 지시를 따라 각각의 방식으로 신자들을 어려움에 빠뜨린다. 신자는 통치자들과 권세들로부터 박해를 받기도 하고 이 어둠의 세상 주관자들로부터 다양한 유혹을 받기도 한다. 또한 하늘에 있는 악한 영들로부터 두려움과 좌절을 등을 맛보기도 한다. 그러나 이들이 신자에게 주는 이러한 어려움은 그 자체가 신자가 직면한 영적 전쟁은 아니다. 앞서 언급했듯이 성경은 우리의 싸움이 '혈과 육'에 관한 것이 아니라고 분명히 말하고 있다. 따라서 마귀의 수하들로부터 오는 외적인 어려움은 신자가 당하는 고난을 말하는 것은 맞지만, 그 자체가 영적 전쟁은 아니다.

그렇다면 신자에게 있어서 영적전쟁은 무엇을 말하는가? 신자에게 있어서 영적 전쟁은 외적인 어려움이 아니다. 오히려 외적인 어려움은 신자를 영적 전쟁에 빠뜨리는 수단이다. 마귀의 수하들이 그의 간계를 따라 신자들에게 가하는 고통들은 그 자체가 영적 전쟁이 아니라, 신자를 영적전쟁에 빠뜨리는 간교한 속임수다. 즉, 신자가 당하는 외적인 고난이나 유혹은 영적 전쟁을 부추기는 수단이지 그 자체가 영적 전쟁은 아니다. 그렇다면 신자가 영적 전쟁에 빠진다는 것은 무엇을 말하는가? 그리고 고난 때문에 신자가 영적 전쟁에 빠지게 된다는 것이 의미하는 것은 무엇인가? 이러한 질문에 대한 답을 찾기 위해서는 먼저 신자가 치르는 영적 전쟁이 어디서 일어나는지를 알아야 한다. 즉, 영적 전쟁이 일어나는 장소를 정확히 알아야 한다.

영적 전쟁은 신자 안에서 발생한다. 영적 전쟁은 신자의 마음속에서 일어나는 싸움을 말한다. 새 사람이 된 신자 안에서 옛 자아와 새 자아의 싸움이 바로 영적 전쟁이다롬7:13-25. 신자 안에서 육체의 소욕은 성령을 거스르고 성령은 육체를 거스른다. 고난이나 유혹 앞에서 그것에 굴복하려는 죄악된 본성의 옛 자아와 성령의 인도를 받아 그것을 물리치려는 새 자아가 싸우는 것이 바로 영적 전쟁이다. 따라서 신자 속에서는 이러한 영적전쟁이 항상 일어난다갈5:17. 이러한 이유로 베드로는 신자들에게 그들 속에서 발생하는 영적 전투를 피하거나 거부하지 말고 정면으로 상대할 것을 권면했다벧전2:11.[22]

성경은 신자의 마음속에서 발생하는 영적 전쟁을 승리로 이끌기 위한 방편으로 '하나님의 전신갑주'를 소개한다. 영적 전쟁을 위한 무기로 성경이 말하는 하나님의 전신갑주는 진리의 허리띠, 의의 호심경, 평안의 복음이 준비한 신, 믿음의 방패, 구원의 투구, 성령의 검이라는 여섯 가지다. 그런데 여기에 소개되는 하나님의 전신갑주 하나하나를 보면 이것이 육체적인 싸움을 위한 무기가 아니라는 것을 쉽게 알 수 있다. 모두가 실제 무기처럼 형상화하여 표현하고 있기는 하지만, 실제 이 무기들은 모두 눈으로 볼 수 없고 손으로 만질 수 없는 무형의 것들이다. 결국 이것이 말하는 것은 하나님의 전신갑주는 외적인 전쟁의 무기가 아니라, 내적인 전쟁의 무기라는 것이다. 즉, 하나님의 전신갑주는 그 자체가 영적 전쟁이 신자의 마음에서 일어나는 영적인 갈등이라는 것을 말해준다고 할 수 있다.

영적 전쟁은 외부로 드러나는 전쟁이 아니다. 기독교에 대한 박해나 퇴폐적 문화는 영적 전쟁의 대상이 아니다. 그것은 신자를 영적 전쟁으로 끌어들이는 마귀의 간계다. 마귀의 간계로 그의 부리는 수하들인 '통치자들과 권세들과 이 어둠의 세상 주관자들과 하늘에 있는 악한 영들'이 신자들을 내적으로 갈등에 빠지게 만들기 위해 놓은 외적인 덫과 같은 것이다. 따라서 영적 전쟁은 박해나 퇴폐적 문화에 직면했을 때 신자의 마음에서 일어나는 옛 자아와 새 자아 사이의 전쟁이라고 할 수 있다. 박해에 굴복할 것인지 아니면 믿음으로 박해를 극복해 낼 것인지에 대한 내적 갈등이 바로 영적 전쟁이다. 또한 세상 문화의 달콤한 유혹을 받아들일 것인지, 아니면 그리스도인으로서 건전하고 바른 문화를 추구할 것인지를 결단해야 하는 것이 바로 영적 전쟁이다.

즉, 세상과 함께 살아가면서 세상과 구별될 것인지, 아니면 세상에 묻혀서 살아갈 것인지를 고민하고 결단하는 싸움이 바로 영적 싸움인 것이다. 이 전쟁이 영적인 것은 악한 영의 꼬임에 수긍하려는 우리의 옛 자아와 성령의 인도를 따르려는

---

22. 사랑하는 자들아 거류민과 나그네 같은 너희를 권하노니 영혼을 거슬러 싸우는 육체의 정욕을 제어하라.

우리의 새 자아가 실제적으로 우리 속에서 싸우기 때문이다. 또한 악한 영과 성령께서 우리의 마음에 각각 실제적으로 작용하기 때문이다. 이러한 차원에서 영적 전쟁은 오직 성령과 연합한 신자들에게만 있다.

※ 그리스도의 고난과 신자의 고난

그리스도의 고난	신자의 고난
1. 택자들의 죄에 대하여 하나님의 공의를 만족시키기 위함	1. 신앙고백과 복음전파를 방해하려는 사탄의 방해공작
2. Suffering	2. Affliction
3. 택자들의 죄에 대한 형벌	3. 죄와 상관없고, 형벌도 아님
4. 속량의 효력이 있음	4. 속량의 효력 없음
5. 그리스도께서 완수하심	5. 일생을 통해 지속됨
6. 성령님께서 도우심	6. 성령님께서 도우심
7. 그리스도의 낮아지신 상태	7. 그리스도의 제자라는 증거
8. 택자들을 위해 십자가를 지심	8. 자기 십자가를 지고 그리스도를 따름
9. 구약에 예언됨(사53:4-5)	9. 예수님께서 예언하심(요15:18-19)
10. 성도가 고난을 견딜 수 있는 근거가 됨	10. 다른 신자들에게 위로가 됨
11. 교회를 세움	11. 복음 전파에 힘이 됨(빌1:14)

※ 죄의 지배를 받는 신자?

신자든 불신자든 모든 인간은 다 죄 아래 있다. 이는 모든 인간이 다 원죄에 대한 죄책이 있을 뿐 아니라, 사망의 형벌을 이미 선고받았다는 뜻이다. 또한 죄로 말미암아 부패한 본성으로 살아간다는 말이다. 그렇다면 이것을 두고 모든 인간이 다 죄의 지배를 받으며 살아간다고 할 수 있는가? 이 땅에 살아가는 사람들은 모두가 죄의 다스림 가운데 있다는 말인가? 결코 그렇지는 않다. 물론 인간의 죄악된 본성이 죄의 유혹을 적극적으로 수용하려는 것은 사실이다. 이는 이 땅을 살아가는 모든 사람들에게서 동일하게 나타나는 현상이다. 그러나 모든 인간이 다 이러한 죄의 지배를 받아 그 유혹을 항상 수용하는 것은 아니다.

불신자들에게는 사탄의 유혹이 크게 문제가 되지 않는다. 비록 불신자들도 양심이 율법이 되기에 옳고 그름을 판단함에 있어서 고민을 하기는 하지만, 이 양심이 이들을 죄의 지배 아래서 완전히 벗어나게 하지는 못한다롬2:15. 그러나 신자의 경우는 다르다. 신자는 그리스도와 연합한 자들이다. 성령께서 내주하시는 자들이다. 하나님으로부터 믿음을 선물로 받아, 그것을 통해 하늘로부터 주어지는 모든 은혜를 받아 누리는 자들이다. 그리스도와 연합한다는 것이 그리스도와 대등한 입장에서 협동한다는 것을 말하는 것은 아니다. 이 연합은 그리스도를 자신의 주로 모시는 것을 말한다. 주님이신 그리스도와 쉼 없는 사랑의 교제를 나누는 것을 말한다. 신자와 연합한 그리스도께서는 성령을 통해 신자의 삶을 이끄신다. 마음의 생각과 모든 행동을 지도하시고 인도하신다. 이러한 이유로 신자들의 몸과 마음의 지배권은 전적으로 그리스도께 있다. 따라서 결코 죄가 신자들을 지배할 수 없다. 신자들은 오직 그리스도의 지배를 받는다.

그렇다면 그리스도의 통치와 지배를 받는 신자들은 죄의 영향력에서 전적으로 자유로운 것인가? 그렇지는 않다. 앞서 언급했듯이 신자들 또한 그 본성이 죄로 타락해 있고, 죄책을 전가받은 죄인이다. 그리고 이 타락한 본성은 그리스도와의 연합이 이루어진 이후에도 여전히 신자들 속에 남아 있다. 이러한 뒤틀린 인간의 본성에 사탄은 계속해서 유혹의 메시지를 보낸다. 그러나 사탄의 유혹이 있을 때, 불신자와는 달리 신자에게서는 독특한 현상이 발생한다. 영적 전쟁이 바로 그것이다. 그리스도의 영이신 성령께서 신자 속에서 육체의 죄악된 본성과 갈등하기 시작하시는 것이다갈5:17. 신자는 성령을 통해 그리스도의 인도를 받으면서도, 사탄의 유혹 때문에 갈등한다. 말씀에 순종하고자 하는 마음과 말씀을 떠나 잠시 일탈하고 싶은 마음이 항상 공존한다.

이러한 상태가 지속되다 보면 신자들은 종종 자신이 죄의 지배를 받고 있는 것이 아닌지 두려워한다. 또는 어느 순간 자신이 죄에 완전히 사로잡히지는 않을까 걱정하기도 한다. 그러나 신자는 이러한 문제를 걱정할 필요가 없다. 아니 그렇게 해서도 안 된다. 왜냐하면 사탄은 그리스도와 연합을 이룬 자들을 절대 낚아채 가지 못하기 때문이다. 죄는 결코 신자를 지배할 수 없기 때문이다. 사탄도 분명 이 사실을 안다. 그럼에도 불구하고 사탄은 계속해서 신자를 유혹한다. 그렇다면 실질적으로 성공하지도 못할 유혹을 사탄은 왜 시도하는 것인가? 사탄이 신자들을 유혹하는 진짜 의도는 무엇인가? 신자들은 결코 자기의 수하가 될 수 없다는 것을 알면서도 왜 사탄은 지속적으로 신자들을 유혹하는 것일까?

신자들을 실족시키기 위함이다. 신자들에게 좌절감을 심어 주기 위함이다. 신자가 그리스도와의 연합을 충분히 누리지 못하도록 방해하기 위함이다. 신자가 죄의 유혹에 빠졌다는 자괴감 속에서 살도록 하기 위함이다. 죄에 대한 두려움 속에서 빠져나오지 못하도록 하기 위함이다. 이것이 바로 사탄이 신자들에게 노리는 바다. 이러한 이유로 사탄은 계속해서 신자를 속인다. 죄에 대한 공포에 떨게 한다. 하나님의 사랑과 은혜를 충분히 못 누리게 한다. 신자의 삶을 방해한다. 이러한 방식으로 사탄은 신자를 대적한다.

원죄 아래 있는 타락한 인간 중에 사탄의 유혹으로부터 완벽하게 자유로울 수 있는 사람은 아무도 없다. 이는 그리스도와 연합한 신자라도 예외가 될 수 없다. 그러나 앞서 언급했듯이 엄밀한 의미에서 사탄은 오직 신자들만을 유혹한다. 왜냐하면 불신자들은 굳이 유혹할 필요가 없기 때문이다. 성령이 함께 계시지 않는 자들은 언제나 사탄의 명령을 따르는 자들이다. 따라서 사탄은 자신의 수하들인 불신자들은 유혹할 필요가 없다. 그러나 신자들은 다르다. 이들은 말씀과 성령을 통해 옳고 그름을 판단한다. 이들은 말씀과 성령을 통해 진리를 아는 자들이다. 이러한 자들에게 사탄이 자신의 영향력을 미칠 수 있는 방법은 한 가지뿐이다. 속이는 것이다. 거짓을 말해서 알고 있는 진리에 혼란을 야기하는 것이다. 유혹하는 것이다. 이것이 바로 사탄의 유혹이다. 결국 사탄이 신자를 유혹하는 것은 이 방법이 신자에게 접근하는 유일한 방법이기 때문이다. 오직 속이고 유혹하는 것만이 사탄이 신자에게 할 수 있는 유일한 것이기 때문이다.

이러한 차원에서 볼 때 신자가 사탄으로부터 유혹을 받는 다는 사실은 그 자체가 신자에게 아주 중요한 정보를 하나 제공해준다. 다분히 역설적인 표현일 수는 있으나, 만일 자신이 혹시 죄의 노예가 되지 않을지 고민하거나, 스스로 영적인 전쟁 가운데 있다고 생각하는 신자가 있다면, 그것을 오히려 자신이 그리스도와 연합한 자라는 증거로 삼아도 될 것이다. 성령님께서 자신에게 내주하고 계신다고 확신할 수 있는 증거로 삼아도 될 것이다. 다시 말해 자신에게 사탄의 유혹이 있다고 생각된다면 오히려 그것을 자신이 성령의 인도를 받는 사람이라는 사실을 말해주는 증거라고 여겨도 될 것이다. 사탄의 유혹을 통해 자신이 참 신자인 것을 확신할 수 있다는 것이다. 자신에게 영적 전쟁이 있다면, 그것은 분명 그리스도께서 자신과 동행하고 계신다는 반증으로 생각해도 될 것이다.

죄는 결코 신자를 다스릴 수 없다. 성경은 "죄가 너희를 주장하지 못하리니 이는 너희가 법 아래에 있지 아니하고 은혜 아래 있음이니라"롬6:14라고 이를 분명히 말해준다. 영적 전쟁이 있는 곳에서는 더욱 그러하다. 결국 죄의 지배를 받는 신자는 존재하지 않는다. 다만 사탄의 유혹을 받는 신자만 있을 뿐이다. 죄로 인해 신자다운 삶을 방해받는 신자만 있을 뿐이다. 죄와 싸우는 신자만 있을 뿐이다.

심판

※ 부끄러운 구원(?)

바울의 표현 중에 "자신은 구원을 받되 불 가운데서 받은 것 같으리라"고전 3:15가 있다. 신자들 중에는 이 구절을 간신히 구원받은 사람들에 대한 설명으로 이해하는 이들이 다수 있다. 그리고 이러한 구원을 보통 '부끄러운 구원'이라고 부른다. 그러면서 이들이 부끄러운 구원을 받게 되는 이유는 공적이 부족하기 때문이라고 설명한다고전3:14. 예수를 구주로 영접하기에 구원 얻을 믿음은 있다. 그러나 믿음에 따른 행동이 충분한 공적으로 쌓이지 못했기 때문에 구원을 받더라도 부끄러운 구원을 받게 된다는 것이다. 반면에 충분히 공적을 쌓은 자들은 그에 비례한 상을 받게 된다. 이때 부끄러운 구원을 받은 자들은 다른 사람들이 상을 받는 것을 그저 바라보기만 해야 한다는 것이다. 즉, 그리스도의 은혜로 천국은 갈 수 있지만, 아무런 상도 못 받는 비참한 구원을 받게 된다는 것이다. 따라서 신자는 부끄러운 구원이 아니라 상 받는 구원에 이를 수 있도록 이 땅에서 최선을 다해 공적을 쌓아야 한다는 것이 이들의 주장이다.

부끄러운 구원을 경고하는 사람들은 공적이 부족하게 되는 이유를 잘못을 구체적으로 회개하지 않은 것과 교회에서 죽도록 충성하지 않는 것 등으로 설명한다. 하나님 중심으로 살지 않은 것, 재물을 더 사랑한 것, 이웃을 사랑하지 않은 것, 교회의 일보다 자신의 일을 더 귀하게 여긴 것 등으로 설명하면서, 이 모든 것들을 회개하지 않으면 결국 구원을 받더라도 부끄러운 구원을 받게 될 것이라고 말한다. 이렇게 부끄러운 구원을 받게 되면 천국에 가서도 비참함을 경험하게 될 것이라고 말한다. 상대적인 박탈감을 당할 것이라고 말한다. 그러면서 이들은 이 땅에서의 공적에 따라 천국의 상급에 차등이 있을뿐더러, 각 사람에 대한 차별 또한 있을 것이라고 말한다. 천국에 가더라도 공적이 부족하거나 없는 사람이 부끄러워할 수밖에 없는 것이 바로 이런 이유라고 말한다. 그러니 부끄러운 구원을 피하기 위해서는 이 땅에서 더욱 많은 공적을 쌓아야 한다고 주장한다.

물론 성경은 신자의 공적을 부정하지 않는다. 그리고 성경이 말하는 공적이 신자의 생각과 행동과 직접적인 관련이 있는 것도 사실이다. 또한 하나님께서 불로 그 공적을 시험하실 것도 사실이다. 그 시험을 통해 공적이 바르면 상을 받게 되고, 공적이 바르지 못하면 불에 태워져서 사라질 것이라는 것도 분명 성경에 있는 말씀이다. 그러면서도 성경은 이렇게 공적이 불로 태워져서 사라지게 된다 하더라도 구원을 못 받는 것은 아니라고 가르친다. 이러한 자들도 하나님께서 택하신 자들이라면 구원은 받을 수 있다. 그리스도를 주로 고백하는 이들에게 주어지는 구원은 누구에게나 동일하기 때문이다. 그러나 성경은 이러한 구원을 불 가운데서 받는 구원과 같다고 말한다고전3:10-15. 모든 신자가 부끄러운 구원을 경계해야 한다고 주장하는 이들은 결국 온전한 구원을 위해서는 인간의 공덕이 필수적이라는 것을 강조한다. 그래야 상급이 있는 값진 구원을 받을 수 있다는 것이다.

그런데 여기서 우리가 꼭 따져보아야 할 것들이 있다. 바울이 정말 '부끄러운 구원'을 경계할 목적으로 '불 가운데서 받은 것 같은 구원'이라는 표현을 사용했나? 구원에는 '자랑스러운 구원'과 '부끄러운 구원'이 있나? 그리고 그것이 신자가 이 땅에서 행하는 공적과 이후 천국에서 받을 상급과 관련이 있나? 이러한 문제들을 해결하기 위해서는 먼저 바울이 말하는 공덕과 상의 개념을 이해해야한다. 바울이 말하는 공덕이 온전한 구원의 조건을 충족시키는 요소로서 신자의 행동과 충성도를 말하는가? 그리고 바울이 말한 상은 자랑스러운 구원을 받은 자들과 부끄러운 구원을 받은 자들을 구별하는 기준이 되는가?

공적에 대해 언급하면서 바울은 공적으로 인정받을 수 있는 신자의 모든 행동은 하나의 공통점을 가진다고 먼저 언급한다. 바울이 말한 모든 공적의 공통점은 그리스도의 터 위에 세워진다는 것이다. 신자는 하나님으로부터 선물로 받은 믿음을 통해 그리스도를 주로 고백한 사람들이다. 또한 신자는 그리스도와 연합한 사람이다. 따라서 신자는 모든 것을 그리스도와 함께한다. 만일 누군가가 신자라면 그는 언제나 그리스도와 함께 있을 수밖에 없다. 신자가 모든 것을 그리스도의 터 위에서 행한다는 것이 바로 이것이다. 왜냐하면 그리스도의 터를 떠나서 행하는 신자는 존재할 수가 없기 때문이다. 따라서 신자가 행하는 모든 것은 당연히 그리스도의 터 위에서 행하는 것이 될 수밖에 없다. 만일 누군가가 그리스도의 터 위에서 행하지 않는다면 그 사람은 그리스도의 터 위에서 행하지 않는 신자가 아니다.

그 사람은 그냥 신자가 아닌 것이다.

그리스도의 터 위에서 생각하고 행동하는 신자는 누구도 구원의 대상에서 제외될 수 없다. 구원의 문제는 신자의 선택이 아니라 하나님의 선택이기 때문이다. 따라서 그 공적이 어떠하든 그것에 상관없이 그리스도의 터 위에 있는 신자들은 모두 구원을 받게 된다. 그런데 문제는 바울의 언급처럼 구원을 받되 불 가운데서 구원을 받는 것 같은 이들이 있다는 것이다. 그리고 이들이 이러한 구원을 받게 되는 것이 바로 그들의 공적과 직접적으로 관련이 있다는 것이다. 그렇다면 바울이 말한 공적은 무엇을 말하는가? 이를 이해하기 위해서는 바울이 보낸 서신의 배경과 문맥을 충분히 살펴야 한다.

바울이 '구원을 받되 불 가운데서 구원을 받은 것 같은 이들'에 대해서 언급한 내용은 고린도교회에 보내는 편지에 포함된 내용이다. 이 편지 안에서 바울은 당시 고린도교회에 있었던 분열에 관한 문제를 다루고 있다. 바울이 고린도교회의 분열에 관한 문제를 이렇게까지 심도 깊게 다루는 것은 이 분열이 사회와의 문제가 아니라, 교회 안에서의 문제였기 때문이다. 신자들 사이에서의 문제였기 때문이다. 신자들 사이에서 일어나는 분열이다 보니 문제를 일으키는 사람들 중에 그 어느 누구도 그리스도를 주로 고백하지 않는 사람이 없었다. 분열을 일으키는 사람들 모두가 그리스도의 터 위에서 생각하고 행동한다고 스스로 생각하는 사람들이였기 때문이다.

원래 교회를 나누고 분열을 초래하는 무리들은 따로 있다. 이들이 바로 이단들이다. 이들은 그리스도의 터 위에 서 있지 않는 자들이다. 이들은 그리스도의 이름을 사용할 뿐이지, 그리스도를 위해 일하지 않는 자들이다. 자신의 이익을 위해 교회와 그리스도를 이용하는 자들이다. 그래서 이들은 자신들의 유익을 위해서는 그리스도의 몸 된 교회를 찢기도 하고 파괴하기도 한다. 이러한 이단들에 대한 성경의 대처는 오히려 간단하다. 이들과 상종하지 않는 것이다. 이들은 성도가 아니다. 그러니 이들과 교제를 단절하는 것이다.

그러나 고린도교회는 달랐다. 분명 교회의 분열은 있었지만, 이렇게 분열을 조장하는 이들이 이단은 아니었다. 모두가 다 그리스도의 터 위에서 나름의 방식을 따라 그리스도와 교회를 위해 충성을 다하는 자들이었다. 모두가 신자들이었고, 모두가 그리스도의 몸 된 교회의 지체들이었다. 또한 모두가 다 그리스도의 터 위에서 생각하고 행동하는 자들이었다. 따라서 이들이 행하는 모든 일은 다 바울이 언급한 공적에 해당하는 것이었다. 그런데 문제는 교회 안에 신자들을 통해 이러한 공적들이 쌓여감에도 불구하고 교회가 분열되고 있다는 것이다. 바울이 지적하는 문제가 바로 이것이다. 모든 신자들이 다 공적을 쌓음에도 불구하고 교회가 분열되는 원인을 지적하는 것이다. 그리고 그 해결책을 제시하는 것이다.

바울이 지적하는 것은 바로 이것이다. 신자의 모든 공적이 항상 다 옳은 것만은 아니라는 것이다. 아무리 그리스도의 터 위에서 행한다 할지라도 그 행동이 항상 선한 것만은 아니라는 것이다. 신자의 공적에는 선한 영향력을 미치는 것도 있지만, 반대로 그렇지 않은 것도 있다는 것이다. 신자의 공적이 오히려 교회의 분열을 초래할 수도 있다는 것이다. 결국 비록 신자의 열심이라 할지라도, 그리스도의 터 위에서 행하는 열심이라 할지도, 교회를 위한 열심이라 할지라도, 성도를 위한 열심이라 할지라도 그 목적과 방향이 바르지 않으면 교회의 분열을 초래할 수도 있다는 것이다. 그러면서 바울은 이러한 공적들은 마지막 심판 때에 바른 공적과 그렇지 못했던 공적으로 가려질 것이라고 설명한다.

그렇다면 왜 교회에서 이러한 문제들이 일어나는가? 모두가 다 열정을 가지고 최선을 다하는데도 불구하고 왜 교회가 분열되는가? 그것은 믿음으로 한다고 하지만 바른 성경의 교리를 따르지 않기 때문이다. 무엇이 옳고 그른지 정확히 모르기 때문이다. 믿음은 하나님의 선물이다. 저절로 주어지는 은혜다. 그리고 이 믿음에 성령께서 내적으로 역사하신다. 따라서 이 믿음을 선물로 받은 자들은 모두가 그리스도를 주로 고백하게 된다. 그리스도의 터 위에서 생각하고 행동하게 된다. 그러나 이 믿음이 있어 신자가 되었다고 하더라도 그 생각과 행동이 자동적으로 하나님께서 원하시는 방식으로 바뀌는 것은 아니다. 그것은 성경과 교리를 통해 배워야 가능해진다.

신자와 불신자의 차이는 성경과 교리를 들을 때 그것을 수용하고자 하는 마음이 있는지 여부에 있다. 그리스도의 터 위에서 살아가는 신자들은 성경과 교리를 수용하고자 하는 마음이 생긴 자들이다. 이는 성령께서 이들에게 내적으로 사역하시기 때문이다. 성령께서 바른 교리를 이해하게 하시고, 또한 그것을 그리스도와 교회를 위해 바로 적용할 수 있도록 지혜를 주신다. 그런데 여기서 중요한 것은 성령께서는 내적으로 사역하시는 분이시기 때문에 일반적으로 신자가 성경과 교리를 접하지 않으면 성령의 역사 또한 시작되지 않는다는 점이다. 따라서 신자가 성경과 교리를 통해 어떻게 생각하고 행동해야 할지를 바로 알지 못하면 열심히 할수록 교회에 혼란만 초래할 뿐이다. 바울의 표현을 따르면 바른 공적을 세울 수 없다. 이후 심판 때에 모두가 불로 태워져서 사라져버릴 공적만 쌓게 된다. 이러한 이유로 신자에게 있어서 꾸준한 성경공부와 교리공부가 중요한 것이다. 이것이 바로 신자가 그리스도의 터 위에 바른 공적을 세울 수 있는 길이다.

그럼 신자의 바른 공적과 그에 따른 상은 무엇을 말하는가? 신자의 공적은 이 땅에서 그에게 주어진 직분과 관련 있다. 이 땅에서 맡은 직분을 감당하는 것이다. 신자로서 교회와 사회에서 행하는 모든 일이 바로 그것이다. 따라서 하나님께서 그 공적을 시험하신다는 것은 신자가 이 땅에서 자신의 직분을 얼마나 잘 감당했는지를 평가하시는 것이라 할 수 있다. 신자의 직분 수행 능력과 그 충성도를 평가하시는 것이다. 이를 토대로 하나님께서는 새 하늘과 새 땅에서 신자들에게 그에 맞는 직분과 직무를 주실 것이다. 이것은 달란트 비유를 통해 더욱 잘 나타난다마25:14-30. 이것이 바로 바른 공적을 쌓은 자들이 받게 되는 상이 될 것이다. 반면에 잘못된 공적을 쌓은 자들은 심판 때에 자신들이 쌓은 공적이 다 가치 없는 것이었다는 사실을 알게 될 것이다. 하나님께서 그 모든 것을 불로 태워 버리실 때, 그때서야 비로소 깨닫게 될 것이다. 바울이 묘사한 '자신은 구원을 받되 불 가운데서 구원을 받은 것 같다.'라는 표현이 바로 이러한 상황을 말하는 것이다.

믿음을 통해 구원은 받았지만 성경과 교리에 대한 바른 지식이 없어서 잘못된 공적을 쌓은 자들이 이 땅에서 행하는 가장 큰 실수가 바로 교회를 더럽히는 것이다. 본문에서 이어지는 부분에서 바울은 이것을 지적하고 있다. "너희는 너희가 하나님의 성전인 것과 하나님의 성령이 너희 안에 계시는 것을 알지 못하느냐 누구든지 하나님의 성전을 더럽히면 하나님이 그 사람을 멸하시리라 하나님의 성전은 거룩하지 너희도 그러하니라"고전3:16-17 바울의 이 표현에서 '너희'는 성도 한 사람 한 사람을 말하는 것이 아니라 성도의 공동체인 교회를 말한다. 즉, 교회가 하나님의 성전인 것을 말하고 있는 것이다. 그리고 바울은 교회에 성령께서 함께 거하시는 것은 교회가 성령과 연합한 성도의 모임이기 때문이라고 설명한다. 따라서 교회는 본질적으로 거룩하다. 거룩하신 성령께서 함께 계시기에 거룩하다. 그런데 바울은 이렇게 거룩한 교회가 더럽혀질 수 있다고 경고한다. 즉, 하나님의 성령이 함께 계시는 교회가 더럽혀진다는 것이다. 바울의 표현을 좀 더 원색적으로 살리면 교회가 파괴된다는 것이다.

바울이 묘사했던 고린도교회의 상황이 바로 이것이었다. 성도들의 모임인 교회가 더럽혀지고 있었던 것이다. 그리스도의 터 위에서 생각하고 행동하는 이들의 모임이 파괴되고 있었던 것이다. 모두가 믿음으로 행동한다고 하는데, 교회는 더욱 분열되고 있는 것이다. 그 원인이 바로 바울이 앞서 언급한 불타 없어질 공적을 쌓은 이들 때문이다. 성경과 교리에 대한 바른 지식 없이 행하는 어긋난 열심 때문이다. 이 부분에 이어서 바울은 왜 성도들이 이렇게 교회 안에서 잘못된 열심에 집착하게 되는지에 대해서도 설명한다. 즉, 왜 교회 안에서 성도들이 그릇된 공적을 쌓으므로 교회를 파괴하는 결과를 초래하게 되는지에 대한 원인을 분석해주고 있다.

그것은 바로 성도들이 자신을 속이기 때문이다고전3:18. 자신을 지혜로운 자로 생각하는 것이다. 자신이 생각하는 것은 언제나 하나님의 뜻에 합당하다고 생각하는 것이다. 바울은 이러한 이들을 항상 자기 꾀에 빠지는 자들이라고도 묘사한다. 물론 만일 이들이 좀 더 신중하게 생각하고 판단해서 행동한다면 자기의 꾀에 빠지지 않을 수 있지 않겠냐고 반문할 수도 있다. 그러나 바울은 분명히 말한다. 이러한 자들은 항상 자기 꾀에 빠지게 될 수밖에 없다. 왜냐하면 스스로를 지혜롭다고 여기는 성도들이 자기의 꾀에 빠지는 것은 자신들의 단순한 실수가 아니라 하나님께서 그렇게 하도록 내버려 두시기 때문이다. 하나님께서는 지혜 있다고 스스로를 속이는 자들의 생각을 헛것으로 여기시기 때문이다. 이러한 성도들이 결국 잘못된 공적을 쌓으며, 심지어 교회를 더럽히게 되는 것이다.

그렇다면 잘못된 공적을 쌓지 않기 위해 신자가 삼가야 할 것은 무엇인가? 다시 말해 스스로 자기 꾀에 빠지지 않으려면 어떻게 해야 하는가? 바울은 신자가 잘못된 공적에 빠지지 않는 방법으로 자신의 지혜를 자랑하지 말 것을 권면한다고전3:20. 즉, 매사에 겸손히 하나님의 뜻을 구하는 것이다. 자신의 생각을 내려놓고, 말씀의 인도를 따르는 것이다. 결국 답은 결국 성경과 교리다. 성경과 교리를 충실히 공부하는 것이다. 바른 교리가 바른 공적을 낳는다. 그렇다면 우리는 무엇이 바른 공적인지 어떻게 알 수 있나? 바른 공적은 교회를 더럽히지 않는 열심이다. 교회를 파괴하지 않는 열심이다. 교회를 세우는 열심이다.

신자에게 있어서 공적은 절대적으로 필요하다. 신자의 공적은 신자 개인의 신앙생활뿐 아니라, 교회를 위해서도 중요하다. 이러한 이유로 신자의 공적은 심판의 때에 분명히 평가될 것이다. 즉, 우리의 구원이 완성될 때 신자의 공적 또한 함께 계수되고 평가될 것이다. 그러나 공적이 심판의 때에 계수된다는 것 때문에 공적이 구원에 영향을 미칠 것이라고 오해해서는 안 된다. 공적에 따라 '자랑스러운 구원'이 있고, 반대로 '부끄러운 구원'이 있다는 식으로 이해해서는 안 된다. 왜냐하면 신자의 구원은 전적으로 하나님의 은혜에 의한 것이기 때문이다. 구원을 이루는 그 모든 일들이 다 하나님의 단독적인 사역이기 때문이다. 즉, 신자의 공적은 구원과는 직접적인 관련이 없기 때문이다.

신자의 공적은 구원이 아니라 마지막 날에 주어지는 상급과 관련이 있다. 옳은 공적을 쌓은 신자에게는 그에 따른 상이 주어질 것이며, 반면에 옳지 않은 공적을 쌓은 자들의 공적은 불로 태워져 사라질 것이기 때문이다. 고린도교회의 예를 통해서 알 수 있듯이 옳지 않은 공덕의 대표적인 경우가 바로 교회를 더럽히는 것이다. 교회에 분열을 초래하는 것이다. 교회를 파괴하는 것이다. 이러한 공적은 결코 상을 받을 수 없다. 심지어 그 모든 공적이 헛된 것이었음이 마지막 심판의 때에 분명히 드러날 것이다. 신자로서 열심을 공적을 쌓으려고 노력한다 할지라도 마지막 때에 상을 받지 못하는 신자들은 분명 있을 것이다. 이들이 상을 못 받는 것은 열심히 안 해서가 아니다. 잘못된 것을 열심히 했기 때문이다. 자신은 구원을 받되 불 가운데서 받은 것 같은 자들이 바로 이러한 신자들이다. 바울의 이러한 권면을 통해서 우리가 알 수 있는 것은 공적을 충분히 쌓지 못해서 맞게 되는 부끄러운 구원 같은 것은 없지만, 잘못된 열심을 통해 쌓은 공적으로 인해 불 가운데서 받는 것 같은 구원은 분명히 있다는 사실이다.

※ 하나님의 부성적 형벌과 보복적 형벌

	부성적 형벌	보복적 형벌
대상	택자	유기자
시기	이 땅에 살아가는 동안	죽은 후
기간	단기간	영속적으로(everlasting)
하나님의 성품	자비	공의

내용	1. 하나님께서 잠시 떠나심 - 성령의 조명을 잠시 거두심[23] - 죄를 짓도록 잠시 내버려두심[24] 2. 살면서 당하는 여러 가지 고통들	1. 영원한 지옥의 고통 - 지옥에서 부활한 몸과 영혼이 함께 - 회개도, 회복도, 쉼도, 경감도 없음 2. 살면서 누렸던 일반은총을 완전히 빼앗김
원인	하나님의 뜻에 온전히 순종하지 않음	하나님을 거부하고 대적함
의도	잘못을 회개하고 돌아오도록	하나님 자신의 공의를 드러내심

※ 불신자들도 하나님을 인식할 수 있나?

죽기 전	1. 하나님을 인식하지 못함 2. 하나님을 거부함 3. 하나님을 모독함 4. 종종 신자들의 삶을 통해 하나님을 인정하는 것처럼 보이기도 하지만, 이는 하나님을 창조주와 유일신으로 고백하는 것이 아니라, 여러 신들 중 하나의 선하고 힘 있는 신으로 인정하는 것임(단3:28, 6:16). 즉, 이들에게 하나님은 자기의 신이 아니라, 교회를 다니는 사람들이 섬기는 신일 뿐임.
죽은 후	1. 죽음과 동시에 영혼이 지옥으로 떨어지면서 하나님을 처음으로 인식하기 시작함 2. 자신들에게는 하나님께서 함께 계시지 않으신다는 것을 알게 됨. 하나님의 자비가 결코 자신들에게 미치지 않고, 오직 영원한 형벌만이 자신들에게 주어짐을 알게 됨 3. 영원한 지옥의 고통을 당하면 당할수록 하나님을 더욱 인식하게 됨

---

23. "미련한 마음이 어두워졌나니"(롬1:21), "이러므로 하나님이 미혹의 역사를 그들에게 보내사 거짓 것을 믿게 하심은"(살후2:11).
24. "그러므로 내가 그의 마음을 완악한 대로 내버려두어 그의 임의대로 행하게 하였도다"(시81:12), "그러므로 하나님께서 그들을 그 마음의 정욕대로 더러움에 내버려 두사"(롬1:24), "내가 바로의 마음을 완악하게 하고"(출7:3a).

※ 천국의 상급과 지옥의 형벌은 공평한가? 차등이 있나?

	천국의 상급	지옥의 형벌
차등의 유무	있음	있음
차등의 기준	이 땅에서 행한 대로	이 땅에서 지은 죄질에 따라
관련성구	1. "나로 말미암아 너희를 욕하고 박해하고 거짓으로 너희를 거슬러 모든 악한 말을 할 때에는 너희에게 복이 있나니 기뻐하고 즐거워하라 하늘에서 너희의 상이 큼이라 너희 전에 있던 선지자들도 이같이 박해하였느니라"(마5:11,12) 2. "만일 누구든지 금이나 은이나 보석이나 나무나 풀이나 짚으로 이 터 위에 세우면 각 사람의 공적이 나타날 터인데 그 날이 공적을 밝히리니 이는 불로 나타내고 그 불이 각 사람의 공적이 어떠한 것을 시험할 것임이라 만일 누구든지 그 위에 세운 공적이 그대로 있으면 상을 받고 누구든지 그 공적이 불타면 해를 받으리니 그러나 자신은 구원을 받되 불 가운데서 받은 것 같으리라"(고전3:12-15) 3. "믿음이 없이는 하나님을 기쁘시게 하지 못하나니 하나님께 나아가는 자는 반드시 그가 계신 것과 또한 그가 자기를 찾는 자들에게 상 주시는 이심을 믿어야 할지니라"(히11:6) 4. "보라 내가 속히 오리니 내가 줄 상이 내게 있어 각 사람에게 그가 행한 대로 갚아 주리라"(계22:12)	1. "내가 너희에게 이르노니 심판 날에 두로와 시돈이 너희 보다 견디기 쉬우리라"(마11:22) 2. "주인의 뜻을 알고도 준비하지 아니하고 그 뜻대로 행하지 아니한 종은 많이 맞을 것이요 알지 못하고 맞을 일을 행한 종은 적게 맞으리라 무릇 많이 받은 자에게는 많이 요구할 것이요 많이 맡은 자에게는 많이 달라 할 것이니라"(눅12:47,48)